NOBILIAIRE

UNIVERSEL

DE FRANCE

OU RECUEIL GÉNÉRAL

DES GÉNÉALOGIES HISTORIQUES

DES MAISONS NOBLES DE CE ROYAUME

PAR

M. DE SAINT-ALLAIS

AVEC LE CONCOURS

DE MM. DE COURCELLES, L'ABBÉ LESPINE, DE SAINT-PONS

ET AUTRES GÉNÉALOGISTES CÉLÈBRES

———

TOME QUINZIÈME

PREMIÈRE PARTIE

FERT LUCE E UNDO

PARIS

LIBRAIRIE ANCIENNE ET MODERNE

BACHELIN-DEFLORENNE

Société anonyme au capital de 1,500,000 francs.

SIÉGE SOCIAL : 3, QUAI MALAQUAIS, 3

MDCCCLXXVI

NOBILIAIRE UNIVERSEL

DE FRANCE.

IMPRIMERIE GÉNÉRALE DE CHATILLON-SUR-SEINE,

J. ROBERT.

NOBILIAIRE UNIVERSEL

DE FRANCE,

ou

RECUEIL GÉNÉRAL

DES GÉNÉALOGIES HISTORIQUES

DES MAISONS NOBLES

DE CE ROYAUME,

Faisant suite au DICTIONNAIRE UNIVERSEL DE LA NOBLESSE DE FRANCE
qui paraissait, avec PRIVILÉGE DU ROI, *avant la Révolution ;*

Par M. DE SAINT-ALLAIS, auteur des Généalogies historiques
des Maisons souveraines de l'Europe.

DIEU ET LES BOURBONS.

TOME QUINZIÈME.

A PARIS,

Au Bureau du NOBILIAIRE UNIVERSEL DE FRANCE,
rue de la Vrillière, n° 10.
1818

Réimprimé en 1876.

A LA LIBRAIRIE ANCIENNE ET MODERNE
BACHELIN-DEFLORENNE
Société anonyme au capital de 1,500,000 francs.
Siége social : 3, Quai Malaquais. 3.

AVERTISSEMENT.

C'est à tort qu'un Prospectus, qu'on n'ose qualifier, a cherché à faire croire que le *Nobiliaire universel de France* allait être discontinué. L'auteur de ce Prospectus a voulu sans doute, avant que d'entrer dans l'arène, se défaire des adversaires qui auraient pu lui paraître redoutables, et il a répandu, avec profusion, le fiel de la critique sur tous les ouvrages qui le précèdent dans la nouvelle carrière qu'il se propose de parcourir. Mais puisqu'il a bien voulu se mêler de mes affaires, il me permettra d'entrer un peu dans les siennes, et de lui dire que le règne et le dire des méchants ne sont jamais de longue durée; nous sommes dans un siècle où, quoique l'on doute toujours trop du vrai, on ne croit pas toujours le mal, et il suffit qu'il ait adopté une couleur (un peu trop vive), pour que les gens sensés se défient avec raison de ce qu'il voudra faire croire et jeter dans le public, et je pense même qu'avec l'extrême sagesse dont il se pare, il fera des réflexions qui le porteront à étouffer ce premier élan de la médisance et de la méchanceté. Quoi qu'il en soit, le *Nobiliaire continuera toujours*, ne serait-ce que pour offrir un asile à ceux qui se trouveront injustement traités ou calomniés par le nouvel ouvrage annoncé (1).

Le Nobiliaire obtient chaque jour un succès assuré ; et ce qui le prouve, c'est qu'il est déjà à son quinzième volume, et qu'il contient les généalogies d'une grande partie des plus illustres familles de France, telles que celles d'*Abon*, d'*Aboville*, d'*Abzac*, d'*Alès-d'Anduze*, d'*Aloigny*, d'*Alsace-Hénin-Liétard*, d'*Ambly*, d'*Andigné*, d'*Anglade*, d'*Astorg*, d'*Aubusson-la-Feuillade*, du *Authier*, d'*Avaray*, de *Bardon de Ségonzac*, de *Beauvoir-du-Roure*, de *Bec-de-Lièvre*, de *Belcastel*, de *Belvezer*, de *Béthune-Sully*, de *Béthune-Hesdigneul*, de *Beaupoil de Saint-Aulaire*, del *Bianco de Brantes*, de *Biencourt*, de la *Boessière-Chambors*, de *Bouillé*, de *Boubers*, du *Bourblanc*, de *Brancas*, de *Brancion*, du *Breil du Pontbriant*, de *Breteuil*, de *Brosse*, de *Bruc*, de *Bryas*, de *Calvimont*, de *Caraman*, de *Castelbajac*, de *Casteras*, de *Castillon*, de *Chambarlhac*, de *Chambray*, de *Champagne-la-Suze*, de *Chaponay*, de *Chapt de Rastignac*, de *Charlus*, de *Charnacé*, de *Chasteignier de Châteauneuf-Randon*, de *Chavanat*, de *Clinchamp*, de *Cocherel*, de *Coetlogon*, du *Coetlosquet*, de *Coigny*, de *Cordoue*, de *Cossé-Brissac*, de *Couasnon*, de *Courbon-Blénac*, de *Courtarvel*, de *Grillon*, de la *Croix de Sayve et de Saint-Vallier*, de la *Cropte de Bourzac et de Chantérac*, de *Cugnac*, de *Cusack*, d'*Escayrac-Lauture*, d'*Escars*, des *Escotais*, d'*Espinchal*, d'*Espivent*, de *Foix*, de *Fontanges*, de *Fortia*; de *Francheville*, de

---

(1) Dictionnaire véridique des familles nobles et anoblies du royaume de France.

Ganay, de la *Garde de Chambonas*, de *Gibon*, de *Gironde*, de *Gomer*, de *le Gonidec*, de *Goulaine*, de *Goussencourt*, de *Grave*, de *Grignan*, de *Grimoard*, des *Guillaumanches*, du *Boscage*, du *Hallay*, de *Hautefort*, de *Hénin-Liétard et de Cuvillers*, du *Houx*, des *Isnards*, de *Juigné*, de *Lancrau de Bréon*, de *Langlois du Bouchet et d'Estaintot*, de *Lescun*, de *Lespinasse*, de *Lestrange de Longueil*, de *Lostanges*, de *Loubens*, de *Lubersac*, de *Luscan*, de *Maillé-Brezé*, de *Marcillac*, de *Martel*, de *Mauléon*, de *Mellet*, de *Mirandol*, de *Molen de la Vernède et de Saint-Poncy*, de *Montalalembert*, de *Monthiers*, de *Montlezun*, de *Montmorency*, avec toutes ses branches, telles que *Montmorency-Laval*, *Fosseux*, *Luxembourg*, etc., de *Morangiès*, de *Moustier*, de *Narbonne*, de la *Panouse*, de *Pantin*, du *Parc*, de *Passac*, de *Poix*, de *Pons de Rennepont*, du *Pontaubevoye*, de *Pontevès*, de *Prissac d'Esclignac*, du *Puy-Melgueil*, de *Quemper de Lanascol*, de *Rivière*, de *Saignard de la Fressange*, de *Saint-Aignan*, de *Saint-Juéry*, de *Saint-Mauris*, de *Saint-Roman*, de *Salignac-Fénelon*, de *Sallmard*, de *Salperwick*, de *Taillefer*, de *Thieffries-Beauvois*, de *Toucheboeuf*, de *Tournon*, de *Toustain*, de *Tramecourt de la Trémoille*, de *Trogoff*, de *Tudert*, de *Tulles de Vilfranche*, d'*Ussel*, de *Valady*, de *Vallin*, de *Vénevelles*, de *Verdonnet*, de *Vioménil*, et une infinité d'autres, moins illustres, mais non moins distinguées par leurs services et leur dévouement à la cause de nos rois.

Tous ces articles sont extraits des anciens auteurs les plus estimés, qui ont écrit sur cette partie, ou bien ont été dressés sur les titres originaux qui nous sont communiqués. Le cas arrive quelquefois (ou pour mieux dire rarement)', que nous sommes forcés d'admettre des *mémoires*, attendu l'anéantissement total des titres, ordonné par des lois révolutionnaires, qui, dans certains pays, n'ont que trop reçu leur exécution; mais alors les familles qui fournissent ces mémoires conservent toujours les moyens de les appuyer de preuves, et le public a beaucoup plus de garantie de s'en référer à ces mêmes familles, que d'en croire sur parole des généalogistes, qui peuvent ne pas être inaccessibles, ou à des considérations personnelles, ou à l'erreur. Quoi qu'il en soit, le Nobiliaire de France, qui, comme tous les ouvrages de ce genre, subit une critique dictée souvent par l'envie, sera toujours un recueil précieux pour l'histoire des familles. Laissons aux méchants le triste emploi de dénigrer un corps respectable, qui, depuis nombre de siècles, a rendu les services les plus importants à la monarchie, et continuons de représenter la noblesse sous les rapports qui lui conviennent. Je dirai même à *messieurs les gentilshommes*, que plus le parti qui leur est opposé fait d'efforts pour anéantir jusqu'au souvenir de leur existence, plus il leur importe de produire dans tous ses détails, l'exposé des services de leurs familles.

Car on ne peut se dissimuler que l'histoire de chaque famille soit de la plus grande utilité pour les diverses provinces du royaume, et pour l'histoire générale; c'est une pépinière de matériaux qui doivent servir un jour à l'élévation d'un grand édifice, et tel siége, tel combat, tel événement qui nous paraissent de peu d'importance dans la narration qu'en fait aujourd'hui une famille, seront cités plus tard dans l'histoire même de la province, avec tout l'éclat et tout l'intérêt qu'ils peuvent inspirer. *Mézeray*, le *P. Daniel*, *Vély*, le *président Hénault*, n'ont fait paraître sur la scène que quelques familles de France, parce qu'ils n'ont connu que celles qui entouraient le trône, et qui remplissaient les grandes charges de l'état; mais s'ils avaient eu sous les yeux tous les faits historiques qui appartenaient aux gentilshommes fixés dans les diverses provinces du royaume, ils auraient grossi leur histoire d'une infinité de traits, qui auraient honoré la noblesse, en instruisant la postérité. Ainsi, rien n'est plus utile que d'établir l'histoire des familles, et celles qui négligeraient d'en fournir les moyens, sont non-seulement coupables envers elles-mêmes, mais encore envers la chose publique; je dis envers elles-mêmes, parce que tout chef de maison a des devoirs à remplir, et que le premier de tous est de rappeler les services de ses ancêtres, afin d'en faire honorer la mémoire, et de fournir à ses enfants les plus beaux exemples à imiter; je dis envers la chose publique, parce que c'est de la réunion de toutes les histoires privées et domestiques, que se forme l'histoire générale; et que l'amour de la patrie et du souverain, doit décidément porter à enrichir celle-ci de tous les matériaux qu'on peut offrir.

J'avais pensé donner cet ouvrage sous la forme de *dictionnaire*; mais plusieurs membres de la noblesse m'ayant fait observer que les familles dont les noms commencent par les dernières lettres de l'alphabet, se trouveraient rejetées à une époque trop éloignée, je me suis déterminé à le faire paraître sans aucun égard pour l'ordre alphabétique. On sentira effectivement que, de cette manière, l'ouvrage marchera plus rapidement, puisque chaque famille peut y être mentionnée dès aujourd'hui, sans attendre le tour qui aurait été irrévocablement assigné, s'il eût fallu suivre l'ordre des lettres de l'alphabet. Et comme à la fin de chaque volume il y a une table indicative des noms des familles qui s'y trouvent relatées, et que l'ouvrage sera en outre terminé par une autre table générale, cela remplit absolument le même but qu'un dictionnaire.

NOBILIAIRE UNIVERSEL,

OU

RECUEIL GÉNÉRAL

DES GÉNÉALOGIES HISTORIQUES

DES MAISONS NOBLES

DE FRANCE,

Formant les matériaux du DICTIONNAIRE UNIVERSEL
DE LA NOBLESSE.

GRAIMBERG, GRIMBERG, GRAIMBERT, GRIM-
BERG, GRIMBERT; famille originaire de Flandre, établie dans le bailliage de Château-Thierri, depuis près
de trois siècles. Elle subsiste en deux branches; savoir:
celle de Belleau, et celle des vicomtes de Nogentel (1).
Le Nobiliaire de Picardie, édition de 1699, où le nom
est écrit *de Graimberg*, nomme, parmi les branches de
cette famille, celles de Nogentel, de Belleau, de Torcy,
et Gaunc.

Cette maison fut long-tems puissante et illustre en
Flandre, et son origine remonte aux siècles les plus
reculés. Elle descend des anciens Berthout, sires de Malines et de Grimberg, les plus puissants seigneurs du
Brabant, ainsi qu'il est constaté dans l'histoire de Louvain, par Lipse, livre II, chap. 2, et autres auteurs,
nommément dans Butkens, en ses Trophées du Brabant

---

(1) Voyez les Etrennes de la noblesse, année 1767, au mot
Grimberg.

aux articles *Malines*, *Grimberg*, *Assche*, *Au*, *Bauters-heim*, *Glimes*, *Berg*, etc. Ces seigneurs se sont divisés, dans la Flandre, en plusieurs branches, dont la plus illustre fut celle de *Glimes* ou *Bergh*, élevée au rang de princes de Grimbergh, en 1686; mais elle ne descendait des anciens Berthout que par alliance avec la branche de Grimberge d'Aa. Elle est aujourd'hui éteinte. C'est dans la branche dite *d'Assche*, aînée de celle d'Aa, que le nom et la filiation masculine se sont conservés jusqu'à nos jours.

Butkens, dans les Trophées du Brabant, termine cette branche aux enfants d'Adrien, derniers possesseurs de la seigneurie d'Assche. Il est vrai que cette branche fut, dès-lors, privée de biens et d'honneurs; mais elle subsista cependant encore quelque tems dans les Pays-Bas. Ce Jean, fils du second lit d'Adrien, que Butkens, nomme *Jean d'Assche*, épousa Isabelle d'Ongnies, d'une branche des sires de Sombreffe, et en eut plusieurs enfants, dont deux furent religieux. L'existence de Guillaume, frère de leur père, est demeurée obscure et ignorée; mais Jean de Grimberg, leur plus jeune frère, faisait revivre en France le nom de Grimberg, alors en quelque sorte éteint dans la Flandre; car les descendants des Grimberg d'Aa y étaient, à cette époque, bien moins connus sous leur nom de famille, que sous les noms de Glimes et de Bergh, riche apanage, qui contribua beaucoup à l'illustration de cette branche; et ce ne fut qu'en 1625, qu'ils prirent le titre de comtes de Grimbergh.

Le nom de Grimberg n'avait notoirement jamais été porté par aucune famille française, avant le milieu du seizième siècle. Aucun acte à nous connu ne nous indique comment Jean, auteur des seigneurs de Belleau, et vicomtes de Nogentel, signa son nom. Quelques monuments encore existants de lui l'écrivent *Grimbert*, et *Graimbert*, substituant la finale française à la finale étrangère; de même qu'en Flandre, à dater de l'époque de sa transplantation, l'orthographe de ce nom varie souvent. Les premières générations établies en France, donnent une foule d'exemples de ces variations. Le nom des seigneurs de Belleau est alternativement écrit *Grimbert*, *Grimberg*, *Graimbert*, *Graimberg*, ce que prouve, entr'autres actes, le contrat de mariage de François, de l'an 1678, où il est constamment écrit *Graimberg*. Sur les tombeaux des seigneurs de Torcy, on lisait *Grimberght*. L'orthographe qui semble avoir prévalu, depuis près d'un siècle, est *Graimberg*, comme le porte le Nobiliaire de Picardie, édition de 1699; cependant il n'est pas rare de le voir orthographié différemment dans des actes postérieurs: dans l'extrait de naissance du baron Louis, conseiller intime de légation du grand-duc de Bade, le nom est écrit *Grimbert*; et en l'acte d'acquisition de la vicomté de Vaustin, en 1773, on le voit, dans les trois dernières pages, écrit onze fois alternativement, *Grimberg*, *Graimbert* et *Graimberg*; l'Annuaire de la Noblesse, de l'an 1667, l'écrit *Grimberg*; du Buisson, dans son Armorial des principales familles nobles de l'Ile-de-France, l'écrit *Grambert*; et Moréri, à l'article Nassau, relatant la seigneurie de Grimberge, l'écrit *Grimbert*.

Le nom de Grimberg parut d'abord en France accompagné d'une faveur, qui, pendant quelque tems, dut faire espérer de le voir s'élever, dans sa nouvelle patrie, au dégré d'illustration où il s'était maintenu pendant si long-tems dans la Flandre et le Brabant, son berceau. Jean, petit-fils d'Adrien, dernier sire d'Assche, du nom de Grimberg, avait été placé auprès du duc d'Alençon, frère des rois François II, Charles IX et Henri III. Ses qualités personnelles et l'amitié dont le duc l'honorait, l'eussent infailliblement élevé au rang des principaux de la cour, et porté sa famille, jusqu'alors étrangère en France, au nombre des plus considérables et des plus distinguées de ce royaume, si la mort prématurée de ce prince, destiné au trône, n'eût trop tôt borné le cours de la fortune de Jean de Grimbert. Néanmoins, déjà revêtu d'emplois honorables, et, par un mariage avantageux, riche en domaines, il conserva toujours, dans les tems orageux de la Ligue, la confiance de ses souverains, comme on verra plus loin par les commissions dont il fut chargé. Aux qualités de capitaine et gouverneur de Château-Thierri, de la Ferté-Milon, de Sens, conseiller, maître-d'hôtel du duc d'Anjou, fils de France, il ajoutait les titres personnels de vicomte de Nogentel, seigneur de Belleau et de Torcy, et les transmit à ses descendants, qui les ont conservés jusqu'à nos jours.

Feu M. le comte de Waroquier, qui avait, ainsi que la maison de Graimberg, une alliance avec l'ancienne et illustre maison de Cauchon, en Champagne, s'étant occupé, en 1784, d'en rechercher l'origine, la filiation suivante est en partie extraite de son travail pour l'ascendance et la descendance de Jean de Graimberg. Les preuves de l'ascendance sont tirées principalement de Butkens, et des titres originaux; les preuves de la descendance sont extraites des divers monuments historiques, mais spécialement des titres originaux produits pardevant d'Hozier, généalogiste du Roi, l'an 1694, pour l'admission de Charles de Graimbert, parmi les pages de Sa Majesté. Si quelque chose pouvait ajouter à l'authenticité de ces pièces, ce serait sans doute la concordance de tous les Nobiliaires, Annales et Histoires généalogiques, qui font mention de cette famille, lesquels s'accordent unanimement sur son extraction des Pays-Bas.

I. Wauthier BERTHOUT, sire de Grimberge, fut du nombre des principaux seigneurs du Brabant, qui souscrivirent certaines lettres d'Ide, comtesse de Boulogne, données en l'an 1086, en faveur de l'abbaye d'Afflegem. Il fonda le monastère de Grimberge; donna l'église d'icelui à des chanoines réguliers de l'ordre de Saint-Augustin, et y fut inhumé avec sa femme, dont il avait eu trois fils et une fille :

　　1.º Arnou, dont l'article suit ;
　　2.º Gérard, ⎱
　　3.º Alveric, ⎰ qui vivaient en 1132;
　　4.º Lutgarde, mariée à Baudewin, sire du pays d'Alost, qui mourut l'an 1128.

II. Arnou BERTHOUT, sire de Grimberge, est nommé, avec ses frères, en une charte de Liéthard, évêque de Cambrai, donnée pour l'église de Grimberge, en l'an –1131, par laquelle ledit évêque approuve la donation qu'ils avaient faite à Saint-Norbert de ladite église, à laquelle il donna pleine liberté. Il laissa trois fils :

　　1.º Wauthier Berthout, sire de Malines, qui continua la branche aînée, avec le nom et les armes de ses ancêtres, qui étaient : *d'or, à trois pals de gueules;*
　　2.º Gérard, dont l'article suit;
　　3.º Arnou, seigneur de Ranst, dont la postérité

a pris le nom, et porté *les armes de Berthout,
brisées d'un franc-canton de sable, au lion d'or.*
Elle s'est perpétuée sous les noms de Ranst et
de Berchem, et portait pour armes, sous ce
dernier nom, *d'argent, à trois pals de gueules,*
qui sont les armes de Berthout, sauf la transmu-
tation de l'émail du champ de l'écu, qui était
d'or.

III. Gérard BERTHOUT, Ier du nom, sire de Rumpst
et de Grimberge, transmit le nom de ce dernier apanage
à sa postérité, qui l'a conservé jusqu'à nos jours. Il est
nommé, avec Wauthier Berthout, son frère aîné, dans
une charte de l'an 1125 donnée par Godefroi, Ier du
nom, duc de Brabant, pour l'abbaye d'Afflegem, par
laquelle ce prince confirme la donation faite par Arnou,
sire de Grimberge, leur père. Ledit Gérard, comme
puîné, changea les armes de ses ancêtres, qui étaient
d'or, à trois pals de gueules, et prit pour se distinguer
de Wauthier, son aîné, un écu *d'or à la fasce d'azur.*
Il est encore nommé, avec le même Wauthier, et à la
qualité d'avoué (*ou protecteur*), de l'église de Grimberge,
dans l'acte d'une donation faite par Wauthier de Wal-
debrouck à ladite église, en 1149. Il épousa Mathilde,
dame de Ninhove, et mourut environ l'an 1186. Leurs
enfants furent :

1.º Gérard, dont l'article suit ;
2.º Arnou, sire de Grimberge, qui, comme puîné
de Gérard II, son frère, brisa ses armes de *trois
tourteaux ou besants de gueules.* Il épousa Sophie,
qui, étant demeurée veuve, se remaria avec Léon,
châtelain de Bruxelles. Arnou en eut :

a. Arnou, sire de Grimberge, mort sans postérité ;
b. Ode, dame de Grimberge, qui épousa Wauthier, sire d'Aa, lequel mourut en 1236. Il
portait pour armes : *de gueules, au sautoir
d'argent.* Il fut la tige des sires d'Aa et de
Glimes, depuis marquis de Berges, comtes
et princes de Grimbergh.

V. Gérard, IIe du nom, sire DE GRIMBERGE, Ninhove,
Rumpst, etc., ajouta à ses armes *un sautoir de gueules,*

et quitta le nom de Berthout, pour prendre celui de la sirerie, de Grimberge, son apanage distinctif. D'Adelice, sa femme, veuve de Wauthier, sire de Tenremonde, il laissa :

1°. Wauthier ou Gérard, III° du nom, sire de Grimberge, de Ninhove, etc., qui épousa Agnès de Beverne, dont les armes sont : *d'or à trois cors contournés de gueules.* Elle était fille de Thierri de Hornes, sire de Beverne et de Dixmude, et d'Ade, fille de Raoul, sire de Couci. Il en eut :

    a. Alice, dame de Grimberge, de Ninhove, Rumpst, etc., morte en 1250, femme de Godefroi de Louvain, sire de Perweys, qui portait pour armes : *de gueules, à la fasce d'argent.* Elle lui porta les seigneuries de Grimberge, Ninhove, Rumpst, etc. Il était fils de Willaume de Louvain, sire de Perweys et de Ruysbouck, et petit-fils de Godefroi, III° du nom, duc de Lothier et de Brabant. Elle fut, avec ledit Godefroi de Louvain, sire de Perweys, la souche des sires de Perweys-Grimberge (1). Il mourut l'an 1257;

    b. Agnès de Grimberge, dame de Dongelberge, première femme d'Enguerrand de Perweys, sire d'Orbays, frère de Godefroi (2), qui mourut en 1248;

2.° Guillaume, dont l'article suit.

V. Guillaume DE GRIMBERGE, Ier du nom, sire d'Assche, épousa Elisabeth, héritière d'Assche, près de Bruxelles, seigneurie considérable qu'elle apporta dans la maison de Grimberge. Elle portait les mêmes armes que son mari, c'est-à-dire, *d'or, à la fasce d'azur; au sautoir de gueules, brochant sur le tout.* Ils vivaient ensemble en 1246 et 1248. Robert, sire de Béthune et de Tenremonde, le qualifie son oncle, en 1237, comme étant

_____

(1) Trophées de Brabant, tome I, p. 627, où leur postérité est rapportée.

(2) *Ibid.* p. 460. Il brisait ses armes *d'un lambel d'or, à cinq pendants.*

frère utérin de sa mère, Mathilde, dame de Tenremonde ; et ledit Guillaume était frère ou chevalier de l'ordre Teutonique en 1253. De son mariage vinrent :

1.º Guillaume, dont l'article suit ;
2.º Henri de Grimberge, auteur de la branche des seigneurs de Moersecke et d'Antoing, éteinte à la fin du quatorzième siècle;
3.º Gérard de Grimberge, doyen de Tournai, en 1292 ;
4.º Jean d'Assche, qui se trouva à la bataille de Woeringe, en 1288;
5.º Aleyde, abbesse de Swivecke;
6.º Béatrix d'Assche, femme de Renier d'Aerschot, dit Cluet, sire de la Rivière, dont les armes sont : *d'argent, à la fleur de lys de sable.*

VI. Guillaume DE GRIMBERGE, IIe du nom, sire d'Assche, reçut en don, en 1258, de Gui, comte de Flandre, la terre, d'Opdorp, en augmentation du fief, qu'il tenait de lui. Il épousa Sybille de Wavrin, fille de Robert, sire de Wavrin, sénéchal de Flandre, qui portait pour armes: *d'azur, à l'écusson d'argent.* Elle était veuve d'Arnou, sire de Cisoin. Guillaume eut de ce mariage :

1.º Robert, dont l'article suit ;
2.º Henri d'Assche, sire de Buggenhout, vivant en 1270 et 1277, qui de Mathilde, sa femme, laissa :

    a. Henri de Grimberge, dit d'Assche, dont on ignore la destinée ;
    b. Elisabeth d'Assche, dame de Buggenhout, mariée à Hugues, sire d'Antoing, dont les armes sont : *de gueules, au lion d'argent.* Elle testa avec son mari, en 1295, lui ayant apporté, outre la terre de Buggenhout, la seigneurie de Hautpontlieu ;

3.º Guillaume d'Assche.

VII. Robert DE GRIMBERGE, Ier du nom, sire d'Assche, d'Opdorp, etc., guidon héréditaire de Brabant, se trouva, en cette qualité, à la bataille de Woeringe, l'an 1288, avec sa bannière, accompagné de son oncle,

Jean d'Assche, et de Henri d'Assche, sire de Moersecke, son cousin-germain. Il était marié avec Marie de Barbanson, en 1292, qu'ils firent conjointement donation de la dîme d'Opdorp au monastère de Saint-Bernard. Elle portait pour armes : *d'argent, à trois lionceaux de gueules, lampassés, armés et couronnés d'or.* Leurs enfants furent :

1.º Robert, dont l'article suit ;

2.º Jean d'Assche, chevalier, marié avec Catherine Utenhove, qui portait pour armes : *d'argent à trois jumelles de gueules.* Elle était veuve de lui, en 1362, et mère de Jean d'Assche, dont on ignore la destinée ;

3.º Marguerite, mariée à Renie Eggloy, chevalier, qui, comme cadet des d'Aerschot de la Rivière, portait : *d'argent à trois fleurs de lys nourries de sable.* Il mourut en 1339.

VIII. Robert DE GRIMBERGE, II° du nom, sire d'Assche, d'Opdorp, etc., guidon héréditaire de Brabant, épousa Isabeau de Borsèle, qui portait pour armes : *de sable, à la fasce d'argent.* Elle partagea, l'an 1324, les biens de son père, Florent de Borsèle, avec sa sœur Hadwige de Borsèle, femme de Gérard Vilain, sire de Saint-Jansteene. Ils eurent entr'autres enfants :

1.º Jean de Grimberge, chevalier, sire d'Assche, laquelle terre fut quelque tems engagée à Jean Van Hamme. Il fut guidon héréditaire de Brabant, est ainsi qualifié dans des actes de 1347, 1353, 1357 et 1365. Il épousa Agnès de Leefdaële, dont les armes sont : *d'argent, au chevron de sable, accompagné de trois maillets de gueules en bande.* Elle était fille de Rogier, sire de Leefdaële et d'Agnès de Clevis, avec laquelle il partagea les biens de Jean et Louis de Leefdaële, ses beaux-frères. Etant mort sans postérité, Jean, son neveu, fils de Robert, son frère, lui succéda dans la seigneurie d'Assche ;

2.º Robert, dont l'article suit ;

3.º Elisabeth d'Assche, morte en 1352.

Fille naturelle:

Catherine, bâtarde d'Assche.

IX. Robert DE GRIMBERGE, IIIe du nom, dit *d'Assche*, seigneur d'Opdorp, etc., épousa Ide Costers de Courtray, fille de Rogier Costers de Courtray, chevalier, qui portait pour armes : *d'argent, au sautoir de gueules, cantonné de quatre billettes du même.* De ce mariage sont issus :

1.° Jean, dont l'article suit ;

2.° Robert d'Assche, sire d'Opdorp, chevalier, vivant en 1418, 1430 et 1435. Il avait épousé Jeanne de Pipenpoy, qui portait : *d'argent à trois fleurs de lys nourries de gueules.* Il en eut :

    a. Mathilde d'Assche, dame d'Opdorp, mariée avec Adrien de Marselaere, à qui elle porta la terre d'Opdorp. Il portait *d'argent, à six losanges de gueules, accolées en bande;*

    b. Marie d'Assche, mariée à Mathieu de Bigaerden.

Fils naturel:

Jean, bâtard d'Assche.

3.° Guillaume d'Assche, vivant en 1416, amman de Bruxelles, châtelain de Vilvorde, marié avec Aleyde de Heetvelde, dont les armes sont : *d'or, à la bande de gueules, chargée de trois maillets d'argent, et accompagnée en chef d'un écusson de sable, chargé d'un lion d'argent.* Il fut décapité en 1421, avec son frère aîné.

X. Jean DE GRIMBERGE, Ier du nom, chevalier, sire d'Assche, après la mort de Jean, son oncle, fut aussi comte de Megem, et guidon de Brabant. Il fut un des principaux chefs qui fomentèrent des dissensions entre Jean IV de Bourgogne, duc de Brabant, et les états de ce duché. Il fut décapité à Bruxelles, l'an 1421, ses biens confisqués, et sa terre d'Assche donnée à Philippe de Bourgogne, comte de Saint-Pol et de Ligny. Il avait épousé, 1.° en 1388, Béatrix de T'Serclaës, dont les armes sont : *de gueules, au lion d'argent, lampassé, armé et couronné d'or, portant, à l'épaule, un écusson du même, ayant un chef échiqueté de gueules et d'argent de deux tires;* 2.° Isabeau de Launais, dame de Rummen, de Hamme, etc., veuve de Gérard de Bautersheim, sire de Merchem, Westwesèle, etc., et fille de Mathieu, sire de Launais et de Marie Van Goore. Ses enfants furent,

Du premier lit :

1.º Jean de Grimberge, sire d'Assche, guidon de Brabant. Il épousa 1.º en 1425, Cornélie de Bautersheim, dame de Merchem, Rummen, Wilre, Hamme, Quaetmechelen, Beverlo, etc., fille de Gérard de Bautersheim, et d'Isabeau de Launais, sa belle-mère ; elle portait pour armes: *de sinople, à trois macles d'argent; au chef d'or ; chargé de trois pals de gueules, et d'un canton de sable, au lion d'argent* ; 2.º Béatrix de Saemslach, morte en 1446, elle portait : *d'azur, à la fasce vivrée d'or* ; 3.º Gudule van der Heyden, qu'il épousa, en 1465, après en avoir eu deux enfants, mentionnés ci-après. Elle se qualifie sa veuve, dans un acte du 13 juin 1490. Elle était veuve de Collains Cogman, et fille de Lancelot, *aliàs*, de Herman van der Heyden, qui portait pour armes : *d'argent, à la fasce de sable, accompagnée de trois lionceaux léopardés de gueules.* Il avait racheté la seigneurie d'Assche de Pierre de Pipenpoy, auquel Philippe de Bourgogne l'avait donnée. Jean de Grimberge eut pour enfants,

Du premier lit :

a. Jean de Grimberge, sire de Mercxem et de Hamme, qui épousa, en 1507, Henriette de Ranst, dame de Canticrode, Mortsèle, Eegem, etc., qui portait : *d'argent à trois pals de gueules, au franc canton de sable, chargé d'un lion d'argent.* Il mourut avant son père, sans postérité ;

b. Jeanne, qui, par la mort de son frère, et par suite des dispositions de ses parents, héritière de leurs terres et seigneuries, les porta en mariage, en 1457, à Gilles de Jauche, sire de Hierges, etc., qui portait : *de gueules, à la fasce d'or.* Butkens, tom. II, p. 155 ;

c. Marie, religieuse à Ouwerghem ;

d. Isabeau d'Assche, mariée, 1.º à Jean de Dongelberg, sire de Longchamps, dont les armes sont : *de sable, au lion d'or ; à la bande*

de gueules, brochante sur le tout ; 2.º à Jean
de Heetwelde, qui portait pour armes : *d'or,
à la bande de gueules, chargée de trois maillets
d'argent, et accompagnée en chef d'un écusson
de sable, chargée d'un lion d'argent ;*

e. Dimpne (*Digne*) d'Assche, mariée à Wauthier van der Noot, chevalier, sire de
Reyst et de Westwesèle, dont les armes
sont : *d'or à cinq coquilles de sable ;*

Du troisième lit :

f. Antoine de Grimberge, dit van Assche,
qui fut échevin de la ville de Bruxelles, en
1492, 1506, et trésorier de la même ville
en 1510 et 1525 ;

g. Corneille de Grimberge ;

2. Guillaume de Grimberge, prévôt de Louvain
en 1412 et 1413, était sire d'Assche en 1442,
1448, 1449, et en l'an 1452. Il céda cette terre
à Jean d'Assche, son frère aîné. Il épousa Catherine Keyser, dont les armes sont : *d'azur, à
trois annelets d'argent ; au franc canton du même,
chargé d'une quinte-feuille de sable.* De ce mariage
sont issus :

a. Jean d'Assche, vivant en 1480 ;

b. Guillaume d'Assche, qui épousa Marie van
der Eycken, fille de Jean van der Eycken,
qui portait : *de sinople, au chef d'argent,
chargé de trois macles de sable ;*

c. Catherine d'Assche, mariée à Jean de Gor-
tère, dit van Sombeke, dont les armes sont :
*d'argent, à trois chevrons de gueules, au
lambel d'azur brochant ;*

3.º Henry d'Assche ;

4.º Robert, dont l'article suit ;

5.º Béatrix d'Assche, qui vivait en 1413 ;

6.º Catherine d'Assche, abbesse de Cameren, vivante en 1465 ;

Du second lit :

7.º Jean d'Assche, qui vivait en 1440.

XI. Robert DE GRIMBERG, dit *d'Assche*, IVᵉ du
nom, épousa, en 1423, Marie de Florenville, dont les

armes sont : *de gueules, à trois fasces d'argent, au lion de sable brochant sur le tout.* Elle était veuve de lui en 1478. Leurs enfants furent :

1.º Jean d'Assche, } dont on ignore la destinée;
2.º Robert d'Assche, }
3.º Adrien, qui continua la lignée ;
4.º Antoine d'Assche, qui épousa Béatrix van Haesten, fille de Franco van Haesten, dont les armes sont : *de gueules, à trois pals de vaïr ; au chef d'or, au lambel de sable ;*

Bâtards :

Woltaert,) fils naturels, qualifiés chevaliers en
Gui,   ) 1452.
5.º Marie, femme d'Iwain d'Opheim, sire de Neerissche et de Moerseke, dont les armes sont : *de gueules, à trois maillets d'or, 2 et 1 en bande ;*
6.º Béatrix, mariée à Costin d'Aa, dont les armes sont : *de gueules, au sautoir d'argent.* Elle avait une nièce, Béatrix d'Assche, religieuse au monastère de Bigaerde ;
7.º Catherine d'Assche.

XII. Adrien DE GRIMBERG, échevin de la ville de Bruxelles en 1474, trésorier en 1475, bourguemestre en 1488 et 1489; racheta la terre d'Assche, en 1478, de son cousin, Jacques, sire de Jauche; puis il en fut privé par Gauthier van der Noot, sire de Westweselaer, plus proche parent du vendeur, qui la retraita, mais pour peu de tems. Jeanne de Jauche, sœur de Jacques, la retira des mains de Gauthier van der Noot; ensuite de quoi la terre d'Assche passa dans la maison de Coutereau, pour laquelle, depuis, elle fut érigée en marquisat (1). Adrien de Grimberg avait épousé, 1.º Jeanne

––––––––––––

(1) Le nom d'Assche resta en grand honneur dans les Pays-Bas. Marguerite, fille de Jeanne de Jauche, et de Guillaume de Widowe *, étant restée en possession de la seigneurie d'Assche, la porta à Jean Coutereau, son époux, d'une ancienne maison de France, établie aux Pays-Bas, ce qui

* Voyez le supplément aux trophées de Brabant, tome I, page 160.

de Groote, fille de Jean de Groote, et de Marie Coutereau, sœur de Charles, chancelier de Brabant. Elle portait pour armes : *d'argent, à la croix d'azur cantonnée de 12 merlettes de sable en orle.* 2.° Marguerite Absolons, dont les armes sont : *d'argent, à trois lys nourris de gueules ; au canton du même, chargé d'un sautoir échiqueté d'argent et de sable.* Ses enfants furent ;

Du premier lit :

1.° Philippe d'Assche, qui épousa Catherine de Hertoghe, dont les rames sont : *d'azur, à la tour d'or, accompagnée en chef de trois étoiles d'argent.* Il mourut sans enfants l'an 1505. Il fut enterré aux Carmélites de Bruxelles ;

2.° Robert, vivant en 1480, mort sans postérité, et inhumé près de son frère aux Carmélites à Bruxelles ;

3.° Marguerite, } vivantes en 1480 ;
4.° Marie,

Du second lit :

5.° Jean, dont l'article suit ;

6.° Guillaume, dont le sort est ignoré ;

7.° Catherine, *aliàs* Isabelle d'Assche, mariée à Jean van der Heetwelde, dont les armes sont : *d'or, à la bande de gueules, chargée de trois maillets d'argent, et accompagnée en chef d'un écusson de sable chargé d'un lion d'argent.*

XIII. Jean DE GRIMBERG, IIe du nom, chevalier,

---

transmit à la maison de Coutereau la charge du guidon héréditaire de Brabant, annexée jusqu'alors aux seigneuries d'Assche. C'est à propos de ce privilége qu'ont été fait les vers suivants :

  « Ce riche pays d'Assche, de Grimberge un partage,
  » Honoré d'une croix que l'on va adorant ;
  » Ceux de Coutereaul, l'ayant acquis par mariage,
  » Ont le droit de porter l'étendard de Brabant. »

La seigneurie d'Assche fut érigée en marquisat, par Philippe IV, pour Guillaume, petit-fils de Jean de Coutereau, en 1663. Cependant la maison de Coutereau ne porta point les armes d'Assche.

dit *d'Assche*, échevin de la ville de Bruxelles en 1528, quitta ce nom d'Assche que le malheur poursuivait depuis un siècle ; sa famille s'était vue dépouillée, par suite des troubles civils, de la terre d'Assche et de tous ses biens. Uni à Isabelle d'Ongnies, son épouse, qui portait *de sinople, à la fasce d'hermine*, et transigea, en 1525, avec Antoine de Grimberg, dit d'Assche, son cousin, trésorier de la ville de Bruxelles. Il laissa entr'autres enfants :

1.º Jean, dont l'article suit :
2.º Robert,
3.º Guillaume , } qui furent religieux.

XIV. Jean DE GRIMBERG, *de Grimbert, de Grimberg, de Graimbert*, IIIᵉ du nom, quitta les Pays-Bas pour venir s'établir en France. On ignore l'époque de cette émigration ; mais des lettres du duc d'Anjou, de l'an 1581, prouvent qu'il devait être alors d'un âge mûr, puisque ce prince lui demande des notions topographiques sur la Flandre ; dans une lettre de Dunkerque, du 4 juin 1584, le duc l'invite à lui amener, pour son expédition déjà malheureuse, le plus d'amis qu'il pourra. Il fut aussi le premier qui chargea ses armes *d'un écusson d'azur, à trois besants d'or*, ce qui, conformément à l'usage d'alors, donne une forte présomption qu'il avait plusieurs autres frères. Ses descendants n'ont pas toujours conservé cet écusson (1), d'autres l'ont pris ex-

---

(1) Paillot, dans sa Vraie et parfaite Science des Armoiries, édition de 1660, donne à la branche de Picardie, qu'il écrit de *Grainbergues*, les armes pures, c'est-à--dire au sautoir et à la fasce. Le Nobiliaire de Picardie, édition de 1699, ne leur donne que l'écusson aux besants. Il paraît que Jean de Grimberg, en adoptant cette brisure ou addition d'armoiries, voulut transmettre à ses descendants qui, comme on l'a dit plus haut, n'ont pas toujours suivi régulièrement son exemple, les trois besants ou tourteaux qu'Arnou Berthou, sire de Grimberge, avait ajoutés à son écu, comme les Bautersheim, et plus tard les Glimes, substitués par alliance à une branche de Grimberge d'Aa, avaient joint à leur écu, non les armes d'Aa, la seigneurie ne leur en appartenant point, mais les pals de Wauthier Berthout, sire de Grimberge-Malines. Ces trois tourteaux ou besants sont aussi les armes d'une famille de Gransberg, aux Pays-Bas, citée

clusivement, en abandonnant les armes primitives ; distinctions qui procédaient sans doute de l'ordre de primogéniture. Placé auprès du duc d'Alençon, depuis duc d'Anjou, Jean de Grimbert jouit jusqu'à la mort de ce prince, de son estime et de sa confiance. Au mois d'avril 1578, il était maître-d'hôtel de ce duc (1), charge remplie par les maisons les plus distinguées. Il est qualifié, dans l'Etat de la maison de ce prince, *messire Jehan de Graimbert.* Il paraît, en 1584, comme vicomte de Nogentel, seigneur de Belleau, de Torcy, etc., capitaine et gouverneur de Château-Thierri, et de la Ferté-Milon, conseiller-maître-d'hôtel du duc d'Anjou. Henri IV, qui l'honorait de sa confiance, lui donna plusieurs commissions honorables (2). Il mourut dans un

---

dans Weigel, tom. I, pag. 27, et dans Sicheumocker, p. 38, mais qui nous est entièrement inconnue. Les armoiries d'Assche sont aussi celles de la famille *van Echaute,* en Flandre, descendante des sires de Grimberge. *Voyez* Butkens, le Nobiliaire des Pays-Bas, et d'Hozier, Armorial général.

(1) État des maisons des reines et princes de France, 1 vol. in-folio. Manuscrit au cabinet de M. de Saint-Allais, p. 590.

(2) Voyez l'histoire du duché de Valois, livre VII, pag. 685, où il est dit : « Après avoir pris une dernière résolution sur la » démolition de ce château (La Ferté-Milon), il (Henri IV) » adressa à cet effet, au sieur de Belleau, la commission sui- » vante :

Henri, par la grâce de Dieu, roi de France et de Navarre, à notre bien-amé le sieur de Belleau, salut : Sur les diverses plaintes qui nous ont été ci-devant faites par les habitants de toutes les villes qui sont en notre obéissance, en l'Ile de France, des incommodités qu'ils ont reçues des garnisons établies par nos ennemis dans le château de la Ferté-Milon, estimant être nécessaire, à présent qu'il est remis en notre obéissance, d'empêcher le cours de telles incommodités, ce qui ne se peut aisément se faire que par la démolition et ruine entière de la place laquelle d'ailleurs, inutile qu'elle est, et presque inhabitable pour n'être pas achevée, n'apportera aucun préjudice, mais beaucoup de sûreté et commodité à nous et à nos sujets ; nous avons commis et commettons, par ces présentes, pour incontinent et sans aucune remise ou délai, faire travailler à la démolition et ruine dudit château de la Ferté-Milon, à laquelle nous voulons que les habitants des paroisses circonvoisines, et à trois lieues à la ronde dudit château de la Ferté-Milon, soient tenus de contribuer selon les rôles et départements qui en seront

âge fort avancé, en son château de Belleau, l'an 1608, laissant, du mariage qu'il avait contracté avec Anne Gaultier, dont les armes sont : *d'azur, à la croix d'or, cantonnée : aux 1 et 4, d'un cou de grue d'argent ; aux 2 et 3, d'un trèfle d'or*, les enfants qui suivent :

1.º Renaut, dont l'article viendra ;

Branche des vicomtes de Nogentel.

2.º Antoine, qui fonda la branche des *vicomtes de Nogentel*, qui s'est divisée en plusieurs rameaux, entr'autres, ceux *de Torcy* et *du Breuil*. Ces branches, qui subsistent de nos jours, et sur lesquelles nous attendons des renseignements ultérieurs, ont formé des alliances distinguées, parmi lesquelles on compte celles des maisons de Thémines, du Blaisel, de Laval de Lettancourt, de Méry, de Gentil, de Saint-Luc, de l'Esguisé, etc., etc. De cette dernière était Jean de l'Esguisé, évêque de Troyes, qui, réuni avec

---

faits par les présidents et trésoriers généraux de nos finances, en vertu de lettres particulières que nous leur en faisons expédier à cet effet, usant en cela, du devoir de diligence que nous nous sommes promis de vous ; car tel est notre plaisir. Donné à Paris, le dixième jour d'octobre, l'an de grâce mil cinq cent quatre-vingt-quatorze, et de notre règne le sixième.

Signé HENRY.

Et plus bas, par le Roi, *signé* Potier, et scellé du sceau de cire jaune.

Daniel, tome 14º de l'Histoire de France, page 29, à l'année 1594, dit : « Sens, de concert avec le sieur de Belleau, son gouverneur, en fit autant (se soumit au Roi), et ce gentilhomme fut confirmé dans son gouvernement. » On voit effectivement que dès l'année 1591, Jean de Grimbert n'était plus gouverneur de Château-Tierri : c'était Pinard, qui rendit la ville aux Espagnols : dans un ordre du 22 mars 1595, donné par Henri IV au trésorier de l'épargne, de délivrer à Jean de Grimbert mille écus, pour avoir ménagé la soumission de la Ferté-Milon, il est encore nommé sieur de Belleau. Du reste, l'orthographe de la seigneurie de Belleau varie comme celle du nom de Grimberg : on le voit sur les cartes et dans les titres que nous avons sous les yeux presque toujours écrit de façon différente.

les Molé, chassa les Anglais de cette ville sous le règne de Charles VII. Jean-François, seigneur de Saint-Luc, en Normandie, a pour fils le vicomte de Graimberg, officier de dragons, dont le frère aîné avait été inscrit aux pages du roi avant sa mort. Ces différentes branches ont constamment servi dans les armées de nos rois;

3.º Jean, tué pendant les guerres civiles;

4.º Jean, prieur d'Auteuil, où il est mort en 1661;

5.º Antoinette, mariée à Charles de la Charnaye, seigneur d'Orgal, en Beauce.

XV. Renaut DE GRAIMBERT, ou *de Graimberg*, seigneur de Belleau, d'abord pourvu, par le pape Sixte V, à la demande de Renaut de Beaune, archevêque de Sens, primat des Gaules, son parrain, du prieuré d'Auteuil, qu'il résigna à son frère Jean, ci-dessus rapporté; fut ensuite gentilhomme ordinaire du roi, commissaire aux revues, et trésorier général des finances en la généralité de Soissons (1), et mourut en son château de Belleau, le 28 janvier 1628. Il avait épousé Anne de Niceron, dont les armes sont: *d'azur, au chevron d'argent, accompagné en chef de deux croissants, et en pointe d'une tête de maure à collier et pendants d'oreille, le tout du même.* Il eut de ce mariage:

1.º Charles, dont l'article suit;

2.º Jean, qui porta d'abord les armes, et fut ensuite pourvu du prieuré d'Auteuil, où il mourut l'an 1666;

3.º Jeanne, mariée à François de Fauvilliers, seigneur de Moutiers, près Château-Thierri, maintenu dans sa noblesse, par arrêt du 24 octobre 1669;

4.º Madelaine, religieuse aux Hospitalières de Crépy, en Valois.

XVI. Charles DE GRAIMBERG, Iᵉʳ du nom, seigneur de Belleau, d'abord cadet au régiment des gardes,

_____

(1) Un armorial manuscrit de cette généralité, lequel est entre nos mains, donne à ce Renaut, ou à l'un de ses descendants, les armes pleines d'Assche, c'est-à-dire à la *fasce et au sautoir.*

en la compagnie de M. de Busenval, son cousin-germain ; puis gendarme de la garde et gentilhomme ordinaire du Roi. Il assista à l'assemblée de la noblesse, lors de la convocation des états, le 22 février 1649, sous la qualité de chevalier, seigneur de Belleau, et fut maintenu en ladite qualité en 1661. Il mourut en son château de Belleau, en 1673. Il avait épousé, le 20 juin 1643, Françoise de Vassan (1), dont les armes sont : *d'azur, au chevron d'or accompagné en chef de deux roses d'argent, et en pointe d'une coquille du même.* Elle était fille de Nicolas de Vassan, seigneur de Puisieux, vicomte d'Aubilly, maître d'hôtel du roi, mestre-de-camp et gouverneur de Pont-à-Mousson, et de Madelaine Renée Lamiraut du Bouchet. De ce mariage sont issus :

1.º François, dont l'article suit ;

2.º Louis, prieur de Saint-Marceau-lès-Orléans ;

3.º Anne (2), mariée, 1.º le 2 décembre 1664, à Louis, vicomte de Sugny, lieutenant-colonel du régiment de cavalerie de la Valette, qui portait pour armes : *d'argent, à la bordure d'azur ; au tronc à cinq nœuds de gueules, trois dessus, deux dessous, brochant sur le tout.* Il était fils de Philbert de Sugny, chevalier, seigneur de Sugny, de Chappe, du Mont-Saint-Martin, etc., gentilhomme ordinaire de la chambre du Roi, et de Jeanne Danois de Geoffreville ; 2.º à Antoine du Blaisel, dont les armes sont : *écartelé : aux un et quatre, d'hermine, à six losanges de gueules en fasce ; aux deux et trois, d'or, à trois bandes d'azur ;* était lieutenant du Roi du château de Sédan ;

4.º Françoise, }
5.º Marie, } religieuses à Longpré ;

6.º Charlotte, religieuse au Charme.

XVII. François DE GRAIMBERG, seigneur de Belleau, du Breuil, de Carmignolles, d'Hacqueville, de Fontenelles, etc., d'abord mousquetaire du Roi, servit

---

(1) Voyez d'Hozier, reg. I.er, partie 2, page 607, où il est nommé de *Grainbert.*

(2) Le père Anselme, Histoire des Grands-Officiers de la Couronne, tom. VIII, pag. 874, écrit Anne *de Grimbert.*

en cette qualité à l'expédition de Candie, en 1669 ; fut ensuite lieutenant de la compagnie du vicomte de Sugny, son beau-frère, au régiment de la Valette, cavalerie ; fit les campagnes de 1672 à 1678 ; fut élu commandant de l'arrière-ban du bailliage de Château-Thierri, en 1689 ; puis, l'an 1691, *lieutenant commandant l'escadron de la noblesse de l'Isle-de-France* ; épousa Marie Carrier, dont les armes sont : *d'azur, au chevron d'or, accompagné en chef de deux roses, et en pointe d'un gland, le tout du même.* Elle était fille de Louis Carrier, conseiller honoraire au présidial de Château-Thierri. Il mourut le 14 mai 1723, en son château de Belleau. Ses enfants furent :

1.° Charles, dont l'article suit ;
2.° Renaut, entré au régiment des gardes, en 1713, tué, étant capitaine de grenadiers, au siége de Philisbourg, en 1734.

XVIII. Charles DE GRAIMBERG, II° du nom, seigneur de Belleau, d'Hacqueville, Fontenelles, du Breuil, Carmignolles, né l'an 1680, fut reçu, en 1694, page du roi Louis XIV en sa grande écurie. Se retira du service, brigadier des mousquetaires, après nombre de campagnes, étant chevalier de l'ordre royal et militaire de Saint-Louis. Il mourut en son château de Belleau, en 1748. Il avait épousé, en 1735, Gillette de Sugny, fille de Philbert, vicomte de Sugny, dont les armes sont : *d'argent, à la bordure d'azur ; au tronc à cinq nœuds de gueules, trois dessus, deux dessous, brochant sur le tout.* De ce mariage sont issus :

1.° Louis-Charles, seigneur de Belleau, Fontenelles, etc., entré, l'an 1764, au régiment du Roi, infanterie ; marié, l'an 1770, avec Françoise le Moigne de Rœuve, fille aînée de M. le Moigne de Rœuve, seigneur de Béaucourt et autres lieux, dont les armes sont : *d'argent, au chevron de gueules, accompagné en chef de deux roses du même, et en pointe d'une merlette de sable.* Il mourut sans postérité, en la ville de Nancy, l'an 1776. Ses biens passèrent à son frère, dont on va parler ;
2.° Gilles-François, dont l'article suit.

XIX. Gilles - François DE GRAIMBERG, vicomte de Vaustin, ancien seigneur de Belleau, Hacqueville, la Croix, Puisieux, Beaucourt, Saint-Gengoulph, Paars, Salsogne, etc., etc., chevalier de l'ordre royal et militaire de Saint-Louis, naquit au château de Belleau, en 1748. Il entra au régiment du Roi, infanterie, l'an 1764; fut nommé, en 1787, syndic du clergé et de la noblesse du bailliage de Château-Thierri; puis, l'an 1789, *député de la noblesse* du même bailliage aux états-généraux; a porté les armes pendant une partie de la guerre de la révolution, d'abord dans la compagnie de la noblesse de Champagne, puis comme capitaine au régiment de Dillon. Il a épousé, 1.º Anne le Moigne de Rœuve, fille cadette de M. le Moigne de Rœuve, seigneur de Béaucourt, dont les armes sont : *d'argent, au chevron de gueules, accompagné en chef de deux roses du même et en pointe d'une merlette de sable* ; 2.º en 1808, mademoiselle de Mornay de Hangest, fille de M. de Mornay, comte de Hangest, seigneur d'Estrepilly, dont les armes sont : *écartelé: aux 1 et 4, burelés d'argent et de gueules, au lion morné de sable, couronné d'or, brochant, qui est* DE MORNAY ; *aux 2 et 3, d'argent, à la croix de gueules, chargée de cinq coquilles d'or, qui est* DE HANGEST. Il a eu:

Du premier lit:

1.º François-Mathieu de Graimberg, chevalier des ordres royaux militaires de Saint-Louis et de la Légion-d'Honneur, élevé à l'école militaire de Rebais. Il a servi pendant une grande partie de la guerre de la révolution, volontaire, d'abord dans la compagnie de la noblesse de Champagne, et dans les chasseurs nobles de Damas, en 1792, 1793 et 1794; sous-lieutenant au régiment du maréchal de Broglie, puis successivement au régiment des hussards de Blaukenstein et du prince-évêque de Saltzbourg ; il est aujourd'hui chef d'escadron dans l'état-major. De son mariage avec Athénaïde Oudan de Blanzy, dont les armes sont: *d'azur, au chevron d'or acccompagné en chef de deux roses, et en pointe d'un lionceau, le tout du même*; fille de M. Oudan de Blanzy, chevalier de l'ordre royal et militaire de Saint-Louis. Il a eu :

a. Athénaïde de Graimberg,

b. N... de Grimberg, morte enfant,

c. Léontine de Graimberg,

d. Clara de Graimberg.

2.° Louis-Charles-François, élevé à l'école royale militaire de Rebais. Il a servi pendant une grande partie de la guerre de la révolution, d'abord comme volontaire dans la compagnie de la noblesse de Champagne, dans les chasseurs nobles de Damas, puis en qualité de sous-lieutenant au régiment de Mortemart ;

3.° Dominique-Louis de Graimberg, élevé à l'école royale militaire de Rebais. Il a servi pendant une grande partie de la guerre de la révolution, d'abord comme volontaire dans la compagnie de la noblesse de Champagne et dans les chasseurs nobles de Damas ; ensuite fourrier des volontaires au régiment de Vioménil, officier dans la cavalerie noble de monseigneur le prince de Condé. Il est aujourd'hui conseiller intime de légation de S. A. R. le grand duc de Bade. Il a épousé, en 1800, Amélie de Büdberg, dont les armes sont ; *d'azur, à une chaîne de 7 anneaux d'argent en fasce* ; fille d'Alexandre de Büdberg (1), lieutenent-général des armées prussiennes, grand'croix de l'aigle rouge, etc. Il a de ce mariage :

Sophie de Graimberg ;

4.° Jean (François-Philibert) de Graimberg, chevalier de l'ordre royal et militaire de Saint-Louis, élevé à l'école royale militaire de Rebais. Il a servi pendant une partie des guerres de la révolution, d'abord comme volontaire en la compagnie de la noblesse de Champagne, puis cadet

---

(1) La maison de Büdberg, une des plus illustres de la Livonie et de la Courlande, est westphalienne d'origine : lors de la conquête de la Prusse par les chevaliers teutons au treizième siècle, une branche s'y établit et forma plusieurs rameaux : elle s'est éteinte dans la Westphalie vers la fin du dix-septième siècle : elle subsiste encore aujourd'hui dans le Nord avec éclat. Le général de Büdberg, dont il est ici question, était courlandais : sa fille aînée avait épousé le comte de Dohna, général-major prussien, de l'illustre maison des Bourgraves de Dohna.

aux régiments du maréchal de Broglie et de Dillon ; il est aujourd'hui capitaine retiré ;

5.º N..... de Graimberg, mort dès sa naissance ;

6.º Henriette de Graimberg.

Armes : D'or, à la fasce d'azur, au sautoir de gueules, brochant sur le tout ; sur le tout, d'azur, à trois besants d'or. Tenants : deux anges de carnation, habillés de tuniques d'azur, brodées d'or. L'écu timbré d'un casque taré de profil, orné de ses lambrequins et sommé d'une couronne de vicomte. Cimier : un griffon issant de gueules.

DU THON, noble et ancienne famille de Normandie, connue dès l'an 1180, que plusieurs gentilshommes de ce nom se croisèrent sous Philippe Auguste, et furent admis dans les tournois.

Jean du *Thon*, fut du nombre des seigneurs qui, avec les comtes d'Harcourt et d'Aumale, furent otages du roi Jean en Angleterre, conformément au traité de Bretigny, en 1360.

De Jean du *Thon*, sont descendus les sieurs du Thon, établis dans la province de Normandie, à Cherbourg, Caen et Rouen, ainsi que différentes terres et châteaux dont ils étaient seigneurs, comme Molineaux, Montcarville, le Quesnay, Bouville, etc.

On n'a pu, par suite des troubles civils et des guerres de Normandie, et par la dispersion des branches de cette famille, en remonter la filiation au delà de :

I. Jean-Caude DU THON, qui vivait à Rouen, en 1500 ; il épousa Marie Sautereau de Villiers, dont il eut quatre fils :

1.º Jean du Thon, héritier des biens, selon la coutume de Normandie ; qui resta en France ;

2.º Jean-François, dont l'article suit ;

3.º Charles du Thon, ⎱ qui furent s'établir en

4.º Henri du Thon, ⎰ Angleterre.

II. Jean - François DU THON, sortit de France, et vint s'établir en Suisse, en 1537 ; il eut beaucoup de connaissances dans les sciences, et fut très-versé dans la théologie. Ayant reçu les principes de la religion réformée, peu de tems après son arrivée, il fut établi seigneur - ministre de cette religion dans la petite ville d'Yverdun, au pays de Vaud. Il épousa demoiselle Claude de Jental, et fut le chef de la branche encore existante en Suisse, laquelle fut reçue à la bourgeoisie d'Yverdun, en 1590. Il eut pour fils :

III. Jean du Thon, qui épousa demoiselle Pernette de Saint-Thomas, dont il eut :

    1° Claude du Thon, qui s'allia avec Jeanne de Pillichody, et fut père de Jean du Thon, tué au service ;

    2°. Jean-François du Thon, né en 1618 ;

    3°. François du Thon, dont l'article suit ;

    4.° Claude du Thon, né en 1626 ;

    5.° Barbille du Thon, née en 1622 ;

    6.° Susanne du Thon, née en 1623 ;

    7.° Madelaine du Thon, née en 1631 ;

    8.° Jeanne du Thon, née en 1632 ;

    9.° Susanne du Thon, née en 1636.

IV. François du Thon, né en 1620, épousa Etiennette de Perrin. Il eut de ce mariage :

    1.° François-Louis, dont l'article suit ;

    2.° Jean-Jacques du Thon, né en 1653, père de :

        a. Jean-Louis du Thon, né en 1689 ;

        b. Rose du Thon, née en 1677 ;

        c. Rose-Marguerite du Thon, née en 1686 ;

        d. Susanne-Catherine du Thon, née en 1691 ;

        e. Jeanne-Urbaine du Thon, née en 1692 ;

    3.° Isaac du Thon, né en 1659 ;

    4.° Humbert du Thon, né en 1661, marié avec noble Verene de Hallet, qui le rendit père de François-Samuel du Thon, né en 1682 ;

    5.° Abraham-Maximilien du Thon, né en 1670 ;

    6.° Albert-Louis du Thon, né en 1672 ;

    7.° Jeanne-Marie du Thon, née en 1654 ;

    8.° Susanne-Françoise du Thon, née en 1656 ;

    9.° Anne-Judith du Thon, née en 1664.

V. François-Louis du Thon, Ier du nom, naquit en 1650. Il eut pour enfants :

1.º François-Louis, dont l'article suit ;

2.º Jacob, dont l'article suivra après celui de son frère ;

3.º Jean - Rodolphe , rapporté après ses deux aînés ;

4.º Anne-Marguerite du Thon, née en 1672 ;

5.º Madelaine du Thon, née en 1674 ;

6.º Anne-Esther du Thon, née en 1676 ;

7.º Françoise du Thon, née en 1680 ;

8.º Elisabeth du Thon, née en 1682 ;

9.º Susanne du Thon, née en 1683.

VI. François - Louis du Thon, II.º du nom, né l'an 1668 , marié avec demoiselle Mayor de Lully , dont sont issus :

1.º Étienne-Louis du Thon, né en 1696 ;

2.º Antoine-Louis du Thon, né en 1711, capitaine au service de Russie ; à son retour, magistrat à Yverdun ;

3.º Catherine-Henriette du Thon, née en 1704 ;

4.º Claude-François, né en 1716 ;

5.º Louise-Susanne du Thon, née en 1707 ;

6.º Marguerite-Catherine du Thon, née en 1709.

VI. Jacob du Thon, né en 1678.. Il voyagea de bonne heure, et entra au service du roi Guillaume, dans la compagnie du lord Gallouwai, en 1695 ; fut fait prisonnier en 1696. Son frère l'obligea à quitter le service en 1697, et alla à sa rencontre à Paris. Ils séjournèrent chez M. le comte de Matignon, qui était fort attaché à cette famille, et engagea Jacob du Thon à entrer au service de S. M. le roi de France, dans la compagnie colonelle des gardes suisses. Après avoir quitté le service, il fut assesseur baillival à Yverdun , et s'allia avec noble demoiselle Julie Cornillat de Nions, fille de M. Cornillat, seigneur de Dullit. Il eut un cheval tué sous lui à la bataille de Philmirguen, et obtint ensuite la survivance de lieutenant baillival. Ses enfants furent :

1.º Jean-François-Bénédict du Thon , né en 1705, magistrat ; il fut père de :

    a. Amédée-Jacques du Thon , né en 1738 ;

    b. Adam-Emmanuel du Thon, né en 1740 ;

  c. Catherine-Elisabeth du Thon, née en 1732 ;

  d. Anne-Elisabeth du Thon, née en 1733 ;

  e. Jeanne-Françoise-Elisabeth du Thon, née en 1735 ;

  f. Louise-Catherine-Elisabeth du Thon, née en 1736 ;

  g. Marie-Elisabeth du Thon, née en 1739 ;

  h. Elisabeth-Marie-Susanne du Thon, née en 1741 ;

2.º Isaac-Barthélemi-Samuel du Thon, né en 1709, directeur de la compagnie hollandaise aux Berbices ; il fut père de Rodolphe-Louis-Samuel, né en 1747, vivant en 1818 retiré du service de Prusse, avec le grade de lieutenant-colonel ;

3.º François-Louis du Thon, né en 1708, officier au service de France ;

4.º Sigismond-Marc-Antoine du Thon, né en 1712 ;

5.º Antoine-Denis du Thon, né en 1713, officier en Allemagne ;

6.º Jean-Nicolas du Thon, né en 1715 ;

7.º Jeanne-Madelaine du Thon, née en 1707 ;

8.º Julie du Thon, née en 1710 ;

9.º Marianne du Thon, née en 1721.

VI. Jean-Rodolphe DU THON, né en 1685, officier de dragons, a eu plusieurs chevaux tués sous lui à la bataille de Philmirguen, et fut magistrat. Il épousa noble demoiselle Camille Perret de Vevey, au canton de Vaud. De ce mariage sont issus :

1.º Jacob du Thon, né en 1716, employé de la compagnie hollandaise des Indes à Batavia ;

2.º Charles-Louis-Rodolphe, dont l'article suit ;

3.º Jean-Rodolphe du Thon, né en 1734 ;

4.º Marianne du Thon, née en 1721 ;

5.º Jeanne-Susanne du Thon, née en 1723 ;

6.º Françoise-Camille-Catherine du Thon, née en 1730 ;

7.º Julie-Marguerite du Thon, née en 1732.

VII. Charles-Louis-Rodolphe DU THON, né en 1719, épousa noble Charlotte de Hennezelle de Souville, dont sont issus :

1.° Jean-Rodolphe du Thon, né en 1750, vivant en 1818, membre du grand conseil du canton de Vaud, lieutenant du conseil d'état à Yverdun, marié avec noble Marianne Cornillat de Saint-Bonnet, dont il eut :

    a. Charles-Denis-Jean-François du Thon, né en 1788, officier de cavalerie au service du roi de Wurtemberg. Il a fait, en qualité d'aide-de-camp du général Seckendorf, les campagnes de 1805, 1806 et 1807 ; il vit en 1818 ;

    b. Antoine-Beat-Albert du Thon, né en 1791 ; il est capitaine d'une compagnie d'élite de son canton ;

    c. Antoinette-Charlotte-Françoise du Thon, née en 1786, mariée à noble Henri de Vos ; vivante en 1818 ;

2.° Denis-Louis du Thon, officier en Prusse ;

3.° Charles-François, dont l'article suit ;

4.° Marie-Julie du Thon, née en 1751 ;

5.° Rose du Thon, née en 1759.

VIII. Charles-François DU THON, né en 1757, officier au service de Piémont, retiré ensuite à sa campagne de Clindy, et conseiller à Yverdun, a épousé, 1.° noble demoiselle de Rochemondet ; 2.° noble demoiselle Catherine Pernette de la Corbière. Il a eu pour enfants :

Du premier lit :

1.° Anne du Thon, née en 1786, mariée en 1804 avec Frédéric-Louis de Boileau-de-Castelnau de Nismes, capitaine d'artillerie, chevalier de l'ordre royal et militaire de Saint-Louis, fils de Charles de Boileau de Castelnau, capitaine au régiment de Normandie, et de Catherine de Vergèse d'Aubussargues ;

Du second lit :

2.° Charles-François du Thon, né en 1803, qui (en 1818) fait ses études à l'académie de Genève.

3.° Adèle-Charlotte-Aimée du Thon, née en 1791, mariée à Charles-Pierre des Vignes, seigneur de Giorins et autres lieux. Elle vit en 1818.

La famille du Thon possède à Bouvillars, district de Grandson, canton de Vaud, en Suisse, depuis près de deux cents ans, des biens-fonds considérables. Cette famille a aussi acquis la bourgeoisie depuis l'an 1684; quelques-uns de ses membres ont pris la qualité de baron.

Armes: écartelé: aux 1 et 4, d'argent, à trois merlettes de sable; au chef d'azur, chargé d'une croisette d'or; aux 2 et 3, d'azur, à trois croissants adossés d'or. L'écu timbré d'un casque de chevalier, orné de ses lambrequins, et sommé d'une couronne de baron. Devise: *Dant adversæ decus.*

DU BOIS DE SAINT-MANDÉ; famille des plus anciennes du Poitou.

I. Hélie DU BOIS, Ier du nom, chevalier, sire des Chastelliers, épousa, vers l'an 1280, Isabeau de Gourville, avec laquelle il vivait en 1304. Elle était fille de Gui de Gourville, chevalier, seigneur de l'Estang, en Limosin, et de Hilaire Bouchard de Pauléon, et sœur puînée de Jeanne de Gourville, dame de l'Estang, femme de Hugues de Vivonne, seigneur de Fors, fils de Hugues de Vivonne, seigneur de Fors, et de Jeanne de Montendre. Cette alliance, avec la maison de Gourville, une des plus anciennes de l'Angoumois, connue depuis l'an 1000, désigne assez le rang distingué que tenait la maison du Bois dès le treizième siècle; et les qualités du contractant prouvent qu'il ne le cédait point en puissance, en illustration et en ancienneté, à l'illustre race à laquelle il s'alliait. On en peut juger encore par l'acte de 1304, rapporté ci-après, par lequel il appert qu'Hélie du Bois, et Isabeau de Gourville, eurent pour enfants:

1.º Hélie, dont l'article suit;
2.º Isabeau du Bois, mariée, par contrat du dernier janvier 1304, avec Jean Pichier, écuyer de l'ancienne maison de la Roche-Pichier, près Saint-Maixent, en Poitou. A ce contrat, reçu par Brun, notaire à Melle, furent présents,

Hélie du Bois, père de la future, Hugues de Vivonne, chevalier, sire de Fors ; Tranchant de Saint-Gelais, Jean Chabot et Emery de Nossay, écuyers.

II. Hélie du Bois, IIe du nom, dit aussi *Héliot* et Eliot, écuyer, est qualifié sire du Port, dans le contrat de mariage de sa sœur, du 31 janvier 1304. Il souscrivit un acte en 1381, étant alors dans un âge fort avancé, et eut pour fils :

III. Hélie du Bois, IIIe du nom, chevalier, sire du Port, qui fit le dénombrement de cette seigneurie, le 15 mars 1388. Il épousa, vers l'an 1400, Jude de la Roche-Andri, veuve de lui en 1448, dont il eut entr'autres enfants :

    1.º Paonnet, dont l'article suit ;
    2.º Jean du Bois, écuyer, à qui Jude de la Roche-Andri, sa mère, fit une donation, par contrat du 29 janvier 1448, reçu par Joachim de la Coussaye, notaire à Fontenai-le-Comte ;
    3.º François du Bois, chevalier, seigneur de Chaugillon, qui fut présent à la donation faite à Jean du Bois, par Jude de la Roche-Andri, en 1448.

IV. Paonnet du Bois, écuyer, seigneur du Port, épousa, par contrat du 29 octobre 1433, reçu par Collats, notaire à Taillebourg, demoiselle Marguerite de Touttesans, dame des Portes, fille de messire Jean de Touttesans, chevalier, seigneur de Champ-Dolent et de Coutré, et de dame Marguerite de Rasselis. De ce mariage sont issus :

    1.º Guiot, dont l'article suit ;
    2.º Hélie du Bois, chevalier de Saint-Jean-de-Jérusalem, commandeur de Beauvais, de Baigneux, et de Saint-Jean-du-Perot, de la Rochelle ;
    3.º Jean du Bois, prêtre, curé de Montiers-sur-Chantemerle.

V. Guiot du Bois, écuyer, seigneur du Port et des Portes, épousa, par contrat du 22 juin 1446, Jeanne Bonnet, fille de messire Jean Bonnet chevalier, seigneur de la Chapelle-Bertrand, et de dame Marie de Vivonne ; rendit hommage, aveu et dénombrement de ses seigneuries les 24 mai et 2 janvier 1465, et 16 mars 1468 ; partagea, avec ses frères, les successions paternelle et maternelle, le 17 mars 1469, et ne vivait plus le 21 août 1482, que sa veuve fit faire l'inventaire des effets et meubles délaissés par son mari. Ils eurent pour fils :

VI. Louis du Bois, écuyer, seigneur du Port et des Portes, mineur, et sous la tutelle de sa mère, le 21 août 1482. Il épousa, 1.º par contrat du 3 février 1492, signé Guillemet, notaire à Saint-Jean-d'Angéli, Marguerite Bouchard d'Aubeterre, dont les deux sœurs épousèrent Robert de la Roche-Andri, et Gui de Mortemer, fille de messire Antoine Bouchard, seigneur d'Aubeterre, et de dame Hélène du Pui-du-Fou ; passa un *vidime* pour la réformation des formes d'une transaction, du 18 juillet 1493, avec Eustache de Montberon, chevalier, vicomte d'Aunai ; épousa, 2.º par dispense du 20 février 1497, demoiselle Louise-Françoise du Bois, sa parente, fille de messire Jousselin du Bois, chevalier, seigneur de Chabanes, d'Auges et de Montmorillon, conseiller, panetier et chambellan du Roi, son maréchal-des-logis, bailli des montagnes d'Auvergne. De ce dernier mariage sont issus :

1.º Charles du Bois, marié avec Jacquette le Maréchal, dont il n'eut point d'enfants ;

2.º Philippe du Bois, dont l'article suit ;

3.º Jean du Bois, marié avec Jeanne Berland, de la maison de la Guittounière. Il vivait le 5 octobre 1556, et fut l'auteur de la branche de Ferrières ;

4.º Louise du Bois, mariée, par contrat du 21 juin 1568, à Mathurin de Saint-Gelais, de l'ancienne et illustre maison de Lesignem, seigneur de Paultrot.

VII. Philippe du Bois, I.er du nom, écuyer, seigneur du Port et des Portes ; partagea, avec ses frères et sœurs le 10 juin 1552, et avec Jean du Bois, son frère puîné, le 5 octobre 1556. Il épousa demoiselle Jacquette Prevost, de la maison de la Mortaignière, qui étant veuve, transigea, le 26 avril 1600, avec Charles du Bois, écuyer, sieur de Ferrières, curateur de Philippe du Bois, fils dudit défunt son mari. De leur mariage sont issus :

1.º Philippe, dont l'article suit ;

2.º Renée du Bois, mariée au sieur de Cornioux ;

3.º Jacquette du Bois, mariée au sieur de Ligourre de Mornai.

VIII. Philippe ᴅᴜ Bois, IIᵉ du nom, écuyer, seigneur du Port et des Portes, partagea avec ses oncles, les domaines et héritages de la maison noble du Port et des Portes, le 13 mars 1600. Il épousa, par contrat du 2 octobre 1609, signé Perrin, notaire à Preuilli, demoiselle Claude de Villemor, fille de René de Villemor, d'une ancienne maison de Champagne, et de Jeanne Ancellon de Chaize. De ce mariage sont issus :

1.º Jacques, dont l'article suit ;

2.º Charles, mort sans avoir eté marié.

IX. Jacques ᴅᴜ Bois, Iᵉʳ du nom, écuyer, seigneur du Port et des Portes, épousa, par contrat du 4 janvier 1634, Susanne d'Abillon, des seigneurs de Beaufief et la Leigne, près Saint-Jean-d'Angéli. De ce mariage sont issus :

1.º Jacques, dont l'article suit ;

2.º N.... du Bois, écuyer, seigneur des Landes, père de :

a. Jacques du Bois, chevalier, seigneur des Landes, marié avec Marie du Vigier, veuve avant le 1ᵉʳ avril 1723 ;

b. Angélique du Bois, ⎞ non mariées en 1723.
c. Marie du Bois, ⎠

X. Jacques ᴅᴜ Bois ᴅᴇ Saint-Mandé, IIᵉ du nom, chevalier, seigneur de Saint-Mandé, de Coulonges, Vénerand, la Leigne et autres lieux, fut maintenu dans sa noblesse et son ancienne extraction, par jugement de M. de Barentin, intendant en Poitou, du 1ᵉʳ septembre 1667. Il épousa, 1.º par contrat du 12 mars 1664, demoiselle Diane de Polignac, morte sans enfants, fille de Louis de Polignac, chevalier, baron d'Argence, seigneur d'Escoyeux, de Parensai, etc., et de Suzanne de Geoffroi de Dampierre ; 2.º demoiselle Marie-Anne de Galard de Béarn de Brassac, fille d'A-

lexandre de Galard de Brassac de Béarn, et de Charlotte de la Rochefoucauld. De ce dernier mariage sont
issus :

1.º Jacques-Alexandre, dont l'article suit;

2.º Un fils, capitaine de carabiniers, mort sans
enfants;

3.º Charlotte du Bois de Saint-Mandé, mariée,
avant l'an 1723, avec messire Charles-Nicolas
d'Exea de Saint-Clément, chevalier, seigneur de
Poutreau et autres lieux, mestre-de-camp, lieutenant-colonel de cavalerie, dans le régiment
d'Orléans, chevalier de l'ordre royal et militaire
de Saint-Louis.

XI. Jacques - Alexandre DU BOIS DE SAINT - MANDÉ,
Iᵉʳ du nom, chevalier, seigneur de la Leigne, de Courpeteau, etc., capitaine au régiment d'Orléans, dragons, chevalier de l'ordre royal et militaire de Saint-
Louis; fit la guerre pendant long-tems avec distinction, et s'allia, par contrat du premier avril 1723,
avec demoiselle Marie-Marguerite le Grand de Courpeteau, fille de feu messire Charles le Grand, chevalier,
seigneur de Courpeteau, des Aigues, etc., et de dame
Jeanne des Aigues, alors remariée à François de Salles,
chevalier, seigneur de Laubardemont. De ce mariage
sont issus :

1.º Guillaume-Alexandre, dont l'article suit ;

2.º Charles-Amédée du Bois de Saint-Mandé, seigneur de la Leigne et de Salebœuf, lieutenant
au régiment de Dauphin, dragons, chevalier de
l'ordre royal et militaire de Saint-Louis, marié
avec demoiselle Louise de Chastaigner, sa veuve,
encore existante. Il a eu de ce mariage :

a. Alexandre-Amédée du Bois de Saint-
Mandé, seigneur de la Leigne, chevalier de
Saint-Louis, émigré en 1792. Il a fait toutes
les campagnes de l'armée de Condé, dans le
régiment des chasseurs-nobles. Il a été
nommé, en 1815, chef de légion commandant la garde nationale de Saint-Jean-d'Angéli ;

b. Angélique du Bois de Saint-Mandé, mariée
au sieur Perraudeau, seigneur de Beaufief ;

c. Rosalie du Bois de Saint-Mandé, religieuse aux dames du Refuge, à la Rochelle;

3.° Pierre-Jacques du Bois de Saint-Mandé, capitaine au régiment d'Orléans, dragons, chevalier de l'ordre royal et militaire de Saint-Louis. Il épousa demoiselle Henriette de Beauchamp, dont il a eu :

Charles du Bois de Saint-Mandé, chevalier de l'ordre royal et militaire de Saint-Louis, lieutenant au régiment d'Orléans, dragons. Il a émigré; a servi dans l'armée des princes; a été employé à la défense du pays de Liége, et à celle de la ville de Maëstricht, en 1793. Il a épousé Louise-Charlotte de Beauchamp, dont il a eu :

Charles du Bois de Saint-Mandé;

4.° Jacques du Bois de Saint-Mandé, chevalier de l'ordre royal et militaire de Saint-Louis, capitaine de carabiniers; mort sans postérité.

XII. Guillaume-Alexandre DU BOIS DE SAINT-MANDÉ, chevalier, seigneur de Courpeteau, de Laubonnière, etc., chevalier de l'ordre royal et militaire de Saint-Louis, capitaine au régiment d'Orléans, dragons, fut blessé et fait prisonnier au siége de Friberg; il fut blessé de nouveau dans une autre rencontre; et a combattu dans la plupart des batailles livrées par les armées commandées par les maréchaux de Saxe et Lowendal. En 1789, lors de l'assemblée pour la convocation des états-généraux, il a présidé l'assemblée de la noblesse de la sénéchaussée de Saint-Jean-d'Angéli. Il a épousé demoiselle Françoise Conti de Champigni, de laquelle il eut :

1.° Jacques-Alexandre, dont l'article suit;

2.° René du Bois de Saint-Mandé, lieutenant des vaisseaux du Roi, mort dans l'Inde, à la suite du combat de Trenemale;

3.° Julie du Bois de Saint-Mandé, décédée sans postérité.

XIII. Jacques-Alexandre, II.ᵉ du nom, comte DU BOIS DE SAINT-MANDÉ, seigneur de Courpeteau et

Laubonnière, chevalier de Saint-Louis, lieutenant-colonel de cavalerie en retraite. Il fut commissaire-rédacteur de l'assemblée de la noblesse de la sénéchaussée de Saint-Jean-d'Angéli, dont son père était président, lors de la convocation des états-généraux, en 1789. Emigré, il a fait la campagne de 1792, à l'armée des princes, en qualité de sous-aide-major des chevau-légers de la garde du Roi, et fut, les années suivantes, employé à la défense du pays de Liége, et de la ville de Maëstricht. Il est actuellement inspecteur des gardes nationales de l'arrondissement de Saint-Jean-d'Angéli, président de l'association paternelle des chevaliers de Saint-Louis, dans la même ville. Il a épousé demoiselle Marie-Maurice Charrier ; il a de ce mariage :

1.º Guillaume-Alexandre, dont l'article suit ;
2.º Eléonore-Julie du Bois de Saint-Mandé, mariée au sieur de Jourdain de Villiers, chevalier, ancien lieutenant de dragons.

XIV. Guillaume-Alexandre du Bois de Saint-Mandé, seigneur de Forêt et Argenteuil, maire de la commune de Cormes-Royal ; se trouvant à Paris au mois de mars, et le 20 de ce même mois, dans l'année 1814, il s'engagea volontaire dans les gardes de la porte du Roi, et accompagna Sa Majesté dans sa retraite. Revenu peu après dans ses foyers, il fit partie des corps secrètement organisés dans la ville de Saintes, pour le renversement de l'autorité de l'usurpateur ; et, investi des pouvoirs du comité royaliste de cette ville, pendant les cent jours, il fit de nombreuses recrues pour ces mêmes corps ; marié à demoiselle Anne-Céleste-Charlotte de Turpin, il a eu de ce mariage :

1.º Jacques-Amédée du Bois de Saint-Mandé, né en 1811 ;
2.º Marie-Claudine-Aglaé du Bois de Saint-Mandé, née en 1806 ;
3.º Laure du Bois de Saint-Mandé, née en 1808.

La terre des Portes étant composée de celle de Ferrières et de Saint-Mandé, à l'époque du partage de cette terre, la branche aînée à qui celle de Saint-Mandé échut en partage, en a porté et toujours depuis conservé le nom.

Armes: d'or, à trois tourteaux de sable. Couronne de marquis. Supports : deux chiffons.

———————

SOLIER. Sires de Solier (*Solerii ou Solarii*), famille originaire de Rome, d'où elle s'est répandue sur plusieurs points de l'Italie, de la France et de l'Espagne.

De nombreux écrivains de diverses langues ont traité des rameaux particuliers de cette famille, établis dans leurs gouvernements respectifs. Nous allons les réunir, et c'est d'après eux, c'est d'après les documents et titres qui sont à notre connaissance, que nous allons donner un corps de généalogie historique des Solier, bien plus étendu et plus complet que tout ce qui a été écrit sur eux jusqu'à ce jour.

Nous avouerons cependant que notre ouvrage sera encore imparfait, attendu que plusieurs branches de cette famille ont négligé, même en France, de nous faire parvenir, malgré nos demandes, des notes et renseignements dont nous pouvions tirer un grand parti. Ici, du moins, nous leur offrons le résultat de longues et pénibles recherches ; mais nous les avons dû faire pour notre propre satisfaction, et dans le but que nous nous sommes proposé, de comparer toujours les mémoires domestiques avec l'histoire.

Nous avouons encore que ce travail n'a pas été sans utilité pour nous, et qu'il sera précieux pour beaucoup d'autres, parce que les Solier forment une race essentiellement historique. On les voit régner en souverains sur plusieurs provinces pendant 4 à 500, ans contracter les plus hautes alliances, entr'autres avec les maisons royales de Léon, de Castille, d'Espagne, de Bourbon, (l'Ancien) de Portugal, de Savoye ; occuper les charges les plus importantes, soit dans le clergé, soit dans les armées ou la carrière diplomatique ; enfin, parvenir à un tel degré de puissance et d'accroissement qu'ils mirent sur pied des armées considérables, soit en Espagne, soit en Italie ; et ce qui n'a appartenu qu'à eux seuls, on les vit, comme les Fabius, fournir dans un seul jour, pour un même combat, trois cents chevaliers de leur nom et de leurs armes.

Pour être au rang des familles les plus connues, il a manqué à celle-ci une histoire générale dans les derniers âges; mais quelques branches s'étaient éteintes; d'autres vivaient dans l'obscurité, privées de charges et de fortune. Celles qui brillaient encore, séparées par de longues distances et dans des monarchies différentes, ayant sans doute conservé peu de rapports entr'elles, auraient eu besoin de se communiquer leurs titres, et de travailler ensemble pour mettre en ordre une généalogie commune, et faire revivre des noms recommandables. Ce but doit toujours être présent aux grands nobiliaires que l'on crée successivement; c'est à eux de réparer, soit les omissions de leurs prédécesseurs, soit les négligences forcées de quelques familles et les malheurs dus à l'outrage des guerres et des temps.

Combien de races véritablement grandes par leurs bienfaits chez les hommes, ont vu passer à l'indifférence, et bientôt à l'oubli, les noms les plus célèbres de leurs ancêtres; tandis que d'autres, avec moins de droits, mais plus riches et mieux placées sur la scène du monde, sont parvenues, d'âge en âge, à faire retracer avec profusion, les entreprises de quelques-uns des anciens qu'elles reconnaisent pour ayeux! Il en est cependant qui ne doivent leur illustration qu'au nom d'une terre jadis possédée par des seigneurs dont elles ont usurpé le titre et par fois les armes, soit en vertu d'une acquisition, soit par une alliance.

Lorsque les Solier furent parvenus à un haut point de prospérité, plusieurs de leurs chefs, leurs fils, se répandirent successivement en divers lieux; et de là vient qu'on trouve, dans leur histoire, différents châteaux et fiefs de leur nom primitif.

On sait que l'imposition du nom paternel à différents fiefs était très-fréquente parmi les gentilshommes de vieux lignage. Jadis, on changeait les noms des terres et des personnes sans aucune formalité, comme le remarque la Roque, dans son Traité de la Noblesse. Partout, dit-il, c'était l'usage des anciennes maisons, qui multipliaient ainsi leurs noms et leurs armes; et même, suivant l'observation de Ruffi, cet usage remonte aux premiers tems connus. « Les chefs des vieilles tribus » donnèrent leurs noms à leurs terres, comme il se voit

» dans le Psalmiste : *Vocaverunt nomina sua in terris*
» *suis* (1) ».

Dans la suite, toutes les branches d'une même tige
varièrent leurs noms ou les changèrent. Le cadet qui, par
ses travaux ou ses alliances, devenait possesseur d'une
terre ou d'un hameau, prenait le nom de ce lieu, s'il
était fameux, ou lui donnait le sien pour le perpétuer.
Plusieurs familles en ont tiré de grands avantages. « Car
» c'est une marque d'ancienne noblesse, quand le nom
» de famille est tout de même que celui de la sei-
» gneurie (2) ». Mais il en est aussi résulté divers in-
convénients ; les liens se sont perdus souvent d'une
branche à une autre, et pour les rattacher aujourd'hui, on
s'égarerait inutilement dans les lignes collatérales. Quelques rois ont voulu vainement y remédier ; les terres et
les châteaux n'ont pu recouvrer leurs anciens noms ; et
la plupart des vieilles familles patriciennes ont pris l'ha-
bitude, dans toutes nos monarchies, de ne plus porter
le premier nom connu de leurs pères.

CHAPITRE PREMIER.

Origine des Solier.

Un historien a sagement observé « qu'il en est bien
» souvent des illustres familles, comme des grands
» fleuves, dont on ignore la source. Aussi, est-il im-
» portant vû le changement et la conformité de noms,
» d'arriver aux véritables origines (3) ».

Ce sont les Espagnols qui ont le plus particulièrement
recherché les traces primitives des anciens Solier, venus
d'Italie et de Provence en Espagne ; mais nous ne pouvons admettre les définitions d'une foule de chronistes,
amis du merveilleux, et qui trop jaloux de la gloire de
leurs seigneurs, donnent ce qui les flatte pour ce qu'il
faut croire.

En ouvrant la généalogie des Solier et de ceux qui

---

(1) Ruffi, Hist. de Prov. liv. IX, pag. 14.
(2) *Ibid.* Loc. cit.
(3) Bouche, Hist. de Prov., tom. II, liv. VII.

ont eu jadis le plus d'alliances avec cette famille, tels que les Osorio, les Manrique, les Gusman, les Velasco, les Ximenès; nous voyons, sans y pouvoir ajouter foi, que les Osorio, par exemple, descendent ou d'Osiris, qui vint d'Egypte dans l'ancienne Bétique, pour y combattre les Gérions; ou si ce n'est de lui, c'est du roi Nabuchodonosor....; faisant de la dernière syllabe de ce nom *osor* l'origine du mot *Osorio* (1). Les Manrique. viendraient de Méricus, prince espagnol, ami d'Annibal, suivant Tite-Live; à défaut, ils viennent d'un Alméric, comte de Narbonne (2).

Les Gusman seraient les fils de Gundemar, descendant d'un roi goth, et porte-enseigne de Bermud II, roi de Léon en 998 (3); de Gundemar, on. aura fait Gudmann (Vir bonus) ensuite Guzman.

Les Italiens n'ont pas montré plus de réserve. On voit, chez eux, les Visconti descendre d'un certain Anglus, troien; et depuis lui, sans interruption, d'une série de rois, sous les noms de Fisoc, Parentius, Elimac, Galeremond, et autres de cette sorte entièrement inconnus.

Aux Albertini ou Albertas on donne des demi-dieux pour ancêtres, comme le firent les flatteurs du siècle d'Auguste, pour les grands personnages du jour.

Cela est absurde que les fictions de l'Arioste, qui fait naître ces Albertas du mariage de Roger avec l'amazone Bradamante. Les *Capicii*, de Naples, viennent, dit-on, de Capis, autre troien, fondateur de Capoue; et, à ce sujet, Tristan de Solier remarque, d'après Ælius Marchesius, qu'il serait encore plus honorable de chercher ses aïeux dans les beaux siècles de Naples, que dans les ruines de Troie (4).

Nous dirons la même chose des Malateste, branche des anciens Solier, qu'on a voulu tirer de la Grèce, après l'avoir cherchée en Allemagne, à Naples, à Verrucchio, Urbin, Penna de Billi; et l'on semblait éviter

(1) Sandoval, Chronique de Alph. VII., pag. 254, 412, dernière édition de 1600.

(2) P. J. de Apont : V. Imboff sur les Gusm. page 118.

(3) Dom Pèdre, Nobil. not. marg., pag. 104.

(4) Trist. de Solier. Naples Franç. p. 225, d°. 122, ex Machiavel.

Rome, où cependant cette branche a pris naissance.

Ce système a été appliqué aux autres Solier, qu'on fait, mais sans preuve, sortir d'un *Solers*, préteur à Vicence, au deuxième siècle, et qui obtint du sénat romain la permission d'établir un marché public dans ses domaines, comme le rapporte Tillemont, d'après Pline (1). *Vir prétorius solers*, etc.

Si l'on était curieux de voir jusqu'à quel point l'on a voulu s'égarer sur les origines de toutes les anciennes familles, on peut lire Jérôme de Villabos, Salazar de Castro, Barrante Maldonat, Ambroise Moralis, Sandoval, P. Jérôme de Aponte, Robortello, Sigonius, Antoine Augustin, Frankeneau, Crescenzi, Adimare, etc. etc.

Les Solier se tiennent pour issus de Rome, d'une ancienne famille; mais ils ne se rattachent point à ce *Solers*, que nous laisserons dans l'oubli, bien que le nom Solier se soit écrit souvent *Soler* ou *Solers*.

Il en sera de même du *Solius (miles)* ou *Sollius* (2), qui se distingua au siège de Paris, dans le neuvième siècle; et nous pensons au contraire, avec l'auteur de la *Neustria pia*, que les *Sollius, Solleius, Solleio, Sulleis, Sullers, Sullere* n'appartiennent en rien aux Solier, et ne présentent avec *Soliacum* qu'un seul et même nom, celui de l'antique et illustre famille Sulli (3).

Des généalogistes allemands ont voulu, à leur tour, faire descendre les Solier d'un gentilhomme de leur nation, appellé *Soler*, et qui, venu en Italie vers l'an 900, se maria, dit-on, dans le royaume de Naples. Ils ont fait plus; leur adulation pour les empereurs les porta à dire que tous les grands d'Italie sont issus de l'Allemagne; et dans le même esprit, un bon nombre d'auteurs italiens, tels que Campano, Sansovino, etc., ont répété ces assertions germaniques. Léandre Alberti, Amien, Pigna, le père Avrillon ne donnent aucune suite à de pareilles conjectures. Le dernier de ces écrivains ajoute : « Plusieurs autres disent les Solier issus « des anciens Corneille de Rome (4) ». C'est conforme

_____

(1) Tillem. Hist. des Empereurs, tom. II, Pline, épist. liv. v, épist. 4.

(2) Hadr. Vales. Notit., p. 528. (Adrien Valois.)

(3) Le P. Le Moustier, page 732, 745.

(4) Généal. etc., pag. 1.

à l'opinion de la famille ; mais nous n'approfondirons point ces hypo:hèses qui semblent toujours inadmissibles dans un ouvrage du genre de celui-ci. Elles ne peuvent soutenir la critique, après un si long cours de siècles.

CHAPITRE II.

Sur le nom de Solier.

Quelle que soit l'origine de ces gentilshommes, ils portèrent, dès le septième siècle, le seul nom de Solier, en latin *Solerius*, en italien *Solerio ;* avec le tems l'idiôme piémontais a préféré *Solario*, traduit ou dénaturé par celui de *Solar* ou *Solare*.

Messieurs Solar, en Piémont, signaient autrefois Solier, comme il appert par les titres originaux que nous avons sous les yeux. Les chefs de cette branche ont habité la France, pendant 3 ou 400 ans, sujets de nos princes, qui ont possédé à diverses reprises l'Astesan, le Mont-Ferrat, le marquisat de Saluces, et les lieux où se trouvaient les possessions et châteaux des Solier ultramontains.

Guichenon, dans son Histoire de Savoie, les appelle plus souvent *Solier* que *Solare*. La devise des Solier n'a varié dans aucune langue ; elle porte expressément le mot *Solier*.

Les Espagnols ont généralement conservé le nom *Solier*, quoique leur langue autorisât la traduction en *Solieros* ou *Solera*. On trouve ce dernier nom, mais appliqué aux châteaux, telle que la ville de Solère (1).

Quelques historiens, les cartulaires, et un grand nombre de titres originaux donnent aux mêmes individus, et dans les mêmes actes, les noms de *Solier, Solier, Solliés, Solliers* (2). D'Hozier et Goussencourt écrivent indifféremment *Solier, Solliers, Solliès*. Dans le vieil idiôme français, on trouve le même personnage, Henri

---

(1) Imhoff, Généal. d'Esp. p. 81.
(2) Ruffi, Hist. de Mars., liv. v. pages 143, 146. la Faille, Ann. de Toul. , part. 1 , p. 296. Don Vaissette, Hist. de Lang. tom. III, p. 136, à l'index 695. Conf. du Chesne, Sainte-Marthe, Anselme et les titres de famille.

Solier, sous le nom de Henri Solir, et Henri de, des, delle Solir (1). Bouche dit quelquefois *Solier* ou *Solery* (2). Ruffi dit Soliers, Soler, Souniers (3). Giustiniani et Bosio mettent, ainsi que Sansovino, l'alternative de *Soler* ou *Solier* (4). Anselme, du Chesne, Daniel, Sainte-Marthe, Catel, la Faille, D'Aigrefeuille; Favin, Heliot, Beaudouin, d'Aubais Palliot, Segoing, le catalogue du Languedoc, la Chesnaye, Waroquier et divers nobiliaires de France se servent de préférence du mot Solier. Pithon écrit Solier, Soliers, Soler, (Histoire du comtat Venaissin). Vertot écrit Soler, Sollier, Solier (5); Boissat, (Histoire de l'ordre de Saint-Jean de Jérusalem) écrit Solier (tom. Ier, pag. 400). Il est ainsi dans l'Histoire généalogique de la maison de Portugal, par Antoine de Souza. Imhoff a toujours écrit Solier, même dans ses ouvrages latins (6).

Guichenon a offert les diverses variantes; savoir: *Solerius, Solario, Solar, Solère, Solier*, de *Solier*, du *Solier*, des *Soliers*, et il en fournit lui-même la raison. Son histoire, qu'il écrivait en France, est une vaste et savante compilation où il a fait entrer, comme il le dit, tous les actes et toutes les pièces qu'on lui envoyait d'Italie, et qui étaient copiées ou traduites en divers tems et divers lieux, par diverses mains. Il les imprimait sans rien changer à l'orthographe. On sait aussi que les particules *du, de, des*, ne sont rien pour le nom, et ne désignent que le lieu ou le fief. Charles Albertas et Charles des Albertas sont le même. Le mot *des* signifiait issu des Albertas, comme Pierre des ou du Solier, et Pierre Solier, issu de Solier, ou né à Solier, ou seigneur du Solier.

---

(1) Hemricourt, Miroir des Nobles, pages 167, 319, édition 1673.

(2) Hist. de Prov., tom. Ier, page 15.

(3) Ruffi, Hist. de Mars., tom Ier, pages 60, 63, 64, 143, 160, tom. II, pages 20, 166, 286.

(4) Giustin. Histoire des Ordres militaires, tom. II, p. 624; Bosio, Hist. de Malte, tom. Ier, pages 535 et 538.

(5) Vertot, Hist. de l'ordre de Saint-Jean, tom. II, pages 452, 691, 692.

(6) Imhoff, *voyez* Arnaud, Béatrix, Marie, Pierre, Georges et Ferdinand Solier, Généalogie d'Esp., pag. 50, 51, 322, et généal. famil. Gallia.

Bien souvent encore on a pris des variantes pour des noms différents. Ces variantes sont à l'infini dans les actes et l'histoire, soit pour les noms propres, soit pour les prénoms. Ainsi, avant de se fixer au nom si fameux d'Albret (Albreti), on a fait *Lebritum, Leporetum, Lepreti, Labretum, Albertum* (1).

Raimon ou Ramon a été long-tems *Ragimond, Regimon, Ramo, Ramus, Revermond, Ramamond*. (de *Ram-Mund, os celebratum*.)

Alphonse a été *Anfrixus, Anfossus, Amphos, Adelphonse, Idelfonse*; en espagnol *Alonzo*. Cela vient de *Hildebunz*, diction gothique, et de *Alons*, diction allemande (2).

Vernhant, Vernant, Fernanth, Ernand, sont le même que Ferdinand, de l'union des anciens mots *Fer-Nand. (Procul celebratus)*.

En général, il faut encore remarquer que les diverses manières d'écrire les noms de famille viennent par fois des géographes qui ne peuvent jamais s'accorder sur les noms des fiefs et des châteaux.

Les mêmes châteaux des Solier en France, en Italie, sont appelés *Solier, Soliers, Souliers, Soulies, Soliero, Solarolo, Solario, Solera*.

De *Solyum et Salyum*, le jésuite Guesnay fait *Solier* dans ses Annales de Marseille. (Liv. Ier., page 18.) Ce que rien ne justifie, selon nous.

Lorsque les titres particuliers sont inexacts ou fautifs, ce qui se voit constamment, et sur-tout dans les siècles où les gentilshommes écrivaient mal et dénaturaient leurs propres noms, on doit recourir aux principaux monuments, tels que les grands cartulaires et les bulles des papes. Les bulles ont mentionné plusieurs fois les Solier et leurs châteaux. Benoît XII, (Bulle, an. 978), Victor II, (Bulle an. 1057), Grégoire VII, (an 1084) (3), disent: *Solerii Soleriorum ; castra dom. Soleriorum*, châteaux des sires Solier. Victor, dans sa bulle, parle de la ville Soliniense (4), bien que Adrien Valois n'en ait

---

(1) Oihenard, Not. utri. Gasc. — page 487.

(2) V. Wolphange et Gennaro-Grande, orig. *dei cognom*; édition 1756.

(3) Bouche, Chorogr., page 339, etc.

(4) Gassendi, Catal. des évêques de Digne.

trouvé mention que dans les seules Chroniques Gau-
loises (1). Cette ville, dit Blondel, est *Solier* (2); opinion préférable à celle de quelques historiens qui, dans
Soliniense, ont eu le besoin de trouver Castellane (3),
oubliant que cette dernière ville tire son nom de Gaspard
de Castellane, baron d'Entrecasteaux..... Avant lui, et
dès l'an 1000, elle s'appelait Ducalia, et précédemment
Sémiranis.

De même qu'on a écrit *Solier*, *Sollier*, *Soliery*, *Solarii*,
Soler, etc., on a écrit *Olière*, pays voisin du *Solier* de
Provence, avec les variantes *Ollières*, *Oliera*, de *Ole-
riis*, *Olaria*, *Olar*, *Oler*, *Oleyeria*, ainsi que l'a remarqué le savant Bouche (4). Cet exemple est sans ré-
plique.

Nous offrons ces détails, convaincus que nous sommes
que l'identité du nom de famille doit être démontrée
jusqu'à l'évidence.

CHAPITRE III.

Fiefs et châteaux des Solier.

Quant aux différents fiefs et châteaux des Solier, ainsi
appelés de leur nom, il en sera parlé à mesure que nous
traiterons des diverses seigneuries et branches qui les
ont fondés ou possédés. Nous ne rappellerons ici que les
fiefs de ce nom, qui ont appartenu à des branches
éteintes.

Suivant Guichenon, Ruffi, Bouche, etc., plusieurs
gentilshommes de la race et des armes des anciens Solier, donnèrent leur nom, aux neuvième et dixième
siècles, à différents fiefs et concessions qu'ils avaient
reçus des princes, comme récompense de leurs bons
services. L'un de ces fiefs, dit le *Solerium*, situé en Bresse,
dans Beaujé-la-Ville, fut tenu originellement et long-

---

(1) Had. Vall. Not. Gall., page 528.
(2) Blondel, Traité de la primitive Eglise.
(3) Bouche, Hist. de Prov., et Jul.—Raym. Solier, Ann.
de Provence.
(4) Ruffi, Hist. de Mars, page 81.
(5) Chorogr. de Prov., liv. VI, ch. 2.

tems par des nobles du nom et lignage de Solier (1). En l'an 1530, il fut porté, par mariage, dans la famille de Guy de Burges, qui, après la conquête de la Bresse et du Bugey, par François Ier, fit hommage à ce prince du fief le Solier, au nom de Claudine, sa femme, le 6 avril 1436. (Guichenon.)

Un autre fief de même nature était habité, au dixième siècle, par un descendant des Solier, dit Thomas Solier, fils de Jean, l'un des principaux seigneurs établis dans la Neustrie.

Hugues vivait en 1080. Thomas, IIe du nom, son fils, nomma, en 1164, à la cure de Solier l'abbé Guillaume de Ruppière, qui en reçut la collation, en 1165, des mains de Henri II, évêque de Bayeux.

En 1209, Guillaume Solier, fils de Hugues (*miles*), seigneur de Lingrève, fit donation de l'église de Saint-Laurent de Cordeillon, aux religieuses de Saint-Benoît; donation confirmée, en 1217, par Mathilde Solier, son épouse (2), fille de Rostain Solier, comte de Belin. (*Voyez* la branche n.º 4.)

D'autres gentilshommes de cette branche, tels que Robert, Ulric, Simon, Philippe, Guillarins, *aliàs* Guillaume, ecclésiastiques ou séculiers, figurent dans les actes et l'histoire du tems depuis 1220 jusqu'en 1390 (3). Mais comme nous ne connaissons pas suffisamment l'affinité de ces derniers avec les autres, nous n'en parlerons plus dans la suite.

Les mémoires de famille ont conservé une mention particulière du comte Arnaud, l'un des Solier de Belin, né en 972, et qui passa en Italie avec Henri II, dit le Saint, empereur d'Occident. Il l'accompagna à Rome, en février 1014.

Nommé ensuite par le successeur de Henri, Conrad II, au gouvernement du comté de Hasbaye, il le régit jusqu'en janvier 1040, époque où ce comté fut cédé à Nithard, évêque de Liége.

Du comte Arnaud descendent les Solier qu'on re-

---

(1) Guich., Hist. de Bresse et de Bugey, part. 3.
(2) Ruffi, Hist. de Mars., tom. Ier, pages 63, 64.
(3) Neustria Pia, div. loc. et Gall. Christ., tom. XII, p. 439, tom. VIII, p. 381, etc.

trouve au pays de Liége, dans les onzième et douzième siècles, et qui ont laissé leur nom au village de *Solières*, près de Huy, à cinq lieues de Namur. (Voyez Hemricourt, Miroir des Nobles.)

De la Faille, Jean Raynal, d'Aigrefeuille, dom Vaissette parlent de plusieurs Solier depuis 1505 à 1708, tous capitouls à Toulouse, conseillers au parlement, ou littérateurs distingués, tels que Jules Raymond, Hector, son fils, Jean-Baptiste, savant jésuite, l'un des continuateurs des Actes des Saints. On ne les trouvera point ici, non plus que MM. Solier du Maine et du Poitou, dits Solier de Marillac, et dont sept frères, tous vaillants hommes et tous officiers à la fois, furent anoblis par Louis XV, en 1722 ; ils sont étrangers aux anciens, suivant toute apparence.

Nous terminons cet article par un mot sur MM. Solier du Pertuis, dont il est traité dans l'ouvrage de l'abbé Robert de Briançon. — Celui-ci les représente comme originaires de Naples, ayant pour auteur Philippe Solier, descendant de Guillaume, et que, vers l'an 1310, le comte Elzias de Sabran, seigneur d'Ariou d'Ansouis, avait près de lui comme écuyer, lequel ensuite il combla de faveurs.

Dans la critique manuscrite de cet ouvrage, on objecte que le comte de Sabran n'étant pas souverain n'a pu anoblir son écuyer, ni lui donner des armes. Sans nous livrer à cette discussion, nous ferons observer, quelle que soit l'origine de Guillaume et de Philippe Solier de Naples, que leurs descendants en la ville de Pertuis, Guillaume, et Honoré fils de Jean-Baptiste, viguier de cette ville, ont été reconnus et confirmés dans leur ancienne noblesse, par arrêt de la Cour d'Aix, du 10 novembre 1671.

Nous allons maintenant passer à la souche et aux différentes branches de la famille Solier. Nous ne hasarderons rien, en assurant ici qu'elle est d'une antiquité bien rare dans les annales de la noblesse, dont les origines sont toujours très-obscures, et ne forment souvent qu'un vain article de curiosité. Dans le vague que ces origines offrent à l'écrivain, la tâche doit être remplie lorsque l'existence et les actions des pères et des fils peuvent se justifier authentiquement par les monuments publics, toujours plus sûrs que les écrits particuliers, et même que beaucoup de titres rédigés par la complaisance ou dénaturés par le tems, l'ignorance et les copistes.

Comme les gentilshommes dont nous parlons sont d'une ancienneté qui remonte bien au delà de cette époque où tout est encore ténèbres et confusion dans nos annales, leur généalogie, ainsi que celles de quelques autres maisons de ces tems, va nous fournir les moyens de redresser plus d'une erreur, et de mettre au jour des faits essentiels qui seront utiles à plusieurs familles, d'autant plus, et nous aimons à le répéter, que nous suivons constamment le précepte du célèbre la Roque : « L'histoire est notre guide. (1) » On y doit tout rapporter. Nous nous servirons par fois du travail des généalogistes nos prédécesseurs, des divers mémoires et annales des Solier, des titres qui sont à notre connaissance, des cartulaires des différentes églises, dont la reconnaissance a conservé les faits et les souvenirs de cette famille antique.

CHAPITRE IV.

Des Solier d'Italie.

Si l'on se bornait à quelques notions rapides, données par les historiens de Provence, on pourrait croire que les Solier sont nés dans les environs de Marseille. Au sixième siècle, ils habitaient les terres connues sous le nom de *Villa et Castrum de Soleriis* ; de là, un des chevaliers de la famille, à l'exemple de toute la noblesse de ces lieux, marcha sous les bannières de Guillaume Ier, comte de Provence, qui passa en Italie en 972, pour chasser les Maures de Fraissinet, où ils avaient établi le point central de leurs forces, et d'où ils ravageaient constamment le littoral de l'Italie et de la Provence. On appuie cette opinion de différents passages historiques, notamment de celui-ci, tiré du *Gallia Christiana*.

En parlant de Guillaume Solier, né en 1170, et qui était évêque, en 1215, on le dit de *l'ancienne race des Solier*, et même du château de Solier, près de Toulon,

_____

(1) La Roque, Traité de la Noblesse, pag. 12.

château d'où ce lignage a tiré son nom, *unde gentis suæ nomen* (1). On ajoute que ce pays de *Solier*, dont on ne sait pas le nom primitif, fut connu dans les tems les plus reculés. *Solier*, suivant Papon est un pays délicieux habité avant et depuis la conquête des Romains (2). Au dixième siècle, il relevait des vicomtes de Marseille (3); long-tems possédé par les anciens Solier, il eut divers droits dont plusieurs, par conquête ou par cession, appartinrent momentanément aux vicomtes de Marseille, qui furent co-seigneurs de *Solier*, avec les chefs de cette maison.

Fulco, l'un de ces vicomtes, fils de Guillaume, donna tous ses droits sur ces terres, à dame Odile, son épouse, par contrat de mariage et en vertu d'une promesse et clause toute particulière; ce fut pour le prix du premier baiser de l'époux, *dans illi..... in villa quam vocant solerios per causam primi osculi per sponsalicium.* (Ruffi, cité plus haut.)

Ceci est fort ancien. Fulco de Marseille, co-seigneur de Solier, était fils de Guillaume, qui florissait en 980. L'acte est de 1005. Le même Fulco confirme à l'abbaye de Saint-Victor, la donation faite par son père de l'église Sainte-Marie majeure de Solier (4).

Dans la suite, les droits de ces vicomtes revinrent exclusivement aux Solier, comme il sera dit à l'article de Hugues.

Le principal château de cette branche fut possédé par elle jusqu'au quatorzième siècle. Soit vente ou alliance, il passa successivement en diverses mains. Au quinzième siècle, il appartenait à l'un des Forbes, ou Forbin, écossais d'origine, qui ont paru en France, en 1320, et ont fondé une famille justement célèbre, surtout depuis le fameux capitaine Forbin, devenu chef d'escadre.

En 1420, Forbin (Palamède) jouissait du château de Solier. Ce château est aujourd'hui (1769), dit le marquis d'Aubais (5), dans la famille Porcelet. C'est

---

(1) Gallia Christ., tom. II, pag. 746.
(2) P., Hist. de Prov., tom. Ier, pag. 386.
(3) Ruffi, Hist. de Prov., tom. Ier, page 60.
(4) Ibid., tom. Ier, pages 63, 64.
(5) Voyage de Charles IX, page 49.

depuis le mariage de Louis Porcelet, en 1688, avec Marie-Elisabeth, héritière des marquis de Solier. Ses descendants ont pris également ce dernier titre (1).

Ces seigneurs n'ont aucun lien de parenté avec les Solier issus d'Italie, bien que souvent, et en Italie surtout, ils n'ayent signé abusivement que du seul nom de Solier, comme il est arrivé à Louis de Forbin, ambassadeur de Louis XII, au concile de Trente, où il était appelé *Magnificus dominus Ludovicus Solier*.

Nous n'admettons pas des prétentions qui ont pu flatter les chefs de l'une des branches françaises des anciens Solier. Cette branche ne peut être la souche mère, malgré l'autorité de messieurs de Sainte-Marthe, et pour la gloire même de la famille, nous la laisserons sortir de Rome, d'où ses rameaux s'étendirent dans l'Astesan, avant de se fixer en Provence.

Ce n'est pas en Provence que les premiers Solier ont trouvé leurs armes, si antiques et si rares, comme le dit Palliot. « Ces trois fuseaux romains ou fuseaux de tanaquil, image de celui que l'on gardait religieusement à Rome, au temple de *Marcus Ancus* ». (2)

Le pays de *Solier*, près des Alpes, était connu des anciens Romains, et désigné dans Pline, Ptolémée, Antonin et plusieurs autres qui les ont copiés, tel qu'Alberti.

« Après Alexandrie est Nice de la Paille, et près des » Monts, le château de Solier (3) », qui fut l'habitation des premiers Solier venus de Rome; ils y eurent postérité directe et masculine, jusqu'à la fin du dixième siècle, époque où ce même patrimoine des premiers Solier, passa à leur neveu Sigismond Solier, fils du prince de Rimini (4).

On n'a aucune notion des Solier de la Romagne, avant Otbert Solier, Ier du nom, l'un des chefs de l'Astesan, au septième siècle, père de Otbert II, et frère de Georges Solier, dit le Vieux, pour avoir vécu jusqu'à cent onze ans, lequel Georges passa à Marseille,

---

(1) Dictionnaire de la Noblesse, tom. XI, pag. 437.
(2) Voyez Palliot, Segoing et d'Hozier, sur les armes des Solier. Il en sera parlé plus tard.
(3) Léand. Alberti, Descript. etc., page 382, etc.
(4) Avrillon, Généalog., pag. 1 à 5.

vers 710, et fut l'auteur de la branche provençale.
(*Voyez* cette branche.)

En 765, plusieurs de ses descendants, entraînés par
les guerres du siècle, allèrent dans les Espagnes, et
s'établirent à Alaba, Oviédo et Burgos. Leurs fils se répandirent en divers lieux de le Catalogne, de l'Aragon
et de la Castille. (*Voyez* la branche première d'Espagne,
ci-après.)

De l'Astesan, un des Solier vint à Naples en 870,
avec son épouse, Gésualda, fille de Leidulphe, et nièce
de Hilderich, seigneurs Lombards. Il fut père de Pandolphe, dit, aux anciens actes, *Paldolfo*. (De *Pald-
Hulf, audax auxiliator*.) Son petit fils, Pandolphe II,
reçut le sobriquet de *Malateste*, à cause de son opiniâ-
treté, ou de sa fermeté, comme le dit Avrillon (1).

Venu à Rome, pour assister au sacre d'Otton III,
par Jean XV, en 976, il offrit ses services à l'empereur
qui l'employa l'année suivante, dans ses guerres contre
les Sclaves, et le mena ensuite en Allemagne, ce qui à
son retour en Italie, le fit prendre pour un des seigneurs
allemands de la cour d'Otton.

Ce fut en 1001 qu'il revint d'Aix-la-Chapelle, avec
l'empereur. Ce prince voulant le récompenser des services qu'il lui avait rendus, le nomma, en 1002, gouverneur de Rimini, ce que l'on appelait alors un des vicaires
de l'empire. Cela est expressément conforme à l'histoire (2).

Rimini, colonie romaine jusqu'au tems des Lombards, prise ensuite par Pépin le Bref, fit partie de
l'exarchat de Ravenne, et demeura enfin sous la domination de l'église, jusques vers l'an 1000. A cette époque,
les empereurs d'Occident et rois d'Italie, la réunirent
à leur souveraineté.

Pandolphe II la reçut d'Otton III. Ses descendants y
ont régné en maîtres, pendant cinq siècles. S'ils l'ont
quittée par intervalle, ils l'ont toujours reprise, soit
par les armes, soit par des traités.

Pandolphe ci-dessus, dit Malateste, chef des princes

_____

(1) Avrillon, Généalog., pag. 4.
(2) La Martin., Dict., artº Rimini. L'Art de vérifier les
Dates, pag. 487, édition in-folio.

de Rimini, était père de Sigismond, qui hérita des biens de l'Astesan. « En conservant son nom de *Solier*, il » passa dans l'Astesan et devint le chef des *Solier* ou » *Solarii* de ces lieux (1). »

Comme de tous les auteurs qui ont recherché l'origine des Solier, celui que nous venons de citer est encore le plus exact, nous allons rapporter ce qu'il en dit dans la généalogie imprimée en 1680, et notée dans le père Lelong (Biblioth. Hist. de France, tome 3, page 783, art. 42634.) «Il y a diverses opinions sur l'origine » de cette famille; les uns (tels que Amien et Rubée) » la disent venue d'un seigneur allemand du nom Solier, » ou Soler, au royaume de Naples, où sont encore ses » armes. Quelques auteurs italiens la veulent issue des » *Cornelius* de Rome.

» Mais quoi qu'il en soit, on a pour assuré qu'environ » l'an 1000, le premier d'entre eux venu de Rome ou » de la Romagne fut surnommé Malateste ..... Othon lui » donna quelques villes en 1001 : son fils aîné régna » après lui...; le fils puîné, Sigismond, devint, en » Piémont, le chef de cette branche de *Solier*, qui se » sont rendus si fameux et si illustres que j'aurai bien » de la peine à dépeindre l'éclat, la noblesse, la gran- » deur de cette maison avec toutes les belles qualités » qui l'ont élevée au-dessus des autres ...... Elle a fleuri » et commandé souverainement la ville et province » d'Asti, dont le comté la rendait maîtresse de vingt- » cinq villes, châteaux et grandes seigneuries. Avec » cette puissance, elle a soutenu long-tems le parti des » Guelphes contre les Gibelins..... Et cette maison de- » vint (en trois siècles) tellement nombreuse, que dans » un moment elle fournit, pour un seul combat, trois » cents chevaliers de son nom, bien armés (2). »

Cette multitude de chevaliers, tous parents et de même nom, ne doit pas étonner si l'on se souvient de l'histoire de ces tems. « Alors, dit le célèbre Denina, les filles » ne se mariaient qu'à vingt ans et donnaient des fils » robustes..... qui avaient eux-mêmes grande posté- » rité. Alors (1355) Pierre Albrizzi eut cinq fils qui

---

(1) Avrillon, Généalog., etc., pag. 4.
(2) Avrillon, pages 3 et 4.

» parurent un jour entourés de trente de leurs fils (1)...
» Les Pitti, les Soderini, ont offert les mêmes exemples,
» ainsi que les Doria, les Spinola, les Visconti, les
» Avogadre, les Soliers, les Addi, les Baglione..... On
» a vu la seule ville d'Asti mettre sur pied des armées
» assez nombreuses pour se mesurer avec les plus grands
» monarques, tels que Charles Ier, roi de Naples (2). »
Et c'était au tems que cette province appartenait aux
Solier. Mais aucune famille n'a été aussi loin que celle-
ci. Ses trois cents chevaliers de son nom, plus heureux
que les anciens Fabius, essuyèrent peu de perte dans le
combat ; tous se couvrirent de gloire et se firent remarquer dans le cours de leur vie par une telle bravoure et
une telle adresse qu'on applaudit unanimement à la devise
qui leur avait été donnée, « devise, ou cri de guerre,
» qu'ils ont toujours portée sur leurs bannières, et dans
» leurs armoiries, *Adroit et vaillant tout Solier ayant*
» (étant.) On voit cette devise et leurs armes à l'église
» de Saint - Géry d'Arras, à Rimini, à Asti, à Ville-
» neuve - Solier, et dans plusieurs lieux, ainsi qu'aux
» voûtes des églises et places les plus honorables (3). »
Ces armes étaient dès les onzième et douzième siècles dans
l'église de Sainte-Marie de Solier (*Sancta Maria in Solario*) de Bologne.

CHAPITRE V.

*Sur le point central où la résidence des diverses branches
des Solier.*

Les chefs de la première, dite de l'Astesan, habitèrent cette province jusqu'au douzième siècle. Ils transportèrent ensuite leur séjour en France, et servirent
sous nos rois, devenus maîtres de ces contrées. Vers
1610, ils se fixèrent de nouveau sous la domination
sarde, où ils sont restés depuis.

---

(1) Scipion Ammirato, Hist. de Florence et Généalogie des
Albrizzi.
(2) Denina, Révolution d'Italie, liv. xii.
(3) Avrillon, pages 1, 2, 3. Quoique le P. Avrillon, minime, ait écrit dans un autre genre, nous lui laissons cette
généalogie de 1680, attendu que plusieurs la lui ont attribuée,
et de ce nombre est Waroquier.

Leur résidence hors de l'Italie n'a été que temporaire ; ils n'ont point laissé de branche à l'étranger. Ce sont les mêmes hommes sur des domaines différents.

Les Malateste ont quitté leur résidence primitive (de l'an 1002), après un règne de cinq cents ans, durant lequel ils se sont prodigieusement multipliés sur divers points, mais toujours en Italie ; ils ont formé beaucoup de rameaux.

La branche provençale s'est éteinte après avoir donné celle d'Espagne, de l'Ile-de-France et du Languedoc.

Les branches d'Espagne ont résidé en plusieurs villes différentes. Valence fut long-tems le séjour de l'une de ces branches.

Celle de l'Ile-de-France ayant été formée à Paris par Gaillard Solier, fils de Rostain, né en 1181, transporta son domicile et vécut plusieurs années dans la Guienne et le Languedoc.

Revenus à Paris, ses chefs y continuèrent la postérité jusques vers la fin du quinzième siècle, tems où Jean V, fils de Jean Solier, quatrième du nom, se maria en Espagne, et y servit trente-deux ans.

De l'Espagne, il revint dans l'habitation paternelle. Son petit-fils, André, fut le dernier chef de cette branche, qui alla résider hors de Paris. Au retour d'une expédition dans l'Inde, et ayant débarqué sur les côtes de Tréguier, il y prit alliance à la fin du dix-septième siècle ; ses petits-fils se sont reportés au dix-huitième, dans l'Ile-de-France, sans laisser aucun individu mâle de leur nom et de leurs armes, soit sur les côtes de Bretagne, soit dans l'intérieur, où ils ont ensuite séjourné.

La branche limousine, fondée par Bertrand, né en 1248, s'est transportée dans le Vivarais, où elle s'est maintenue. Nous ne savons pas si elle a laissé quelques rameaux dans la Marche.

Ainsi la branche piémontaise qui a vécu trois cents ans en France, n'y a point formé de rameaux particuliers.

La branche de l'Ile-de-France qui a vécu, à différentes fois, près de cent-vingt ans, soit en Espagne, soit en Angleterre, soit en Bretagne, n'a point également formé de branches partielles dans ces lieux ; ses chefs n'ont paru dans les Bretagnes françaises qu'environ trente ans après la réformation de la noblesse de cette province.

Sa résidence hors de Paris, comme celle des Solier d'Italie hors du Piémont, n'a été que temporaire, et nous n'établissons point de divisions secondaires pour ces deux branches, puisqu'elles n'ont point eu de rameaux séparés en ligne directe et masculine. Cela ne présente qu'une sorte d'émigration hors de la patrie originelle. Comme cette marche est conforme aux mémoires de famille et aux plans des généalogistes qui nous précèdent, nous ne pouvons nous dispenser de l'adopter pour notre travail.

SIXIÈME BRANCHE.

Des Solier de l'Astesan.

D'après les mémoires de famille, le père d'Otbert Solier, issu de Rome et fixé à Asti, épousa Theuderada, fille d'Ansprand, comte d'Asti, et nièce de Cunibert, treizième roi des Lombards. En 703, Ansprand fut régent du royaume pour le jeune Cunibert, son neveu. Quelques années après sa mort, le comté d'Asti passa au fils de Theuderada.

Au milieu des contradictions qui règnent à ce sujet dans Paul Diacre, Raimond Turchus et divers autres, nous ne rechercherons point les alliances et la filiation des Solier venus de Rome et fondateurs des seigneuries de leur nom. Les fils d'Otbert, et après eux Sigismond, règnèrent sur l'Astesan. « Cette souveraineté des So- » lier fut très-souvent attaquée par la faction gibeline, » par les marquis de Montferrat et par plusieurs mai- » sons jalouses de leur grandeur. Secourus par le roi » de Naples, on les vit rentrer victorieux dans l'Aste- » san, et donner la paix à leurs ennemis. Lorsqu'il » fallut céder à la force, en 1320, alors les sires de » Solier ayant acquis de grandes richesses traitèrent » avec les princes d'Achaïe (ducs de Savoie), des com- » tés de Morette, Racovise, Malceste, Villeneuve-So- » lier, Monasterol, Valistrade, Cantogne, et des mar- » quisats de la Chuse, de Dogliani, de Lus, de Go- » voni, de Vignali, de la Tour Saint-Georges, Con- » salgras, Saint-Martin, etc. La plupart de ces sei- » gneuries firent autant de branches de cette illustre » maison à la cour de Savoie, où elle a possédé les plus

» belles charges de l'état (1). » Ces branches ont leurs rameaux à Chieri, Ivrée, Savigliano, Bergame, Milan et dans la Morienne. Plusieurs ont porté diversement, à cause de leurs marquisats ou comtés particuliers. Nous nous étendrions trop, si nous les suivions dans leurs alliances.

Nous n'avons pu souscrire à l'opinion émise par les anciens Solier de Provence, qui se plaisaient à se regarder comme les auteurs de la souche primitive, et, pour le dire une dernière fois, nous ne voyons pas ce que l'amour-propre des anciens de cette branche aurait pu perdre, en reconnaissant que leur origine était romaine. Comme c'est le sentiment le plus répandu, nous n'hésitons point à commencer par les branches italiennes, dont les fondateurs nous sont inconnus.

Les mémoires de famille même se taisent sur le père d'Otbert II et de Georges, son frère, qui fut chef de la branche de Provence. (*Voyez* Chapitre IV.)

La postérité d'Otbert se soutint dans les mâles jusqu'à la fin du dixième siècle. Le dernier, dit Otbert VI, périt en 972, dans une affaire où il porta secours à Guillaume, comte de Provence, qui combattait les Maures de Fraissinet. Vers 1015, Sigismond lui succéda et devint comte d'Asti, et chef de ces Solier dont nous venons de rapporter l'éloge, d'après Avrillon.

De ce Sigismond, fils puîné du premier prince de Rimini, descend Otbert VII, né en 1112 ; on n'a point ses alliances. En 1170, il figure comme témoin des donations faites aux églises de Suze et d'Oulx, par Humbert, comte de Savoie (2). Il eut deux frères :

1.º Amisis Solier, dit Solar, par le père Tournon, (Vie de saint Dominique, liv. V). Amisis fut un modèle de sagesse. — *Vir Doctrinâ clarus et juris scientia celebris ;* compagnon fidèle de saint Dominique..... En 1252, Innocent IV le nomma pour agir et procéder contre les meurtriers de Pierre de Vérone. Il vécut 102 ans, de 1186 à 1288 (3).

2.º Pierre Solier, autre ecclésiastique, qui habita

(1) Avrillon, page 4.
(2) Guichen., Hist. de Savoie, tom. II, page 43. Preuves.
(3) Touron, Loc. cit.

long-tems Rome. A son retour, en 1261, il s'attacha à Pierre, comte de Savoie, qui se rendit maître de Turin, et fut différentes fois chargé de ses intérêts (1).

I. Le premier qui paraît ensuite, c'est Charles, qui florissait en 1270. Ce fut le tems où les Fontaines, dits depuis d'Ognon, s'allièrent à cette famille.

Brocard de la Fontaine, fils de Pierre, petit-neveu de saint Bernard, avait été créé premier maître des requêtes de saint Louis. Philippe le Hardi l'envoya en négociation vers les princes d'Italie. (*Voyez* le traité entre le prince Thomas de Savoie, IIIe du nom, comte de Piémont et de Morienne et les seigneurs de Piosasco, du 15 mars 1272).

Brocard n'avait qu'une fille, nommée Marie; elle fut demandée par Charles Solier, comte et souverain des villes et province d'Asti. Charles la destinait à Georges, son fils. Le mariage eut lieu, à la condition que le second fils qui en naîtrait, ferait revivre le nom de la Fontaine qui allait s'éteindre, et qu'en cette considération, il posséderait les biens des la Fontaine en France.

Charles, en acceptant ces offres, voulut toutefois que son nom de Solier fût uni à celui de Fontaine....., « et il voulut garder son écu : les armes faisant mieux » voir la qualité et la différence des familles que le » nom (2). »

Cependant, lorsque cette branche fût en France, l'écu des Solier, dit le même auteur, fut par fois laissé pour celui d'Ognon.

Du frère de Brocard, père de Marie, dame Solier, était sortie la branche d'Eche, d'où provenait Denise de la Fontaine, mère du duc de Saint-Simon.

Anselme, et d'après lui la Chesnaye-des-Bois, ont donné une généalogie de la Fontaine Solier ; mais n'ayant pas eu connaissance des anciens mémoires, et pas même de la généalogie imprimée par le père Avrillon, ces auteurs n'ont mentionné ni Brocard, ni Jean son frère, dont il est encore parlé dans les mémoires de Joinville, Vie de saint Louis, dans l'Histoire de Cambray, etc.

---

(1) Gall. Christ., tom. XII, eclési. sedun.
(2) Avrillon, page 7.

Ils n'ont point parlé de Robert, neveu de ceux-ci, ni de plusieurs autres, tels qu'Albert, connu sous le nom d'Albert de Solier, et qui périt victime de son dévouement pour l'église, comme nous le verrons plus loin; et ils en citent quelques-uns qui ne semblent pas appartenir à cette famille. Nous renvoyons à leurs ouvrages.

II. Georges Solier, fils de Charles, époux de Marie, fille de Brocard de la Fontaine, succède à Charles et gouverna souverainement la république d'Asti; qualifié comte d'Asti, et soutenant les Guelphes, autrement le parti de l'église contre la faction des Gibelins (1). Le comté de l'Astesan fut aussi une ancienne colonie romaine, capitale Asti, (*Asta Pompeia*), à quatre lieues d'Albi; elle se gouverna long-temps par ses lois. Cette république fut détruite par les ducs milanais. De ceux-ci elle passa aux ducs d'Orléans, puis aux ducs de Savoie, qui la reçurent de Charles-Quint, en 1529; celui-ci la tenait de François I.er. Georges eut trois fils :

1.º Thomas, qui fit toute sa vie la guerre aux Gibelins.... » Laquelle continua sous le règne de « Jean Solier, comte d'Asti, que Rodolphe, son « oncle, seconda avec toute *la maison Solier*, « alors si nombreuse qu'elle arma *trois cents* chevaliers de son nom..., ceci, environ 1312 (2). » Il mourut sans postérité.

2.º Rodolphe II qui, en vertu du contrat de mariage de son père, comme second fils, prit le nom de Fontaine-Solier; il épousa Marie de Gatinara, (maison qui porte : d'azur à deux os de mort, passés en sautoir, accompagnés de quatre fleurs de lys). Il eut d'elle quatre fils et une fille.

Trois de ses fils perdirent la vie dans les combats. Le quatrième, nommé Jean, passa en France. Ce fut lui qui devint chef de la branche des Fontaine-Solier, et recueillit l'héritage de Marie, son aïeule par les femmes.

(1) Avrillon, pag. 8.
(2) *Ibid.*

Sa sœur, nommée Jacqueline, fut l'épouse de
haut et puissant seigneur messire Gédéon de
Macy, vivant premier baron de France, en
1317 (1);

3.º Nicolas, dont l'article suit;

III. Nicolas SOLIER épousa sa cousine dona Violante Malateste (2), dont il eut :

1.º Philippe, dont l'article suivra. (Art. IV.)
2.º Ferdinand. Celui-ci, après la ruine des Guelphes, se retira, tout couvert de gloire, chez les
Vénitiens, où il fut nommé leur généralissime en
l'île de Candie.

D'après une généalogie dressée sur des documents, fournis alors par l'ambassadeur de Venise,
il aurait été le chef d'une branche fameuse,
dont descendrait, dit Avrillon, l'illustre Bacha,
nommé Hibraïm. Nous ne connaissons pas cette
histoire.

Avrillon nomme ensuite un Jean II, comte et gouverneur d'Asti, allié en Piémont aux Mirabelle, et père
d'un autre Jean.

Ce dernier, dit Jean III, est le premier de la filiation
rapportée par la Chesnaye-des-Bois, dont les recherches
sont peu étendues.

Nous avons aussi connaissance de Georges Solier, né
à Ivrée en 1290, chancelier de Savoie en 1346, charge,
dit Guichenon, qui n'a été remplie que par des personnes
illustres en naissance, mérite et probité (3). Le même
Georges figure en 1342 et 1343, au testament d'Aimon,
comte de Savoie, et d'Yolande de Mont-Ferrat; en 1350,
au mariage de Blanche de Savoie et de Galéas Visconti;
en 1347, à celui d'Amé VI et de Jeanne de Bourgogne;
il fut l'une des huit cautions de la dot de 400 M. florins
d'or de Blanche de Savoie ci-dessus (4).

Un autre Georges Solier s'acquit une grande considération; les princes le prirent pour leur juge et arbi-

_____

(1) Avrillon, pag. 8.
(2) Gouss. Martyr., tom. Ier, pag. 300.
(3) Guichen. tom. Ier, page 116.
(4) *Ibid.*, tom II, pag. 176, 181, 222, 397.

tre. En 1488, à la mort de Jean de Savoie, dit la Mitre, Amé VI, dit le Comte Verd, disposa de toute la succession de ce prince en faveur dudit Georges Solier, chancelier de Savoie (1), comme ses pères.

Ces Solier ne sont pas de la branche directe qui florissait à Asti, et qui va continuer sous les noms de Morette et autres seigneuries.

Après la ruine des Guelphes, Morette passa au pouvoir des Solier, qui le perdirent plusieurs fois pendant les discordes civiles..... Jacquet de Savoie, par testament du 16 mai 1470, l'avait légué à Philippe de Savoie, l'un de ses fils (2).

Philippe le donna, en 1386, à son épouse, Marie de Genève; mais alors il était occupé par les Solier qui combattaient, avec les marquis de Saluces, contre les ducs de Piémont. Aussi, l'acte porte que dans le cas où Morette n'appartiendrait pas aux armes dudit Philippe, il veillerait du moins à ce que les seigneurs de ce lieu fussent tenus à prêter hommage à son épouse (3).

Il en fut de même du château des Solier, près de Felician, lequel, vers 1340, passa aux princes de Savoie. Thomas, l'un d'eux, chanoine de Lyon, puis évêque de Turin en 1353, et fils de Philippe ci-dessus, inféoda ce château au comte Amé V, dit le Grand (4).

Ce changement de maîtres eut lieu pendant un long cours d'années, et l'on peut dire jusqu'en 1607, époque où le marquisat de Saluces et pays voisins furent pour toujours cédés à la Savoie, en échange de la Bresse et du Bugey.

IV. Philippe SOLIER, fils de Nicolas (art. III), fut en 1401, l'un des garants de la trève conclue entre les marquis de Montferrat et les princes d'Achaïe (5): il fut père de:

    1.º Antoine, qui vivait à Asti en 1460. Son jeune frère Daniel, était à cette époque capitaine-commandant de Roghetto, près d'Asti, comme il

---

(1) Guichen., tom. II, pag. 314, 377, 381.
(2) *Ibid.*, tom. Ier, pages 331, 332.
(3) *Ibid.*, tom. II, page 126.
(4) *Ibid.*, page 324.
(5) *Ibid.*, tom. Ier, page 313.

appert des titres que nous avons sous la main (Titre original);

2.º Aubertin, dont l'article suit;

3.º Daniel Solier.

V. Aubertin SOLIER, Ier du nom, comte de Morette, est un des dix seigneurs qui signèrent la charte portant établissement de marchés et foires dans la ville d'Asti; acte du 28 octobre 1494. (Titre original.)

Le comté de Morette appartenant aux Solier, est dans l'arrondissement de Saluces, entre la Vraïta et le Pô, dans l'ancienne province de Saveglian. Ses seigneurs, selon Waroquier et la Roque, étaient au service de France dès 1270, 1272 (1).

VI. Charles SOLIER, fils d'Aubertin Ier, fut un des plus illustres de sa race. Page, sous Charles VIII, il se distingua particulièrement sous Louis XII et François Ier. Avrillon le cite comme un des gentilshommes de la chambre.

Il naquit en 1480. En 1509, il était intendant et commissaire-général des armées, comme il se voit par les montres du tems, ainsi que par beaucoup d'autres monuments et titres concernant ce fameux comte de Morette. (Titre original.)

La première montre, ou revue passée par Charles, est du 4 mars 1509, faite à Laval (Astesan); du corps du sire de Fontrailles. (Titre original.)

La seconde est du 6 juillet 1514, du corps de Jacques d'Amboise, sieur de Bussi. (Titre original.) Ce fut un des corps qui combattirent à la fameuse journée de Marignan, où le comte Charles Solier rendit de si importants services.

En 1510, Charles avait été l'un des témoins au mariage de sa cousine Périnelle Solier, issue de la branche de Castille (2), avec Louis de Combauld de Bourbon, dit le Vaillant, ou le Capitaine, et qui, cinq ans après, fut un de ses frères d'armes à la bataille que nous venons de citer.

---

(1) Waroq., Recherches sur les armes, etc., pag. 7; La Roque, Traité du ban et arrière-ban, page 76.

(2) D'Hozier, Généalog. des Combauld de Bourbon; Goussen., Martyrologe; Sainte-Marthe, etc.

Le roi (François Ier) avait réuni des forces impo-
santes........ Et avec une si belle armée, disent les historiens, la difficulté était de passer les Alpes..... Charles
Solier, comte de Morette, conduisit si bien Bayard et
Humbercourt, qu'on surprit d'abord à Villefranche,
les généraux ennemis Prosper Colonne et le comte de
Policastre (1).

Daniel et Guichenon rapportent que ce gentilhomme
avait été envoyé par le comte de Savoie à François Ier.
Il était né en France, avait été, comme nous l'avons dit,
page de Charles VII (2).

Le roi ayant su la prise des généraux ennemis (3),
partit de Lyon et se dirigea vers les Alpes. Parvenu au
pied de ces montagnes, il trouva d'incroyables difficultés
et s'arrêta. Charles Solier, qui avait déjà fait la guerre
dans le Piémont, s'offrit de conduire heureusement
l'armée, si le roi lui donnait, pour le suivre immédiatement, un premier chef d'avant-garde de son choix, et
sur lequel il pût compter comme sur lui-même. De
suite, il désigna le capitaine Combauld de Bourbon.
Combauld marcha donc à la tête de la première colonne
de l'avant-garde, dont le connétable de Bourbon était
le chef. Ce fut alors, suivant le langage de Mézerai,
qu'au milieu des précipices et des rochers les plus escar-
pés, on résolut de combattre plutôt l'âpreté des lieux
que la furie obstinée des Suisses....... Par-dessus le
dos de ces effroyables montagnes, et dans une conti-
nuelle perspective de la mort, les Français guidèrent,
par des chemins horribles, leur artillerie, à force de
poulies et de bras ; ils faisaient rouler les pièces de rochers en rochers ; tous mettaient la main à l'œuvre ; les
chefs ne s'épargnaient pas (4).

Après cette lutte contre la nature, l'armée descendit
les Alpes, et ce fut Combauld de Bourbon qui le premier aperçut les Suisses (5).

---

(1) Daniel, Hist. de France, tom. I, tom. 5. ; Guichenon,
Hist. de Savoie.
(2) Avrillon, Généal. page 5.
(3) Mezerai, Hist. de France, tom. II. (François Ier.)
(4) Ibid.
(5) Marillac, Histoire de Bourb.; D'Hozier, Arrêt de
Louis XIV, pag 52.

La famille Solier, intéressée à recueillir les monuments et titres relatifs à la journée de Marignan, a laissé des mémoires aussi précieux pour elle que pour différentes maisons des plus illustres de la monarchie. Cette dernière considération nous fait un devoir de rapporter plus amplement qu'on n'a pu le faire jusqu'ici les noms des principaux seigneurs qui ont pris part à cette journée.

Avant-garde, précédée des Gastadours ; général en chef, le connétable Charles, duc de Bourbon. Sous lui immédiatement, 1.° Son frère François, duc de Châtellerault ; 2.° le maréchal de Trivulce, un des premiers guides et conseillers de l'entreprise ; 3.° Combauld de Bourbon, dit le Capitaine.

En tête de la première colonne, en avant des Gastadours, Charles Solier, comte de Morette, marchant le premier, suivi de Combauld.

Corps de bataille : Le roi, ayant près de lui plusieurs ducs et maréchaux, tels que Lautrec, Anne de Montmorenci, Châtillon (Gaspard de Coligni), etc.

Artillerie : Genouillac Galliot, dit le sénéchal d'Armagnac.

Lansquenets, ou bandes noires (de la couleur de leurs enseignes) légion d'aventuriers et de routiers : le duc de Gueldre, capitaine-général, ayant sous lui deux des sires de Fleuranges (les deux aînés).

Mineurs, Basques et Gascons : le comte Pierre de Navarre.

Infanterie : Principales compagnies, MM. de Lorges, Maugiron, Richebourg, Laisnez, Donatilleu, de l'Orteil, Hercule (du Dauphiné) Comarque. Dans cette guerre, les plus fameux capitaines du royaume commandaient de nombreuses compagnies d'hommes d'armes, de lances et d'archers, tels que Jacques d'Amboise, sieur de Bussy, Chabannes de la Palice, Imbercourt, d'Aubigni, etc.

Vénitiens (11300 hommes) sous les ordres du général Alviane.

Arrière-garde : le duc d'Alençon.

Étaient présents le prince de la Trémouille (Talmond), les ducs de Vendôme, de Lorraine, d'Albanie, régent et gouverneur d'Écosse ; de Longueville, grand chambellan ; le comte de Guise, frère du duc de Lorraine ; les comtes de Saint-Pol, de Sancerre, de Nevers, de Salazar,

Le marquis de Saluces, le comte d'Astorge, le chevalier Bayard, le chevalier Jame, écossais, le baron de Bearq, ou de Barq.

De plus, Louis de Bourbon, évêque de Laon ; Gouffier de Bonnivet (Guillaume), amiral, Artur Gouffier, grand-maître de France ; Louis de Brezé, grand-sénéchal de Normandie, capitaine de cent gentilshommes du roi ; Vatellien, enseigne des gentilshommes du roi ; de Citoin, grand-maréchal-des-logis.

Suivent sans titres et qualifications :

MM. de Savoie (René.)
    Jean de Moui de la Meilleraye ;
    Antoine et Charles de Prat ; *aliàs* des Prés de Montpezat ;
    Aimard et Nicolas de Prye ;
    Jean Stuart, neveu de Daubigny ;
    Jean d'Albret, sire d'Orval ;
    Le seigneur de Roye ;
    La Motte ;
    De Garanci ,
    De Chalellart ;
    D'Azincourt ;
    Raymond de Raimond ;
    Louis Dars ;
    De Moui ;
    Haraucourt ;
    De Saint-Vallier ;
    De Crussol ;
    De Saint André ;
    La Clayete (le bâtard de) ;
    Allinance ;
    Guy de la Farelle ;
    Un troisième Fleurange ;
    Duras (le cadet de) ;
    Créqui de Pont-Remi ;
    De Remi ;
    De Bueil ;
    De Grimault ;
    Lévis Ventadour (Gilbert) ;
    Galeas Sanseverino :
    Pierre de Fertalier :
    De Mortemart ;

De Mauléon ;

Thomas de Foix, frère de Lautrec.

Le comte Charles Solier guida la plus grande partie de l'armée par le détroit de Roquepierre, près de Saint-Pol, dans le marquisat de Saluces, entre les Alpes cottiennes et les Alpes maritimes. Les 13 et 14 janvier 1515, François Ier gagna la bataille de Marignan. Il ne cessa depuis de combler de faveurs particulières Charles Solier et sa famille. Charles était en outre chambellan de ce prince. Il fut un des huit otages garants du traité de Londres (4 octobre 1518) entre le roi d'Angleterre et François Ier, pour le futur mariage du dauphin et de la princesse Marie, ainsi que pour le payement des six cent mille couronnes d'or que la France donnait pour la ville de Tournai, cédée par la Grande-Bretagne. Voici les noms de ces huit otages, dans l'ordre que présente l'acte :

François de Montmorenci de Rochepot ;

Charles de Moui, seigneur de la Meilleraye ;

Antoine des Prés, seigneur de Montpézat ;

Charles Solier, sieur de Morette ;

Le fils aîné du sieur de Longueville ;

Le fils cadet du sieur de Mortemart ;

Le sieur de Melun ;

Le sieur de Grimault (1).

« Charles Solier fut nommé chef de l'armée navale, » en l'absence de Pierre de Navarre ; il fut ambassadeur » de France près de l'empereur Charles-Quint, près de » Henri VIII, près de Clément VII. Il n'était pas seu- » lement, dit Avrillon, né pour les armes ; les affaires » politiques lui étaient familières ; ses négociations près » de plusieurs princes de l'Europe le firent paraître as- » sez dans l'une et l'autre carrière.

» .... Nous croyons devoir faire connaître la vérité » par les monuments qui nous restent garants de ses belles » actions, ce qui se voit aujourd'hui (1680) dans » une épitaphe de son tombeau en la ville de Tours. » (Eglise des Pères Minimes.) »

Caroli Solarii equitis splendidissimi Morettæ...... qui Ca-

---

(1) Mémoires de du Bellai, livre 1.

rolo VIII et Ludovico XII .... egregiam operam, miles navavit ; Franciso primo, inter nobiliores cubicularios in primis carus extitit, ac Petro Navareo absente regiæ classis præfuit, delphinum portum gennam que..... recepit, aliis præterea muneribus domi militieque summâ cum laude funetus, multis interim legationibus ad Clement VII, Carolum V, Cæsarem, atque Henricum VIII Britanniæ regem obitis, incredibili apud eos gratiá partâ omnibus ordinibus acceptus.

Demum Henrico II eodem quo a patre Francisco loco habitus Lutetiæ Parisiorum annum agente decimum septimum obiit (1).

Barthélemi son frère, a laissé peu de traces dans l'histoire ; il signa au mariage de Philibert de Savoie et de Marguerite d'Autriche, princesse douairière d'Espagne et de Castille (2).

Antoine, autre frère de Charles, suivit également la carrière des armes, s'étant attaché particulièrement au marquis de Saluces. A 19 ans, il était homme d'armes d'une compagnie de ce seigneur, comme il se voit dans la montre passée à Galeras, duché de Milan. (22 novembre 1501 ; tit. orig.).

Charles, de son second mariage avec Silvie Depont laissa :

   1.° François, dont l'article suit ;
   2.° Charles, capitaine châtelain et viguier d'Aigue-Mortes, (en avril 1525 ; titre original).
   3.° Jacques (miles), chevalier, mort sans alliance, (en 1537) ; il servit dans la compagnie de 50 lanciers du marquis de Rothelin ; (titre original).

VII. François SOLIER (le comte), écuyer de François Ier, gentilhomme de la chambre, chevalier de l'ordre, n'a laissé qu'un fils, dit Aubertin II.

VIII. Aubertin, ou Uberten SOLIER, deuxième du nom, dit, dans Avrillon, Habertin et souvent Bertin, chevalier de l'Ordre, comme son père.

Le comte Aubertin avait été l'un des enfants d'hon-

(1) Avrillon, page 5.
(2) Guichen., tom. Ier, page 481.

neur, sans gages, de Henri II, dauphin de Viennois et duc d'Orléans, d'Angoulême et d'Anjou. Ces nobles enfants sont aussi dénommés dans l'ordre suivant pour l'année 1550 (1).

Bertin de Solier de Morette,

Charles de Montmorenci de Méru, } fils du con-
Gabriel de Montmorenci de Montbrun, } nétable;.

Henri de la Marche, } fils du maréchal de ce nom ;
Charles de la Marche, }

Honorat de Savoie, } fils du comte de Tende ;
René de Savoie, }

Troile Ursin.

Dans un autre état les noms sont les mêmes, dans le même ordre, avec un troisième Montmorenci, Guillaume de Thoré, autre fils du connétable (2).

Les services d'Aubertin lui méritèrent une pension du Roi, à raison de quatre mille écus, par an, (titre original).

Il fut employé en Espagne, en 1560 ; à son retour, en 1562, le Roi le fit aussi chevalier de l'Ordre (3), Il laisse :

1.º Emmanuel, dont l'article suit ;

2.º Jean ou Jehan, qui mourut avant 20 ans, enseigne d'une compagnie de 20 lances, du comte de Beyne. La famille porte sa mort en 1565 ; il faisait partie de cette compagnie en 1563, (titre original);

3.º Paul, qui servait également et périt, en 1592, dans les guerres de Piémont, où il était employé, (titre original) ;

4.º François, gentilhomme ordinaire du Roi ; (titre original). On ne connaît pas sa postérité. Il ne doit pas être confondu avec un de ses parents, François Solier de Monasterol, l'un des seigneurs qui accompagnèrent, en France, Charles III, duc de Savoie et fut un des témoins aux pouvoirs donnés par le duc, à l'ambassade

---

(1) Recueil des ordonnances et des noms de messieurs les officiers des princes français, p. 513.

(2) *Ibid.*, page 520.

(3) Mémoires du prince de Condé, tome Iᵉʳ, page 114.

qu'il envoya à Venise, pour demander raison de l'envahissement du royaume de Chypre (1).

5.º Sébastien, qui fut premier référendaire et conseiller d'état. En diverses occasions, et notamment en 1579, il représenta le grand chancelier de Savoie dans un acte important (2).

IX. Emmanuel SOLIER, fils du comte Bertin II, chevalier de l'Annonciade, conseiller d'état de son altesse royale Madame, gouverneur de Verceil, commissaire général de l'infanterie, colonel de deux mille hommes, ambassadeur en France, etc. (3).

Un titre original porte aussi Emmanuel, etc., comte de Morette, gentilhomme ordinaire du Roi, fils et héritier de feu Aubertin de Solier, lequel était, en son vivant, chevalier de l'ordre de sa majesté. Suivant le même titre, Emmanuel reçoit du trésor de France, 17800 écus, pour environ quatre années arriérées de la pension de son père, (titre original du 31 décembre 1585).

En 1600, il fut nommé pour l'assemblée tenue à Paris, concurremment avec MM. de Lullin, de Lucinge et Berton Crillon (4). Il laissa :

1.º Charles-Aubertin, chevalier de l'Annonciade, conseiller du Roi, grand maître de son altesse royale Madame, ambassadeur en France. « Ce fut » un homme de mérite qui nous a laissé, suivant » les historiens, l'idée d'un seigneur accom-» pli (5); »

2.º Philippe, l'un des meilleurs capitaines de Charles-Emmanuel. Il fut gouverneur de Grasse (6), et de Nice, maréchal de camp et chevalier de l'Annonciade ;

3.º Aubertin III, dont l'article suivra celui de Louis.

4.º Louis, écuyer de Charles Emmanuel, accom-

---

(1) Guich., Hist. de Savoie, tome Ier, page 634, 656.

(2) *Ibid.*, page 724.

(3) Avrillon, page 6.

(4) Pithon, Noblesse du comté Venaissin, t. IV, p. 380.

(5) Avrillon, p. 6.

(6) Guichen., tome Ier, page 725.

pagna ce prince en France (1). Il portait les titres de comte de Morette, marquis de Dogliani, lieutenant général des armées de Savoie, au comté de Nice.

En 1570, il épousa Paula de Chalan, fille de Claude Chalan et de Bonne de Savoie. De ce mariage sont provenus :

a. François-Emmanuel, comte de Morette, marquis de Dogliani, grand maître de l'artillerie, gouverneur de Verceil en 1638, puis d'Asti ; dans les Mémoires du duc de Richelieu, il est désigné comme ambassadeur d'Espagne, en 1625 (2) ; Guichenon, et les notes de famille ne l'annoncent pas ;

b. Maurice, évêque de Mondovi ;

c. Charles-Jérôme, marquis du Bourg-Saint Dalmace, l'un des gouverneurs d'Emmanuel II, gouverneur de l'Astesan, ambassadeur à Venise ;

d. Michel, général, au service de ses princes ;

e. Bonne-Lucrèce, devenue comtesse de Coligno ;

f. Victorie-Marguerite, comtesse de la Chuse.

X. Aubertin SOLIER, IIIe du nom, comte de Morette, ambassadeur en France en 1640 ; conseiller d'état, en 1648 ; créé, même année, chevalier de l'Annonciade, comme l'avait été son père, à qui Charles-Emmanuel voulait donner une récompense digne de ses vertus et de ses talents militaires (3). Beaucoup d'autres Solier de cette branche et de celle de Louis, ont été fameux par leurs exploits, leurs charges et leur fortune, comme on le voit dans l'histoire, aux noms de Monasterol, Villeneuve, Macello, Dogliani, Saint-Martin, du Bourg, Broglie, Favria, Deluz, Govoni, etc.

Du tems que Jean-Jacques Rousseau, de Genève, était laquais chez un des Solier, le comte Govoni, ce

(1) Guichen., tome Ier, p. 770.
(2) Mémoires du duc de Richelieu, tome I, page 140, édition de 1625.
(3) Guich., tome I, page 828.

seigneur, que Rousseau, dans ses Confessions, appelle *chef de cette illustre famille*, jouissait à la cour, de la plus haute estime; il était père du comte de Favria.

Cette branche s'est soutenue dans ce même état de splendeur. Longtems souveraine, maîtresse ensuite de forts, de villes et comtés très-riches, elle s'éleva, même, après la perte de l'Astesan, à un haut degré de gloire et de puissance. Elle fut citée souvent dans les traités des princes de Savoie, dans les actes publics de France, et notamment dans l'arrêt du parlement de Paris (10 juin 1390), en faveur du Roi, dauphin, déclaré souverain du marquisat de Saluces (1).

Nous terminerons par la liste des seigneurs de cette branche, qui ont été de l'ordre de l'Annonciade.

Extrait de la liste chronologique des chevaliers de l'ordre suprême de l'Annonciade, imprimée à Chambéri, en 1787.

1618 Emmanuel (Solier), comte de Morette.
1648 Charles-Ubertin.
1660 Jean-Philippe, comte de Monasterol.
1666 Charles-Jérôme, marquis du Bourg.
1678 { Jean-Louis, marquis de Dogliani.
{ Jean-Michel, comte de Monasterol.
1729 { Ignace, marquis du Bourg.
{ Octave-François, comte de Govoni.
1737 Joseph-Robert, marquis de Broglie.
1750 { Louis-François-Amédée, marquis de la Chuse.
{ Gaspard-Joseph, comte de Morette.
1771 { Charles-Joseph, comte de Govoni.
{ Joseph, comte de Favria

DEUXIÈME BRANCHE.

Fontaine Solar ou Solier.

A l'article premier de la branche précédente, on a vu Marie, fille unique de Brocard la Fontaine, épouser, en 1272, Georges Solier, descendant de Sigismond.

_____

(1) Mém. du prince de Condé, tome III, page 670; Mém. du duc de Nevers, tome I, pag. 27.

Georges, devait joindre le nom de Fontaine au sien (1). Goussencourt, dans son Martyrologe, parle de cette jonction de noms et d'armes; mais il l'attribue au fils de Pierre, ou Perrot la Fontaine, et de Marie de Villiers de l'Ile-Adam, en 1350, lequel aurait épousé une héritière de la famille Solier (2).

En suivant nos mémoires qui s'accordent avec l'histoire et les titres, nous trouvons que Jean, Ier du nom, fils de Rodolphe, fut celui qui passa en France, pour y jouir des biens de son aïeule Marie, femme de Georges Solier.

I. Ce fut sous le règne de Charles le Bel, dit Avrillon, que nous allons suivre, que Jean Solier, rendit de grands services à Philippe de Valois, dans les guerres de Flandre. Ce roi l'estimait fort, non-seulement à cause de sa valeur, mais par rapport à sa naissance (3). Il le fit gouverneur d'Arras, où l'on voit encore ses armes, jointes à celles de sa femme. Il eut sept fils, qui se trouvèrent tous à la bataille de Créci, sous ledit Roi.

II. L'un des fils de Jean, ci-dessus, dit Perrot *de la Fontaine*, épousa Marie de Villiers de l'Ile-Adam, sœur de Jacques, maréchal de France, et fils de Pierre, grand-maître de la maison du Roi, de laquelle alliance sont sortis :

    1.° Jean qui va suivre ;
    2.° François, chevalier de Malte ;
    3.° Madeleine, religieuse, à Longré, ordre de Fontevrault.

III. Jean SOLIER, dit Jean II, chevalier, seigneur de Fontaines, Thorigny, Damart, etc., conseiller et chambellan du Roi, gouverneur d'Asti ......, s'allia, en Piémont, à la famille des Mirabelle, et il eut de son mariage :

    1.° Jean, dit Jean III ;
    2.° Charles, religieux, à l'abbaye de Saint-Denis, en France ;

_____

(1) Avrillon, généal. page 7.
(2) Goussenc., tom. I, pag. 300 et 301.
(3) Avrillon, généal., page 7.

3.º Renaud, gouverneur de Vernon, sous le comte de Dunois, à qui Charles VII avait donné cette ville.

IV. Jean Solier, III.º du nom; c'est le premier dans la généalogie imparfaite donnée par Anselme, et suivie, sans examen, par la Chesnaye.

Avrillon le qualifie ainsi : Jean, issu des Villiers de l'Ile-Adam, des comtes d'Asti et des Malateste; tige honorée du bienheureux Robert, prince de Rimini, et de la bienheureuse Paule, marquise de Mantoue. Ledit Jean, grand pannetier, gouverneur de Crépi, en Valois, et de Luxeu, en Combrailles.

Il épousa Jeanne de Remonde, dame de Pomponne, dont il eut :

V. Pierre Solier, chevalier de l'ordre du Roi, gouverneur de Crépi et Luxeu, qui s'allia, comme son aïeul, au sang de Philippe de Villiers de l'Ile-Adam, grand-maître de Rhodes, et continua la postérité.

Comme la filiation de cette branche se trouve déjà imprimée en différents ouvrages (1), nous y renvoyons la famille. Elle a eu plusieurs rameaux, tels que celui de Bissi, de Boissière, des Bachets, etc.

TROISIÈME BRANCHE.

Ou des Malateste (les Anciens).

Observation. Nous aurions voulu donner une filiation des Malateste, depuis leur chef connu historiquement vers l'an 1000 ; mais cette tâche est au-dessus de nos forces, attendu la diversité d'opinions sur ce point. Ce travail, d'ailleurs, exigerait plusieurs volumes.

Nous croyons cependant, d'après les mémoires que nous consultons et les recherches auxquelles nous nous sommes livrés, que nous ne ferons ici qu'ajouter à l'éclat de la réputation de ces princes, dont les historiens, quelque nombreux qu'ils soient, n'ont pas encore relevé

---

(1) Anselme, La Chesnaye, D'Hozier, Avrillon, etc. *voyez* aussi la branche *précédente.*

toutes les grandes actions. On peut consulter sur eux
Baldo de Branchi, (an 1460), le Volateran, le frère
Jacques Philippe, Sabellicus, Léandre Alberti, Marcheselli de Rimini, Sarraceni (Histoire d'Ancône), Mathieu
Bruno, Claude Paci, Pigna, Parthi (Etienne), César
Clémentini, qui a consacré sa vie à des recherches sur
cette famille, Raphaël Adimare, qui n'a pas moins fait
pour elle, dans son *Sito di Rimini*, Sansovino, l'un des
plus célèbres parmi ces chronistes.

Après avoir rendu compte de diverses conjectures
plus ou moins heureuses sur l'origine des Malateste,
et après un examen approfondi, Sansovino les déclare
issus de Rome.

> « *Trovo che l'origine loro nacque in Roma* (1). »

C'est l'opinion que nous avons toujours suivie; l'antique souche dont ils descendent est en effet romaine.
Cela est appuyé sur des monuments incontestables. L'ancienne existence des Solier, au pays d'Asti, s'explique
naturellement par l'occupation que firent les Romains
de tous les lieux où ils voulaient établir des colonies.

Les pays de Solier et de Quarante se touchent : « On
« voit Félician sur les confins de l'Astesan ;.... ensuite,
« les monts se replient sur eux-mêmes, et découvrent
« un certain espace de plaine où sont situés deux châ-
« teaux, *Solier* et *Quarante* ; ce dernier, ainsi nommé
« de quarante familles romaines qui s'y fixèrent quand
« les Romains occupaient ces contrées (2).

Les fils d'un Solier de l'Astesan, ou même de la Romagne, qui s'était fixé à Naples, en revinrent au dixième
siècle, comme il a été dit, sans qu'on puisse chercher
à Naples l'origine primitive des Solier. « Ils sont ro-
« mains, dit Crescenzi dans sa noblesse d'Italie.,.... et
« plusieurs les tiennent issus des Scipion (Cornélius
« Scipion) (3). » Cette origine serait assez noble pour
qu'on dût s'interdire toute autre recherche.

Albert de Pagan ayant épousé, vers 978, la fille du duc

---

(1) Sansov., Orig. des Familles-illustres, édition de 1582,
page 221, verso.
(2) *Voyez* Alberti, Description de l'Italie, p. 382, éd. 1581.
(3) Coron. della Nobil. d'Italia, page 568.

de Bretagne, s'associa avec Tancrède de Hauteville, des ducs de Normandie. Quinze ou seize ans . après, deux seigneurs passèrent les Alpes avec leurs femmes et leurs enfants, dans le dessein de combattre les Sarrasins d'Italie. En 996, ils s'unirent aux chefs des Solier, et firent pendant trois ans, la guerre dans la Romagne. (Ghirard. Hist. de Bolog.)

Tancrède y mourut, laissant douze fils, qui possédèrent les comtés d'Averse, de Calabre, d'Ascoli, de Mélite, de Cosenza, de Policaste ,.... de Fondi (1).

Albert de Pagan ne laissa qu'un fils, nommé Albertin, et chef des Pagan, dont sortit Hugues, fondateur et premier chef des Templiers en 1118. Les Solier, unis aux enfants de Tancrède et fils des anciens Solier de Rome.... *Ex amplâ Soleriorum stirpe Romanorum editi*, se retirèrent à Bénévent, à Naples, et dans toute la Romagne leur ancienne patrie, où ils furent employés par Otton III, qui leur donna beaucoup de villes, comme nous l'avons déjà vu (2), et bientôt la souveraineté de Rimini, dont Pandolphe resta le maître.

Sigismond, l'un de ses fils, eut l'héritage de sa famille en Piémont, et n'adopta point le nom de Tête dure (*Mala testa*) donné au seul Pandolphe pour le caractériser, suivant l'usage de ces tems... ; Sigismond, ainsi que nous l'avons dit, (chap. IV), retint le nom de *Solier* et les armes primitives, les trois fuseaux romains ou fuseaux de Tanaquil; ce qui sert à confirmer leur véritable origine. (Titre de fam.)

Les guerres continuelles, la destruction des châteaux, l'incendie des archives, l'expulsion fréquente des seigneurs, le défaut de cartulaires; toutes ces causes ne justifient que trop les ténèbres qui règnent dans les annales des premières familles de l'Europe, et surtout du neuvième au onzième siècle époque funeste à l'ère chrétienne; il n'est plus moyen d'y remédier aujourd'hui.

Quelques auteurs se sont imaginé que les ancêtres des Solier de Rome et des Malateste pouvaient bien s'ap-

---

(1) Gennaro-Grande, Orig., etc., part. 4, art. 16.

(2) *Voyez* notre chapitre IV et ses preuves, Raph. Adim. div. loc.

peler *Catani* (1); mais ils ne remarquent pas que *Catani* n'est qu'une abréviation italienne du mot *Capitani*, terme latino-barbare dont on a fait également *catepani*, en le dérivant du grec, et signifiant, dans les deux idiômes, *maîtres des soldats, ou chefs d'armée* (2).

Par ce mot, dit Villani, on entendait des hommes illustres et puissants en armes (3).

L'ancien nom connu de la famille est Solier (*So-lerius*) (4).

Le séjour des Malateste à Penna de Bili fit croire à d'autres qu'ils y avaient pris naissance. Verrucchio fut aussi regardé comme leur patrie originelle, quand on oublia que ce lieu ne fut offert à ces princes qu'en 1292 (5), et devint une de leurs maisons de plaisance, comme Belaria et Soliano, où s'est formée la branche de ce nom.

« Au reste, quelle que soit l'origine des gentils-
» hommes qui nous occupent, qu'elle vienne de Rome,
» d'Allemagne, de Penna,..... c'est toujours une des
» plus grandes familles qui aient existé; mère de princes
» fameux, de vénérables pontifes; maîtresse d'une partie
» de la Romagne, de l'Ombrie, de la Marche, de la
» Lombardie, de vingt bonnes villes, avec un grand
» nombre de tours et de châteaux ;..... ainsi s'explique
» le savant Pigna (6). »

Après avoir indiqué les premiers Malateste dont nous avons déjà parlé, Sansovino passe à celui qui fut sur-nommé le Vieux. Beaucoup d'autres de ce lignage ont eu également des surnoms, tels que le Pacifique, le Boi-teux, le Magnifique, le Hongrois.

Le sobriquet de *Mala testa*, venu de l'entêtement de Pandolphe, du mot *Testière*, ou *Tête de Bronze*, suivant le proverbe (7), fut conservé par le fils, héritier direct de Pandolphe, par respect ou honneur pour la mémoire

---

(1) *Voyez* Sansovino, sur les Malatest.
(2) Gennaro-Grande, Orig., etc., part. IV, art. 24.
(3) J. Villani, Hist., liv. V, chap. 40.
(4) *Voyez* Avrillon, déjà cité, page 4.
(5) Pigna, Histoire des princes d'Est, liv. I, p. 48.
(6) *Ibid.*, liv. II, page 45.
(7) Sansovino, sur les Malatest.

paternelle, il finit par être joint au premier nom, et peu à peu il devint le nom patronymique de tous les mâles de cette branche ; il passa même aux femmes.

Leurs alliés l'adoptèrent souvent comme nom de baptême qu'ils imposaient à leurs fils. De ce nombre furent les Montefeltre, les Baglione, les Gambacorti, etc.

Malateste de Verrucchio, dit le Vieux, laissa Malateste, surnommé l'Audacieux.

Après l'Audacieux, viennent dans Sansovino, Malatesta Malateste, Jean le Boiteux, Paul, dit le Bel, dont les amours et la fin tragique ont été chantées par Le Dante et Pétrarque ; Tinnin, Jean, Pandolphe, Maltestino, Frantin, Lambert, Frantin-Novello, Galéote, Malateste le Hongrois, Pandolphe V, Pandolphe VI, Charles Pandolphe, André, Galéote-Novello, dit Belfiore, Galéote-Robert, Jean III, Dominique, prince de Césène, Sigismond Pandolphe, Robert, Saluste, Valère, Pandolphe VII, Charles II, Troïle, Robert II, Malatesta Malateste II, Robert III, Hercule, Sigismond, Rambert ou Lambert, Pandolphe VIII, Charles III, Robert IV, Malatesta Gueriero, Leonide, Charles IV, Robert IV, Sigismond II (1). Rubée, commencé par Hubert, comte de Glazoli, père de Ferrantin, qui eut Pandolphe.

De Pandolphe vinrent Malateste et Galéote ; ensuite Ferrantin II, Maltestino, Jean le Boiteux, Rambert, Tinnus et Jean.

D'autres en ajoutent plusieurs qui ont été temporairement maîtres ou gouverneurs de diverses contrées fameuses.

Nous trouvons la filiation suivante dans des manuscrits de famille qu'il nous a été facile de concilier avec les principaux monuments historiques. Léandre Alberti ne s'en est point écarté, mais il ne commence qu'en 1348 (2). Cela nous fait regretter la généalogie que M. Le Laboureur avait annoncée, dans son Voyage de la maréchale de Guébriant, d'autant plus que les Italiens l'ont tracée d'une manière fort inexacte et fort obscure.

---

(1) *Voyez* Sansovino, Clémentini, Adimare, etc.
(2) Alberti, Descript. de l'Italie, art. Rimini, Fano, Césène, Pesaro, etc.

Pandolphe II, en 996, s'attacha, à son retour de Naples, à l'empereur Otton III, qui lui donna Rimini, en 1002, en y joignant un grand nombre de châteaux et autres lieux....... pour ses éminentes vertus et qualités (1). Sigismond, son fils, devint possesseur des terres de l'Astesan.

On trouve aussi que, dans l'année 1110, deux frères Malateste, de la très-noble famille de ce nom, épousèrent les deux sœurs de Lentilius Asinelli, fils de Gérard..... Lesdits Malateste, seigneurs de Rimini, Césène, Pesaro et Fano (2).

. Pandolphe, IIIᵉ du nom, issu de Pandolphe II, a laissé peu de souvenirs dans l'histoire. On les trouve cependant rappelés aux actes des seigneurs de Rimini, en 1227, 1272, 1275 (3). Dans cette dernière année (1275), un des Malateste fut élu à Bologne capitaine du peuple, comme le rapporte Ghirardacci. (Tom. I, liv. VII, pag. 227.)

Rubée (Hist. de Ravenne) cite Frédéric Malateste et Hubert, en 1276 et 1297.

Pandolphe IV, fils de Pandolphe III, fut, dans sa jeunesse, préteur à Fano, en 1300; allié des Bolonais, en 1321 ; il donna Rimini au pape, en 1325 ou 1327 ; il la reprit en 1331, de concert avec ses parents Ferrantin et Maltestino. Il en rétablit les fortifications. Galéote, son fils, rétablit celles de Pesaro ; Ferrantin, son neveu, celles de Fano (4).

Pandolphe nomme un de ses fils, Charles de Malateste, seigneur souverain d'Ancône, en 1348.

Il était, depuis 1342, généralissime de la république de Florence.

Dans ces tems, il y eut à Rimini une solennité brillante à l'occasion de l'ordre du Christ de Portugal, débris de la religion des Templiers.

Quatre ans après l'abolition de cet ordre, c'est-à-dire

---

(1) Ghirardacci, Histoire de Bologne ; Léand. Alberti, Descrip. de l'Italie.
(2) *Ibid.*, tome I, livre II, page 59.
(3) Ghirard., ci-dessus, tome I, liv. VII.
(4) Amien, Mém. hist. de Fano, part. I, pag. 255.

en 1324, le souverain pontife désira que les Malateste prissent la nouvelle décoration de Christ; et en conséquence furent ensemble créés chevaliers de l'ordre : Pandolphe de Verrucchio; Galéote et Malateste, ses fils; Robert, fils de Jean le Déhanché, ou le Boiteux; Jean Tinus, neveu de Robert; Ferrantin, fils de Maltestino dell' Occhio; Ferrantin le jeune, dit Novello; Bandino, fils de Paul Malateste, comte de Ghiaggiolo, tous de la même famille. Cela se fit avec tant de pompe et d'appareil que jamais on n'a vu dans Rimini un pareil concours de peuple et d'étrangers (1).

En 1337, l'empereur confirme à Pandolphe la jouissance de Rimini. Depuis 1342, plusieurs contrées de la Marche se donnèrent spontanément aux Malateste, et celles qui leur résistèrent furent soumises par les armes, telles que Jesi et Osino (2).

C'est sous le règne de Pandolphe III qu'un des Solier, Albert, fut décapité avec Thomasin de Gorzan, et sept autres seigneurs, accusés par les Bolonais d'avoir voulu ranger Modène sous la puissance de l'église....... *Liberare quella città dalle tante oppressioni..... e dalla in potere della chiesa* (1). (Guerre des Guelphes et des Gibelins.)

Pandolphe IV fut père

1.º De Martino, ⎫
2.º De Pandolphe, ⎬ qui moururent jeunes ;
3.º De Galéote, dit le Hongrois.

Galéote fut assis de nouveau dans la possession de Rimini par Clément VI (Pierre Roger de Limoges), et d'une famille dont Renaud Solier, à son retour de la Terre-Sainte, avait épousé une fille, dite Mateline Roger.

Clément VI rendit Rimini, soit en mémoire de cette alliance, soit pour récompenser le rare mérite de Galéote, généralissime des armées de l'église.

Il fut surnommé le Hongrois, parce qu'ayant fait, avec éclat, la guerre contre les Vénitiens, près du roi

---

(1) Amien, Mém. hist. de Fano, part. 1, page 255.
(2) *Ibid.*, part. 1, pag. 276.
(3) Ghirard., tome II, liv. xx, pag. 78.

de Hongrie, dont il commanda souvent les troupes, ce prince, charmé de sa valeur, le déclara noble hongrois.

En 1363, il reprit diverses places sur le fameux capitaine Anichino Bongarbe, et, entr'autres, la ville de *Solier*, où ce chef avait établi de nouvelles forteresses (1).

Cette même année, il voulut cesser de faire la guerre, le tems de son généralat pour Rome étant expiré ; Feltrin Gonzague le remplaça, et choisit le château de Solier pour point central de son commandement.

Le *Solerio* (2), ou *Soleria*, dit aussi le Solarolo, *nobile castello*, situé sur la voie Emilienne et sous Faenza, a été célèbre par les siéges qu'il a soutenus en 1235, 1369, etc. Il fut pris plusieurs fois par les Malateste.

Les Bolonais en firent l'acquisition en 1381, et le livrèrent en 1399 à Astore Manfrédi (3).

Près de ce château se trouvait aussi le pays et château de Morette, dont les habitants prêtèrent serment de fidélité aux consuls de Bologne, le 4 juillet 1157 (4). Il ne faut pas le confondre avec le comté de Morette de la branche astésanne.

A la prière d'Egidius, légat du pape, Galéote continua de donner ses services à l'église.

Cet illustre seigneur avait réuni à ses possessions Césène, Cervia et Giesi. Il mourut en 1372, laissant trois fils :

1.º Charles, qui succéda à son père. En prenant les rênes du gouvernement, il fit une procession célèbre pour demander l'assistance de Dieu ; il y marcha à la tête de 9000 hommes, et son épouse conduisit 8000 femmes (5).

Dans la suite, on le vit, à la tête de 12000 cavaliers, faire lever le siége de Mantoue à Galéas Visconti, duc de Milan, qui avait 40,000 hommes de cheval. Il délivra ainsi François de Gonzague, marquis de Ferrare, son cousin...... Ce qui parut si admirable au duc, qu'il se prit à aimer Charles

---

(1) Ghirard., liv. xxiv, pag. 270.

(2) *Ibid.*, Histoire de Boulogne, tom. I, liv. vi, p. 158, et tome II, liv. xxiv, page 276.

(3) *Ibid.*, tome II, liv. xxv et xxvii.

(4) *Ibid.*, tome I, liv. iii, pag. 80.

(5) Pigna, Histoire des princes d'Est, pag. 37.

comme un frère, et par testament le fit tuteur de ses enfants et défenseur de son duché (1).

Jean Marie, fils de Galéas, épousa Antonine Malateste, nièce de Charles. Après quelques années de mariage, il fut lâchement assassiné par la noblesse de Milan (2).

Charles vécut long-tems. On le comparait à Caton pour ses grandes qualités (3).

Il fut le représentant de Grégoire VII au concile de Constance (4).

Loué et chéri par tous les bons écrivains, tels que Blondus, Platina et Antonin, il fut accusé par le seul Equicola, d'avoir fait jeter dans le Mincio la statue de Virgile: « Mais c'est un in-» juste reproche, dit Alberti....., et cet Equicola » ne mérite aucune espèce de croyance (5). »

2.º Galéas, frère de Charles, enleva Salina aux Polentani, seigneurs de Ravenne, et en fit un fief des Malateste; ce qui dura jusqu'au règne de Novello, qui donna cette ville aux Vénitiens.

Il eut une fille qui épousa Alexandre Sforza;

3.º Pandolphe, dont l'article suit.

Pandolphe V, fils de Galéote le Hongrois, et frère des précédents, ne doit pas être confondu avec un autre Pandolphe du même tems et de la même famille, lequel enleva Brescia, s'y établit et en devint évêque (6).

Pandolphe, lié étroitement à Jean Galéas, duc de Milan, le seconda dans toutes ses entreprises.

Lorsque Galéote, son père, partit pour la Toscane, en 1364, il prit le gouvernement de Fano, de Pesaro, de Fossombrone. Le 15 avril de cette année, il fit part au conseil de son mariage avec Ringarde Varani de Camerino. Ensuite il envoya au-devant d'elle de riches présents et deux ambassadeurs, François de Bennincase et

(1) Pigna, Histoire des Princes d'Est, liv. 1, p. 40.

(2) Crecenzi, Cor. dell. Nobil. d'Ital., narra. 1, chap. VII, page 67.

(3) Raph. Adimare, sito di Rimini, liv. 1, page 37.

(4) Ghirard., Histoire de Bologne, tom. II, liv. 27.

(5) Descript., art. Rimini.

(6) Pigna, liv 1. pag. 40.

Ange Rinalducci. Le 23, Ringarde fut reçue par Pandolphe à la tête de toute la noblesse ; et des fêtes publiques furent célébrées pendant huit jours. Ce qui les rendit plus belles, ce fut la nouvelle d'une victoire remportée par les armes des Malateste (1).

A la mort de Jean Galéas de Milan, Pandolphe devint maître de Brescia et de Bergame.

Il laissa trois fils :

1.º Sigismond, dont l'article va suivre celui de Malateste ;

2.º Robert ; celui-ci était l'aîné, mais il ne se maria point. Il eut, dit-on, un fils naturel du nom de Robert ; suivant d'autres, ce fut un homme d'une vie exemplaire, qui rendit plusieurs services aux papes, et fut réputé saint ;

3.º Malateste, héritier d'une partie des biens de son père, fut encore seigneur de Cesène, Cervia, Britenore ; homme instruit, grand littérateur, il fonda la belle bibliothèque de Saint-François de Césène, où il réunit les manuscrits et les livres les plus précieux. On voyait dans ce monastère plusieurs inscriptions latines, italiennes et grecques, à la louange des Malateste. Une d'elles portait : *Malatesta sanguine Cretus*, ce qui fit croire à quelques autres que cette famille était grecque (2). Au reste, elle aurait pu l'être avant d'être romaine.

Par testament, Sigismond laissa Césène au saint siége, et Cervia aux Vénitiens, il fut assassiné dans la maison de Jean Marcoselli de Rimini, en 1469 (3), suivant la lettre de Robert, son frère, à la république de Florence. Nous ne suivrons pas sa postérité, ni celles des branches collatérales ; les bornes que nous nous sommes prescrites ne nous le permettent pas. Ce fut de son tems que Sigismond Malateste de Fano épousa la belle et infortunée Polixène. Sforza, fille du

---

(1) Amien, Mém. hist. de Fano, part. 1, pag. 288.
(2) Raph. Adimare, sito di Rimini, liv. II, pag. 151.
(3) Scipt. Ammirat., Généal. des Guidi.

comte François, qui lui donna, le 1er février 1443, un fils nommé Galéote Novello, et pour lequel il y eut de grandes réjouissances publiques (1).

Dans le même tems (10 octobre 1432), mourut à sa terre de Saint-Archangel un Ga-léote-Robert Malatesta, âgé de vingt et un ans, qui fut aussi regardé comme saint, et canonisé à Rimini, aux acclamations du peuple. Sa vie a été écrite par le père Nicole, franciscain, et par le père Christophe, capucin, qui donne la liste de ses miracles. N'ayant point eu d'enfants de Marguerite, princesse de la maison d'Est, qu'il épousa en 1427, il laissa pour successeurs et hé-ritiers ses frères Sigismond, Pandolphe et Do-minique Malateste. Alors encore vivaient Barthé-lemi Malateste, évêque de Rimini, en 1449, Robert et Malateste frères, qui gouvernèrent ensemble Césène, en 1452 ; Marguerite Robert , veuve de Galéote-Robert Malateste (2).

Sigismond succède à Pandolphe V, son père, et à Robert, son oncle, dans la principauté de Rimini. Ce fut un grand homme de guerre. Sa vie a été écrite par le pape Pie II, qui lui reproche quelques fautes ; mais ce prince s'en repentit, et sa mort fut celle d'un véritable chrétien. Il eut un fils naturel qu'il reconnut pour suc-cesseur. Ce fils est Robert le Magnifique, qui suit.

VII. Robert, dit le Magnifique, illustre guerrier, comme son père, noble et brillant caractère, et l'un des plus célèbres princes de son siècle ; généralissime de l'armée de Sixte IV. Il gagna plusieurs batailles, et dé-fit, entr'autres, près de Vélitre, le terrible Alphonse, duc de Calabre, dit Alphonse le Féroce, fils de Fernand, roi d'Aragon ; il lui prit une grande quantité de gentils-hommes qui précédèrent son entrée à Rome, où il parut sur un char de triomphe. Autour de lui on chantait :

« Roberto son io che venni, vidi, vinsi. »

(1) Amien, part. 1, page 391.
(2) *Ibid.*

Il laissa deux fils naturels :

    1.º Pandolphe, dont l'article suit ;
    2.º César, dont nous n'avons pas la vie.

M. le Laboureur, dans son Voyage de la maréchale de Guébriant, fait l'observation suivante : « Si dans la » série des princes de Rimini, on remarque quelques » enfants naturels, cela n'a en rien terni la gloire de » cette maison. Ces fils se sont montrés dignes de leurs » ancêtres, et ils ont soutenu le rang de princes avec » dignité, soit comme guerriers, soit comme politiques. »

Pandolphe VI succède à Robert le Magnifique et prend les rênes d'un état que sa famille possédait depuis cinq cents ans ; mais le pape Alexandre VI avait un fils qu'il voulut créer prince de Rimini ; c'était César Borgia, déjà souverain d'une grande partie de la Romagne. Le pape lève une armée considérable et dépouille Pandolphe.

En 1503, à la mort de ce pontife, Pandolphe reprend Rimini, mais il la cède aux Vénitiens, en échange de plusieurs terres dans le Padouan et du château de Stradella.

Louis XII, à la célèbre bataille d'Agnadel, bat les Vénitiens, qui placent Rimini sous la main de Jules II ; Rome la conserve jusqu'en 1522, époque de l'élection d'Adrien VI, en Espagne.

Sigismond II, fils du précédent, s'empare de nouveau de Rimini ; mais Adrien arrive en Italie, et Sigismond se retire. Rimini reste à l'église jusqu'en 1527 ; alors l'armée de Charles-Quint, assiégeait Clément VII dans le fort Saint-Ange.

Sigismond et Pandolphe, son père, reprennent encore une fois Rimini ; ce fut en 1528, dans cette même année où le connétable de Bourbon et Louis Combauld de Bourbon, époux de Périnelle Solier, entrèrent à Rimini, avec l'armée qui se dirigeait vers Rome (1). Clément VII devint libre, et les Malateste renoncèrent à cette principauté devenue un sujet éternel de jalousie et de guerres.

---

(1) Raph. Adimare, sito di Rimini, pag. 27.

Sigismond avait pour frères Galéote Malateste, Robert et Annibal ; et pour sœurs Isabelle et Geneviève ; tous nés de Violante, fille de Jean de Bentivoglio II de Bologne. Ces princes ont fait branche dans plusieurs contrées d'Italie.

Ici cesse leur souveraineté à Rimini. Césène fut également donnée à l'église par le prince Novello Malateste.

La principauté de Pesaro, qui leur appartenait, avait sa branche particulière. Un des plus illustres de cette branche fut Galéote, qui vivait en 1410, et qui, dans une extrême jeunesse, mérita d'être nommé chef des armées de l'église (1).

Il était fils de Galéas, prince de Pesaro, et frère de Ferrantine et de Constance. Ferrantine fut donnée en mariage à don Olivero (Olivier), son cousin, de la branche française, secrétaire du duc d'Orléans ; mariage qui eut lieu à Avignon, en 1402. (Titre de famille.)

Constance épousa Alexandre Sforza, frère de François Sforza, duc de Milan, qui eut en dot Pesaro (2).

Les filles des Malateste ont pris alliance dans les principales familles souveraines de l'Italie (3). Plusieurs ont été fort illustres, telles que Paula, femme de Jean-François de Gonzague, et dont la vie a été écrite par le père Hypolite Donesmond. Batista Bella, chantée par Léonard et Charles Aretin, Laura, Ermeline, Lucrèce, Margherite, célébrées à l'envi par les historiens et les poëtes. Les alliances des autres Solier avec plusieurs princes de sang royal, unissent également les Malateste aux plus grandes et aux plus anciennes maisons de l'Europe ; mais ce qui a contribué surtout à immortaliser le nom des Malateste, c'est qu'ils ont été les bienfaiteurs de Rimini et de vingt-cinq villes fameuses, où l'on retrouve encore les traces de leur magnificence. On leur a donné le nom de famille royale........ *Antiquissima Regia famiglia dei Malatesti* (4).

---

(1) Ghirard., Histoire de Bol., liv. xxviii.

(2) Corio, Sabellic, Alberti, Le Laboureur, page 192.

(3) *Voyez* Marchésins, Ch. Delelis, Ch. Borelli, Octav. Bertram, J.— Ant-Sommonte.

(4) Raph. Adim., sito di Rimini, liv. p. 42.

On leur accorde généralement une volonté ferme et prompte; ce qu'ils avaient arrêté, ils l'exécutaient : leurs titres étaient *magnifici, excelsi domini....... de Mala-testis* (1).

Leurs ordonnances à leurs ministres, portaient ces mots : « Nous vous envoyons la copie d'un décret que » nous venons de rendre, et nous voulons que vous le » fassiez publier et observer entièrement, et ainsi vous » l'ordonnerez, par tous les lieux qui nous sont » soumis ».

On trouve plusieurs de ces pièces signées collective-ment par Galéote, Robert, Sigismond - Pandolphe, Dominique Malateste et Isabelle de Rimini, 1429, 1430 (2).

Les Malateste, suivant Pigna, possédaient d'une part Sarzine, Médola et toutes les montagnes, y com-pris le Montefeltre.

Dans l'Ombrie, ils avaient Pergola et Fossom-brone.

Du côté de la mer, Césène, Cervia ou Césarée; de l'autre côté, Pesaro, Fano, Sinigaglia, Ancône et pres-que toute la Marche avec les châteaux de Fermo..... Et partout on trouvait leurs tombeaux et leurs armes (3).

Rimini, près de laquelle passe le Rubicon, était leur capitale. Jean Crescenzi donne plus en détail la composition de leurs états. Il nomme après Rimini, Fano, Césène, Pesaro, Ascoli, Ancône, Bergame, Brescia, Verrucchio, Montecchio, Meldola, Pondo, Taibo, Montenecchio, Piaia, Boulegnagno, Sogliano, Ghiaggiolo, Penna et tant d'autres cités, bourgs, et châ-teaux (4). En ajoutant Britenore, Cervia, Solarolo, Ricanati, Iesi, Osimo, Ceregiolo, Forli, Ravenne, Sini-gaglia, Pergola, Fossombrone, Fermo, Péruge, Vi-cence, et toutes leurs possessions dans le territoire de Raguse (5), on voit assez quelle fut successivement la puissance de cette illustre maison, qui a changé si sou-

---

(1) Amien, *Ibid.*, p. 344.
(2) *Ibid.*, p. 265 à 361.
(3) Pigna, Prin. d'Est, liv. 1, p. 42.
(4) J. Crescenzi, Coronna della Nobil. d'Italie, p. 568.
(5) Pigna, liv. 1, p. 64.

vent la face des affaires en Italie, attaqué ou secouru les Sforza, les Visconti, les Médicis, les Gonzague, les Farnèse, princes d'Est, les ducs de Spolète, d'Urbin, de Frioul, de Bénévent et les papes.

Le nom des Malateste est un des plus beaux de l'histoire moderne, et nous savons que ceux qui le portent encore en Italie, comme successeurs et descendants des anciens Malateste, ont conservé une attitude et des sentiments dignes de leurs pères, et de la grandeur de leur origine.

QUATRIÈME BRANCHE.

Ou de Provence.

Observation. Les familles qui firent partie des premières colonies romaines, au pied des Alpes, n'y conservèrent pas généralement le nom de la souche dont elles sortaient. Les Solier, qu'on a dit être de la race de Cornélius Scipion (1), possesseurs du pays nommé le Solier (Solerium), soit à cause de son exposition solaire, soit de quelques monuments dédiés au soleil (2), ne portèrent plus, dès le septième siècle, d'autre nom que celui de Solier, *Solerii, Solarii.*

Otbert Ier vivait dans l'Astesan, et son frère Georges, dit le Centenaire ou le Vieux, passa sur les côtes de la Provence méridionale. Il y fonda la branche que nous allons rapporter.

Celle de l'Astésan s'étendit de même en divers lieux d'Italie et produisit Pandolphe, qui, à son retour de Naples, fut maître de Rimini, et devint le chef des Malateste. Son fils Sigismond, *conservant l'ancien nom Solier*, continua la postérité masculine de sa souche au comté d'Asti, en *1015* (3).

---

(1) Crescenzi, etc., Nobil. d'Italie, page 568, et Avrillon, page 1.

(2) *Voyez* Antonin, Cluver, Alberti et les géog. anciens.

(3) Avrillon, Généal., pages 3 et 4. *Voyez* sur ceci et sur ce qui suit, la Chroniq... Hildeinhen Geneber; Chronol. Viguier; Bibl. Hist. Delben, de Regin. Bulg. Transg., liv. IV, etc.

De la branche provençale sortirent :

> 1.º Au huitième siècle, la première branche d'Espagne, qui, au quatorzième, a créé celle des Marradas ;
>
> 2.º Au douzième, la branche de l'Ile de France, (Paris) ;
>
> 3.º Au treizième, la branche du Limosin, dans le Vivarais ; elle a créé la deuxième branche d'Espagne au quatorzième siècle : nous suivons cet ordre.

I. Georges SOLIER, frère de Otbert, fondateur de la branche provençale, contracta, lui et ses fils, des alliances qui, pour la plupart, ne sont pas venues jusqu'à nous. S'étant fixé en Provence, en 710, âgé de 24 ans, il y vécut jusqu'en 797, et fut père de Raimond Ier, et de Pons, créateur de la première branche d'Espagne.

II. Raimond Ier florissait en 840 ; il se signala par ses bienfaits (1) envers le monastère de Lerins, qui, un siècle auparavant, avait été détruit par les Sarrasins. De Mathilde de Mauronte, il eut :

> 1.º Renaud, dont l'article va suivre ;
>
> 2.º Georges, religieux au monastère de Lerins ;
>
> 3.º Pons II, écuyer de Charles le Chauve, qui lui donna de nouvelles armes, que la famille n'adopta point.

III. Renaud, né en 837, entra dans les intérêts de Charles le Chauve, conquérant de la Provence en 875. Il signa au mariage du comte Bozon et de Richilde, belle-sœur de Charles, en 869.

En 902, il commandait encore une galère en course contre les Maures. Il vécut jusqu'en 925, laissant un seul fils, Raimond II, qui suit.

IV. Raimond II, de *Soleriis*, co-seigneur de *Solier*, avec Fulco, vicomte de Marseille, comme nous l'avons exposé. On n'a rien de plus sur sa vie. Raimond fut père de :

---

(1) Guesn., Ann. ecclés. Mass. 7 et 8. S.

V. Raimond III, célèbre comme son bisaïeul Raimond II, par ses bienfaits envers l'Eglise (1), et père de :

    1.º Renaud, *aliàs* Arnaud, dont l'article va suivre ;

    2.º Raimond IV, sur lequel les mémoires se taisent;

    3.º Marie, morte religieuse.

VI. Renaud, *dit* Solier Solier, va en Palestine, avec Godefroi de Bouillon, en 1096. Il était âgé de 29 ans.

En 1099, il se trouva au siège d'Ascalon, et se distingua dans plusieurs rencontres.

La famille a conservé cette ancienne épitaphe :
» Solier, Solier, fils de comte Remond Solier, virtuos
» et valens de son corps, fec grands actes et faicts d'ar-
» mes, de Godefre de Bilhio e conte de Tolosa e foc
» à la subjecion de la Cieutat de Tripolim, morie glo-
» riosamente, l'an de nostre Seinhor 1148. »

Lié d'amitié particulière avec le comte de Toulouse, Raimond IV, dit de Saint-Gilles, il le suivit à la bataille de Tortose, ensuite au siège de Tripoli, et ne le quitta qu'à sa mort, au mont Pélerin, en février 1105.

En 1107, il revint en France avec Alphonse Jourdain, fils de ce comte, qui venait pour gouverner la Provence et les comtés de Saint-Gilles, de Toulouse et du Venaissin (2).

Solier Solier fut un des premiers capitaines, ou, pour nous servir des expressions d'un auteur espagnol, il fut un des douze capitaines de la lumière, qui vinrent à Jérusalem, avec Godefroi de Bouillon, pour la défense de la foi.

» *De Doze que por la fee, capitanos de la Luz, passaron*
» *con Godofre, a Solier Solier halle en Hierusalem* (3) ».

En 1109, il épousa Mathe ou Matelein Roger, des environs de Limoges et de la famille de Pierre Roger

---

(1) Le Grand Cartul. de St.-Vict., et Gall. Christ., tom. I. Ecclés. Mars., div. loc.

(2) Bouche, Hist. de Prov., tom. II, page 116.

(3) Argote de Molina, Nobl. d'Andal., liv. 1, chap. 48, page 41.

(Voyez la branche III), pape sous le nom de Clément VI.
De ce mariage, il eut :

1.º Remond, qui habita long-tems le Languedoc.
On ignore s'il y contracta des alliances. Il figure
dans les actes du tems, entr'autres, en 1174,
dans ceux de Roger, vicomte de Beziers (1) ;

2.º Déodat, ecclésiastique. Il vivait encore en 1190.
Il fut long-tems abbé de Saint-Pierre en Cau-
nis (2) ;

3.º Foulques ou Fouquet (Fulco). *miles*, « l'un
» des gentilshommes, bons chevaliers, nobles et
» fidèles serviteurs qui couraient la fortune et
» les armes de leur prince (3) ». Il était attaché à
Berenger, dit le Jeune, comte de Barcelonne.
Foulques dit aux anciens actes latins : *Folo de
Soliers* (4), prêta serment de fidélité à Raimond
Berenger XI°, comte propriétaire de la Provence orientale, dont l'Aragon et la Catalogne
faisaient partie. L'acte est de février 1146 (5). Il
mourut sans postérité ;

4.º Rostain, dit le comte Rostain, dont l'article
suivra celui de Raimon ;

5.º. Raymon, d'abord moine de Saint-Victor,
devint, en 1117, évêque de Marseille, sous le
nom de Raimond I°. Ce fut un prélat d'une
vie exemplaire (6) ; pieux et riche des libéralités
de son frère, le comte Rostain, il combla
l'église de bienfaits, ainsi que l'avaient pratiqué
ses ancêtres, et c'est ce qui a valu à cette famille
de voir ainsi son nom conservé dans les plus
anciens fastes.

C'est de lui que la cathédrale de Marseille
reçut ses premiers vases d'or et d'argent ; il lui

---

(1) D. Vaissette, Histoire du Languedoc, tome III, pages
136, 695.

(2) Gall. Christ., tome VI, page 166.

(3) Bouche, Chorog., tome II, page 114.

(4) *Ibid.*, page 123.

(5) *Ibid.*

(6) Ruffi, Hist. de Mars., tome II, p. 20, 166, Raimond de
Solier, III° du nom.

donna, de plus, une grande quantité de reliques (1).

S'il eut, dit Papon, quelques démêlés avec les vicomtes, comme il mettait beaucoup de droiture et dignité dans les affaires, il ne lui était pas difficile de les terminer (2).

Le savant jésuite Guesnay, dans ses Annales de Marseille, a consacré un long article à cet évêque, et donné le nom de toutes les reliques qu'il a procurées à sa métropole. Il l'appelle : *sui sæculi perlucidum sidus.. sanctimoniæ singulari raraque præcellens doctrina* (3). Il mourut en 1151.

6.° Marie, sœur des précédents, épousa Pierre de Fay, écuyer. De cette union naquit Pons de Fay, qui se trouva de la première croisade. Leur petit-fils eut en mariage, dame Agnès de Polignac; et c'est un des descendants de ce Pierre de Fay et de Marie Solier, qui a épousé, le 30 juillet 1581, Claudine de Villars, bisaïeule du maréchal de France.

VII. Rostain, quatrième fils de Renaud, comte de Belin, eut de son mariage avec Honorète Aymar, six fils et une fille.

1.° et 2.° Guillaume et Luc ou Lucet, ecclésiastiques. Guillaume fut évêque de Toulon, en 1212. Il soutint l'éclat de sa race. Les anciens mémoires font un grand éloge de ce prélat; ce qui est justifié par une foule de passages aussi honorables pour la famille, que pour lui-même. Celui-ci entr'autres :

Guillermus Solerius..... episcopus.,... nobilibus parentibus ortus, generis sui splendorem tum litteris tum moribus auxit et ornavit (4);

3.° Mathilde, qui, en 1201 (15 avril), épousa Guillaume Solier, fils de Hugues Solier de Lingrève, son parent. En 1204, elle figure pour sa

---

(1) Gall. Christ., tome I, page 646.
(2) Pap., Hist de Prov., tome Ier, page 346.
(3) Ann., page 317, édition 1656.
(4) Guesnay, Annal., pag. 581. Bouche, Chirag. ; tome I, pag. 4. Il a traduit ici *Solerius* par Soulier.

dot, dans un titre original de cette susdite année. Cette dame fut aussi célèbre par sa beauté que par ses vertus, qui en firent un des plus rares ornements de son siècle. Comme les titres de 1200 sont peu connus de nos jours, nous donnons ici les noms des personnes nobles dénommées dans celui-ci, en outre de Mathilde Solier :

Pierre, comte de Bretagne ;
Guillaume de Gonesse :
Jean de Falar ;
Thomas de Villai ;
La dame de Darnestal ;
Jean de Pont ;
Raoul Godart ;
Roger de Gardin ;
Aleman d'Albigniac ;
Guillaume Desjardins ;
La dame d'Aiguillon ;
Grégoire de Vaacey, homme de guerre ;
Guillaume de Vallebadon ;
Philippe de Colombière, homme de guerre ;
Pierre Lebaillif ;
Philippe Buret ;
Guillaume de Vierville ;
Guillaume de Brutecourt ;
Guillaume le Danois ;
Richard et Guillaume de Roquèle ;
Ranulphe de Luivrier ;
Payen de Coardin, homme de guerre ;
Robert de Longey ;
Robert de Pont-Cheval ;
Richard de Bellefaye ;
Robert Danisi.

4.º Hugues, banneret, dit le comte Hugues, fit avec son frère Alphan l'acquisition de tout ce qui dépendait du château de Solier, et dont une partie avait été du domaine dès premiers vicomtes de Marseille, notamment de Fulco, mari d'Odile. Cette acquisition devait embrasser toutes les divisions du territoire ou lieux divers connus depuis sous le nom de Solier ou Solié-la-Farlède, Solier-la-Ville, Solier-le-Pont, Solier-les-Troncas, lesquels se trouvent au même canton de Cuers, près du Latay, à 2 et 3 lieues d'Hyères et de Toulon, et formant ensemble aujourd'hui une population de 6000 habitants.

Quoi qu'il en soit, Hugues est ainsi désigné dans les actes et les cartulaires « *Hugo de Soleriis, miles, dominus Castri et totius villæ de Solerio.*

Il figure avec ces titres, en 1266, au testament de Guillaume, abbé de Valbonne (1).

5.º Alphan, dont l'article va suivre;

6.º Gaillard ou Guaillard, comte de Belin, vicomte de Fronsac, fondateur de la branche de l'Ile-de-France (Paris);

7.º Raimon, septième et dernier enfant du comte Rostain, a joui des mêmes honneurs et du même rang que ses pères.

En 1242, Charles d'Anjou, comte de Provence, fit un premier traité avec la ville de Marseille. Il en fit un second, en 1257, et l'un et l'autre furent signés du seigneur Raimond Solier (2).

Il épousa, en 1270, Alphonsine, fille du seigneur de Montezelli. En 1282, il se fixa aux lieu et terre de Montezelli; et, le 7 mars 1296, il parut devant les commissaires du Roi, comme procureur général des habitants de ces contrées. Cela est rappelé dans l'ordonnance de Philippe V (novembre 1320), relativement aux salines de Carcassonne (3).

Il eut de son mariage, Bertrand, qui a fondé la branche de la marche Limosine, dont il sera parlé en son tems, et Laugier, Iᵉʳ du nom, qui, fut assassiné à Fronsac.

VIII. Alphan ou Alphonse; héritier de Hugues, son frère, fut viguier de Marseille. On sait que le gouver-

---

(1) Gall. Christ., tome Iᵉʳ, page 759 et III, pag. 240.
(2) Ruffi, Hist. de Marseille, liv. v, pages 143, 135.
(3) Ordonnances des Rois de France, tom. Iᵉʳ, page 720.

nement de la ville était attaché à cette charge, depuis 1257, année où elle fut conférée à Charles d'Anjou. Papon place Alphonse Solier, comme viguier en 1293; suivant la famille et Ruffi, il l'était en 1290 (1).

La Provence compte Alphonse au rang de ses plus nobles chevaliers. Il fut l'ami de Robert, dit le Sage, roi de Sicile et de Jérusalem, et septième comte de Provence. Lorsque ce prince se rendit en Italie, Alphonse Solier fut un des premiers choisis pour l'accompagner.

Nous aimons à rétablir ici des faits entièrement omis par Maynier qui, dans son Histoire Héroïque de la Provence, n'a songé qu'aux gentilshommes vivants autour de lui, lorsqu'il écrivait. Elie de Barjols, et depuis Gaufridi, ont suivi une autre marche. « Voici, dit » ce dernier, la liste des gentilshommes de Provence, » compagnons de leur roi. Je l'écris pour l'honneur » des familles qui restent encore, n'omettant rien de » ce qui peut servir à la gloire de mon pays. Les des- » cendants de ces familles, transplantés d'une province à » l'autre seront bien aises de voir ces marques d'honneur » rejaillir de leurs ancêtres sur eux. » (2)

Cette liste, ou montre de ces gentilshommes, parmi lesquels est Alphonse Solier, se conserve aussi dans les archives de Naples.

De son mariage, avec Rose ou Rosalie de Marle, il laissa :

1.º Bernard, recteur des églises de Blumac et de Pradel (*Gall. Christ.*, tom. 6, pag. 172.);

2.º Raimon, dont l'article va suivre ;

3.º Rostain, prieur de Saint-Laurent d'Issia. (*Ibid.*, tom. III, pag. 240) ;

4.º Jean, chapelain de Clément V. Ce fut lui que le pape chargea d'interroger les Templiers, à Edimbourg. (*Ibid.*) ;

5.º Nicole, qui entra dans l'ordre de Malte, et devint grand-prieur ;

6.º Gaillard, mort à seize ans ;

---

(1) Hist. de Mars., tom. II, page 220.
(2) Fr. Gaufridi, Hist. de Prov., tome Ier, page 208, édition 1695.

7.° Marie - Adosinde, religieuse au monastère de Nazareth d'Aix.

IX. Le comte Raimon, dit Raimon II, né en 1290. On le voit en 1318, l'un des vingt gentilshommes les plus qualifiés de Provence, et député comme tel au nom de la ville de Marseille, vers la reine Clémence de Hongrie, veuve de Louis le Hutin, roi de France (1).

En 1329, il reparaît dans une fonction de ce genre (2). Veuf, en 1313, d'une nièce de Jean, vicomte de Melun, il épousa, en 1315 (9 avril), dame Laurence de Fanjaus, dont il eut d'abord trois filles, Alasie, Baude et Guillemine.

Toutes trois, inconsolables de la mort de leur mère, et rare exemple d'une éternelle amitié, se retirèrent du monde ensemble, en 1320, « et toutes trois vivaient en-» core en 1359, religieuses au monastère de Nazareth » d'Aix..... et les saintes dames qui en faisaient partie » étaient toutes gentilsfemmes, extraites de bonnes et » anciennes maisons (3). »

Raimon eut ensuite :

1.° Bernard, qui mourut au service, après avoir été long-tems gouverneur du château de Menerbes, et commissaire de Charles V, roi de France, dans les comtés de Razès et de Montréal (4).

2.° Laugier, qui suit.

X. Laugier, II° du nom, né en 1286, fut à la tête des seigneurs qui, en 1315, prêtèrent serment à Jeanne I°, reine de Naples, et comtesse de Provence, lorsque cette princesse vint se réfugier à Marseille, où, suivant l'histoire, elle fut reconnue reine, par un hommage public et serment solennel (5).

Laugier, banneret en 1358, remplaça Vivaud de

---

(1) Ruffi, Hist. de Marseille, liv. v, page 160.
(2) *Ibid.*, page 170.
(3) Nostrad., Hist. de Prov., page 408, édition 1614.
(4) Ordonnances des Rois de France, tome IV, pag. 619.
(5) Ruffi, liv. v, page 173.

Jérusalem dans le commandement du siége de Castellet, et périt des suites d'une blessure qu'il y reçut (1).

De son mariage avec Guibaulde de Treil, il eut :

1.° Bertrand-Laugier, dont l'article va suivre ;

2.° Jean Gonsalve qui , en 1400 , seconda si bien Georges de la Marle, grand-sénéchal de Provence, · lors de la reprise du monastère de Lerins, dont les corsaires s'étaient de nouveau emparés (2), sous la conduite de Salageri de Nigro, de Gênes. Solier est à la tête des gentilshommes qui s'armèrent à cette occasion (3). Il devint conseiller de Louis II, roi de Naples et comte de Provence.

Jean-Gonsalve Solier n'eut que des filles, dont l'une, Denise, fut abbesse de Faremoutier ; l'autre, Sibylle , abbesse de Syon , diocèse de Marseille. (Ruffi, Hist. de Mars., tom. II, p. 65, Gall. Christ., tom. VIII, p. 1705); la troisième fut mariée à Guy Remond de Matas, écuyer.

XI. Bertrand-Laugier, fut banneret dans l'armée de Philippe le Hardi , comte de Nevers et duc de Bourgogne.

Né en 1347, il mourut le 28 septembre 1396, dans la fatale journée de Nicopoli où, par l'imprudence du connétable d'Eu, les dix mille hommes d'armes du comte de Nevers furent entièrement détruits dans l'action ou égorgés aux pieds du vainqueur, le sultan Bajazet.

XII. Son fils, Guillaume Luc ou Lucet, né en 1393, suivit la même profession que ses ancêtres. Il servit d'abord sous les d'Albret, puis dans la compagnie d'arbalétriers du comte de Foix , où il se trouva en 1428, comme il conste par la revue passée à Montpellier, le 11 mars de ladite année, (titre orig.). Après lui, la race des anciens Solier, issus de l'Astesan et originaires de la Romagne paraît s'être éteinte dans la Provence. Les mémoires de famille n'allant pas plus loin, nous passerons

---

(1) Ruffi, liv. v, page 192.
(2) Ruffi, Hist. des comtes de Provence.
(3) Bouche, Chorogr., tome II, page 426.

aux autres branches, dans l'ordre que nous avons annoncé. Il existe encore des Solier dans la Provence et le comtat d'Avignon, mais nous ignorons d'où ils proviennent.

CINQUIÈME BRANCHE.

Première branche d'Espagne.

Pons SOLIER, Ier du nom, issu, en 750, de Georges, frère d'Otbert, et chef de la branche provençale, passa en Espagne, à la fin du huitième siècle, avec d'autres gentilshommes armés, comme lui, pour combattre les Maures.

Ce pays devint le théâtre de la gloire pour les plus nobles chevaliers de France, d'Angleterre et d'Italie. Ceux de Provence y passaient continuellement (1), surtout aux huitième et neuvième siècles, époque où l'Aragon et la Catalogne faisaient partie des états de Provence; les rois tels qu'Alphonse le Grand, 12e roi de Léon, vers 840, appelaient tous les chevaliers à leur secours (2).

Dès 714, à la mort de Rodéric, roi des Goths-Espagnols, quelques seigneurs chrétiens se levèrent en diverses contrées; ils firent un appel aux chevaliers de France, et ils chassèrent les Maures qui s'étaient divisés. On forma plusieurs gouvernements qu'on nomma les lignes. Telles furent la ligne d'Oviédo et de Léon, celles de Castille, de Nièvre, de Portugal, d'Aragon et Catalogne.

L'Aragon prit le titre de comté en 775 sous Aznar, petit-fils d'Eudes d'Aquitaine. La Catalogne fut érigée en comté en 873 par Charles le Chauve, ou selon d'autres, en 884, par Charles le Gros, en faveur de Geoffroi le Velu.

Ces comtes gouvernaient sous la souveraineté de la France; l'Aragon prit le nom de royaume en 905, sous Sanche, dit Abraca, roi de Navarre.

Valence resta au pouvoir des Maures jusqu'au trei-

---

(1) Garibai, Compend. hist., tom. I[or], liv. ix, chap. xx.
(2) *Ibidem.*

zième siècle. Après leur explosion, il fut envoyé, pour peupler ce royaume, quatre cents familles de chevaliers, tous vaillants hommes (1) ; plusieurs Solier étaient de ce nombre (2). Ces chevaliers, que la Martinière porte à 884 chefs de famille, furent choisis dans l'Aragon et la Catalogne (3).

Pons Solier fut père de dona Elvire, qui épousa le comte don Diègue Porcellos, père de don Diègue, comte de Castille, et fondateur de Burgos (4). Pons jouissait alors d'une partie des terres de Lara ; le fils de don Diègue Porcellos, comte de Castille, comme son père, ne commandait que dans la partie de cette ligne qui obéissait au roi d'Oviédo (5).

Ce comté, vers 843, en relevant toujours du même roi, devint héréditaire (6) dans la famille Porcellos, dont une fille épousa le fameux Nuno Belchide, seigneur allemand, venu de Cologne en Espagne pour visiter le tombeau de Saint-Jacques. Cette dame est connue sous le nom de dona Sulla Bella de Porcellos, fille de don Diègue (7), et petite-fille de Pons, dont elle eut les terres de Lara. Du mariage de Nuno Belchide et de la princesse Sulla Bella descendit don Guttieres Gonzalès qui fut le premier à prendre le titre de comte ou seigneur de Lara. Il fut père de Gonzalès Gustios, II° du nom, qui épousa dona Sancha Velasquez de Burueva, sœur de Ruy Velasquez, seigneur de Bilaren.

De ce dernier mariage vinrent les sept infants de Lara, si célèbres en ces contrées, appelés infants comme appartenants au sang de Ramire, roi de Léon, qui s'était allié à cette famille ; « et ainsi le sang des Porcellos fut mêlé de bonne heure au sang royal de Léon (8). »

Les sept infants de Lara, dont la fin tragique en 986 a rempli toutes les chroniques d'Espagne, furent, dit-

---

(1) Gasp. Escolan, Hist. de Val., liv. 1, chap. xx.
(2) *Ibidem*, pages 164, 165.
(3) La Martin., Dict., art. Valence.
(4) Salazar de Mendoce, Orig. des Dign. de Castille, liv. 1er, chap. xviii.
(5) Mariana, Hist., d'Esp., tom. II, liv. vii, art. 102.
(6) *Ibid.*, liv. viii, art. 20.
(7) Salazar, loc. cit.
(8) Mariana, liv. viii, art. 23.

‾on, livrés aux Mahométans dans les plaines d'Araviana, par leur oncle don Ruy, ou Rodrigue Velasquez, pour satisfaire au ressentiment de sa femme, qui les haïssait.

Leur père, don Gonzalès Gustios, retenu prisonnier de guerre par le roi de Cordoue, eut alors d'une sœur de ce roi, un fils nommé Mudarra Gonzalès, qui, parvenu à l'âge de 14 ans, vint en Castille, vengea la mort de ses frères, et fut adopté par leur mère dona Sancha, selon le dire des historiens espagnols. Quoi qu'il en soit, le descendant de ces Porcellos et Gonzalès, nommé Ferdinand Gonzalès, seigneur de Lara, était, en 933, comte de Castille, et par suite il en devint comte-souverain et indépendant (1). Il continua la postérité des Lara et Malrique ou Manrique, sieurs de Moline, ce que d'autres attribuent à l'un de ses petits-fils Amalric de Lara, auteur des rois de Portugal, du côté des femmes; Alphonse Ier ayant épousé la fille d'Amalric, nommée Malfade de Lara (2).

Les princes de Lara ont balancé la destinée des rois de Castille (3), et plusieurs fois ils ont gouverné l'état. En 1215, trois des seigneurs de Lara, frères, étaient ensemble régents du royaume (4). L'Espagne a peu de noms qui soient plus célèbres. Aussi, don Juan de la Cerda, allié de plusieurs rois, s'empressa de quitter le sien, pour prendre celui de Lara, lors de son mariage avec Jeanne de Lara, héritière des biens et de l'antique splendeur de ses aïeux (5).

Depuis, en 1370, Henri II, roi de Castille, donna à l'infant don Juan, son fils, la seigneurie de Lara, malgré les prétentions élevées à ce sujet par le comte d'Alençon, prince du sang royal de France, époux de Marie, fille de Jeanne de Lara.

Cette principauté est restée réunie à la couronne.

Nous avons dû parler ici de ces seigneurs, ainsi que des Manrique, sortis de la même souche (6), parce qu'ils tiennent à l'ancienne maison des Solier.

---

(1) Ferréras, Hist. d'Esp., div. loc.

(2) Mariana, tome II, liv. xiii, xiv et xv.

(3) *Ibid.*, tom. III, liv. xiii, xiv et xv.

(4) *Ibid.*, tom. II, liv. xii.

(5) Mariana, tom. III, liv. xv.

(6) *Ibid.*, tom. II, liv. ix.

Les titres et manuscrits de famille coïncident parfaitement avec l'histoire. Nous ne suivrons pas le célèbre généalogiste Fernand Mexia dans ses recherches sur les Manrique, dont, suivant lui, Gil est le premier qui ait changé son ancien nom pour prendre celui de Manrique, ce qui nous semble inexact. Il a existé plusieurs Manrique de cette race avant Gil, qui vivait au treizième siècle. Leur nom primitif était Solier de Lara. *Su Lignage se illamava primiero Soliera de Lara* (1).

De cette famille sont également les seigneurs de Villalobos, qui se sont alliés depuis aux Ozorio (2).

Comme le remarque Argote, plusieurs d'entre eux se trouvèrent à la bataille que donna aux Maures, en 833, le roi don Ramire, leur parent (3). Giustiniani, en parlant de Ferdinand de Villalobos, grand-maître d'Alcantara en 1394, s'exprime comme les mémoires que nous avons sous les yeux. « Ferdinand-Rodrigue était » fils de Jean Rodrigue de Villalobos, un des seigneurs, » de la maison Solier, maison des plus anciennes de » ces contrées, et au plus haut degré de puissance par » ses biens et sa noblesse (4). »

Jean Solier, vers 792, s'établit au pays d'Aytone, d'où ses fils passèrent à Grenade. Ces derniers, en 980, habitaient un vaste domaine à dix lieues de cette ville, et qui, de leur nom, s'appela le *Solère* ou *Soliera*. Ils en firent un château qui soutint plusieurs siéges dans la suite.

Ce château fut enlevé de vive force aux Maures, en 1462, (1473 suivant Imhoff), par don Juan de la Cueva, commandeur d'Albanchez et marquis de Bedmar. Il lui fut donné par Henri IV, roi de Castille et de Léon (5). Louis et Jean, ses fils, ont été seigneurs de *Solier* qui, depuis, fut possédé par leurs descendants et par les comtes de Santistevan (6). Ferreras, en parlant de la

---

(1) Fern. Mexia, Nobili., liv. II, chap. 16. Rad. de Andr., chap. XX.

(2) Sandoval, Chron. d'Alph. VII, page 270.

(3) Argot, Nobil. d'Andal., liv. III.

(4) Giustiniani, Hist. des Ordres militaires, t. II, p. 433.

(5) Imhoff, Généalog. d'Esp., pag. 81.

(6) Al. Lopez de Haro, Nobil. — Généalog., part. I, liv. V, page 558.

ville de *Solier*, place cet événement en 1432 (1). Mais il se trompe.

Les grands services que les Solier avaient rendus aux princes espagnols leur méritèrent de brillantes récompenses ; ils reçurent des propriétés à Valence, à Elche, à Origuela (2), ville célèbre alors, l'ancienne Ortigiz des Romains, et depuis, Arancie, à 4 lieues de la mer. Elle confine avec les terres de Carthagène et le marquisat d'Elche, où quelques Solier se fixèrent.

La branche d'Origuela a donné, aux douzième, treizième siècles et suivants, plusieurs évêques et des capitaines célèbres que nous ne mentionnerons point ici.

De Pons, IIe du nom, fils du précédent, est descendu Pons, dit V, né en 1150. Comme nous ne retrouvons pas ses pères depuis Pons II, nous commencerons par lui la filiation.

I. Pons V fut seigneur de diverses terres et châteaux situés dans les villes de Seros, d'Aytone et de Sosez. Il les céda en 1212, à don Pierre II, roi d'Aragon, lors du mariage de dona Constance, fille de ce roi, avec Guillaume Ramon de Moncade, sénéchal de Catalogne. Le roi donnait ces terres pour une partie de la dot, et y joignait celles du seigneur Armenzende de Castelzuel.

A la mort de don Pèdre, ces deux gentilshommes prétendirent rentrer dans les anciennes propriétés de leurs pères ; mais l'acte fut confirmé par don Jayme, en 1222 ; et des indemnités furent accordées (3).

Dans cette même année où Pons Solier d'Aytone traitait avec don Pèdre, son fils, Pons VI se couvrit d'une gloire ineffaçable, sous les yeux mêmes du roi.

II. Pons VI ci-desssus, né le 7 mars 1182, commandait un corps de cavalerie à la bataille d'Ubéda, dite de Las Navas de Tolosa, gagnée, le 16 juillet 1212, par Alphonse III, roi de Castille, sur Méhémed-el-Naziz, fils et successeur du roi de Maroc, et dans laquelle les Maures perdirent, dit-on, 200,000 hommes. Les rois

---

(1) Part. ix, siècle XV.
(2) Gasp. Escol., Hist. de Valence, chap. xiii.
(3) Jérôme de Curita, Arag. d'Annal. liv. ii, chap. 61, 77.

d'Aragon et de Navarre étaient présents à cette bataille, si importante pour les Chrétiens.

Pons Solier s'y distingua d'une manière éclatante ; et sur le champ de bataille il reçut des mains de son roi la croix de Calatrava (1), dont l'ordre avait été fondé en 1158 ; ses descendants ont toujours porté cette croix dans leurs armes en souvenir de cet événement (2).

Pons VI eut des fils dignes de lui, et chefs d'une race de gentilshommes, qui a été de tout tems une des plus illustres de ces contrées, et toujours placée au rang des premières maisons d'Espagne (3). Son frère, don Pèdre Solier, ecclésiastique d'une rare piété, obtint, en 1242, de Benoît, évêque de Sarragosse, la permission de passer à Tunis, pour y prêcher la foi (4).

Pons VI fut père d'Arnaud (Arnaldo Solier).

III. Arnaud ou Renaud, lié d'amitié particulière avec Aldemar de Clareto, prieur de Garden et lieutenant-général de l'ordre des Templiers en Aragon et Castille, épousa sa nièce, dona Maria de Clareto, fille de don Louis.

Veuf, l'année suivante, il épousa Constance Osorno, ou Osorio, descendante de don Guthière Osorio, et dont il eut plusieurs filles et don Sanche. Arnaud avait fixé son séjour en Biscaye. (Dom Hern. , Chroniq. plus bas).

IV. Don Sanche épousa dona Toda de Villalobos, fille de Gil Manrique de Lara, et de Térésa de Villalobos, et sœur de dona Milia (5). De Dardegna, il vint ensuite à Valence, avec le roi don Jayme, vers 1260, et 1269, suivant Escolan. Don Jayme fit la conquête du royaume de Murcie, « et l'un des braves chevaliers qui le secondèrent, fut Solier de Dardegna (6) », aujourd'hui Orduna, en Biscaye. On porte sa mort en 1295 à la bataille de Chinchilla.

---

(1) Argote, Nob. d'And., liv. 1, chap. 48, p, 41.
(2) *Ibid.*
(3) Menesc., Table alph. des Familles nobles de Catalogne, et Gasp. Escòl., Hist. de Valence.
(4) Ferrer., Hist. d'Esp., tome IV, page 6, siècle XIII.
(5) *Voyez* Dom Hernand., Chron., page 2.
(6) G. Escol., Hist. de Val., part. 2, liv. VII.

Cette branche des Solier, ne tarda pas à devenir extrêmement puissante. Elle acquit même tant de grandeur et d'influence, que pendant plus d'un siècle, elle eut une armée à sa solde et fut à la tête d'un parti considérable.

Ses premières querelles furent avec les Olzina ou Olsina. Elles s'apaisèrent en 1323, comme le rapporte Curite, grâce à l'intervention de messire Arnaud Solier, grand-maître de Monteza.

« *Olsinarum et Soleriorum factiones quarum contentio* » *plures annos Valentino in regno fuerat...... Interventû* » *Arnaldi Solerü Monteẓani, ordinis magistris qui se in* » *pacificationem interposuerat, sedantur, et ab armis dis-* » *cedunt* (1). »

Quelques années après, toute la noblesse se divisa de nouveau. Une partie suivit la bannière des Solier, l'autre celle des Dias de Centellos ; cette guerre fut longue et opiniâtre ; elle durait encore en 1440, époque où plusieurs Solier vinrent chercher un asile en l'Ile-de-France (Paris), chez les fils d'Olivier, dont il sera parlé en son tems.

En 1405, cette guerre était dans toute sa force. Du côté des Solier, elle avait pour chef don Jayme, fils de Raimon Solier, grand justiciat de Valence.

Dans cette lutte terrible, dit Escolan, toute la noblesse combattit avec acharnement, divisée en deux partis ; on s'exaspéra tellement que plusieurs fois on en vint aux mains en bataille rangée, et toute la puissance royale ne pouvait arrêter cette fureur (2).

Le 21 avril 1404, il y eut entr'autres une affaire sanglante, où les Centellos, commandés par don Gilabert, furent battus par l'armée des Solier, près de Lombay. Don Gilabert y perdit sa bannière. Son frère Aymeric, y fut tué, et l'un des Solier, don Pèdre, y perdit également la vie (3).

Les Marradas, branche des Solier, se distinguèrent dans ces malheureuses dissensions, par l'audace et cette

(1) Curit., indices rer. Arag., p. 240.
(2) Gasp. Escol., Hist. de Valence, 1er. déc., part. 2.
(3) Curit., Ann. de la cour d'Aragon, chap. 79, 80, 81.

intrépidité, qui, sous Charles-Quint, ont rendu si fameux le nom de Marradas.

De don Sanche, naquirent, savoir :

1.° Pierre (Riccohombre), ambassadeur, en 1314, du roi don Jayme, pour la négociation du mariage de ce roi avec Marie ou Mariette, fille de Hugues III, roi de Chypre, négociation qui réussit par son entremise (1). Il eut pour collègue, dans cette ambassade, don Sanche, d'Aragon, frère du roi, et le Riccohombre, Simon d'Aslor (2).

2.° Pons, Riccohombre, jurat de Valence, au tems des guerres des Olzina et des Solier;

3.° Raimon, qui va venir après l'article de Renaud;

4.° Renaud, ou Arnaud, entra jeune dans l'ordre de Saint-Jean-de-Jérusalem. En 1315, il était commandeur d'Aliaga.

Par extraordinaire, et avec le consentement de Raimon de Ampurias, prieur de Catalogne, il prit l'habit de Monteza, en 1320, et immédiatement après fut élu grand-maître de cet ordre.

Anselme et Favin se sont trompés, en rapportant que Bernard Solier, commandeur de Saint-Jean, donna l'habit de cet ordre, en 1320, à l'infant don Jayme d'Aragon, lequel l'abandonna ensuite pour prendre celui de Monteza, dont il devint grand-maître (3). Ils n'ont pas consulté les sources originales.

Nous venons de voir qu'Arnaud Solier était alors grand-maître de cet ordre; et cette dignité ne contribua pas peu à faire mettre bas les armes aux partis des Solier et des Olsina.

L'ordre de Saint-Georges de Monteza, fut créé, en 1317, par le roi don Jayme, qui,

---

(1) Escol. ci-dessus déc. 1, part. 11, an 1314.

(2) Curit., Ann. d'Arag., tome II, liv. VI. Au lieu de Hugues III, il dit Henri III.

(3) Ansel., Pal. de l'honneur, page 156. Favin, Théâtre d'honneur, page 1250, édition 1620.

sous l'approbation du pape, appliqua peu après à ce nouvel ordre, tous les biens et droits que les Templiers et même les religieux de Saint-Jean, possédaient au royaume de Valence, à l'exception d'une seule église (1).

Le premier grand-maître fut Guillaume d'Eril, le deuxième Arnaud Solier, lequel Arnaud avait été d'abord de l'ordre de Saint-Jean (2). Laissons parler l'histoire.

« Après la renonciation au trône de l'infant don Jayme, il reçut aussitôt l'habit de l'ordre de Jérusalem, en présence du roi et des grands de la cour.

Ce fut Renaud Solier qui donna l'habit à l'infant, ayant reçu de frère Elion de Villeneuve, lieutenant-général du grand-maître, le pouvoir et la faculté d'admettre, à son gré et quand il le voudrait, un gentilhomme dans la religion de Saint-Jean.

Le commandeur Bernard, revêtu des marques distinctives de l'ordre, reçut la profession de l'infant, et de suite don Alphonse, frère de ce prince, fut reconnu comme fils aîné du roi, et comme héritier du trône.

L'infant porta, toute sa vie, l'habit de l'ordre de Saint-Jean. Il voulut en vain passer dans celui de Monteza. Sa conduite déréglée, disent les historiens, lui méritèrent la disgrâce du roi, son père, qui le mit sous la surveillance du commandeur Bernard Solier (3).

A la mort de Guillaume d'Eril, premier grand-maître de Monteza, l'infant voulut le remplacer; mais sa conduite l'ayant rendu indigne de cet honneur, le roi lui-même s'y opposa, et il entendit que pour cette fois l'élection fût réservée

---

(1) Celle des chevaliers de St.—Jean. Ferrer., Hist., tome IV, page 71, siècle XIV.

(2) Giustiniani, Histoire des Ordres militaires, tome II, page 622.

(3) Curit., Ann. d'Arag., tome III, chap. 32.

au saint siége et commise à la diligence de l'abbé de Sainte-Croix (Santa Crux) et le frère Arnaud Solier fut élu grand-maître (1). »

L'élection eut lieu en 1320. Arnaud Solier, comme le remarque Radez de Andrada, a été le seul grand-maître de son nom dans l'ordre de Saint-Georges de Monteza (2). Ce qui est conforme au tableau donné par Giustiniani.

Premier grand-maître, Guillaume d'Eril ;
2.º Arnaud Solier (3).

. Ces faits sont positifs, et n'accusent que trop la légéreté avec laquelle nous consultons les annales étrangères. On copie une erreur, parce qu'elle est dans l'écrivain qui nous précède.

V. Raimon, troisième fils de don Sanche ci-dessus, dit le duc Raimon, fut, dans sa jeunesse, *guarda mayor del cuerpo*, l'un des grands gardes-du-corps de don Juan Ier, roi de Castille et de Léon, qui lui donna, en 1389, le titre et les terres du duché d'Arcos, comme il se voit à l'article VII de la branche VII, ci-après.

Raimon fut un des chefs de l'armée, pendant la seconde guerre du roi de Castille avec le roi d'Aragon. Il devint grand-justiciat de Valence.... Et quand l'armée sortit du camp sous la conduite du capitaine-général don Alphonse d'Aragon, comte de Denia, le grand justiciat Raimon Solier prit l'étendard royal et le porta dans la bataille, en vertu des droits de sa place. Le grand-maître d'Alcantara commandait l'armée ennemie.

Dans cette affaire, où après des prodiges de valeur le grand-maître ci-dessus perdit la vie, le justiciat Raimon Solier se conduisit avec une rare bravoure, ayant eu plusieurs chevaux tués sous lui. Pour prix de ses services, il fut créé duc d'Arcos en 1389 ; il avait reçu, l'année précédente, la charge d'administrateur-général

---

(1) Curit., loco. cit.
(2) Radez de And., Chron. des Ordres, pag. 491.
(3) Giustiniani, Histoire des Ordres militaires, tome II, page 624.

des biens de la couronne, charge qui a passé à Jean Solier, son fils, en 1396 (1). Il laissa :

 1.º Don Jayme, dont on ignore la vie ;
 2.º Don Juan ou Jean qui suit.

VI. Jean SOLIER, IIe duc d'Arcos, fut, comme son
père, administrateur-général des biens de la couronne,
et l'un des principaux seigneurs du siècle. Il mourut
jeune, et laissa :

VII. François (Riccohombre) jurat de Valence,
en 1421. A cette époque, il fit si bien par ses sages di-
positions et les ressources de son génie, qu'il approvi-
sionna la ville au moment où cela paraissait impossible ;
ce qui mit fin à une disette générale ; de sorte que la
nation se trouvant redevable d'un tel bienfait à ce nouveau Joseph (ici nous copions l'histoire), il fut arrêté
qu'on lui décernerait, pour récompense, une somme
considérable d'argent ; mais François Solier donnant une
nouvelle preuve de la noblesse de son caractère, refusa
de l'accepter, en disant qu'il n'avait fait que son devoir ;
et que dans ce cas, on ne mérite aucune récompense (2).

Il fut père de :

 1.º Louis, IIIe duc d'Arcos, dont l'article va
  suivre ;
 2.º De François,
 3.º De Raimon, } capitaines célèbres ;
 4.º De Jean, évêque de Barcelonne, en 1458.

VIII. Louis, capitaine illustre, comme ses frères,
était de plus chambellan du roi. Il fut employé dans
toutes les guerres du tems et dans les affaires les plus
difficiles. Il fut père de :

 1.º Don Carlos, dit, en France, le duc Charles ;
 2.º Don Pierre, qui passa en France avec ledit
  Charles ci-dessus :

---

(1) Dans tout ce chapitre, nous suivons littéralement Gas-
pard Escolan, Hist. de Valence, 1re, décade, 2e partie,
liv. VII, page 1086 et suivantes.
(2) Gasp. Escolan, loc. cit.

3.º De Michel Jean.

Les deux premiers quittèrent l'Espagne, et vinrent en France en 1440. Don Charles n'y eut point d'autre postérité que dona Isabelle, qui épousa le comte Jean IV, de la première branche française. (Voyez branche VII, art. VII.) Don Pierre y maria Gabriel son fils à Martine Reynaud, d'une des plus anciennes familles, dit d'Hozier (Généalogie précitée, page 75), et de cette union vint Périnelle Solier, qui épousa en 1520 Louis Combauld de Bourbon (1).

Louis Solier, ci-dessus, et ses frères François et Ramon, servirent glorieusement Alphonse V dans toutes ses guerres, et particulièrement dans celle d'Italie. Le roi les choisit comme étant de vaillants chefs, pour aller défendre les terres de l'église. Ils méritèrent un honneur bien peu commun dans les fastes de l'histoire moderne, c'est que leur nom et leurs armes furent gravés sur le portail de Saint-Jean-de-Latran, en forme d'arc triomphal, monument de leur valeur.

Eugène IV, souverain pontife, en 1445, ayant vu les hauts faits d'armes de ces chevaliers, voulut en perpétuer la mémoire et conserver les noms des fameux capitaines qui l'avaient secouru. Il ordonna de placer leurs noms sur cette porte sacrée. Une des tables où ils étaient gravés existait encore quand Escolan écrivait ces détails. Il donne les noms de vingt capitaines ainsi récompensés par Eugène IV, et dont se trouvent les trois frères Solier.

Nous les rappellerons beaucoup ici étant d'origine française.

François Aloz.
Louis Solier.

_____

(1) Goussenc., Martyr., tome II, page 349. D'Hozier, Généalogie de cette maison ; cette Généalogie a paru en 1629, sous le nom de Pierre d'Hozier. Quoiqu'elle se trouve citée dans plusieurs auteurs, nous n'en faisons usage que quand elle est d'accord avec les autres monuments historiques.

Jacques Romeu.

Pierre d'Arni.

François Ferrier.

François Solier.

Barthélemy Ferrier.

Martin Tolza.

Narcisse Sandonis.

Pierre Ripolle.

Ramon de Villa-Marin.

Pierre Corele ou Coreil.

Jean de Martorel.

Guillaume Ramond Planelle.

Denys Civera.

Louis de Calatayud.

Galerand Mercader.

Ramon Solier.

Jean-Pierre Corele (1).

Les Solier restés dans l'intérieur de l'Espagne, continuèrent d'y soutenir leur longue querelle avec les Dias. Le feu s'était particulièrement rallumé en 1396; mais alors même, et dans le siècle suivant, les Solier n'en furent pas moins à la tête du gouvernement de la ville; ils se conduisaient tous en vrais gentilshommes..... Et nos ancêtres, dit l'auteur que nous suivons en ce moment, nous en ont laissé un témoignage authentique dans les registres du conseil (2).

IX. Michel-Jean, marcha sur les traces de Louis, son père; il fut honoré de la confiance de Jean II, et se trouva dans Perpignan, avec ce prince et les fidèles Castillans qui l'avaient suivi, en 1473. Il eut :

1.º Don Rodrigue;

2.º Don Pèdre;

3.º Don Requesens.

Ces trois frères ont fondé, en Espagne, diverses branches que nous ne pouvons suivre dans leurs nom-

(1) Escol., Hist. de Val., part. II, livre IX, page 1359.
(2) *Ibidem*, page 1086.

breuses alliances. Don Pèdre perdit la vie, au siége de Salzes, en Roussillon, lorsque cette place fut attaquée par d'Albon, général de Charles VIII, roi de France (1).

» Environ deux cents nobles y perdirent la vie, tous » chevaliers d'Espagne; et parmi eux, leurs illustres » chefs, Pierre Solier et Didace Azevedo, frère de » l'archevêque de Tolède (2). »

Requesens Solier, fut l'un des ambassadeurs de don Juan, roi d'Aragon, vers le roi de Castille, dans une occasion importante, référée aux Annales d'Aragon, de Jérôme Curite (3).

De Requesens, est descendu don Louis, né à Origuela, et qui, en 1570, fut évêque de Béthléem (4).

Parmi les branches illustres des Solier d'Espagne, il en est une à qui nous ne pouvons nous dispenser de donner place dans cette généalogie. Elle suit immédiatement celle-ci, dans l'ouvrage où nous venons de puiser les détails qui précèdent. C'est la branche dite Marradas.

QUATRIÈME BRANCHE.

Les Marradas.

A la suite des Solier (même Histoire de Valence, part. II, 1ere décad., chap. 13), vient ce préambule sur la branche dite des Marradas. « Cela suffira, quant » à présent, pour ce qui concerne les personnages illus- » tres du nom de Solier. Les Marradas, gentilshommes » de cette famille, furent aussi du nombre de ceux qui » vinrent à la conquête du royaume de Valence.......... » Et ils furent bientôt portés sur le rôle des régidors et » des personnes de distinction de ce royaume. »

On trouve, au même endroit, la filiation suivante :

I. Messire Domingo Marradas, des anciens sires de Solier, fut jurat en 1344, et remplacé par son frère,

---

(1) Ferrer., Hist. Gén. d'Esp., part. 11, siècle XV. Gasp. Escol, loc. cit.
(2) Paul Jove, Hist., tome Ier, liv. III, page 80.
(3) Curita, tome IV, livre XX, folio 284, chap. 13.
(4) Gasp. Escolan, tome II, livre IX.

messire François, en 1348. Ce dernier avait été nommé par la ville, en 1366, pour recevoir don Pèdre, roi d'Aragon, qui venait prendre la couronne et prêter son serment. Ce prince eut François en grande estime et affection, et lorsque les Castillans lui déclarèrent la guerre, ce fut François Marradas qu'il envoya contre eux, avec don Alphonse, comte de Denia, (année 1356).

Domingo laissa cinq fils, François, Pons, Jayme, Pèdre et Léonard. Depuis 1353 jusqu'en 1372, les fonctions de justiciat et de jurat de Valence, furent remplies par les Marradas, savoir: François, Pons, Pèdre et Jayme. Pèdre fut un des seigneurs nommés par la ville, en 1371, pour assister au mariage de l'infant don Martin, qui fut célébré à Perpignan.

A cette époque (1372), François de Marradas était administrateur des biens de la couronne, charge qui passa à don Pèdre de Marradas, en 1378.

Depuis 1373 jusqu'en 1390, Pèdre, Jayme et Léonard remplirent cinq fois les mêmes fonctions de justiciat et de jurat.

En 1377, Jayme ayant armé une galère en course avec un autre Valencien, nommé Jacques Ragulfi, il fit de grandes prises sur les infidèles, et détruisit les pirates qui infestaient les côtes d'Espagne.

II. Léonard, l'un des fils de Domingo, ci-dessus, fut réputé sage entre les seigneurs de son siècle. Rien d'important ne se faisait sans son avis.

En 1390, il était au nombre des personnes choisies pour la réception du cardinal don Pèdre de Luna, depuis pape sous le nom de Benoît XIII. L'année suivante il fut un des chefs que demanda l'infant don Martin, à la ville de Valence, pour envoyer avec une flotte en Sicile, au secours du roi, que menaçaient les Siciliens révoltés. L'expédition eut lieu. Soixante-dix voiles partirent sous les ordres des trois frères, Léonard, Jayme et don Pèdre. Jayme et don Pèdre étaient amiraux. Leur conduite, pendant cette guerre, causa tant de satisfaction au roi, qu'il fit don à l'aîné, don Jayme, et chef suprême de l'entreprise, d'une rente perpétuelle sur le trésor de la Sicile.

A son retour à Valence, Jayme se rendit au sénat

pour faire le rapport de l'heureuse issue de l'expédition. Ensuite, il remit le privilége que le roi lui avait accordé, en priant les jurats de le garder pour la ville, aux termes des constitutions.

Mais ceux-ci considérant les services rendus personnellement par don Jayme, interprétèrent le décret en sa faveur, et lui en laissèrent la jouissance.

L'amiral don Jayme Marradas, dit, ailleurs; don Jayme Solier, fut assassiné en 1403, suivant Curite (1), ou 1401, suivant les mémoires de famille, par don Gilabert Centellos et ses partisans, au lieu nommé Almedixos. Aussitôt que cette nouvelle parvint à la connaissance de don Pèdre Marradas, son frère, il sortit de Segorbe le jour suivant, avec la résolution de venger cet attentat; et ayant trouvé sur la route le parti des Centellos, il défit et tua leurs chefs, don Jayme et don Louis, ainsi que beaucoup d'autres; ce qui occasionna, dit Curite, les plus grands troubles dans le royaume de Valence (2).

Le même don Pèdre fut ambassadeur de Valence en 1412 (3). Il prit une part active dans toutes les guerres des Solier contre les Dias de Centellos dont nous avons parlé précédemment, et qui se trouvent aussi dans Curite (4). Un beau fait d'armes le distingua particulièrement à Lorca, en 1407; dans la guerre des Chrétiens et des Maures: il est longuement raconté dans les historiens (5), et nous ne l'insérerons point ici. Léonard eut deux fils:

1.º Don Juan. Il fut d'abord attaché au cardinal Rodrigue de Borgia, qui monta sur le trône pontifical. Ayant été nommé, très-jeune, chanoine et capiscol (chef des chantres), de l'église cathédrale de Segorbe, il devint évêque du même diocèse, le 27 novembre 1498, par la résignation

(1) Ann. d'Arag., tom. II, liv. x, chap. LXXVII, pag. 339, verso.
(2) Curit., *ibid.*
(3) Curit., Ann. d'Arag., tome III, liv. xi, page 55.
(4) *Ibid.*, tome II, liv. x, page 442.
(5) Fern. Perez de Guzm., Hist. de don Juan, chap. XXII; Escolan, Hist. de Val., tome II, liv. ix.

en sa faveur, de Barthélemy Martin (Solier Marradas), son oncle ; en 1499, il se rendit à Rome, où il mourut ;

2.º Louis, qui suit.

III. Louis fut capitaine-général et vice-roi des états de Majorque et de Sardaigne, du vivant de don Philippe II. Cette charge de vice-roi fut laissée à François, son fils, et à Gaspard, son petit-fils, seigneur de Sallente.

IV. François, général célèbre, fit avec distinction les guerres de Piémont, de Flandre et de Bourgogne, pendant cinquante années. Il rendit de grands et de nombreux services qu'on peut voir dans l'ouvrage de don Bernardin de Mendoce (f°. 281).

On remarque qu'il fut quelque tems sous-gouverneur ou lieutenant du château de Milan, et l'un des chefs du conseil de guerre, sous les ordres de son parent, don Inigo de Velasquez, descendant de Marie Solier, fille du comte Arnaud Solier, maréchal d'armée, sous Henri II, le Magnifique. (Voyez, plus loin, la deuxième branche d'Espagne). Velasquez ou Velasco, était alors connétable de Castille, comme tous ses ancêtres, et gouverneur du Milanais. Il confia plusieurs commandements à don Louis et à don François de Marradas, comme à des gentilshommes de haut mérite, qui savaient parler toutes les langues. François parvint à l'âge de quatre-vingt-quinze ans ; il fut père de don Gaspard.

V. Don Gaspard, seigneur de Sallente (juridiction de Xativa), hérita de toute la bravoure et de toute la gloire de ses aïeux. Il ne doit pas être confondu avec un autre Gaspard Solier Marradas, neveu de Léonard, et qui fut également vice-roi de Majorque. Les combats qu'il soutint immortalisèrent son nom (1). Don Gaspard fut député vers le roi don Carlos, par la noblesse de Valence, en 1520 (2). Il résida ensuite pendant quelques années, à Madrid, où il contracta diverses alliances.

_____

(1) Gasp. Escol., Hist. de Val., loc. cit.
(2) Ferreras, Hist. Gén. d'Esp., partie xxii, siècle XVIᵉ.

Les mémoires du tems qu'on a imprimés depuis deux
siècles, font mention de plusieurs autres Marradas, à
qui nous ne pouvons donner place ici ; mais pour es-
quisser la valeur de ces preux chevaliers, comme le dit
Escolan (*Loc. cit.*), nous allons rapporter une des actions de Gaspard Marradas, quatrième vice-roi de Majorque, seigneur de Sallente....... Ce trait, ajoute l'historien, sera comme la pierre de touche de sa vaillance,
et il mérite un souvenir particulier.

Nous laissons parler l'auteur espagnol, en abrégeant
son récit : « Un chevalier, nommé Pertusa, pria le sei-
» gneur Gaspard Marradas, de le seconder dans une
» occasion périlleuse, quoiqu'il ne fût question que de
» s'introduire chez une dame. Marradas le blâma........
» Ce ne sont pas des conseils, dit Pertusa, c'est votre
» assistance que je réclame : à quoi Marradas répondit:
» J'ai parlé en homme d'honneur ; mais vous le voulez,
» maintenant je vais vous servir en ami. »

» Pertusa monta dans l'appartement de la dame, au
» moyen d'une échelle de corde ; mais la maison venait
» d'être occupée par une troupe de gentilshommes qui
» allaient en partisans. Ces derniers, avertis par le
» bruit, s'élancent avec fureur dans le lieu où était
» Pertusa ; il allait être frappé de mille coups, lorsque
» Marradas, soupçonnant le danger que court son ami,
» escalade par la même échelle de corde, et parvient au
» lieu du combat.

» C'est alors que dans cette chambre, au sein d'une
» obscurité infernale, rendue plus effrayante par le
» choc des armes et les vociférations des assaillants,
» il s'écrie, comme s'il était entouré d'un grand nombre
» de soldats: courage, mes amis, point de quartier.

» Les assaillants se croyant victimes d'une trahison,
» se retirèrent précipitamment dans une des tours du
» château, et les deux amis échappèrent à une mort qui
» semblait inévitable. »

Cette aventure, et plusieurs traits d'héroïsme et d'audace, qui signalèrent Gaspard Marradas, donnèrent
une si haute opinion de ce seigneur à Charles-Quint,
que, lors du défi qu'il reçut de François Ier, il pro-
fessa publiquement toute son estime pour Marradas.
« *S'il fallait, dit l'empereur, cent chevaliers pour entrer*
» *en lice avec moi contre le roi de France, Marradas en*

» *serait un. Puisque ce nombre est fixé à dix du côté de*
» *chaque roi, Marradas sera l'un des dix ; et s'il n'en*
» *fallait qu'un seul, ce serait Marradas* (1). »

Rien ne nous semble plus flatteur qu'un pareil éloge,
et sur-tout au milieu d'une cour brillante et aussi guer-
rière qu'était celle de Charles-Quint. Quoi qu'il arrive
chez les hommes, ces témoignages toujours chers aux
grands cœurs, ne doivent jamais périr dans le souvenir
des familles. Ce sont leurs plus beaux titres.

Nous nous bornons à cet extrait que nous pourrions
étendre à l'infini, puisque vingt auteurs fameux d'Espagne ont relevé toutes les grandes actions des Solier,
venus d'Italie et de France, dans ces contrées, où ils
ont, pendant neuf siècles, versé tant de sang pour cette
illustre nation.

Nous aurons encore à parler d'une branche de Solier,
en Espagne, établie par Renaud ou Arnaud Solier, de
Limoges, et dit le Limosin, maréchal d'armée compagnon de Bertrand du Guesclin, son oncle; mais comme
elle ne s'est formée que postérieurement aux deux qui
vont suivre, nous l'avons placée à son rang, d'après la
date de sa fondation.

SEPTIÈME BRANCHE.

Solier de l'isle de France (Paris).

Cette branche a surtout fleuri du douzième au quinzième siècle, époque de sa plus grande splendeur. Elle
a eu pour chef Gaillard, qni remonte à Rostain Solier,
et sans interruption à Sigismond, fils du premier prince
de Rimini, vers 1015, (Avrillon, p. 2, etc.).

I. Gaillard, *aliàs* Guaillard, fils de Rostain Solier,
comte de Belin, et d'Honorète Aymar, (voyez quatrième branche, art. VII).

Né en 1181, il épousa, le 10 mai 1220, dame Clarmonde, fille de Arnaud Didaque, vicomte de Tartas, et
de dame Odile Navarre, vicomtesse d'Aix. Par ce mariage, qu'on retrouve aussi dans l'histoire, *Clarmonda*

(1) Gasp. Escol., loc. cit., chap. XIII.

nupta Gaillardo Solerio nobili aquitano, filio Rostani (1), Gaillard devint beau-frère d'Amanieu le Bret où d'Albret, l'un des chefs de cette noble race dont est sorti Henri IV.

Cet Amanieu, V° du nom, avait épousé Assalide, des vicomtes de Tartas (2), sœur de Clarmonde, dame Gaillard Solier. Il descendait de cet Amanieu, II° du nom, qui fut le compagnon de Solier Solier en Palestine, et le premier qui, après Godefroy, était entré dans Jérusalem (3).

Gaillard Solier vécut d'abord à Dreux (castrum Durocassinum), dans le Mantois, gouvernement de l'Ile de France. Il passait quelques mois de l'année à Belin., (Guienne, arrondissement de Bordeaux), héritage paternel. L'ancien château de Belin (castrum Belini) (4), long-temps possédé par les Solier, passa ensuite par vente ou par alliance, dans la maison de Montferrand de Guienne, avec Uzar, autre comté des Solier (5).

Gaillard, l'un des plus grands et des plus riches seigneurs de son siècle, jouissait alors d'une considération sans bornes. C'était le tems où les rois d'Angleterre possédaient la Normandie, l'Anjou, la Touraine, la Saintonge, le Poitou et la Guienne.

L'alliance du comte Gaillard avec les d'Albret et l'influence qu'il exerçait, le firent choisir par le parlement d'Angleterre et le roi. (Henri III) ; pour terminer leur différend avec le noble baron Amanieu, son beau-frère.

Il eut l'ordre, fort peu de temps après, de prendre possession du château de Casenove, près de Langon, dont précédemment ledit Amanieu V avait été investi par Gaston VII, vicomte de Béarn.

Les d'Albret devaient rendre ce château. L'acte de restitution, et celui de la forteresse de Saulx, furent passés à Bazas, le 7 mai 1259, vivant alors Amanieu VI,

---

(1) Oihenart, Noti. utri. Vascog., pag. 472, 473.
(2) *Ibid.*— 470 et suivantes,
(3) L'Art de vérifier les Dates, in-folio, page 733.
(4) Voir l'acte et les détails dont M. de Marca, Hist. de Béarn, pag. 606 à 608, édition 1640.
(5) Rôles, Tour de Londres, tome Ier, page 7.

Gaillard Solier y figure comme plénipotentiaire du parlement et du roi. Les autres signataires de ce traité furent Gaillard de Grézignan, Guaillard de Fargas, Gaston VII, vicomte de Béarn, Geraud, comte d'Armagnac et de Fezenzac (1).

Gaillard Solier fut nommé châtelain de Cazenove, place qui passa à Olivier, son petit-fils. (Voyez l'art. III, ci-après).

Du mariage de Gaillard et de Clarmonde naquirent :

      1.° En 1229, Arnaud-Raimond, qui suit ;

      2.° En 1231, Jules-Raimond, qui entra dans l'ordre du Temple.

II. Arnaud Raimond, comte de Belin, marié le 6 novembre 1262, à la vicomtesse de Fronzac, fille de Raimond, vicomte de Fronzac, qui traita avec le roi d'Angleterre, en 1276 (2), et mourut en 1282. (Titres de fam.).

Ici nous remarquerons que peu de terres seigneuriales ont subi plus de variations que Fronzac. Elle était d'abord vicomté, et fut souvent disputée par les seigneurs du tems. Au treizième siècle, une branche des d'Albret prit aussi le nom de vicomtes de Fronzac.

Fronzac devint comté en décembre 1551 ; marquisat en décembre 1555, sous Henri II ; en 1595, il passa dans la maison de François d'Orléans-Longueville, par son mariage avec Anne de Caumont. En janvier 1608, cette seigneurie fut érigée en duché-pairie par Henri IV, en faveur de François d'Orléans, comte de Saint-Pol ; rétablie ainsi de nouveau en juillet 1634, par Louis XIII, en faveur d'Amand Jean du Plessis, cardinal de Richelieu, acquéreur de cette terre.

Arnaud-Raimond Solier, sieur de Belin et de Fronzac, mourut en 1312, à Paris, après avoir testé en faveur de dame Yolande, son épouse. (Tit. orig.)

Yolande paraît ainsi dans les actes :

«Yolande Solier, dame de Belin, vicomtesse de Fron-

_____

(1) Voir l'acte et les détails dans P. de Marca, Histoire de Béarn, pag. 606 à 608, édition de 1640.

(2) Tour de Londres, tome I, pag. 7.

« zac, héritière d'Arnaud Raimond de Solier. » Elle traita en cette qualité, le 20 avril 1314, avec le roi d'Angleterre, relativement à la juridiction *mixte et mère* du roi sur plusieurs fiefs de la succession d'Arnaud Raimond Solier, son époux ; savoir :

Castel-Viague, le pays d'Uza , tout le territoire de Born , de Mazas, d'Aubignac, de Saint-Julien, d'Orcillan et de Biscarossé, de Bias, des lieux appelés Fodias et Stagias, de Pontens, de Parentis, de Vyssère, de Sainte-Aulaye, de Sanguinet, de Saint-Pol en Born , ... *Nec non super naufragium, balænam et alia emergentia, ad Costas maris de Bisquarose et de S.-Juliano, seu de sart. Teste rege apud Westminster, 20 aprilii 1315 (1).*

Arnaud Raimond avait pris parti dans les guerres du tems, qui divisaient les vicomtes de Béarn, les rois de Castille, d'Aragon, d'Angleterre. Il figure pour 325 liv. reste de solde, dans les comptes du trésor, en 1296, armée de Gascogne (2).

Il fut un des chevaliers bannerets de l'ost de Foix, contre les Flamands. Le 20 juillet 1302, il se trouva à la sanglante bataille de Courtrai.

De son mariage avec Yolande, il eut :

1.º Raimond-Jean, qui entra dans l'ordre de Saint Jean-de-Jérusalem ;
2.º Gaillard de Fronzac, mort à 12 ans ;
3.º Olivier, Iᵉʳ du nom, qui suit, et deux filles, dont nous n'avons pas les alliances.

III. Olivier, page du comte Charles d'Alençon, comte de Belin, vicomte de Fronzac, qualifié haut et puissant seigneur, châtelain de Caseneuve. Il suivit son père dans les osts de Foix et de Gascogne, en 1340. Il eut différents démêlés avec les procurateurs du roi d'Angleterre, au sujet de Fronzac, et fut même cité à Londres. Mais il traita de nouveau, en 1342, et rendit hommage pour ce fief, comme il se voit aux anciennes archives. (Tit. orig.) et dans les monuments historiques.

« *Compositione factâ, qualiter viscomes de Frontiaco,*

---

(1) Rôles de la tour de Londres, tome Iᵉʳ, page 46.
(2) La Roque, Bans et arrière-Bans, page 95.

» venit ad obedientiam regis, d. I°. junii 1342 (1), etc. »

Il épousa, le 15 avril 1332, damoiselle Constance, qualifiée sœur de messire Arnaud, archevêque de Narbonne, allié de sa famille. Il en eut Pierre, Ier du nom, dit le Petit-Pierre ou Perrinet, né le 11 juin 1334. Après avoir fait honorablement toutes les guerres de Charles IV et de Philippe VI, Olivier mourut le 26 août 1346, des suites d'une blessure qu'il reçut à Crécy, dans le Ponthieu, journée qui fut fatale à nos armes par la trop grande bravoure du comte d'Alençon (Charles II, dit le Magnanime, fils de Charles Ier de Valois, et dont Olivier avait été page et enfant d'honneur.) (2).

IV. Pierre ou Perrinet fut envoyé de bonne heure à Jean, vicomte de Melun, autre allié de la famille (3), grand chambellan de France et lieutenant du roi au pays de Bretagne. Il fit partie de la montre de ce capitaine, le 13 juin 1351 (4). Après la mort du comte Olivier, son père, Perrinet, dit comte de Belin, vicomte de Fronzac, quitta le service, et se maria deux fois. La première fois, dans la province de Léon, mariage dont il n'eut que des filles, désignées ci-après :

La seconde fois, à Bazas, le 17 septembre 1378, à dame Guillermine de Fargas, fille de messire de Fargas, écuyer de Louis Ier et de Louis II, ducs d'Anjou, comtes de Provence.

De son premier mariage, il eut :

1.° Marie, qui fut religieuse ;

2.° Jeanne, qui épousa messire Louis de Montello, *aliàs* Monteil... et Montiel, fille de Guillaume, qualifié co-seigneur de Serves, illustre race qui passe pour avoir donné les premiers sires d'Orange, ducs de Valentinois.

Il eut de Guillermine de Fargas :

1.° Olivier, IIe du nom, dont l'article va suivre ;

2.° Marguerite, dame de compagnie de la duchesse d'Orléans ;

---

(1) Rôles de la Tour de Londres, tome Ier, page 114.

(2) Ordonnances des Rois, loco cit. Br. d'Italie.

(3) *Voyez* Branche de Provence, art. IX.

(4) Dom Morice, Hist. de Bretagne, tome Ier, page et colonne 1469.

3.° Jean, qui après diverses campagnes, et hors d'état de servir, épousa Marie Remon ou Remond, fille de Jean, qui devint l'un des généraux-maîtres des monnaies, sous Louis V et Charles VI. Jean, sous les auspices de son beau-père, entra dans l'administration des monnaies. Il fut nommé contrôleur-général de celle de Rouen, comme il conste par les documents de famille, et par les lettres de Charles VI, du 13 août et 19 septembre 1388, audit Jean Solier (1).

Quelques personnes de cette branche ont occupé les premières places dans les monnaies, celles de contrôleurs-généraux. Ces fonctionnaires appelés aussi juges-contre-gardes, furent créés par édit de Philippe-Auguste, en juillet 1214, et confirmés, en 1541, par Henri II. Ils avaient l'inspection générale. Le 30 juin 1696, Louis XIV les supprima, et mit à la place un conseiller-contrôleur-contre-garde. Ce ne fut plus un office, mais un emploi. Jean mourut sans postérité;

4.° Pierre, qualifié dans les actes, écuyer, châtelain de Vaux (*Vadum-Vé*), ancien château, résidence des comtes de Valois mourut en 1412. (Titre original.)

V. Olivier, II° du nom, comte de Belin, né le 8 mai 1369, accompagna à Gênes, comme chef de l'escorte, les commissaires de Charles VI, qui allaient prendre, au nom de ce roi, possession de la république de Gênes. Il fut présent à l'abdication d'Antoine Adorne, qui se dépouilla, devant eux, des ornements du dogat, et prêta serment comme simple gouverneur. L'acte est d'octobre 1396.

Après cette cérémonie, le comte Olivier se rendit à Asti, et de là à Pesaro, où son mariage fut arrêté avec dona Ferrantine, fille de Galéote, prince de cette ville, et sœur de Lisbetta, femme de Pierre Gentile de Varani, d'une des plus illustres familles d'Italie (2). (Titre original.)

_____

(1) Ordonnances des Rois de France, tome VII, pages 208 à 210.
(2) Crescenzi, *Coron. della Nobil. d'Italia*, et Sansovino.

Ce mariage n'eut lieu que cinq ans après, en 1402. Quelques années auparavant, Olivier s'était attaché à Louis, duc d'Orléans, comme secrétaire intime, et bientôt secrétaire des ordres. Il ne quitta ce prince qu'à sa mort, dans l'an 1407, où son compétiteur à la régence, le duc Jean de Bourgogne, le fit assassiner. Olivier reprit du service, et se distingua particulièrement, en 1415, lors de la guerre d'invasion que les Anglais vinrent faire en France. Il mourut au siége de Rouen, en janvier 1419.

Marguerite, sœur d'Olivier, fut placée jeune près de la duchesse d'Orléans. Dans un titre original, nous la voyons recevoir des bijoux pour étrennes, en janvier 1401, ainsi que plusieurs autres personnes de la cour ; savoir :

Madame la duchesse d'Orléans ;
Charles, comte d'Angoulème ;
Joseph et Jean d'Orléans ;
Louis de Bourbon ;
La demoiselle de Harcourt ;
Les deux belles nièces, filles du roi ;
Mademoiselle de Montpensier ;
Mademoiselle Jeanne le Brune ;
Mademoiselle Marguerite Solier, etc. ;
Le sire Regnaud d'Angennes ;
Le sire de Montjoye. (Titre original.)

Le mariage d'Olivier et de Ferrantine eut lieu, en 1402, à Avignon, où se rendit l'épouse, sous la conduite de Charles de Malateste, son frère. Ferrantine fut reçue par Marguerite, sœur d'Olivier. Charles retourna à Pesaro en 1403, mais il revint plusieurs fois chez sa sœur. Il prit même du service en France pendant quelques années. En 1427, il passa en Angleterre, d'où il retourna en 1429, avec un sauf-conduit du roi (1).

Le duc d'Orléans fit tous les frais du voyage d'Olivier, (tit. orig.). Olivier et Ferrantine eurent plusieurs fils dont l'aîné fut nommé Jean, les mémoires se taisent sur la postérité des autres.

VI. Jean Ier, comte de Bélin, né en 1402 ; à peine

---

(1) Rôles de la Tour de Londres, tome Ier, page 296.

âgé de 16 ans, il fit partie de la montre de Raoul de Ploesquellec (1). Il servit constamment.

En 1435, il fut nommé grand bailli du comté de Guines (2), ensuite gouverneur du Bazadois.

De son mariage, en 1429, avec Blanche Hervoise Hurgault, fille de Maximilien, il eut :

>   1.º Jean, dont l'article va suivre ;
>   2.º Blanchet, gouverneur de Mesle et de Roye, dont il est parlé dans la Chesnaye et dans Monstrelet (3) ;
>   3.º Philippe, marié en Normandie, auteur d'une branche particulière dont sont provenus Michel, Simon, et divers autres, dont Henri, père de Claudine-Emélie, épouse de Jean, IIe du nom, (voyez art. XI). Jean et Pierre, de cette branche, servirent en 1706 dans le corps des grenadiers à cheval. (Tit. orig.)

VII. Jean II, dit le comte Jean, désigné simplement dans Waroquier, sous le titre de noble Jean Solier (4), fut capitaine de 100 hommes d'armes, chevalier de l'ordre, et gouverneur de Crépi.

C'est lui qui reçut, en 1440, Charles et Pierre Solier revenant d'Espagne, lors de la guerre avec les Centellos. (Voyez la Ve branche, art. VIII, et d'Hozier, loco. cit.)

Jean II épousa, en 1462, dona Isabelle, fille de don Carlos, dit aux actes de France duc Charles, et frère de don Pedro ou Pierre, dont nous venons de parler, et que d'Hozier appelle l'un des gentilshommes affligés, qui abandonnèrent l'Espagne pour revenir en France avec leurs familles (5).

Parmi les documents et titres qu'ils rapportèrent avec

---

(1) Lobin., Hist. de Bretagne, tome II, page 911 ; dom Morice, *ibid.*, tome II, page 915.

(2) Rôles de la Tour de Londres, tom. II, page 268.

(3) La Chesnaye, Diction., etc. ; Monstrelet, chap. CLIX, page 232.

(4) Waroquier, Tabl., tome III, page 315.

(5) Généalogie précitée, page 75 ; Goussencourt, Martyr., tome II, pag. 349.

eux se trouve l'ordonnance faite par don Juan Ier en
faveur de Raimon, fils de don Sanche, et père de Jean,
trisaïeul de Charles.

Nous donnerons ici la formule de cet acte, qui a
servi de modèle dans les siècles suivants (Tit. orig.).

« Voulant reconnaître à votre égard, messire Rai-
« mon Solier, notre vassal, et l'un de nos capitaines
« généraux, les nombreux et bons services que vous
« nous avez rendus, et que vous nous rendez encore
« tous les jours, et aussi ceux que nous ont rendus ainsi
« qu'à nos pères, vos aïeuls et parents, bons chevaliers
« de France ; appréciant la grande loyauté dont vous
« nous avez donné les plus fortes preuves, ainsi que les
« peines et fatigues que vous endurez chaque jour pour
« notre personne et le bien de nos états ; considérant
« qu'il importe spécialement pour exciter et entretenir la
« fidélité dans les grands périls et les hautes entreprises,
« de récompenser les sujets dont la bravoure et le dé-
« vouement sont reconnus : à ces causes, voulant rému-
« nérer devant les hommes, toutes ces belles qualités,
« de manière que le souvenir en subsiste à jamais, et
« que tous ceux qui apprendront et connaîtront ce té-
« moignage de notre gratitude se trouvent spontané-
« ment portés à nous servir loyalement et à aimer notre
« susdit service, nous vous donnons le duché d'Arcos...
« *Por ende damos vos e faʒemos vos merced del nuestro*
« *ducato de Arcos, el quel ducato vos damos e vos faʒe-*
« *mos merced del, con totos suos terminos, etc.*, avec ses
« dépendances, ville et villages, forêts, prairies, patu-
« rages, montagnes, eaux courantes et non courantes,
« ainsi que la justice civile et criminelle, le pouvoir ab-
« solu et mixte, tous titres et prérogatives et tous les
« revenus, cens et droits appartenants audit duché, pour
« le tout être possédé dorénavant, et par droit de suc-
« cession, par vous et à perpétuité, par vos fils, petits-
« fils, vos héritiers, et les descendants d'iceux en ligne
« directe, attendu que c'est notre bon plaisir que vous
« possédiez ledit duché, sous les conditions suivantes,
« savoir : qu'il sera tenu tout de suite et possédé par vous,
« messire Raimon Solier, votre vie durant ; et après
« votre décès, par votre fils aîné, don Jayme ou à dé-
« faut, par votre fils don Juan, lesquels seront ducs
« d'Arcos après vous, et en cas de mort desdits fils, par

« vos autres fils ou votre fille aînée, et ainsi de même
« par leurs descendants légitimes, l'un après le décès
« de l'autre.... *E a fallecimiento del, dicho vuestro fijo o*
« *fija, e nieto e nieta e decendientes dellos ..... de legitimo*
« *matrimonio .....* Et en cas de mort de vos dits fils ou
« fille, petit-fils et petites-filles et des descendants légi-
« times d'iceux ou d'icelles en ligne droite, ledit duché
« sera pour nous, et reviendra à notre royale couronne.
« Cette grâce accordée par le roi don Juan Ier, le 10
« juin 1389. »

Elle fut ensuite confirmée audit Raimon Solier et à
ses fils par le roi Henri III, en 1392, et par le roi don
Juan, en 1422.

Le titre du duc d'Arcos vint par succession directe,
à don Charles, l'aîné de cette branche, et frère de don
Pedro, lesquels dits frères passèrent en France, en 1440.
La fille de Charles, dona Isabelle, qui épousa le comte
Jean Solier, IIe du nom, comme nous venons de le
voir, devint après son père, duchesse d'Arcos; ses fils
portèrent ce titre jusques vers la fin du quinzième
siècle; ils y renoncèrent sans doute comme n'étant
plus sujets des rois de Castille; et nous savons en
effet, que dans l'année 1492, le roi don Fernand, et
Isabelle, son épouse, transportèrent le titre de duc
d'Arcos, à Jean Rodrigue-Ponce de Léon, neveu de don
Rodrigue, duc de Cadix (1).

Jean II, eut de son mariage :

 1.º Jean III, qui suit;
 2.º Marguerite, qui épousa, le 5 septembre 1468,
  Hugues de Vaux, écuyer, dont naquirent Ey-
  nard, Jean, Claude et Guillaume; ils appartiennent à la généalogie de la maison de Vaux.

VIII. Jean III, né en 1465, fut surnommé le *Cas-
tillan*, soit à cause de son origine maternelle, soit pour
avoir long-tems servi en Castille, et s'être aussi marié
dans ces contrées; il y passa, à l'âge de dix-sept ans,
et revint en 1502, après avoir épousé à Burgos, le 27

---

(1) Salaz. de Mendoze, Origine des Dignités, etc., liv. III,
chap. XVII.

mars 1492, dona Léonore de Pavia (1), fille de don Fernandez de Pavia, et de dona Constance de Parraga de Cordoue, d'une ancienne et illustre famille (2). (*Tit. orig.*)

Il fut père de :

1.º François, dont l'article va suivre ;
2.º Jean-Charles, qui servit d'abord sous François, duc d'Alençon, et depuis d'Anjou, frère de Henri III, roi de France ; il l'accompagna dans ses guerres d'Auvergne, où il contribua puissamment à la prise d'Issoire, en 1577. Pendant les guerres de Flandre et des Pays-Bas, il fut nommé gouverneur de Bias, ensuite de Maubeuge, en 1579. Il fut tué, en 1583, près d'Anvers, avec trois cents gentilshommes qui soutenaient le parti du duc d'Anjou, devenu duc de Brabant, contre le parti du prince d'Orange, son compétiteur.

IX. François, fils de Jean III, fit ses premières armes sous le duc de Nemours, et servit pendant toute la guerre d'Espagne ; il s'attacha ensuite au comte de Tende, alors employé en France, et dont il épousa une proche parente. Le 24 mars 1540, il fit partie de la montre des quarante hommes d'armes de ce seigneur, à Marignan, près d'Aix, en Provence. (Titre original.) Il n'eut point d'enfants de son premier mariage.

De son deuxième mariage avec dame Isoard Riccard de Pontens, il eut :

1.º Jean André, qui va suivre ;
2.º Anne, qui fut chanoinesse de Remiremont ;
3.º Marguerite, qui épousa sire Guillaume de Pont, en 1586.

X. Jean André, premier écuyer de la princesse Marie, nièce des ducs de Mayenne, depuis reine de Pologne. Il ne prit pas le titre de comte de Belin, et en effet le comté de Belin passa vers 1560 dans la famille des Faudoas, famille antique et célèbre par ses emplois et ses

---

(1) Sandov., Chroniq., chap. 69, édit. 1602.
(2) Argot. de Mol., Noblesse etc., liv. II, chap. CXL.

alliances. Jean François, fils d'Olivier, chevalier des ordres du roi, gouverneur de Paris et l'Ile-de-France, fut le premier comte de Belin de cette race.

Jean-André Solier, dont Marolles parle dans ses Mémoires (an 1639), vivait encore en 1650, âgé de quatre-vingt-treize ans. Il fut pourvu du gouvernement de Roye.

Le 5 juin 1610, il avait épousé Raimondine de Fertallier, des sieurs de Fertallier (de Fertalleriis), dont un des ancêtres, Jean, était, en 1250, commandeur de l'ordre des Templiers, et chef de leur maison située près de Marseille (1).

Raimondine était fille de Pierre, fils de noble Charles de Fertallier, qui périt à la journée de Marignan.

Il n'eut qu'un fils, Jean-Louis, dont l'article suit; et deux filles, dont l'une fut religieuse-carmélite, et l'autre épousa François de la Rochemauni, seigneur de Saint-Aulaye, etc.

XI. Jean-Louis SOLIER, comte de Belin, servit, comme tous ses aïeux. Presque au début de sa carrière, il eut le bonheur de sauver la vie à deux de ses parents d'Espagne, Antoine et Michel, qui combattaient sous l'archiduc Léopold contre l'armée française commandée par Turenne en 1648 (2). (Titre original.)

Ces deux officiers, l'un de Catalogne, l'autre d'Andalousie, furent blessés tous les deux dans la fameuse bataille de Lens, si funeste aux armées espagnoles (29 août 1648). Jean-Louis les recueillit dans sa tente, les amena ensuite à Paris, où Antoine survécut peu de tems à ses blessures. Michel passa de longues années dans la famille, près des Solier de l'Ile-de-France.

Jean-Louis traita, en 1656, d'une compagnie de gardes françaises. Cette même année, le régiment des gardes fut employé au siège de Valenciennes, sous les ordres des maréchaux de Turenne et de la Ferté. Il ouvrit la tranchée dans la nuit du 26 au 27 juin. Le 9 juillet, il y eut une affaire très-chaude, où M. de Pradel, lieutenant-général qui commandait le régiment des

_____

(1) D'Aigref., Hist. de Montp., page 204.
(2) Voyez la liste des Officiers pris à cette bataille, imprimée à Paris, aux galeries du Louvre, 28 août 1648.

gardes, fût fait prisonnier, ainsi que le maréchal de la Ferté.

Le comte Jean-Louis reçut diverses blessures qui ne l'éloignèrent que peu de jours de l'armée. Il fit heureusement les campagnes suivantes, jusqu'à l'an 1663, où il mourut presque subitement, alors qu'il se disposait à partir avec sa compagnie, (la 32e) (1), pour le siége de Marsal. Il fut remplacé dans ce commandement par M. de Bouvisi.

De Claudine Emélie Solier, petite-fille de Henri Solier d'Orbec (titre original), qu'il avait épousée le 10 juin 1659, le comte Jean-Louis, dernier comte de Belin, laissa, savoir:

1.º Jean André, qui mourut jeune;

2.º Louis Jean, destiné à l'ordre de Malte, et qui périt avant d'avoir fait ses preuves;

3.º André, qui suit;

4.º Jeanne, mariée en Espagne, à don Pèdre de Villalobos.

XII. Messire André SOLIER fut le dernier de la branche qui prit du service en Espagne, sous don Juan, d'Origuela, l'un de ses oncles, officier supérieur chargé d'un commandement dans l'Inde.

André fut blessé dangereusement en 1690; l'année suivante, ne pouvant plus servir militairement, il revint par mer en France, débarqua sur les côtes de Tréguier, fit quelque séjour à Lannion, et se rendit ensuite à Beaucé, dans la retraite des du Guesclin, dont les Solier étaient parents par les femmes. Il rechercha quelque tems Julienne, fille de Réné II (du Guesclin), et connue sous le nom de mademoiselle d'Auvers, âgée pour lors de 38 ans; mais ce mariage n'eut pas lieu. André épousa damoiselle Elisabeth, dite Elisa le Priver, *aliàs* le Pluer, descendante des anciens sires de Campels et Domfront. (Titre original.)

Les blessures d'André, quelques injustices dont il eut à se plaindre, le délabrement continuel de sa santé, et beaucoup de travaux infructueux dans plus d'un genre,

---

(1) Le Pip. la Neuville, Gardes françaises.

pour augmenter sa fortune presque détruite, telles furent les causes qui abrégèrent ses jours. Il mourut à 41 ans, ayant passé les quatre dernières années de sa vie dans la retraite et l'obscurité, soit à Lamneur, soit près de Lannion, (titres originaux) et s'occupant plus des moyens d'exister que de ses titres.

La famille des Solier, sur divers points, eut des revers considérables, occasionnés par les événements politiques.

Dans leurs guerres d'Italie, soit comme princes de Rimini, soit comme souverains de l'Astesan, ils perdirent leurs plus belles ressources, lorsqu'ils furent dépossédés de ces provinces.

« Le pape Clément VII ayant privé pour la dernière fois Pandolphe Malateste de sa principauté de Rimini, ce seigneur alla mourir pauvre à Ferrare (1). »

Dans les guerres d'Espagne, qui durèrent cent trente ans, ils sacrifièrent la majeure partie de leurs propriétés.

« Perinelle Solier, héritière d'une des branches des Solier d'Espagne, et Louis de Combauld de Bourbon, son époux, se défirent de tout leur patrimoine pour secourir le connétable de Bourbon. Et c'est la cause des dommages et pertes des biens arrivés à cette famille. Eux et leurs fils laissèrent aux leurs plus de mémoire de leur vertu, que de profit de leur héritage, suivant les expressions de d'Hozier (2) ». Le duc Charles, oncle de Gabriel, père de Périnelle Solier, ne laissa également à sa fille Isabelle, que le titre de duchesse d'Arcos, et de grands souvenirs.

La branche du Limosin et Vivarais, victime des guerres de religion, a vu plusieurs fois tous ses biens confisqués ou devenus la proie des divers partis (3).

Le comte Olivier (branche de l'Ile-de-France) se ruina pour servir le duc Louis d'Orléans, dont il ne reçut que des promesses. Ce prince fut assassiné : les promesses périrent avec lui.

---

(1) Le Labour., Voyage, etc., part. III, art. Rimini.

(2) Généalogie des Combauld de Bourbon, arrêt de Louis XIV, page 2, du 28 février 1628.

(3) La Chesnaye-des-Bois, Dictionnaire, tome XII, Solier (Vivarais).

Le comte Jean-Louis dépensa tout son patrimoine au service de l'état, et par ses sacrifices pour la compagnie qu'il avait achetée.

Messire André, son fils, ne rapporta de l'Inde et de l'Espagne que des blessures, qui ne lui valurent aucunes récompenses. Ses ancêtres Jean et Jean-André étaient morts pauvres, après trente et quarante ans de service.

En général, la fortune ne s'attachait pas jadis aux familles essentiellement militaires. Les chevaliers ne cherchaient que la gloire, et l'on a vu bien souvent la vieille noblesse de France, vendre jusqu'à sa dernière terre, pour se mettre en état de soutenir sa bannière, soit dans les croisades, soit au service de ses princes.

Les Solier ont été pour la plupart militaires; ce qui n'a pas empêché cette famille d'élever pour l'église un bon nombre de prélats et de vertueux abbés.

Elle a donné beaucoup de chevaliers à l'ordre de Saint-Jean de Jérusalem; et aussi, devons-nous dire que cet ordre illustre, à qui tous les souverains de l'Europe demeurent éternellement redevables, doit être, depuis son origine, regardé comme français. Il fut cimenté, de siècle en siècle, par le sang de tous nos vieux chevaliers, l'honneur des premières familles de notre monarchie; et c'est dans les fastes de cette religion qu'elles doivent chercher leurs plus beaux titres de gloire.

Baudoin remarque, dans son Histoire de l'Ordre, que, jusqu'en 1640, il n'avait eu que cinquante-cinq grands-maîtres, sur lesquels onze étaient inconnus.

Sur les quarante-quatre autres, sept ont été espagnols, quatre italiens, trente-trois français (1). Nous citerons ici quelques chevaliers de la famille Solier (ordre de Malte).

En 1308, Raymond-Jean, chevalier. (Branche VII).

En 1310, Arnaud Solier, né en 1265, commandeur d'Aliaga.

En 1312, Bernard Solier, commandeur (2).

---

(1) Baud., Hist. de Malte, pag. 23.

(2) *Voyez* pour ces deux commandeurs, la première branche d'Espagne; et Curit., Ann. d'Arag., tome II, chap. XXXII; Favin, Théâtre d'honneur, page 1250.

Même époque, Nicole Solier, né en 1297, grand-croix, prieur de l'église, l'un des procurateurs - généraux de l'ordre. Il était de la langue de Provence, qu'il représenta en 1373 (1).

Alphonse, langue de Castille, en 1380.

François (des Fontaine Solier) (2).

Fernand,
Gabriel,
Antoine,

tous trois célèbres au siége de Rhodes ; Fernand y commandait la langue de Castille. Il fut chancelier de l'ordre, et mourut en 1549, comme il est dit ci-après.

Pierre, chevalier en 1512, grand-prieur de France en 1563, compétiteur de la Valette au magistère, etc. (3). Il était fils de Jean Solier, (branche VII, article 8), et de Marguerite de Villiers de l'Ile-Adam, sœur de Philippe, grand-maître.

Antoine, ci - dessus, servit l'ordre pendant quarante ans ; il périt au siége de Malte, en 1565.

Gabriel fut un des plus illustres chevaliers de l'ordre.

Avant le siége de Rhodes, en 1522, une des langues, (celle d'Italie), croyant avoir à se plaindre de quelques dispositions de la cour de Rome, obtint d'y envoyer trois ambassadeurs, et nomma, en conséquence, Gabriel Solier, Barthélemy Vives et Boniface de la Morre. Peu satisfaite du résultat de cette démarche à Rome, la langue entière se soulève ; le conseil accuse Solier, Palaviccini , et Morose, d'être les auteurs de ce mouvement. On procède contre eux, mais ils quittent le couvent et se retirent à Candie.

Le grand-maître, affligé de cette scission, veut faire reconnaître leur innocence, et les rappeler. L'ennemi approchait ; à cette nouvelle, Solier et ses compagnons écrivent de suite qu'ils vont se rembarquer pour Rhodes, et qu'ils accourraient, non-seulement de l'Italie, mais de l'extrémité du monde, pour défendre la religion avec leur sang (4).

L'autre Solier, frère de Gabriel, appelé Ferrand ou

(1) Bosio, tome Ier, liv. III. pages 71, 73.

(2) Avrillon, pag. 11; la Chesnaye, tome VI.

(3) Avrillon, page 10 ; son absence seule l'empêcha d'être élu.

(4) Bosio, Hist. de Malte, tome Ier, livre xviii.

Fernand, fut élu chef de l'une des langues pour le siége de Rhodes.

Avant le premier combat, Villiers l'Ile-Adam choisit huit chefs des postes ou langues, savoir :

Langue de Provence.	Raimond Ricard.
D'Auvergne,	Raimond Roger.
De France,	Joachim de Saint-Simon.
D'Italie,	Georges Emarque.
D'Aragon,	Jean de Barbaran.
D'Angleterre,	Guillaume Onascon, ou Ovaxon.
D'Allemagne,	Christ. Valdener.
De Castille et Portugal,	Fernand Solier (1).

Le même Fernand fut chancelier de l'ordre jusqu'à sa mort, en 1549, et il fut remplacé par Pierre Nunnez d'Herrera (2).

Guillaume Solier, grand-croix de Saint-Jean de Latran, de Saint-Mauvils, en Picardie, de Saint-Marc d'Orléans, l'un des généraux des armées navales qui vinrent au secours de Malte, en 1565 ; ambassadeur de l'ordre, même année. *Tué*, dit Avrillon, *à la bataille Saint-Denis, près du connétable de Montmorenci, son parent* (3).

On voyait son tombeau, son épitaphe et ses armes à Saint-Jean de Latran de Paris (4).

Nicolas, tué en 1550 sur un des vaisseaux de la religion (5).

Nicolas, chevalier en 1589, commandeur de Maupas et de Haute-Avène, près d'Arras. Il eut la première commanderie à 18 ans, et la seconde lui fut donnée par son parent, le grand-maître de Vignacourt... Il resta 27 ans à Malte, et se trouva à la prise du château de l'Epaule, dont il eut la conduite. Il fut nommé lieutenant-

---

(1) *Ibid.*, liv. xix, page 239. Il est nommé Ernand Solier, dans Baudoin, Hist. de Malte, édit. de 1659, liv. ix, p. 196. *Voyez* de plus, Vertot, Hist. de Jérusalem, t. III ; Boissat, t. I.

(2) Bosio, tom. II, liv. xiii.

(3) Avrillon, Généalog. des Sol., pag. 11.

(4) *Voyez* cette épitaphe dans Avrillon, ci-dessus.

(5) *Ibid.*, page 11.

général pour commander à Malte, à la place du chevalier de Vendôme (1).

Hubertin, procurateur des commanderies de Messine, et membre du chapitre des seize en 1569 (2).

Il avait représenté la langue d'Angleterre en 1553, avec Diégo Montero de Castille.

C'est en 1569 que s'éleva cette fameuse querelle entre Jean Solier, comte de Morette, et Pierre Strozzi, maréchal de France. Le comte de Morette retint une galère, pour prix de ses services et de diverses sommes qu'il réclamait en vain de Strozzi : il référa de sa conduite à son souverain, le roi de Sardaigne.

Strozzi recourut à la ruse, et se servant des vaisseaux de Malte et du pavillon de l'ordre, il trompa Morette, qui s'approcha sans défiance, et fut pris.

On le conduisit à Malte, où il fut emprisonné..... Et ce fut, dit Bosio, une faute du grand-maître de la Sangle, qui embrassait aveuglément les intérêts du maréchal.

Philippe, roi de France, écrivit au grand-maître qu'il eût à respecter le comte de Morette, vassal du roi, son cousin. Celui-ci, duc de Savoie, demande réparation à l'ordre de l'outrage fait à son pavillon..., Morette ayant été pris à la mer, portant pavillon sarde.

Peu satisfaite de la réponse, la cour de Savoie fait mettre le séquestre sur toutes les propriétés de l'ordre.

La contestation dura depuis 1557 jusqu'en 1564, année où l'ordre fut contraint de payer mille écus d'or aux héritiers du capitaine Morette (3).

Cette erreur du grand-maître n'empêcha pas le neveu de Morette de venir au secours de l'ordre en 1565. Octavien Morette fit partie de la montre du corps d'Enéas Pius, armé pour la défense de ces chevaliers (4).

Solier, dit le chevalier de Catillon, fut tué à la bataille de Cassel.

Gabriel, reçu en 1597, fut tué pour la foi, en 1613.

Charles, son frère, commandeur de Liége et de Vil-

---

(1) Avrillon, page 12.
(2) Bosio, tome II, pages 344, 842.
(3) *Ibid*, tome II, liv. XIX, page 396.
(4) *Ibid.*, page 665.

lers-le-Temple, mourut, suivant la Chesnaye, en 1648.

Michel, reçu en 1564, périt dans un combat contre les Infidèles.

Marc, reçu en 1577, mort jeune.

Jacob, son frère, en 1585.

François, en 1632, tué dans l'Archipel en 1649.

Raimon, grand-bailli de Mayorque, en 1672.

Octave, }
Robert, } amiraux des galères de l'ordre (1).

Beaucoup d'autres des diverses branches des Solier sont entrés dans l'ordre depuis 1400 jusqu'en 1789 avec le simple nom de leur seigneurie (2).

XIII. Jean IV, fils d'André ci-dessus, sieur de la Touche, etc., né en 1692, fut contrôleur-général ou juge-contre-garde des monnaies de Rennes, et conseiller du roi. Il contracta mariage avec dame Marie-Josephe Drouart, des anciens Drouart, dont l'un figure comme écuyer dans la montre d'Olivier du Mauni, faite à Villiers, près Vendôme, le 4 août 1421 (3), (tit. de fam.) Jean VI mourut en 1754. Il eut un grand nombre d'enfants des deux sexes, mais de toute cette postérité et de celle de Michel, son frère, il n'existe, à l'époque où nous écrivons (1787) (4), qu'un seul de ses fils qui ait des enfants mâles, par lesquels doit un jour se soutenir cette branche. C'est :

XIV. Jean - Baptiste- Marie Melchior, sieur de la Touche, né le 2 décembre 1739.

Il fut destiné d'abord à la marine.

Le 22 mai 1759, il partit de Lorient pour aller dans l'Inde, sur le vaisseau le *Duc de Chartres*, commandé par M. Duvautenet, l'aîné, qui avait sous ses ordres trois autres bâtiments.

Le 27 du même mois, le *Duc de Chartres* livra un com-

---

(1) Piloni, Hist. de l'Ordre, et tome II, pages 407, 507, 176, etc.

(2) Sur tous ceux nommés depuis la citation (2), *voyez* Avrillon et la Chesnaye-des-Bois, art. Sol. et Font. Sol.

(3) Hist. de Bretagne, preuves du XVᵉ siècle, pag. 979, dom Morice, tome II, page 1087.

(4) Waroq., Recherches sur les arm., etc.

bat terrible au *Windsor*, vaisseau de guerre anglais, capitaine Saulkner, portant soixante-quatre canons, dont vingt-six de 24, vingt-six de 12, et douze de divers calibres.

Le combat dura trois heures. Les deux bâtiments s'abordèrent. Le *Duc de Chartres*, ayant perdu presque tout son monde, se trouva enfin sans aucun moyen de défense.

Saulkner eut lieu d'être étonné d'une résistance aussi belle, puisque le *Duc de Chartres*, percé pour soixante-quatre canons, n'en portait alors que vingt-quatre, dont quatre de 12, et vingt de 8.

Il n'y avait point d'officiers qui ne fut blessé, les matelots étaient hachés dans les manœuvres, et les canonniers près de leurs pièces.

On rendit l'épée aux officiers qui passèrent à bord du Windsor ; mais les Anglais, contrariés par les vents, furent contraints de débarquer les débris de l'équipage français sur les côtes de Portugal, près de Lisbonne, d'où Jean, sieur de la Touche, ci-dessus, se rendit en Espagne. Il y fit peu de séjour ; revint en France, et quitta la marine ; mais il conserva de grands rapports avec cette fameuse compagnie des Indes, ouvrage de Louis XIV et de Colbert, et qui produisit d'immenses ressources à la nation. C'était en outre une école pratique de nombreux et habiles marins pour la guerre, comme pour le commerce.

A ce sujet, l'auteur du siècle de Louis XIV fait cette remarque, qui peut être appréciée par un bon nombre de gentilshommes. « C'est qu'alors on vit bien que ces vastes et nobles spéculations commerciales n'étaient pas, pour la noblesse française, un acte dérogeant, puisque les princes du sang et les plus grandes maisons rivalisaient ensemble pour s'intéresser dans ces établissements, à l'exemple du monarque lui-même. »

C'était sur-tout l'usage dans les deux Armoriques comme dans la Grande-Bretagne. Une foule de chevaliers et de lords de naissance illustre, s'adonnaient, de leurs personnes, à ces hautes entreprises maritimes. De la Roque observe de plus que dès l'âge de Bertrand du Guesclin (1350), *les gentilshommes bretons se livrèrent au trafic....* *Et même ceux qui accompagnaient ce grand capitaine en*

Espagne (1). De là sans doute le nom ancien de gentils-hommes et nobles *mercadiers* (2); mais on sait que la noblesse peut dormir sans se perdre, portant en elle un caractère ineffaçable comme la cléricature; ce qui fait que les droits du sang des ancêtres sont toujours acquis à leurs descendants (3).

Jean, sieur de la Touche (ci-dessus), eut peu de fortune. Mais il augmenta son patrimoine par ses soins et une activité qui fut couronnée de succès.

En 1787 et 1789, il fut député deux fois vers Louis XVI pour soumettre à ce prince les réclamations de la Bretagne. Bientôt il fut chargé de plusieurs fonctions importantes; mais pendant le règne de la terreur, il se vit arraché de ses foyers et conduit à Brest par ordre et à la suite d'un des généraux de la révolution (4).

Bonaparte, à son retour d'Égypte, le choisit pour occuper une place de distinction; il refusa, et vint dans l'ancienne patrie de ses pères, à Paris, où il mourut le 8 nivose an 13 (1804) couvert de l'estime générale qu'il devait à la réunion de toutes les vertus. C'était le plus instruit et le plus modeste des hommes.

De son mariage avec Anne-Françoise Delarue, famille alliée aux Duguay-Trouin, Jean, sieur de la Touche, a eu:

1.º Louis-Jean-Baptiste-Marie-Toussaint, qui suit;
2.º Jean-Baptiste-Marie, que Waroquier place par erreur avant le précédent;
3.º Renée-Anne-Jeanne, morte jeune;
4.º Anne-Rose-Zoé.

XV. Louis, ci-dessus, comte *de la Touche*, chevalier et commandeur de divers ordres, membre de plusieurs académies, comte palatin, lui et ses descendants mâles et leur postérité, par brefs particuliers du saint siége du 13 décembre 1815 et du 29 avril 1817, a suivi le roi à Gand en qualité de colonel d'état-major, et a rendu à

---

(1) De la Roque, Traité de la Noblese, pag. 253, 290, etc.
(2) *Ibid.*, page 253.
(3) *Ibid.*, chap. 141, pages 347 et 349.
(4) Le général Rossignol.

l'époque de la restauration plusieurs services importants à la cause de la monarchie. Il a deux fils, Prosper
Maurice et Ernest Aimé, mentionnés plus loin. (*Voyez*
après la branche ix le chapitre sur les branches exis-
tantes.)

Les sieurs de la Touche n'ont aucun lien de parenté,
comme on l'a cru mal à propos, avec les autres familles
du nom de la Touche, entr'autres celle de la Touche-
Tréville, vice-amiral.

HUITIÈME BRANCHE.

Ou de la Marche et du Vivarais.

I. Bertrand, fils de Raymon; ledit Raymon dernier
fils du comte Rostain. (*Voyez* branche iv, ou de Provence article vii) fut l'auteur de cette branche.

Né en 1247, il épousa, en 1269, Rhothilde, fille d'Al-
modie N.... et d'Antoine de Chaslussio, et nièce de
Guéralde de Coiroux, qui lui servait de tuteur.

Chaslussio nous semble appartenir à la maison de
Cheylus, l'une des plus anciennes de France. On le
trouve aussi dans la Chesnaye-des-Bois, et il dit :

« Les alliances de cette branche sont avec les maisons
» de Clary, de Mirabel, de Cheylus (1) ». On dit que
Coiroux est encore une variante du nom Cheylus.

Les Cheylus et les Solier du Vivarais se sont alliés
de nouveau par le mariage de Nicolas Solier et d'Alix de
Cheylus, le 13 août 1569 (2). Les Cheylus étaient connus dès le neuvième siècle, ayant pour tige Gui de
Chaslus.

L'oncle et le tuteur de Rhothilde, ci-dessus, femme
de Bertrand Solier, sont appelés aux actes Antoine et
Gairalde de Cheylus.

En 1272, Bertrand SOLIER, veuf de Rhothilde, épousa
dame Aude de Roquelaure, comme le rapporte la Chesnaye des Bois (3). Aude était sœur de Bertrand de Ro-

---

(1) Dictionnaire de la Noblesse, tome XII, art. Solier.
(2) *Ibidem.*
(3) *Ibid.* et *voyez* dans les auteurs la famille Roquelaure.

quelaure, et fille de Jeanne de Brulheis, proche parente du prince Geraud, comte d'Armagnac. Ils n'eurent qu'une fille, nommée, dans les actes, Marquise Solier, laquelle fut mariée à messire Gaston de Maurenx.

Bertrand Solier, avait reçu de Roquelaure, son beau-frère, la promesse d'une dot de cinq cents écus philips, avec les habits nuptiaux et harnais de tête; ce qui donna lieu à de longues discussions qui ne furent terminées à Prinham, que le 7 mai 1771, entre d'une part le comte Garcie de Mazères, et Jean de Massas, tuteur, de Jean Roquelaure, petit-fils de Bertrand; et d'autre part, Gaston de Maurenx, et son épouse, Marquise Solier (1).

Bertrand eut de son premier mariage; deux fils, dont l'un ecclésiastique, et l'autre fut Pierre qui suit.

II. Pierre, né le 10 août 1320, épousa Gamone, sa cousine, en 1344. On ignore le tems de sa mort.

Le 14 mars 1346, ces deux époux vendirent un fief situé au mandement de Boulogne (comté de Comminges, en Languedoc), à Jean et Pons de Mal'han d'Aubenas. Il est question de cette vente dans la Chesnaye des Bois, mais autre part qu'à la généalogie des Solier. Cet auteur oublie Pierre et Gamone Solier, dont il parle cependant à l'article Mal'han (2).

Du mariage de Pierre et de Gamone, vinrent :

    1.º Arnaud, connu dans Froissart et d'Argentré, sous le nom du Limosin (étant de la Marche limosine), auteur de la seconde branche française en Espagne;

    2.º Raymond, qui, du Limosin, s'établit au Vivarais.

    La Chesnaye des Bois ne donne qu'une simple note sur Arnaud Solier, dit le Limosin, compagnon de Bertrand du Guesclin, et tué à la bataille d'Aljubaroka. Les documents, les mémoires et le goût des recherches, ont manqué à cet auteur. Nous avouerons de plus, que si cette branche ne s'était pas rattachée à Solier le Limosin, à Blan-

(1) Histoire des Grands Officiers de la Couronne, tome. VII, page 403 ; la Chesnaye, Dictionnaire, tome XII, art. Sol.

  (2) *Ibid.*, tome X, page 744.

chet et Antoine, dont il est question à la branche de Provence, nous aurions hésité à la comprendre ici, quoique l'ancienneté de sa noblesse ait été confirmée par arrêt du 12 décembre 1668, et précédemment par l'acte du 15 août 1489, des commissaires royaux des francs fiefs en Languedoc, acte dans lequel Raymond Solier est dit : *noble, issu de noble race et de l'ancienne famille des Solier de la Marche limosine..... Nobilis, nobilisque genere procreatus, ut potè ex antiquâ Soleriorum familiâ Lemovicensi,* etc. (1).

III. Raymond, ci-dessus, épousa, le 12 février 1488, Blanche de Verras, riche héritière, et n'eut qu'un fils qui suit :

IV. Antoine. Il posséda plusieurs fiefs dans la sénéchaussée de Beaucaire. En 1529, il épousa Anne de Faure, en faveur de laquelle il testa le 9 août 1542, à la charge de remettre la succession à leur fils aîné.

Il eut de ce mariage :

1.º Antoine, qui suit ;
2.º Nicolas, auteur de la branche ci-après ;
3.º Claude, sur lequel il n'y a pas de détail.

V. Antoine, II.º du nom, marié à Jeanne d'Allard, eut trois fils, dont deux, Jean et Pierre, moururent sans postérité, et David, qui suit :

VI. David épousa, le 4 juin 1617, dame Sara de Laurens; dans les guerres de religion, ses biens furent confisqués.

VII. Etienne, un des fils du précédent, épousa Marie de Serres, le 29 septembre 1649; il en eut René, Antoine, Susanne et une autre fille, mariée à messire de Chabanon.

Antoine, sieur d'Audans, capitaine au régiment de Périgord, et chevalier de Saint-Louis, épousa, le 9 mai 1705, Albertine de Tello, fille du gouverneur de la Roche-en-Ardennes, au duché de Luxembourg. Il en

(1) *Voyez* le Dict. de la Nobl., loc. cit.

eut Marie - Antoine, mort jeune, et Charlotte-Sophie, reçue à Saint-Cyr, sur preuves, le 6 juin 1725.

Susanne, sœur du précédent, fut mariée le 23 novembre 1695, à noble Noé d'Aleyrac, seigneur du Colombier. Elle mourut en janvier 1715. Nous donnons ces détails, parce qu'ils sont totalement omis dans la Chesnaye.

VIII. René, fils aîné d'Etienne, continua la postérité en ligne directe. Il servit au régiment de Joviac, et il épousa la sœur de son colonel, dont il n'eut qu'un fils, nommé François.

IX. François, lieutenant au régiment de Castelnau, et ensuite dans Beauvaisis, se retira jeune du service, pour épouser Susanne de la Garde, d'une famille célèbre et recommandable sous tous les rapports. Ils ont laissé Joachim.

X. Joachim fut officier au régiment de Brie. Comme divers Solier l'ont fait en divers tems, il épousa l'une de ses cousines, dite Alexandrine Solier de Lissac, dont il eut plusieurs enfants (*Voyez* la Chesnaye des Bois).

Deuxième division ou deuxième rameau.

I. Nicolas, fils puîné d'Antoine et d'Anne de Faure, épousa, le 13 août 1569, Alix de Chaylus. Ils perdirent toute leur fortune.

II. Jean, leur fils, servit le roi avec distinction. Il mourut en décembre 1675, âgé de cent cinq ans. Tous ses fils et descendants ont embrassé, comme leurs aïeux, la profession militaire (*Voyez* la Chesnaye).

Troisième rameau.

I. François, l'un des fils de Jean, ci-dessus, et de Marguerite de Griotier, aide-major au régiment de Bulonde, puis capitaine au régiment de la Tourette, mort en 1730, âgé de quatre-vingt-quatorze ans.

De Jeanne Esbrayat de Créaux, qu'il épousa en 1683, il eut Jean-François qui suit, et François, dit chevalier de Brotty, lieutenant au régiment royal Comtois, mort en Piémont, des suites de plusieurs blessures.

II. Jean-François, sieur de Brotty, à la mort de son père, se retira du service, et s'unit, en 1707, à Marie des Préaux.

Quatrième rameau.

I. Jacques, fils de Jean, et de Marguerite, ci-dessus, seigneur de Lissac et de Labattut, capitaine de cavalerie (régiment de Mérinville), épousa, le 8 août 1677, Françoise de Pontaut, au comté de Foix, dont Henri qui suit, et une fille mariée à Louis de Cassaignard de Saint-Amand, chevalier de Saint-Louis.

II. Henri, seigneur de Lissac et de Labattut, capitaine-commandant au régiment de la Rochefoucauld, cavalerie, et chevalier de Saint-Louis, a épousé, le 23 mars 1716, Marie de Jalabert, dont il eut un fils, mort jeune et cinq filles. Nous continuons de renvoyer à la Chesnaye, pour les détails qui n'intéressent que cette branche, qui a contracté de très-belles alliances.

Nous n'aurons plus occasion de parler dans la présente généalogie, des Solier qui ont vécu en France. Après avoir cité plusieurs de leurs belles actions, nous ne devons pas négliger de dire qu'ils ont eu parmi eux des femmes dignes de leur rang et de leur nom. Ces détails nous mèneraient trop loin; mais nous rappelons seulement Périnne ou Périnelle Solier, qui épousa, en 1510, comme nous l'avons vu, Louis Combauld de Bourbon, dit le Capitaine (1), sieur de Larbour.

Les premiers sires de Bourbon (Archambaud et Combauld), sortaient d'Alix de Bourgogne, du sang de France, comme le remarque d'Hozier, que nous allons suivre.

Alix était issue des rois Hugues Capet et Robert, et d'une princesse de Savoie, nièce de Calixte II.... Les mêmes Combauld se sont alliés ensuite avec les plus illustres maisons de l'Europe. Ils ont cet avantage, d'être issus en ligne masculine, de la maison de Bourbon. Les deux branches de Bourbon, séparées l'an 1200, savoir: celle des princes du sang, issue par les femmes, d'Ar-

---

(1) D'Hozier, Généalogie des connétables de Bourbon, et arrêt de Louis XIV. (23 février 1628.)

chambauld de Bourbon, et celle de Combauld sortie par les mâles, de Combauld de Bourbon, se rapprochèrent étroitement par le mariage de Louis de Combauld, Ier du nom, et de Jeanne de Bourbon, en l'an 1435 (1).

Le mariage de Louis Combauld de Bourbon, avec Périnelle Solier, née en France, de Gabriel, fils de don Pèdre, revenu de Castille (2), ne fut pas heureux sous les rapports de la fortune. On sait que ces deux époux perdirent tous leurs biens volontairement ; « ils » le vendirent pièce à pièce, pour assister le duc de » Bourbon ; ces biens (en 1510), montaient à plus de » trente mille livres de rentes. Tous furent aliénés. » Louis de Combauld ne voulut jamais manquer de » fidélité à son illustre parent ; enfin, percé de coups, » il vécut encore assez pour sauver le corps de cet in- » fortuné prince (3). »

Perinelle fit le sacrifice de sa dot et de ses diamants. Elle resta dénuée de toute ressource, à la mort de son époux, en 1547 ; et pour élever ses fils, elle n'eut que le travail de ses mains, et quelques secours qu'elle reçut des ducs de Montpensier.

Elle vécut jusqu'en 1562. Des personnes, dit d'Hozier, qui vivaient en 1627, et l'avaient connue, faisaient un grand éloge de cette noble et vertueuse dame (4). Elle eut le nom de *belle* et *bonne*, et fut un modèle de piété maternelle, après avoir donné l'exemple de toutes les vertus de l'épouse.

Combauld avait fait une donation de pain et de vin, dans l'église collégiale de Notre-Dame d'Aigueperse, afin que l'on dit des prières pour lui et Perinelle, sa femme (5). Ses fils lui élevèrent un tombeau avec cette inscription :

A la meilleure des mères et des épouses.

Louis et Perrinelle eurent de leur mariage, Jean et

---

(1) Généalogie de Combauld de Bourbon et tit. orig.
(2) *Ibid.*, et Goussencourt, tome II, déjà cité.
(3) D'Hozier, *ibid.* et Marillac, Hist. de Bourb.
(4) *Ibid.*
(5) D'Hozier, *ibid.* et les tit. orig.

Hector, capitaines célèbres. Jean épousa une femme de la famille de Bayard (1).

Un troisième fils, Gilbert, fut chanoine de la Sainte-Chapelle de Saint-Louis, puis son trésorier : il devint conseiller et aumônier de Henri IV (2).

Leur oncle, Emery de Combauld, commandeur de l'ordre de Saint-Jean, et bailli de la Morée, partagea les dangers du siége de Rhodes, avec les Solier dont nous avons parlé à la septième branche. C'est à lui que Charles-Quint dit ce mot célèbre qui put fournir l'idée du sien à François Ier.

Villiers de l'Isle-Adam l'ayant envoyé avec Louis d'Audugar, pour rendre compte aux princes chrétiens, de la perte de Rhodes, ces chevaliers parlèrent avec tant de feu et de vérité des exploits de leurs frères d'armes, que l'empereur s'écria : « Je le vois bien, seigneurs, » rien perdu si ce n'est Rhodes (3). »

C'était en mars 1523, deux ans avant le siége de Pavie.

Nous ne pouvons encore oublier le petit-fils de Perrinelle Solier, Gilbert Combauld de Bourbon, grand audiencier de France, ... et que par un consentement unanime, toute la cour avait surnommé l'homme de bien. Il mérita l'affection particulière de Henri II, de Henri III et surtout celle de Henri IV, qui l'honorait de la qualité de père (4).

NEUVIÈME BRANCHE.

Ou la seconde fondée par les Solier de France, en Espagne.

I. Arnaud, *aliàs* Renaud, Solier, *dit* le Limosin, du lieu de sa naissance, issu de Pierre et de Gamone, chefs de la branche précédente, né en 1341, montra, dès son enfance, une ardeur invincible pour la guerre.

---

(1) D'Hozier et Conf. Sainte-Marthe.

(2) *Ibid.* et les Mémoires du tems.

(3) Bosio, Hist. de Malte, tome II, part. III, liv. 1 de Boissat, Histoire des Chevaliers de Saint-Jean, page 428.

(4) D'Hozier, loc. cit., page 124.

Les glorieuses actions de ses oncles ou ses cousins, qui servaient en Espagne, avaient particulièrement fixé son attention. Ses parents résolurent de l'envoyer vers le comte Ramon Solier, grand justiciat de Valence, et célèbre officier (1); la mort du comte, arrivée en 1360, vint déranger ce projet.

Le voyage fut différé jusqu'en 1366, époque où il s'offrit à tous les chevaliers français, une brillante occasion de se signaler.

Don Pèdre, dit le Cruel, roi de Castille et de Léon, avait épousé, en juin 1353, Blanche de Bourbon, du sang royal de France. Il fut bientôt le meurtrier de sa cousine, de ses propres frères, don Juan et don Pèdre, de la reine son épouse et d'Isabelle, sa fille (2); il égorgea plusieurs rois, et se montra tout couvert du sang de ses prisonniers, qu'il aimait à frapper lui-même ; chacun de ses jours était marqué par un crime. Ce prince, objet d'horreur à son siècle, vit presque toute l'Europe se soulever contre lui. Chassé de ses états par Henri, comte de Transtamare, son frère naturel, il trouva encore les moyens de réunir une armée.

Une guerre formidable s'éleva entre les deux frères, et décida de leur sort.

Henri, contraint d'abord, après la bataille de Nazareth, de quitter la Castille, y rentra avec le secours des Français, gagna, le 14 août 1369, la bataille de Montiel qui lui assura la couronne, malgré les efforts des rois de Portugal, d'Aragon, de Navarre, et les prétentions des fils d'Edouard III, les ducs de Lancastre et de Cambridge.

Henri ne fut point ingrat; il se plut à reconnaître qu'il devait la victoire et le trône aux chevaliers de France, dont les chefs étaient Bertrand du Guesclin, Arnaud le Limosin (Solier), grand capitaine, dit d'Argentré (3), Geoffroy Riccon et Alain de Saint-Pol. Ami, compagnon et parent de Bertrand du Guesclin, doué d'un courage infatigable, et unissant une grande

---

(1) Gasp. Escol., Histoire de Valence, et branche IV.

(2) Marian., Hist. d'Esp., tome III, liv. XVII.

(3) D'Arg., Hist. de Bret., liv. VI, ch. CCXLVII; Froissart, tome I, page 309, tome IV, div. lic.; Argot. de Mol., Nobil, tome Ier.

modération à de grands talents, Arnaud Solier acquit une haute renommée dans les guerres de Castille.

Henri II, justifiant son surnom de Magnifique, voulut récompenser, après la bataille de Montiel, les illustres étrangers qui l'avaient secouru.

« Assez de joyaux, donna le roi, à Bertrand de Claquin
» (du Guesclin), en lui disant : Bertrand, vous avez le
» cœur vaillant, et par vous je suis mis à honneur et par
» les bons Français. Or, vous voulez vous en aller en
» France, et votre frère Olivier et Olivier de Mauny..
» Soit, je les payerai bien en or et joyaux qu'ils empor-
» teront; mais quand vous me laissez, le Bègue de
» Villaine, s'il plaît à Dieu, me demeurera.... et avec
» lui don Renaud le Limousin et don Piètre Fer-
» rand (1) ».

Après ce discours, le Roi décerna les récompenses à ses grands chevaliers qui l'avaient suivi dans ses royales expéditions et armées.... et usant de sa suprême munificence, il honora ainsi plusieurs d'entr'eux (2).

Du Guesclin reçut le comté de Sorie, vingt-mille livres de rentes et les duchés de Transtamare et de Moline.

Olivier de Mauny, dix mille livres de rentes, et la terre seigneuriale de Crète.

Le Bègue de Villaine eut le comté de Robelde.
Bertrand de Béarn, fils du comte de Foix, reçut la main d'Isabelle, fille de Louis de la Cerda, prince du sang royal, et pour dot la ville de Medina-Céli.

Pierre de Bonnefoi épousa Béatrix de Lara, cousine du Roi.

Arnaud Cegarre de Bourgogne, surnommé le Bour-guignon, eut différentes terres, qui prirent le nom de l'Ile d'Arnaud.

Arnaud Solier, de la marche Limosine, dit le Li-mosin, obtint de la main du Roi, un bon héritage, et belle dame, bonne et riche, dont il eut des fils (3).

_____

(1) *Voyez* Estouteville, Histoire de du Guesclin, écrite en 1387 (édition de 1618).

(2) *Ibid.* et *voyez* Alonz. de Haro, Nob., liv. I, ch. VI.

(3) Froiss., tome III, page 4 ; d'Argent., page 555 ; Favin, Hist. de Navar., page 129 ; Marian., Hist., tom. II, liv. XVI; D. Diegue Ortiz, Ann., pag. 230.

Ces cérémonies eurent lieu dans la grande église de Burgos, en présence de la cour et des grands du royaume.

Ce fut alors (1369) que s'introduisit dans les royaumes de Castille et de Léon, le titre feudataire de *Comtes*, que les actes et l'histoire appellent *comtes perpétuels* ou héréditaires (1), et qui correspondent au titre de duc, comme il sera dit plus loin. Les fils de ces premiers comtes furent du petit nombre de ceux qui conservèrent le privilége spécial de porter leurs titres sans être assujettis à la formalité nouvelle dont parle Mariana (2), et qu'on devait remplir, pour succéder aux qualifications de ses pères; et ainsi furent créés comtes, savoir:

En 1368, ou suivant d'autres, en 1366, don Tello de Castille, frère du Roi, sous le titre de comte de Biscaye.

Bertrand du Guesclin....., comte de Transtamare. Henri II avait porté ce titre, qui passa ensuite à don Pierre de Castille, neveu du roi.

Hugues de Carbolay, gentilhomme anglais (milord Hugo) comte de Carrion, jusqu'en 1371, année où ce titre passa à don Juan Sanchez Manuel, gouverneur du royaume de Murcie.

Arnaud Solier, en 1368, suivant d'autres, en 1376 (3), fut créé comte de Villalpando (4), et par suite de Gaudul et de Marchenilla.

Bertrand de Béarn, dit le Bâtard, comte de Médina-Céli, en 1371; don Juan Alphonse de Guzman de Saint-Lucar, nommé comte de Niebla.

Don Par de Villane (Bègue de Villaine), comte de Robelde.

1373, don Sanche de Castille, frère du roi, comte d'Albuquerque. Don Henriquez de Castille, son fils, comte de Noronne (5).

---

(1) Salaz, Orig. des dign. de Cast., liv. III, ch. VII.

(2) Hist. d'Esp., tome II, liv. VIII.

(3) D. Diegue Ortiz, Ann. de Séville, page 230.

(4) *Ibid.* et Argot. de Mol., Nob. ; Al. Lop. de Haro, div. loc. et Mariana.

(5) Al. Lopez, Nobiliar., tome I, p. 39 et 43 ; D. D. Ortiz et Radez de And.

Ces seigneurs furent déclarés *comtes avec, toutes pré-rogatives*, dont ont joui ensuite les ducs et grands d'Espagne, non-seulement *pour eux-mêmes*, mais *pour tous leurs descendants et issus en tous lieux, pourvu qu'ils fussent légitimes et issus en ligne droite* (1). Le fils de Henri le magnifique, don Juan Ier, roi de Castille et de Léon, confirma les mêmes titres de comtes ou ducs, comme nous l'avons vu, dans la première branche des Solier d'Espagne.

Du Guesclin quitta ces contrées pour toujours. Arnaud Solier y resta et devint maréchal d'armée. « .... » et moult était prisé au royaume de Castille pour ses » prouesses (2). »

Il fut tué, dit la Chesnaye (3), à la bataille d'Aljubarotta. Nous ajouterons que ce fut lui qui harangua l'armée, avant cette bataille, en présence du roi.

« Après ce discours prononcé en espagnol que bien » il savoit parler le roi leva sa face et fut réjoui des » paroles qu'il avait dites. Les Espagnols étoient tout » ébahis, et ils se disoient les uns aux autres, regardez » donc comme notre roi se confie en ces François, et » il n'a nulle parfaite fiance à autrui (4).

A cette sanglante journée d'Aljubarotta (village de Portugal dans l'Estramadoure), Jean Ier, roi de Castille, fils de Henri le Magnifique, fut battu par don Juan de Portugal, le 14 août 1385... Douze mille Castillans restèrent sur le champ de bataille, qui fut le tombeau des Espagnols. Le roi y perdit sa noble chevalerie... et celle du royaume de France...., et messire Renaud, qui était son maréchal, y mourut (5).

Renaud avait épousé dona Marie Tison, fille de Martin Alonzo Tellez, dit Tison, descendant de don Infre de Loyasa, conquérant de Valence (6). Il en eut deux fils, mentionnés dans Froissart, sous les noms de Henri et

---

(1) J. Curit., Annal., tom. VI, liv. xix, etc., et les auteurs précités.

(2) Froissart, tome III, page 4.

(3) Dic., tome XII, art. Solier.

(4) Froissart, tome III, pages 52 et 53.

(5) *Ibid.*, page 56.

(6) D. Diegue Ortiz, Ann., page 230.

Renaud, et trois filles, Marie, Agnès, Brite ou Béatrix. Le roi Henri II, protecteur et véritable ami des Français, a passé pour le plus noble et le plus affable des souverains; il eut le nom de chevalier par excellence, de libéral, de Magnifique, de prince qui sut combattre et récompenser. Tous ses guerriers l'adoraient.

Non content d'avoir créé comte de Villalpando, son maréchal Renaud Solier, le Limosin, il lui conféra, par acte du 25 septembre, les comtés de Gaudul et Marchenilla, près de Séville; et ces terres donnaient dès-lors le titre héréditaire de *comtes* (*condes perpetuos*). « Il les transmit à messire Solier, tant pour le récom- » penser de ses services dans les batailles, que parce qu'il » était de grande famille *cavallero de grand linage* (1). » Avant lui, Villalpando fut une ancienne commanderie des Templiers. Rentré au pouvoir des rois de Castille, en 1310, (2) ou, comme nous le croyons, en 1320, ce comté fut d'abord donné à Jean Alphonse de Benavid, qui le reçut d'Alphonse, roi de Castille, après la bataille de Salado, en 1340 (3).

A la mort de Benavid, il revint au roi de Castille, qui en revêtit Renaud Solier, le Limosin.

Lorsque François Ier rentra en France en 1526, et qu'il donna pour ôtages ses deux fils et plusieurs seigneurs, ces divers garants de la liberté du roi furent reçus au nom de Charles-Quint, par Ferdinand d'Alarcon, et remis immédiatement à Jean de Velasco, marquis de Berlenga..... qui les conduisit à la forteresse de Villalpando (4).

La fille aînée de Renaud Solier épousa Jean de Velasco (d'une famille connue dès le cinquième siècle) (5), l'un des aïeux de Jean de Velasco ci-dessus, était comte de Haro, duc de Frias, seigneur de Médina dit Pomar et de Bribiesca (6), premier chambellan du roi Henri II.

---

(1) Arg. de Mol., Nob. d'And., liv. 1, chap. LXVIII.
(2) Marian., Hist., tome III, liv. xv.
(3) Argot., liv. II, chap. LXXXI.
(4) Ferrer., Hist. d'Esp., tome IX, part. XIII, siècle XVI.
(5) Salazar de Mend., Orig., etc., liv. 1, ch. x et suivants; Argot., liv. 1, ch. XLVIII.
(6) Salaz., *ibid.*

C'est de leur mariage que descend cette race si célèbre des Velasco, connétables de Castille (1).

En 1473, cette dignité de connétable fut conférée à don Pèdre Fernand de Velasco, comte de Haro, petit-fils de Marie Solier. Depuis l'élévation des Velasco à cette place, elle n'est plus sortie, dit Mariana, de cette illustre famille (2).

Agnès, seconde fille du maréchal, fut mariée à Roderic de Torres, des seigneurs de Villar don Pardo et d'Escanuela, prince de la famille régnante de Portugal (3). Son fils porta le nom de Pierre Solier (4).

Brite ou Béatrix, sœur d'Agnès, épousa don Fernand de Cordoue, duc de Segorbe. « Et toutes ces femmes, » dit Antoine de Souza, (Marie, Agnès et Brite) pro- » venaient de messire Arnaud Solier, seigneur de Vil- » lalpando, Gaudul et Marchenilla, illustre Français » qui servait le roi Henri II (5). »

Le maréchal ne quitta jamais ce prince. On le trouve souvent dans ses annales, et comme témoin ou participant aux actes de la plus haute importance, avec le roi, la reine Eléonore et les premiers seigneurs de la noblesse castillane (6).

Cette branche des Solier et celle qui précédemment s'était établie en Espagne, eurent toujours les honneurs de la *ricombrie*. La qualification de *riccohombre* commença sous le règne de don Silo et d'Adozinde, son épouse, fille d'Alphonse Ier. Elle a duré sept cent trente-six ans (depuis 780 jusqu'en 1516). Sous le règne d'Alphonse V et d'Isabelle, on la remplaça par le titre de *grand d'Espagne*.

_____

(1) Argot., Nob. d'And., liv. II, p. 313 et 270 ; Al. Lop. de Haro, tom. I, pag, 182 ; et Tab. généal., pag. 191 ; Goussencourt, Martyrol., pag. 354.

(2) Hist. d'Esp., tom. IV, liv. XXIII.

(5) Ant. Souza, Hist. de la maison de Portug., tom. XII, pag. 160 (édition de 1747).

(4) *Voyez* Argot., Nobil., liv. XI, chap. 181.

(5) Souza, ci-dessus, loc. cit. ; Argot., liv. II, chap. 307, Salaz. de Mend., Orig., liv. III, pag. 124 ; Lopez, tome II, page 183 et 214.

(6) François de Bragance, Antiq. d'Esp., part. II, p. 506, et Marian. et Ferrer.

Les *Ricco-Hombre* étaient en haute vénération ; les
rois les traitaient d'égaux (1). C'était pour cela qu'on
leur donnait le titre de *don*, qui n'était accordé qu'aux
rois (2) ; ce qui fit dire à Alphonse III, roi d'Aragon :
« *Tot olim fuisse in eo regno regis quot ricos homines* (3) ».

En France, le titre équivalent était la qualité de *noble
homme*. Ce dernier titre, donné depuis assez légèrement
par quelques notaires, ou les copistes, était réservé dans
toute la France, « non-seulement, dit la Roque, aux
« comtes et aux ducs, mais aux princes du sang royal ;
« qui s'en paraient eux-mêmes ; les papes le donnaient
« aux souverains, ne trouvant pas de titre plus éclatant
« pour les honorer. Les empereurs imitaient cet exemple.
« Ainsi, malgré tout ce qu'on peut dire, ce titre marcha
« avant celui d'écuyer (adopté depuis) ...., et au mi-
« lieu de nous, étaient *nobles hommes* les Bourbons,
« de Dreux, les Montmorenci, les de Foix, les de
« Melun, les Narbonne, les Châtillon,.... et cela, de-
« puis le onzième siècle jusqu'au seizième (4) ; » c'est-
à-dire, pendant les belles époques de la noblesse française.

Jusqu'en 1700, et même plus tard, le titre de noble
homme fut celui des principaux seigneurs ou des pairs
qu'on assimile aux *ricco-hombre*. « Los pares de Francia
« son *riccos-homes* en Espagna (5). Les princes et les
« ducs étaient *riccos-homes*. En France, le titre de comte
« équivalait également à celui de duc.... Ces qualifications n'avaient aucune préexcellence l'une sur l'au-
« tre (6).

Les Solier, qui revinrent d'Espagne en 1440, ne prirent que le titre de *noble homme*, comme il se voit dans les
actes et dans d'Hozier... Noble Pierre Solier, noble homme
Gabriel Solier, issu de Castille (7). Le seul Charles, frère

---

(1) Curit., Annal. de la cour d'Arag., liv. 1, chap. v.
(2) Salaz. etc., liv. 1, chap. ix, pp. 11 et 12.
(3) Curit., livr. iv, chap. iv, chap. xciii.
(4) La Roq., Traité de la Nobl., chap. lxviii, pages 210
à 213.
(5) Salaz. de Mend., Orig. des Dign., Discours prélim.
(6) D'Argent., Histoire de Bret., liv. iii, chap. xi, p. 185.
(7) Généal. précitée, page 88, et les titres.

de Pierre, conserva son titre de duc d'Arcos, qui passa ensuite aux premiers de sa race.

La qualité de noble ne s'appliquait pas autrefois à toutes les familles patriciennes. A Rome, plusieurs des grandes et illustres familles n'étaient pas *nobles*, parce que le mot *nobilis* ne provenait pas de l'antiquité de la race ; il naissait des fonctions qu'on avait exercées. Plusieurs plébéiens étaient *nobles*. La république avait ses nobles. C'étaient ceux qui avaient le droit de montrer, dans des niches de bois ou de métal, les images de leurs ancêtres, et ce droit n'appartenait qu'à celui dont les pères avaient été revêtus de quelque charge importante, et avaient siégé honorablement sur la chaise curule (1).

Le premier d'une famille non-noble (*ignobilis*) à qui cet honneur était déféré, se nommait homme nouveau, comme n'ayant encore chez lui aucune image de ses pères. Ses descendants étaient nobles. Dans la suite, on déféra le titre de très-nobles aux héritiers du trône, aux femmes du sang impérial, aux parents des empereurs ; enfin, aux courtisans. Après ceux-ci, aux eunuques de la cour; et parmi ces derniers, on donna au plus digne le titre de *protonobilissime* (premier entre les nobles) (2) ; c'était le chef des eunuques.

Sous les Lombards, les nobles formaient une classe entre les juges et le peuple.

Avant l'introduction dans les actes des titres de ducs, comtes ou marquis, *milites*, ou écuyers, on se servait du mot *noble*, comme il se voit aux anciennes chroniques, et dans les fastes des empereurs. Plusieurs provinces de France ont conservé cet antique usage.

Nous ferons ici une autre observation.

Comme les chroniques espagnoles sont remplies du nom et des hauts faits du maréchal Arnaud Solier, plusieurs familles célèbres en ont voulu descendre.

Hai du Châtelet paraît croire que les marquis de Fuentes viennent d'un bâtard de du Guesclin ; d'autres, dit-il, les font naître d'un Français qui suivit ce capitaine, et qui était un des Léon de Bretagne.

---

(1) Polybe, liv. vi ; Tit. Live, i, chap. xiv ; Suéton. , in—Vesp.

(2) Ann. ; *Xomnenes. in Alexiad.*, liv. vii ; *et Nicol. Aleman. in notis ad histor. Arcan.* Procop., cap. 9.

Il a confondu le Mauléon, qui faisait partie de l'expédition de Bertrand du Guesclin. Il s'appelait Henri, n'était point de Bretagne, mais de Navarre. Un autre motif d'erreur vient de ce que Arnaud Solier était neveu de Bertrand du Guesclin, comme il est dit dans les mémoires particuliers et dans l'histoire de ces tems....
« Arnaud Solier était, par sa mère, neveu de Bertrand » du Guesclin (1). »

Voici les souches de quelques maisons d'Espagne, établies au tems de ces anciennes guerres.

Bertrand de Béarn, dit le Bâtard, fils du comte Gaston de Foix, forma la branche des Médina-Céli.

Raymond de Guttières, celle des ducs d'Ossone.

Arnaud Cegarre, dit le Bourguignon, celle des Cegarra.

Arnaud Solier, dit le Limousin, celle des Vasquez ou Velasquez. Les marquis de Fuentes en descendent également. Les Marradas sont de la branche ancienne. et des Solier qui contribuèrent à la conquête de Valence. Ce qui est formellement exprimé dans l'histoire. En 1610, le château de Sallente, près de Xativa, appartenait à François de Marradas, chevalier d'Alcantara, comme descendant des gentilshommes du titre de Solier, dont plusieurs assistèrent à la conquête du royaume de Valence (2).

Ce sont les Torres et les marquis de Bedmar qui viennent du sang des du Guesclin, s'il est vrai que Hugues, aïeul de Bertrand ait épousé dona Maria, héritière de la Cueva, des ducs d'Albuquerque (3). Cet Hugues du Guesclin, dit Claquin, en Espagne, portait l'étendard des rois de Castille et de Portugal, à la bataille de Salado, gagnée le 28 octobre 1430, sur les rois maures de Grenade et de Murcie. Hugues, bon chrétien, dit Argote, demeurait à Ubeda, et fut armé chevalier par le roi, avant la bataille (4).

---

(1) Dom Dieg. Ortiz de Zuniga, Ann. ecclési., et Secul. de Séville, folio 230, édition 1677.

(2) Al. Lop. de Haro, Nob., Généal. des rois d'Espagne, tom. I, page 33; Escol., liv. I, chap. xx, pag. 164, 166, et part. II, page et colonne 1085.

(3) L'abbé de Veyrac, Etat présent de l'Espagne, tom. IV, page 26; Imhoff, Généalog. d'Esp., page 75.

(4) Arg. de Mol., tome II, chap. LXXX.

Les Bracamonte seuls sont issus du sang de du Guesclin le connétable (1). Ce sentiment était général en Espagne. Nous rappellerons ici que dans le congrès, tenu à Munster, pour la paix en 1648, les grands d'Espagne accusèrent don Gaspard de Pénérando (un des Bracamonte), de trop favoriser les intérêts de la France. On voit bien, lui dirent-ils, devant Philippe IV, dont il était le plénipotentiaire, que le sang français, celui de du Guesclin, coule encore dans les veines de votre seigneurie (2).

Ces détails sont peu connus, et même parmi les membres de l'illustre famille du Guesclin, attendu que nos généalogistes font rarement des recherches dans les auteurs étrangers.

Goussencourt, dans son Martyrologe, et les mémoires domestiques, font remarquer que les Vasquez ou Velasco, qui descendent par les femmes d'Arnaud Solier, seigneur de Villalpando, ont donné, outre les connétables de Castille, un bon nombre de grands personnages, tels que le bienheureux Dijac, auteur de l'ordre de Calatrava, le père Aimé, jésuite et martyr au Brésil, les bienheureuses Jeanne et Marie, de l'ordre de Sainte-Claire (3).

Nous allons continuer la filiation de la branche IX.

II. De Renaud et Henri Solier, comtes héréditaires de Villalpando (4), Gandul et Marchenilla, sont descendus les chefs de diverses branches qui ont contracté les plus hautes alliances.

III. Renaud, *aliàs* Arnaud III, fils de Henri, ci-dessus, alcade de Donzelles, en 1440, donna sa sœur Marie à l'un des chefs des ducs de Béjar, Louis Mendez de Sotomayor, sorti du sang royal, seigneur de

---

(1) Ferrer. , Histoire d'Espagne, iiie partie, liv. iii et v.
(2) Amelot, Mémoires, Histoire, tome Ier, page 551.
(3) Gouss., Martyr., tome II, page 227.
(4) Ils portèrent le titre de comte de Villalpando, quoique cette terre eut fait partie de la dot de Marie, leur sœur, lors de son mariage avec Jean de Velasco, auteur des connétables de Castille. Argot. de Mol., Nobl. d'Andal., liv. i, chap. xlviii, livr. ii, page 209.

Carpio (1), de Morente, de Penilla, etc.; ambassadeur
à Rome, conseiller du roi don Juan II, et chevalier de
grande valeur (2), allié de plusieurs maisons souveraines.

Du mariage de Renaud, avec dona Isabelle de Santa-
Crux, fille de don Gomez Henriquez, sont descendus,
savoir:

1.° Renaud IV, qui continua la postérité des
comtes de Villalpando, grands d'Espagne (3);
2.° Georges, commandeur de Las-Casas de
Cordoue;
3.° Fernand, commandeur de Moral, ordre de
Calatrava (4);
4.° Don Juan, évêque de Barcelonne, nonce du
pape Calixte III, chef du grand conseil d'Alphonse V; en 1458, il assista au testament de ce
prince (5).

Les ducs d'Albuquerque, branche des seigneurs de la
Cueva, marquis de Solier et de Bedmar, se sont unis
au sang d'Arnaud Solier, le Limosin, par le mariage
de l'un d'eux avec une fille des Velasco de Castille, et ils
ont ainsi créé la branche des comtes de Sirvela. C'est
par le mariage de Bertrand de la Cueva, avec Marie
Velasco, fille de Pierre Ferdinand, connétable de Castille (6). Ce Bertrand fut alors créé comte de Lesdema
(1462), et duc d'Albuquerque (1464). Il mourut en
1492.

De l'Espagne, plusieurs Solier descendants de Renaud ci-dessus, passèrent au Chili et au Mexique.
L'histoire cite particulièrement dona Paula Solier, née
à Cusco, nièce d'Alonzo Dias de Caseres, l'un des premiers conquérants du Pérou, et mère de dona Michaelle
Solier qui fut célèbre dans ces contrées.

(1) Argot. de Molin., liv. II, chap. CXXX, page 252.
(2) Al. Lop. de Haro, Nobil., tome I, page 48.
(3) Gasp. Escol., loco. cit. — Argot. et Curit., div. loc.
(4) Salazar, Origin., liv. III, page 125.
(5) Curit., Ann. d'Arag., tome IV, liv. XVI, pages 51
et 691.
(6) Imhoff, Généalogie d'Espagne, page 79.

Une autre Michaelle Solier épousa don Pèdre Vasquez de Vargas, compagnon d'armes de Pizarre et d'Alonzo Dias. Leur fille se maria à Jean de Montealégre (1).

La branche française a conservé des relations avec les Solier d'Espagne jusqu'en 1789. Plusieurs occupaient encore à cette époque, diverses places importantes, comme on le voit dans les états de la cour, et notamment dans les Calendriers annuels, (imprimerie Royale) années 1750 à 1788.

SUR LES DIVERSES BRANCHES EXISTANTES.

La branche des Solier de Rome s'est perdue; celle de Rimini existe encore; elle a des rameaux à Rome, à Pesaro, à Césène, etc.

Celle de l'Astesan vit en Piémont et contrées Sardes, dans les comtes de Govoni, Saint-Germain, de Morette, de Monasterol, etc.; dans les marquis du Bourg, Dagliani, de Broglie, de la Chuse.

La branche des Fontaine Solare ou Solier subsiste encore dans plusieurs chevaliers, dignes de leurs ancêtres.

Les branches espagnoles ont plusieurs rameaux dans ces contrées et au Mexique, où il devient impossible de les suivre dans les détails de leurs alliances. Les Solier du Vivarais ont été nombreux. Ils le sont peu maintenant; les plus connus et même les seuls sont les Solier de Lissac et de la Battut, sieurs de Brotty, descendants de Joachim Scipion, IIe du nom, et de dame Alexandrine Solier, sa cousine.

Vivants aujourd'hui messire Jean-Henry, Jean-Henry-Regis, le Ier ancien capitaine d'infanterie, chevalier de Saint-Lazare.

De son mariage avec noble Antoinette Veson, d'Annonai, il a trois filles, Antoinette-Emma, née le 16 mai 1805; Sophie-Marie-Anne-Justine, née le 3 mai 1808; Antoinette, née le 20 juin 1811. Leur fils, Jean Henry Regis, né le 1er août 1806, doit continuer cette branche.

---

(1) Alonz. Lop., Nob., tom. II, page 532.

Le II⁰, Jean-Henry-Regis (même nom que son neveu), sieur de Lissac, chevalier de Saint-Louis, officier supérieur au corps royal d'artillerie.

La branche de l'Ile de France, de nouveau rétablie dans cette province, subsiste pour les mâles dans le comte Louis de la Touche, ci-dessus, et dans ses deux fils, savoir : 1.º Prosper-Maurice, né le 7 messidor an 9, à Paris ; 2.º Ernest-Aimé, né le 5 juillet 1808, à Lorient ; lesquels il a eus de son mariage avec Constance-Sylvie Victoire de Quatrefages, ancienne famille des Cévennes, (les comtes de Quatrefages), alliée aux d'Albignac, par le mariage d'Isabeau, de Quatrefages, avec Louis d'Albignac, seigneur de la Fabergue, père de Louis Alexandre, brigadier des armées du Roi, en 1780, et qui s'est tant signalé dans l'Inde (1); elle s'est alliée avec les comtes de Fleuri, dont le dernier fut maréchal de camp, chevalier de Saint-Louis et de Cincinnatus ; cette dernière décoration, il la reçut pour avoir sauté le premier dans les retranchements ennemis et arraché un drapeau anglais, ce qui est constaté par la médaille que l'Amérique fit frapper à son honneur, le 15 juillet 1772.

La même famille des Quatrefages s'est encore alliée aux d'Assas, aux de Brosse dont l'un fut maréchal de France.

La branche languedocienne de Quatrefages s'établit, vers 1150, pendant les guerres des Albigeois. Un fils du comte Quatrefages, homme d'armes, s'habitua à Aulas, et se maria avec l'unique héritière des Montgrigny, noble famille qui s'est éteinte en elle. Entr'autres biens, elle apporta en dot la terre de Cambonnet, qui, depuis 600 ans, est restée dans la famille, (branche des Quatrefages du Fesq). Le Fesq était une terre seigneuriale, appartenante à ces gentilshommes, ainsi que la seigneurie d'Arphi et la co-seigneurie des montagnes d'Aulas. Les Quatrefages portent comme il suit :

Ecartelé : aux 1 et 4, d'argent, à quatre hêtres arrachés de sinople ; au 2, de gueules, au lion couronné d'or, senestré en chef d'une croisette d'argent ; au 3, de gueules, à deux épées d'or passées en sautoir, accompagnées

---

(1) Waroquier, Tabl. généal., tome IV, page 78.

en chef d'une tiare du même, croisée et ornée de perles blanches; sur le tout d'azur, semé de fleurs de lys d'argent, à la croix du Christ brochante sur le semé.

L'écu timbré d'un casque taré de front, orné de ses lambrequins, et sommé d'une couronne de comte.

Supports : deux griffons ; Cimier : un guerrier armé de toutes pièces, la visière levée, regardant à senestre, et tenant de la main dextre un faisceau composé de trois lances, d'une hache d'armes et d'une bannière au sur le tout de l'écu, c'est-à-dire, d'azur, semé de fleurs de lys d'argent, à la croix du Christ brochante sur le tout; et dans la main senestre un rameau d'olivier.

Pour légende : *Laus parentibus.*

La bannière est celle sans doute des princes qu'ils servaient ; ou ils l'adoptèrent eux-mêmes en souvenir de quelque action mémorable. Ceci se rapporte au treizième siècle.

Le premier et le quatrième quartiers offrent les armes primitives de ces seigneurs (quatre hêtres *quatuor fagi*).

Aux 2 et 3 se trouvent les additions successives, qui proviennent d'alliances ou de faits glorieux. L'un de ces gentilshommes (Julio Quattrofaghi), établi ou séjournant dans la Toscane, au quatorzième siècle, portait en chef des quatre hêtres de sinople, trois fleurs de lys ouvertes, épanouies de gueules, qui sont de Florence. Les mémoires de la famille se taisent sur la cause qui lui fit blasonner ses armes de cette manière, et sans doute le souvenir s'en est perdu avec lui. Il avait pour cimier, un soldat armé d'un cimeterre, la tête tortillée des émaux de l'écu.

Du reste, même bannière, mêmes supports, même casque, même légende que les Quatrefages de France.

On trouve peu de traces aujourd'hui des anciens de cette famille, qui a été dispersée et proscrite au tems des guerres de religion du Languedoc, et sur-tout pendant la guerre contre les Albigeois, où Ponce et Remond de Quatrefages, moururent en martyrs pour la foi de leurs pères.

CHAPITRE VI.

Développements de quelques passages mentionnés ci-dessus.

Aux cinq chapitres qui sont en tête de la présente généalogie, nous ajoutons celui-ci et les trois suivants, qui viennent en ordre, et qui la terminent naturellement.

Les descendants des anciens Solier, soit en Espagne, soit en Italie, soit en France, qui liront notre ouvrage sur leur famille, verront aisément que nous sommes loin d'avoir parlé de tous leurs aïeux et de toutes les terres seigneuriales qu'ils ont successivement possédées (1).

Ces détails nous auraient menés trop loin, et souvent nous avons été dépourvus de documents nécessaires. Qui nous eût expliqué, par exemple, laquelle des villes d'Arcos fut la propriété momentanée des pères de Charles, frère de don Pèdre ? (Branche VII, art. 8.)

Dans quelques auteurs, *Arcos* est confondue avec *Secobrica, Arcobrica, Lacobriga, Alcaʒor, Ariʒa, Segorve, Cesarque* ou *Senarque* (royaume de Valence). Suivant d'autres, ce sont autant de lieux différents (2).

On connaît un ancien *Arcus* ou *Arcos*, dont il est fait mention dans Pline, Plutarque, et les auteurs qui ont traité des guerres des Sertorius, des Metellus et des Scipion, dans la Bétique. Plusieurs autres lieux d'Espagne portent ce même nom d'Arcos, comme plusieurs ont celui d'Arcobriga, ce qu'on peut voir dans Ptolomée, Antonin, Beaudrand, Sanson, Delille, Vayrac, etc.,

---

(1) De ce nombre est la terre de Solier (Franche-Comté) , dont nous n'avons point parlé à l'article des fiefs des Solier. Elle appartenait à Bernard, fils de Renaud, en 1160 (Branche IV, art. 7). Au dix-septième siècle, elle était à la princesse de Lislebonne (Dict. Cosmogr., et Hist., tom. III, p. 535, manusc.). Nous n'avons point de notions sur le pays et paroisse de Jean de Solier, généralité de Riom (Auvergne). (*Ibid.*, page 215).

(2) Gasp. Escol., Histoire de Valence, liv. I, chap. XVI, liv. II, chap. V, et Confer. Marian., Histoire d'Espagne, liv. III, chap. XIV ; Amb. Moral., liv. VIII, chap. XVI.

aux articles Lusitanie, Espagne tarragonaise, Estramadure, Vieille-Castille. Divers de ces lieux ont été
successivement comtés ou duchés. Après leur émigration
des Espagnes, par suite de leurs guerres dont nous avons
parlé sommairement, ceux des sires de Solier qui abandonnèrent ces contrées, y perdirent leurs possessions et
leurs titres. Vers la fin du quinzième siècle, un des
pays d'Arcos (Arcos de la Frontera, suivant Vayrac,
Etat présent de l'Espagne), fut donné avec titre de duché,
par Ferdinand le Catholique et Isabelle, à Louis Ponce
de Léon, marquis de Cadix et de Zara. Est-ce l'Arcos
de la septième branche ?

Ce duché est situé dans l'Andalousie. Suivant les an-
notations de la famille, l'Arcos qui la concerne pourrait être le château où fief dit *los Arcos*, à quatre lieues
de Badajoz, dans l'Estramadure. Mais celui-ci fut-il
érigé en duché ? Il est encore un autre Arcos, gran-
desse d'Espagne, sur le Zalon, à trois lieues de Medina-
Celi.

Nous n'avons point cherché à approfondir cette question, les Solier ayant abandonné de bonne heure ce
titre de duc ou seigneur d'Arcos, titre, que depuis le
commencement du seizième siècle, ont porté, en Espagne, les marquis de Zara et leurs descendants.

Il en sera de même des Malateste, qui peu à peu se
sont vus, dans les révolutions du tems, dépouillés de
leurs titres et de leurs villes (1). Comme on est peu d'accord sur les principales époques où ces événements ont
eu lieu, et sur les circonstances qui les ont précédés ou
suivis, nous indiquerons les sources où nous avons
puisé, ne pouvant nous livrer ici à aucune discussion à
ce sujet.

Au grand nombre d'auteurs que nous avons déjà cités à l'appui de nos recherches sur cette famille, nous
ajouterons Campano, Timocrate Arsenius, Guillaume

---

(1) Toutes les villes de la domination des Malateste ne venaient pas des dons des empereurs ou de conquêtes. Ils en
avaient acheté plusieurs, telles que Bergame qu'ils payèrent
trente mille ducats à Jean Roger Soardi, qui n'avait pas le
moyen de défendre et de conserver cette ville. (Sansovino sur
les Soardi.)

Cordillo, Selinus, don Rodolphe, J. Caraman, Platine, Panvinius, Eleutère Mirabel, Jean de Virgile, Jacques de Trani, Jean-Jacques Corello, Pie II, Grégoire Lazarre et tous les *chronistes* d'Italie, qu'on peut consulter; les uns, sur la famille en général; les autres, au sujet de son origine, de ses noms, de ses titres, de ses guerres, de ses propriétés, de ses alliances.

Chacun de ces textes fournit matière à diverses contestations. Beaucoup de ces auteurs conviennent des faits; mais ils les rapportent diversement. On y trouve, par exemple, que l'un des plus célèbres des Malateste, celui qui fut surnommé le Hongrois, reçut ce nom en souvenir de Louis, roi de Hongrie, qui passa à Rimini pour se rendre dans la Pouille, où il allait venger la mort de son frère André, roi de Naples.

Accueilli avec empressement par la famille Malateste, il se plut à armer chevalier le jeune Galéote, qui en mémoire de cet événement prit le nom de Hongrois.

Nous avons rapporté autrement l'origine de ce surnom, et nous croyons être plus près de la vérité.

Que de fables contradictoires sur la mort de Paul le Bel, des Malateste, frère de Jean le Boiteux! Celui-ci, trop jaloux de sa femme et de son frère, les poignarda, dit-on, l'un et l'autre, vers 1288, ce qui se trouve ailleurs à l'année 1360 (1). Les poëtes (2) se sont emparés de cette aventure où Gesualda (dans ses Commentaires) introduit à tort un Lancilotte Malateste comme époux de la malheureuse Francesca, fille de Bernardíno des Polentani.

Que de choses sur les trente ou trente-cinq fils d'Elisabeth Malatesta de Rimini, épouse de Rodolphe Varani, prince de Camerino, vers 1410! Il paraît que ce seigneur eut cinquante-quatre fils de deux femmes, l'une des Malateste, l'autre des Sanseverino (3). Cela confirme ce que nous avons dit de la multitude des fils qu'on voyait jadis dans plusieurs grandes familles.

Que de détails offrent encore les auteurs sur toutes ces villes et provinces où les Solier et Malateste formèrent

---

(1) *Voyez* Sansovino, Familles illustres, pages 50 et 223.
(2) Dante, Enfer, ch. v; Pétrarq. sur l'Amour, chap. III.
(3) Sansovino, *Voyez* article Varani.

des établissements, à l'exemple des plus illustres maisons d'Italie! Les Médicis, entr'autres, bien moins anciens et moins nombreux que les Malateste, habitèrent à la fois la Toscane, la Lombardie, le Ferrarais, le Brescian, le Veronnais, et autres lieux de ces contrées; la Grèce, le royaume de Chypre et Rhodes (1).

Sans nous étendre davantage sur les opinions et les recherches des écrivains qui se sont occupés des Solier et Malateste, nous ne croyons pas devoir omettre quelques passages qui servent à l'intelligence des faits cités par nos prédécesseurs. *Magnifici domini vulgariter dicti Malatestæ, Ariminii principes, ab anno salutis 1002..... hostium Ecclesiæ impugnatores fortissimi..*

Ex priscâ Romæ familiâ...... Nobillissimâ et clarissimâ, scilicet à Scipionibus orti, nec Fabiis virtute impares.... (On cite le combat des trois cents Solier contre les Gibelins.)

Ailleurs..... *Ex antiquioribus orbis..... Inter familias nobiles Romæ vetustissimas...* (C'est la souche romaine provenante des Scipion, et plus anciennement, dit-on, des gardiens du temple de Marcus Ancus, où se conservait le fuseau sacré de Tanaquil.) *Natione Italus, prosapiâ romanâ, Pandolphus vicarius imperii Pandolphum Malatestam Sigismundumque genuit.*

Genuit Sigismundus Otbertum de Soleriis, seu (aliàs) Odelbertum Solerium (2) *ducem astæ pompeiæ, unde traxerunt originem tanti duces et incliti comites, in astâ pompeia et Alpibus Cottianis, insignes belló domique, etc*

Ce sont en substance tous les faits reproduits littéralement par le P. Avrillon, en 1680 (3), et par Waroquier, en 1788.

Cette famille a été constamment dévouée à l'église dans les tems les plus difficiles. Elle fut chère à un grand nombre de souverains pontifes qui l'ont souvent honorée de leurs bulles et de leurs lettres. Nous ne rappellerons ici que Martin V (année 1430), époque de gloire et de domination absolue pour la branche des Malateste.

Sa Sainteté recommande aux peuples de Rimini, de

_____

(1) Sansovino, page 125.
(2) Ōtbert Solier, *voyez* la première Branche, art. II.
(3) Avrillon, Généalog., etc., pag. 1 à 4, et *voyez* les auteurs latins précités.

Fano, de Césène, d'être toujours les sujets fidèles de leurs princes, qui étaient alors Galéotte-Robert, Sigismond - Pandolphe, et Dominique, dit Malatesta de Malateste.

.,..... *Inclitam et fidelem domum de Malatestis dilectos filios, nobiles viros...... honorare consuevistis hortamur vos ut benevolentiam vestram quam velut hæreditariam ab ipsorum patribus receperunt fideliter conservetis* (1).

Les Solier, ducs ou comtes d'Asti, ceux de Provence ou d'Espagne, toujours dévoués à l'église, en ont également reçu les témoignages les plus précieux au tems de Léon IV, de Sergius II, de Benoît VIII, d'Innocent III, de Clément VI, etc., et surtout pendant les guerres des Gibelins et autres contre la souveraineté et les intérêts de la cour de Rome.

CHAPITRE VII.

Observations générales sur les Solier.

Si quelques seigneurs italiens du sang des premiers Malateste avaient pu conserver des titres de famille antérieurs au dixième siècle, si l'on pouvait y joindre une partie des archives originales des princes de Rimini, Césène, Pesaro, etc., et, d'un autre côté, les principaux actes des comtes souverains de l'Astesan, sortis de même souche, ce travail fournirait peut-être le moyen d'éclaircir quelques-unes des obscurités qui règnent sur les premières époques de leur grandeur, sur la multitude de rameaux que ces seigneurs ont formés, sur le nombre des individus qui s'y rattachent, sur les actions des Solier sur les changements survenus dans leur nom et leurs armes, soit comme vicaires de l'empire, soit comme princes ou comtes souverains de plusieurs provinces; soit comme grands pontifes, maréchaux d'armée, amiraux, ambassadeurs, chefs ou grands-maîtres de plusieurs ordres de chevalerie, gouverneurs de divers états, régents et vice-rois.

Mais ce que n'ont pas découvert les Alberti, les San-

---

(1) *Voyez* lettre de Martin V, dans Amian, Histoire de Fano, tome II.

sovino, les Pigna, les Clémentini, les Adimare et les généalogistes d'Italie; ce qu'aucun des Malateste et des Solier n'a expliqué jusqu'ici, ne sera point désormais connu des historiens; et plus les années s'accumulent, plus l'intérêt que cela pouvait offrir s'affaiblit naturellement; les Solier, depuis plusieurs siècles, ayant cessé d'être en évidence comme autrefois, lorsqu'ils jouaient un rôle principal. Sans doute les documents d'une si haute antiquité manquent à ceux des Malateste qui existent encore, et ne sont plus que les débris d'une vaste et superbe famille, et à qui la force a enlevé sa puissance, ses états, ses biens, les palais et forteresses où ses pères tenaient les registres de leurs actes particuliers et publics. On ne leur a laissé que leur noblesse et la gloire paternelle. Les derniers princes de Rimini, de Césène, etc., allèrent mourir loin des lieux de leur naissance, pauvres et isolés, n'emportant de leur patrimoine que leur nom. Il est hors de doute que les chefs de ce lignage sont d'origine romaine, et qu'on reporte jusqu'aux Scipion, ce qui ne peut être démontré. Les armes primitives, sont de Rome, et c'est de Rome, ou lieux voisins, qu'ils vinrent se fixer dans l'Astesan; de l'Astesan, leurs fils se portèrent sur plusieurs contrées d'Italie, de la France méridionale et des Espagnes. Ceci n'a pas besoin de preuves.

La branche provençale créa celles de l'Ile-de-France et du Languedoc : ces branches ont dû rester plus riches en souvenirs, en mémoires et titres précieux. Plusieurs des Malateste ont vécu au milieu d'elles dans les quatorzième et quinzième siècles, surtout à l'époque du mariage de Ferrantine avec Olivier, et antérieurement, lors du mariage de Violante (1) Malateste avec Nicolas Solier. (Branche I, art III.) Les descendants de Sigismond, fils du premier vicaire de l'empire, sous Otton III, continuateur de l'illustre branche des Solare d'Asti, habitèrent également la France pendant quatre cents ans. Les chefs de la branche d'Espagne, provenants aussi

_____

(1) Aussi on trouve cette dame sous le nom d'Anne Violante, ou seulement d'Anne, comme il se voit dans Goussencourt, Martyr., tom. Ier, page 301, article Fontaine (des Fontaine-Solier).

de la branche provençale, revinrent aux mêmes lieux vers la première moitié du quinzième siècle.

Favorisées par cette réunion de circonstances, moins exposées que les autres branches de la famille aux désastres des anciennes révolutions, les branches françaises qui ne régnaient pas comme les Malateste et les Solier d'Asti, mais qui étaient riches, puissantes et éclairées, ont pu recueillir peu à peu et dérober au tems une foule de notions utiles, et des monuments que les chartes des grands monastères et des églises ont conservés, comme nous l'avons vu, par divers motifs de reconnaissance; avantage dont les plus grandes familles sentent aujourd'hui tout le prix.

Ces monuments qui ne périront plus, ont servi de base aux précis historiques qu'on a imprimés successivement, et dont le sommaire, pour ce qui concerne les Malateste, se trouve rappelé dans la généalogie *Solier*, du père Avrillon, minime, publiée en 1680.

Quelque resserré par les bornes de notre ouvrage que soit l'exposé que nous avons offert sur les Malateste, nous devons croire que personne encore n'a porté aussi loin ses recherches sur ce sujet.

Aux divers généalogistes d'Italie que nous avons parcourus, nous avons joint ceux de France et d'Allemagne, ainsi que les pièces historiques que nous possédons. Nous avons comparé attentivement les avis et les contradictions sans nombre de cette foule d'auteurs qui ont écrit sur la naissance et le gouvernement des Malateste. En cherchant la lumière sur ce point, nous n'avons rien assuré qui ne soit garanti par des témoignages et des faits authentiques, et nous nous sommes trouvés heureux, lorsque nos considérations sur l'existence et la fortune politique de ces princes se sont conciliés avec les meilleures autorités d'Italie et de France; laissant aux autres la liberté de se perdre dans un dédale de conjectures qui portent souvent le cachet de l'ignorance ou de la partialité, mais qui furent sans doute nécessaires aux systèmes que leurs auteurs embrassaient; l'histoire les repousse, et plus encore l'intérêt et la gloire de la famille.

Si le Volatéran, le père Jacques Philippe, Marc-Antoine Sabellicus, etc., ont dit, l'un d'après l'autre, que les Malateste passaient pour descendre *d'une an-*

cienne et royale famille de Flandre, et que l'empereur
leur donna, en 1002, Rimini et plusieurs autres cités,
la première de ces assertions se trouve démentie dans
l'histoire même des Malateste, publiée en 1470, par Baldo
de Branchi, contemporain de plusieurs de ces princes,
et antérieur au Volatéran et au frère Philippe. Louis
Marcheselli, gentilhomme de Rimini (*personna di grave
et eletto judicio*) ....., et qui puisa aux sources des archives de cette principauté....., Mathieu Bruno, aussi
docte que le précédent....., Claude Pacci, très-noble
et très-habile chevalier....., Etienne Parthi, Sansovino,
que nous suivons en ce mémoire. (*Voy*. Sansovino sur
les Malateste, page 221.) Tous ces écrivains et ceux
qui ont travaillé d'après eux, annoncent que les Solier
et Malateste sont romains, comme nous l'avons établi ;
ce qu'il serait inutile de répéter, la conviction en est
acquise. Nous pensons encore que peu de familles nobles
pourraient aussi bien justifier que celle-ci une série
d'aïeux non interrompue depuis le neuvième siècle,
même depuis le septième, et une réunion plus imposante
de hautes et belles alliances dans toutes les branches
indistinctement ; de manière, suivant les expressions de
Waroquier, que chacune d'elles se couvre réciproque-
ment de l'illustration des autres, et les agrandit de la
sienne.

Il faut même recourir aux plus beaux siècles de l'antiquité pour trouver un titre de gloire comparable à
celui que les Solier présentent dans leur histoire. Trois
cents chevaliers de leur nom et de leurs armes, animés
du même esprit, commandés par l'un d'eux, et com-
battant à la fois pour les intérêts de la patrie et de l'é-
glise....! Voilà, suivant nous, le plus riche ornement
qui puisse embellir une généalogie, et exciter l'ardeur
de tous les descendants de ces guerriers. Aucune famille de l'Europe ne pourrait citer un fait aussi brillant,
du moins à notre connaissance. Il est de ceux qui ne
peuvent rester dans l'oubli.

CHAPITRE VIII.

Sur quelques devises ou symboles adoptés par les Solier.

Les Malateste, devenus maîtres de Rimini et d'une foule de places importantes, varièrent plusieurs fois leurs armes, selon les circonstances, les actions d'éclat des grands hommes de leur race, ou les acquisitions qu'ils devaient à leurs conquêtes.

Plusieurs d'entr'eux et des autres Solier se donnèrent des signes caractéristiques, nommés symboles, et conformément aux usages qui régnaient alors. On en changeait par fois à chaque grande action, à chaque événement qui accroissait le bonheur et la gloire d'un chevalier. Les Malateste et leurs parents adoptèrent l'échiquier, des têtes humaines, des chérubins, des frettes, un lévrier, des lions, des croix, des roses, un étendard, des clefs, un bras nu sur des flammes, etc.

Ce dernier symbole était celui de Sigismond Malateste, guerrier intrépide dont nous avons parlé (Branche III, art. VII), et auquel Valturius dédia son ouvrage sur l'art militaire.

Marc Gilbert de Varennes le rapporte ainsi dans son Roi d'Armes, pag. 564, éd. 1640. « Sigismond Malatesta, » prince de Rimini, avait pour symbole un bras nu dans » les flammes et tenant une épée, faisant allusion à ce » Mucius Scévola, qui souffrit l'action du feu sans » pâlir. » Il avait pour légende *his graviora* (j'en supporterais plus encore).

Nous ne voyons pas que ses petits-fils l'aient conservée, soit en Italie, soit ailleurs. Mais cependant on ne pourrait blâmer les gentilshommes de cette souche, qui auraient prétendu ou qui voudraient encore faire revivre la légende ci-dessus. Elle semblerait présomptueuse, si on ne savait que, dans ces siècles tout guerriers, les vaillants hommes donnaient à la fois la leçon et l'exemple de l'héroïsme ; ce qui s'est encore renouvelé tant de fois de nos jours.

Cette légende, *his graviora*, montrait, comme le remarque de Varennes, qu'il faut endurer (plus encore que l'action du feu) pour ceux à qui l'on doit la fidélité et la vie.

Toujours utile aux jeunes chevaliers, quels que soient les préjugés chez les peuples et la forme des gouvernements, une pareille doctrine se grave sur-tout dans l'âme de ceux dont les pères l'ont eux-mêmes professée, et qui, à l'exemple des Malateste et d'autres princes d'Italie, ont acquis, par leurs rares vertus, le droit de se comparer à ces fameux Romains dont ils furent en effet les successeurs et les émules. L'histoire justifie cette assertion.

Dans la suite, les auteurs qui ont décrit les armoiries des Malateste de Rimini, et des Solier de l'Astesan, de France et d'Espagne ont introduit quelquefois leurs symboles comme partie constitutive de leur ancien écu. Cette inadvertance a trompé souvent les historiens et généalogistes de cette famille, et même quelques-uns de ses descendants qui ont pris des symboles ou additions temporaires pour ses armes antiques ou originelles.

Nous ne parlerons point ici des autres symboles des Malateste et des Solier, que l'on a retrouvés dans les recueils de ce genre, et sur plusieurs de leurs tombeaux, entr'autres sur celui de ce même Sigismond Malateste. (V. Sansovino, Fam. illust. d'Ital., p. 235, éd. 1582.) Celui-ci serait moins honorable que l'autre, et si l'on ajoutait foi à ce passage, il prouverait que ce Sigismond n'aurait oublié qu'envers ses femmes (l'une, des Gonsagues de Ferrare; l'autre, des Sforza de Milan), le sublime précepte *his graviora*, qu'il avait suivi en d'autres circonstances.

A la fin du dernier chapitre, nous donnerons les légendes et devises que la majeure partie de la famille n'a pas cessé de porter depuis six cents ans. Ce serait encore un devoir, suivant nous, de ne pas abandonner cette légende et ce symbole de Sigismond Malateste (*his graviora.*) Sa concision, son caractère antique, le sens qu'exprime cette devise en font une des plus nobles et l'une des plus belles de notre chevalerie.

CHAPITRE IX.

Armes des Solier.

Plusieurs auteurs d'Italie, d'Espagne et de France, ont donné différents détails sur les armes *primitives* des Solier.

Ces armes, telles qu'on les voit décrites dans Palliot, Segoing, Goussencourt, d'Hozier, Waroquier, etc., sont de gueules, à trois fuseaux d'argent, dits fuseaux romains ou de Tanaquil.

Le fuseau, comme le remarque Palliot, est l'ancien symbole du travail et des vastes et longues entreprises. « Cela est aussi précieux, dit-il, et aussi rare en armoi- » ries que l'était, à Rome, le fuseau de Tanaquil, » conservé religieusement dans le temple de Marcus » Ancus, et qui avait servi à broder le manteau de Ser- » vius Tullius. » Palliot ajoute: « Je n'ai trouvé que » l'exemple de Solier qui porte de gueules, à trois fu- » seaux d'argent (1). »

Ségoing, dans son Trésor Héraldique, s'exprime de la même manière: « On se sert du fuseau pour démon- » trer que quelqu'un est parvenu à l'exécution d'un » grand dessein ou d'une haute entreprise, pied à pied » et avec une patience obstinée (2). »

Il ne trouve également que la famille des Solier qui porte ces trois fuseaux (3), dit fuseaux romains.

On peut croire que les chefs de cette famille d'origine romaine, qui avaient adopté ces *insignia*, furent prépo- sés à la garde du temple de Marcus Ancus, ou qu'ils avaient, dans quelques circonstances, conservé ce fa- meux fuseau (4). Ils ont, par cet emblème, consacré la mémoire de leurs aïeux.

Les premiers de cette race qui vinrent de Rome au pied des monts, dans l'Astesan, et qui de là passèrent en Provence et en Espagne, gardèrent leurs armes pri- mordiales jusqu'au dixième siècle, et même jusqu'au onzième, selon Waroquier, sans aucun changement ni addition, suivant en cela l'usage des anciens patri- ciens et l'esprit de la loi des douze tables, qui défendait la confusion des généalogies et du sang.

---

(1) Palliot, Vraie Science des armes, page 350. On ne doit pas confondre la fusée avec le fuseau.

(2) Ségoing, Trés. Hérald., pag. 33 du Traité. Il existe en France deux ou trois familles qui portent des fuseaux; mais sur d'autres champs.

(3) *Ibid.*, Page 159.

(4) Waroquier, sur les Solier, page 4.

Les branches françaises et l'espagnole (l'ancienne), réstèrent fidèles à l'écu de leur race. On vit les Solier revenir, au quinzième siècle, de Castille en France, avec les trois fuseaux d'argent au champ de gueules (1). Au commencement du onzième siècle, les fils de Pandolphe Ier introduisirent un changement dans les armes paternelles. Ils y ajoutèrent celles des pays où ils commandaient en souverains. C'est l'époque de l'établissement des princes de Rimini et des comtes souverains de l'Astesan.

Dès lors, tous les Solier, comme le dit Avrillon, tant d'Asti que de Rimini, ajoutèrent à leur écu les trois bandes d'or et d'azur de six pièces ; les bandes d'or échiquetées de gueules de trois traits (2). Ils régnèrent avec ces armes comme princes de Rimini, de Pesaro, de Césène, comme chefs de la république d'Asti et comtes souverains de cette province.

Ces armes devinrent tellement célèbres que les branches qui les avaient illustrées, finirent par les montrer seules sur leurs bannières, et aux portes de leurs châteaux. Cependant on vit, en 1312, le mélange des fuseaux romains et des bandes d'or sur les armures des trois cents Solier qui combattirent les Gibelins sous la conduite de Rodolphe Solier, comte d'Asti (3).

Nous savons avec quelle facilité les gentilshommes, dans toutes les monarchies, quittaient autrefois le nom et les armes de leurs pères, pour prendre les armes et le nom, soit de leurs femmes, soit d'une terre plus vaste et plus qualifiée que les leurs (4). Les puînés sur-tout avaient coutume de signer du nom de leur partage, et ils abandonnaient pour toujours celui de leur père, même dans les actes publics : ce qui engendre inexactitude et confusion dans les familles (5).

---

(1) Goussencourt, Martyr., tom. II, page 348 ; Arrêt de Louis XIV du 23 février 1628, page 51 ; dans d'Hozier, Généalog., loc. cit., et l'écu des susd. Bourbon, au treizième Solier, de gueules, aux 3 fuseaux d'argent, etc., etc.

(2) Le P. Avrillon, Généalog. des Solier, pages 3, 7, etc ; Gilbert de Varennes, Roi d'Armes, page 425.

(3) *Ibid.*

(4) La Roque, Traité de la Nobl., div. loc., et Baschi d'Aubais, Jugements sur la Noblesse, tom. II, page 4.

(5) *Voyez* du Tillet, Recueil des rois de France, page 9.

Ainsi, Pierre de Bourbon quitta le nom paternel pour prendre celui d'une famille particulière....... Et ce que faisaient nos princes du sang royal était imité par les gentilshommes avec d'autant plus de facilité que cette déviation ou cet oubli de leur part ne les exposait pas à perdre des couronnes (1).

Saint Louis voulut remédier à ces abus, qui duraient depuis Hugues Capet, et sans doute encore avant lui; mais ils résistèrent à ses sages dispositions, et plus tard même à l'édit de Henri II, donné à Amboise, le 26 mai 1555.

Au milieu de ces changements, il sera toujours fort difficile de décrire exactement l'ancienne bannière et les armoiries des familles qui ont neuf ou dix siècles d'existence.

A l'écu primitif, ou de la souche, viennent se joindre, dans tous les vieux lignages, les additions honorables que l'on doit conserver et chérir, lorsqu'elles retracent un fait important et glorieux pour les parents comme pour la nation.

Ainsi on vit, en Espagne, Renaud Solier, après la journée d'Ubeda, prendre, dans son écu, la croix de Calatrava, qu'il avait gagnée sur le champ de bataille. « Il la paya avec son sang, sous les yeux du roi..... *En » que con sangre vencio*. Et le roi lui décerna pour » une aussi belle cause..... Plusieurs familles ont cette » croix dans leurs armes; mais elles l'y placent pour » un autre motif (2). » Gracia-Dei se trompe en la donnant déjà à Solier-Solier, compagnon du comte de Toulouse et de Godefroy en Palestine. L'institution de l'ordre de Calatrava fut postérieure à cette croisade, et si Solier parut à Jérusalem avec une croix, c'était sans doute comme croisé, et pour une cause semblable à celle qui lui fit adopter une rose blanche, laquelle se trouve encore dans l'écu des Solier, près de la croix de Calatrava.

Antoine, de la branche astesane, chevalier de Saint-

---

(1) La Roque, Traité de la Noblesse. — D'Hozier, Généalogie ci-dessus, pages 11, 12, 21, 22.

(2) Argot. de Mol., Nobl. d'Andal., liv. 1, chap. XLVIII, page 41.

Jean de Jérusalem, portait aussi une croix d'azur fleuronnée (1), (Palliot dit fleuronnée, clechée d'or, page 174); d'autres disent fleurdelysée et dentelée d'azur au bord de l'écu, comme celle de Louis Vasquez, descendant d'Arnaud-Solier (2).

C'est celle qui est gravée dans le nobiliaire d'Andalousie, article Solier (3).

Lorsque les Malateste se formèrent en diverses branches, de Rimini, de Sogliano, de Césène, de Pesaro, de Ghiacciolo, etc., etc., ils varièrent leurs armes pour les rapprocher de celles de leurs principales villes.

Les premiers changements eurent lieu au treizième siècle, selon Sansovino. Les trois fils de Malateste de Verrucchio, en mémoire de cette dénomination, ou sobriquet *de Malateste*, donné à Pandolphe Solier (4), leur ancêtre, placèrent trois têtes d'or dans un champ de sable. D'autres Malateste ont porté long-temps, et peuvent même porter encore trois têtes de maures de sable sur un fond d'argent, comme il se voit aux titres originaux de la branche française, relatifs au mariage d'Anne Malateste avec Nicolas Solier (Fontaine). Lesdites armes citées ainsi dans le Martyrologe de Goussencourt. L'échiquier fut ajouté après la victoire des Malateste sur un prince de Dalmatie, qui était venu mettre le siége devant Pesaro avec une armée nombreuse, et l'avait cernée pendant dix-huit mois. Malateste de Verrucchio le défit, et lui enleva son écu, sur lequel était un échiquier d'or et de sable, *Nigra* et *Gialla* (5).

Raphaël Adimare place les mêmes faits vers 1290. Il dit que Malateste arracha l'échiquier que le prince portait au col; et Malateste voulut de plus que divers gentilshommes de sa cour prissent aussi l'échiquier; parce qu'ils avaient montré beaucoup de valeur dans cette occasion (6). L'échiquier, comme l'on sait, est le sym-

---

(1) Goussencourt, Martyrol., tom. II, pag. 198.

(2) *Ibid.*, page 227.

(3) Argot. de Mol., pag. 211.

(4) Avrillon, Généalog., pag. 2, etc.

(5) Sansovino, page 222.

(6) Raph. Adim., liv. 1, page 48. Il y eut encore un changement dans les armes des Malateste, lorsqu'ils se réfugièrent

bole des commandements militaires ; aussi rien n'est plus
commun que ce blason.

Il résulte de ce que nous avons dit précédemment, et
des preuves authentiques avec lesquelles nous marchons
que pendant les trois premiers siècles de leur domination, les princes de Rimini n'avaient ni ces têtes, ni cet
échiquier, ni les frettes qu'on trouve dans plusieurs armoiries qu'on leur donne. Le seul Coronelli a blasonné
de vingt et une manières différentes, les armes des
Malateste ; mais ceci a plus particulièrement rapport
aux Malateste des états Vénitiens, au dix-septième
siècle ; il ne rappelle même pas leurs armes dans les
siècles précédents. Le Laboureur les décrit ainsi :

« Les armes des Malateste, taillées en pierre sur la
» porte de leur château à Rimini, sont bandées de six
» pièces, trois échiquetées d'argent et de gueules, trois
» d'azur, au levrier, issant du timbre pour ci-
» mier (1). » Il faut lire échiquetées d'or et de gueules,
comme on le voit dans la généalogie de la maison de
Savoie, article Solario (2), et dans celle de Fontaine
Solier (3) ; dans le Martyrologe des chevaliers de
Malte (4) ; dans le Trésor héraldique (5), dans Palliot (6) ;
dans Capré (7). Le Roi d'armes de Gilbert de Varennes,
dans Waroquier (8), et dans beaucoup d'autres d'Italie
et de France, ainsi que dans les vieux titres, et sur-
tout dans les généalogies imprimées depuis plusieurs
siècles.

Silvestre de Pietra Sancta (page 208), les donne
avec le blason des Fontaine d'Ognon de France. Il se
trompe à l'article Solier, où il n'indique que l'échiquier
d'argent et de sable (page 199) ; ce n'est qu'une partie de
l'écu, ou, comme le remarque Waroquier (page 6),

à Montescudolo, en 1280. Après une affaire avec les Gibelins,
et Oddo de Faitano. Ces changements eurent peu de suite.

(1) Voyage de la maréchale de Guébriant, part. III, p. 189.
(2) Guichen., tom. II, p. 119.
(3) Avrillon, p. 1, etc.
(4) Goussencourt, pag. 301, etc.
(5) Ségoing, pag. 101.
(6) Palliot, p. 628., Font. d'Ogn.
(7) Catal. des Chevaliers de l'Annonciade, pag. 196.
(8) Rech. sur les Armes, etc., page 9.

ce sont les armes des *Pavia* qui ont pris alliance avec les Solier d'Espagne (1).

Silvestre travaillait parfois sur des manuscrits romains, la plupart fort inexacts. La faute est toujours d'abandonner les sources originales et les dépôts de l'antiquité.

Ce fut vers le douzième siècle que la noblesse fit le plus de changements dans ses armes. Jusque-là, pour ne citer qu'un exemple, les Rois de Navarre avaient porté une aigle éployée. Après la bataille d'Ubeda ou de Las Navas, ils prirent, en mémoire de cette journée, les armes que l'on voit aujourd'hui dans l'écu de Navarre; et cela, pour différents motifs rapportés par les auteurs (2).

Beaucoup de familles, à cet exemple, prirent des armes différentes de celles de leur tige; souvent même une seule famille en eut de plusieurs espèces (3); ce qui se voit encore.

Pour les Espagnols, cela se trouve détaillé dans Argote (page 362), et dans divers nobiliaires. En France, dans Anselme, d'Hozier, du Chesne, la Colombière, Palliot, et Waroquier de Combles. Celui-ci se proposait, comme il le dit (4), de donner une généalogie complète des Solier. Nous regrettons qu'il n'ait pas pu se livrer à ce travail et nous n'oserions le tenter après lui. Les branches sont trop éloignées les unes des autres. Plusieurs n'ont pas conservé leurs mémoires paternels et leurs titres. Les renseignements et l'abrégé que nous leur offrons ici, pourront servir à ceux des Solier, soit d'Italie, soit de France ou d'Espagne, qui auront le projet de faire établir leur généalogie. Ils serviront moins, mais ils seront, sans doute, aussi précieux à ceux des Solier qui, depuis deux siècles, ont perdu leur fortune dans les orages politiques, et sont rentrés dans la classe de la noblesse tranquille et obscure, qui, privée des moyens de paraître dans les cours, cultive l'héritage

---

(1) *Voyez* la première Branche d'Espagne.

(2) *Voyez* Oihenart, Notit. utri. Gasc., pages 355, 356.

(3) La Roque, Origin. des Noms, chap. xxxiii, xxxv. La branche de la Marche, au lieu de trois fuseaux, porte trois roses. Il n'y a qu'une rose dans l'ancien écu de-famille.

(4) Recherch. sur les Arm., etc., page 9 (1788).

de ses ayeux et fait fructifier les produits du sol où elle se trouve, n'ayant d'autres consolations, que cette pensée si ancienne, que les droits du sang ne se perdent jamais. L'Espagne surtout est encore remplie des descendants de cette foule des Solier, qui n'ont d'autre fortune que leur propre courage et la gloire de leurs pères. Peut-être même ne serait-il pas impossible de prouver, que la meilleure noblesse, n'est pas celle qui a le plus occupé de grandes places depuis cent cinquante ans, soit en Espagne, soit en France.

Nous donnons l'écu des Solier, tel qu'il est conservé par la branche de l'Ile-de-France, qui a pour chef Gaillard, fils de Rostain, issu de Arnaud Solier-Solier, dit de Palestine, et descendant par Raimond Solier (980), des Solier de l'Astesan, venus de Rome; et en ligne directe de Sigismond, fils du 1er prince de Rimini (1).

Aux 1 et 4, de gueules, à trois fuseaux d'argent, (armes de la tige).

Au 2, d'azur, à trois bandes échiquetées d'or et de gueules de trois tires; adopté vers le treizième siècle par les Solier, princes de Rimini, comtes souverains d'Asti, auteurs de la branche provençale, mère des autres branches.

Au 3, d'argent, à la croix vidée d'azur (croix de Calatrava), dentelée d'azur au bord de l'écu; au chef d'or, chargé d'une rose blanche, accostée de deux croix du Temple de gueules, en mémoire des actions des Solier, à Jérusalem et à Ubéda.

Pour cimier, une femme naissante (2), tenant dans la dextre, une flèche émoussée, avec ces mots pour légende: *tel fiert*, *qui ne tue pas*. La tête de la femme, ornée de plumes; le casque d'or diadêmé d'une couronne de prince ou de comte souverain, pour support deux lions, armés de toutes pièces, bandés des émaux de l'écu, ainsi que le cimier.

Pour devise, en tête de l'écu, *adroit et vaillant tout Solier ayant (étant)*, devise ancienne de tous les Solier (3).

---

(1) Avrillon, Généalog., pag. 2, etc.
(2) Un levrier, suivant le Laboureur qui se trompe ici.
(3) Avrillon, Généal., p. 4, etc.

La légende, *tel fiert* (blesse), *qui ne tue pas*. Elle est
devenue encore plus célèbre en France, depuis Jean-
Jacques Rousseau, qui l'a expliquée, à Turin, devant
son maître, le comte de Govoni, premier écuyer de la
reine et alors chef des Solier du Piémont (1).

Les armes et les ornements ci-dessus ne doivent plus
changer; ils sont devenus historiques (2), et se trouvent
constatés par des titres, qui désormais sont incontestables.

D'AUBIER DE LA MONTEILHE, *de Rioux, de
Condat, de Sauzet*, famille ancienne d'Auvergne, où
elle réside encore de nos jours.

La filiation qui va suivre est prouvée par les jugements
et arrêts qui ont maintenu cette famille dans sa noblesse
de race, par certificats de M. Chérin, généalogiste
des ordres du Roi, et par les actes originaux sur lesquels
lesdits jugements et certificats de M. Chérin ont été accordés.

I. Pierre, *aliàs* Perrot D'AUBIER, homme d'armes,
comparut à Bourges, en 1356, à la montre que fit
André de Chauvigny. Il fut père de:

II. Jean D'AUBIER, Ier du nom, qualifié *vicomte*
dans ses actes. Il commandait pour le Roi au Pont-de-
l'Arche, en 1379. Il fut père de:

III. Jean D'AUBIER, IIe du nom, chevalier, seigneur d'Aubier, écuyer de Jean, fils de France, duc
de Berri et d'Auvergne. Il vivait en 1401 et 1412, et
eut pour fils:

IV. Louis D'AUBIER, Ier du nom, chevalier, seigneur d'Aubier, homme d'armes, vivant en 1425 et
1429. Il eut deux fils:

   1.° Jean, dont l'article suit;

   2.° Louis d'Aubier, qui fut homme d'armes en

---

(1) J. J. Rousseau, Confess., liv. III.
(2) Avrillon; dito le Labour., Voyage, etc.; et Waroq.,
Recherches, p. ultim., et les titres authentiques de la famille.

V. Jean d'Aubier, IIIe du nom, seigneur du Cendre, homme d'armes des ordonnances du Roi, en 1447 et 1450 (1). Il avait épousé Antoinette de Laizer, fille de Rainard de Laizer, écuyer, et de Marguerite de Vaisseras, aux successions desquels elle renonça, le 23 août 1471, au profit de Jacques de Laizer, son neveu, se qualifiant, dans cet acte, veuve de Jean d'Aubier, écuyer (2). Leurs enfants furent :

1.º Annet, dont l'article suit ;
2.º Guillaume d'Aubier, l'un des cinquante hommes de guerre, chargés de la garde du château de Fa, en 1474.

VI. Annet d'Aubier, écuyer, homme d'armes, vivant en 1468, fut père de :
1.º Jean, dont l'article suit ;
2.º Bernard d'Aubier, homme d'armes de la compagnie du comte de Castres, en 1485.

VII. Jean d'Aubier, IVe du nom, écuyer, vivant en 1474, homme d'armes de la compagnie du Belloi, en 1482, fut père de :

VIII. Charles d'Aubier, guidon d'une compagnie de cinquante lances des ordonnances du Roi, en 1545, et enseigne de quarante hommes de guerre en 1548, mort en 1551. Il eut pour fils :

IX. Emmanuel d'Aubier, Ier du nom, dit *le capitaine d'Aubier*, condamné à mort par contumace par le parlement de Bordeaux en 1529, à l'occasion des troubles de cette époque, où il fut un des premiers à s'attacher à Henri IV. Il fut père de :

X. Antoine d'Aubier, chevalier, seigneur de la Monteilhe, Rioux, Condat, Sermeut, marié, en 1589, à Françoise de la Salle de Puy-Germaud ; d'eux sont nés :

_____

(1) Voyez les Mémoires pour servir de Preuve à l'Histoire de Bretagne, tome II, col. 1515.
(2) Armorial général de France, tome Ier, partie Ire, page 324.

1.º Antoine d'Aubier, écuyer, mort sans postérité ;

2.º Joseph d'Aubier, dont l'article suit ;

3.º Jean d'Aubier, écuyer, seigneur de Sermeut, tué à l'armée d'Italie, sans postérité ;

4.º Gabrielle d'Aubier, mariée, le 1ᵉʳ juin 1631, à René de la Tour-d'Auvergne, seigneur de la Roche, de Donzenac, de Saint-Exupéry, etc., fils de Jean de la Tour-d'Auvergne, seigneur d'Alagnac, de Chevenon, etc., et de Marguerite de Murat.

XI. Joseph D'AUBIER, chevalier, seigneur de Rioux, la Monteilhe, Condat, Sermeut, marié à Anne Tixier de Lavault ; d'eux sont nés :

1.º Louis d'Aubier, dont l'article suit ;

2.º Jean d'Aubier, tué à l'attaque de Salins, mort sans postérité ;

3.º Antoine d'Aubier, écuyer du Roi, inspecteur-général des haras, mort sans postérité ;

4.º Anne, mariée, en 1669, à Louis de Sageot de Murol, et en secondes noces, à Charles, comte de Bouillé.

XII. Louis D'AUBIER, IIᵉ du nom, chevalier, seigneur de Rioux, la Monteilhe et Condat, capitaine au régiment royal infanterie, fut marié, en 1679, à Jeanne de Goy ; d'eux sont issus :

1.º Antoine d'Aubier, qui suit ;

2.º Emmanuel d'Aubier, dont l'article viendra ;

3.º Marie d'Aubier, dame de Murol, mariée avec Adrodias du Chastel, qui prit alors le nom de Murol.

Branche aînée.

XIII. Antoine D'AUBIER, chevalier, seigneur de Condat, Revialle et Daire, capitaine d'infanterie, épousa, en 1712, Marguerite de Saint-Giron de Tavernolles, demoiselle d'une ancienne famille d'Auvergne ; d'eux naquit :

XIV. Emmanuel Joseph D'AUBIER, IIᵉ du nom d'Emmanuel, seigneur de Condat, qui épousa Marguerite de Rigaud-Monteynard ; d'eux sont nés :

1.º Emmanuel d'Aubier, né le 18 août 1757;
2.º Marie d'Aubier;
3.º Marie-Ursule d'Aubier.

XV. Emmanuel d'Aubier de Condat, IIIe du nom, seigneur de Daire, d'abord officier au régiment de Jarnac, dragons, émigré en 1791, devenu aide-de-camp général du duc de Deux-Ponts, ensuite chef d'escadron au service d'Autriche, chevalier de Saint-Louis, marié, en 1802, à Marie-Agnès d'Apchier; d'eux sont issus :

1.º Joseph-Marie d'Aubier, né le 20 mai 1803;
2.º Jean-Emmanuel d'Aubier, né le 25 juin 1806.

Branche puînée, prise au IIe degré.

XIII. Emmanuel d'Aubier, du nom d'Emmanuel, chevalier, seigneur de la Monteilhe, second fils de Louis et de Jeanne de Goy, épousa, en 1715, Anne de Vallenet, d'une famille qui a fourni des chevaliers vénitiens; il mourut le 15 mai 1759, laissant cinq enfants :

1.º Antoine d'Aubier, né en 1716, qui fut doyen du chapitre royal de Verneuil;
2.º Autre Antoine d'Aubier, né en 1717, dont l'article suit;
3.º Gabriel d'Aubier, né en 1719, abbé de l'abbaye royale de Bonne-Aiguë, en Limosin;
4.º Antoine d'Aubier, né en 1723, qui, après avoir servi long-temps dans le régiment de la Reine, cavalerie, fut lieutenant-colonel au régiment de Royal-Normandie, cavalerie;
5.º Anne d'Aubier, mariée, en 1759, à Philippe-Joseph, comte du Crozet de Liganez.

XIV. Antoine d'Aubier, chevalier, seigneur de Rioux et de la Monteilhe, né en 1717, mort en réclusion le . . . . 1794; avait épousé Jeanne de Champflour, d'une famille qui a donné à l'église dans le dix-huitième siècle, deux évêques vénérés pour leurs vertus. De ce mariage sont nés :

1.º Emmanuel d'Aubier, qui suit;
2.º Jean, né le 2 janvier 1751, qui fut chanoine

de la cathédrale de Clermont, prieur de Saint-Etienne, procureur-syndic de la noblesse et du clergé en 1788, et qui fut fusillé, en 1794, à Lyon, par ordre du comité révolutionnaire;

3.º Marie d'Aubier, née le . . . . . 1753, mariée, le 10 février 1777, à Benoît Fabre de Saint-Mande.

XV. Emmanuel d'Aubier, IIIᵉ du nom d'Emmanuel, chevalier, seigneur de Rioux, de la Monteilhe et de Sauzet, né le 20 septembre 1749, gentilhomme ordinaire du roi Louis XVI (1), a été nommé, le 13 mars 1793, chambellan du roi de Prusse (la lettre de ce mo-

---

(1) Il en a exercé les fonctions auprès de Louis XVI jusqu'au dernier instant, l'ayant suivi à l'assemblée législative le 10 août 1792, ayant veillé à son chevet la première nuit de sa captivité aux Feuillants. Il demeura auprès de son bon maître jusqu'à ce qu'il en fut arraché par ordre de l'assemblée, la nuit du 11 au 12 août; chargé par ce prince et sa famille, d'informer ses frères et le roi de Prusse des événements du 10 août et de leurs conséquences, il les joignit près de Luxembourg, le 22 août, et fit campagne avec eux.

. Le 12 décembre suivant, il fut aux avant-postes faire remettre aux généraux français sa réquisition de le recevoir prisonnier et de le transférer à la barre pour y défendre Louis XVI ; il en a le reçu portant refus ; il fit pareille réquisition au ministre de France à la Haye, et fit parvenir à M. de Malesherbes sa prière de lui procurer les moyens d'arriver pour être entendu sur faits justificatifs de son maître. M. de Malesherbes lui répondit, par lettre du 12 janvier 1793, que ce prince le conjurait de ne point se compromettre, parce que cela serait inutile, le qualifiant une des personnes dont il était le plus aimé, et qu'il estimait le plus. Cette lettre étant tombée entre les mains du roi de Prusse, par effet des circonstances de guerre, ce monarque lui envoya la clef de chambellan, en lui écrivant une lettre qui fait autant d'honneur à ce prince, par les sentiments qu'il y exprime pour Louis XVI, qu'elle en fait à Emmanuel d'Aubier, par l'estime qu'il lui témoigne.

Emmanuel d'Aubier a signalé son dévouement à Louis XVI par beaucoup d'autres traits ; quelques-uns ont été cités par du Rosoy ; d'autres dans divers ouvrages, entr'autres, dans celui de Pelletier, dans les Essais historiques de Beaulieu, et dans les Mémoires de Bertrand de Molleville ; il est souvent fait mention de lui dans l'excellent ouvrage de M. Hue, sur les dernières années du règne de Louis XVI.

narque, à M. d'Aubier, porte que c'est en témoignage de son estime pour le dévouement à Louis XVI, dont il a donné de si grandes preuves).

Il a rejoint Son Altesse Royale MONSIEUR, frère de LOUIS XVIII, en 1814.

Le 1.er mai 1814, à l'arrivée de Louis XVIII à Compiègne, il est rentré dans ses fonctions de gentilhomme ordinaire de la chambre du Roi; a été nommé par le roi de Prusse chevalier de l'ordre de l'Aigle rouge, deuxième classe, dite des commandeurs; la même année, chevalier de la Légion-d'Honneur.

Le 20 mars 1815, il se rendit en Auvergne pour y diriger un projet de mouvement qui établit communication des fidèles qui voudraient s'armer dans le centre du royaume avec l'armée du duc d'Angoulême et les fidèles de Bordeaux, à la tête desquels était S. A. R. madame la duchesse d'Angoulême; mais cela fut éventé avant que le mouvement éclatât. Il fut mis sous surveillance et envoyé à Lyon; en 1816, chevalier de Saint-Louis et colonel.

Il avait épousé, le 4 novembre 1768, Jeanne Margeride Crevecœur. De ce mariage sont issus:

1.º Antoine d'Aubier, qui suit;
2.º Jérôme-Emmanuel d'Aubier de la Monteilhe, dont l'article viendra;
3.º Jean-Baptiste d'Aubier de Rioux, dont l'article viendra aussi ensuite.

XVI. Antoine D'AUBIER DE LA MONTEILHE, chevalier, seigneur de Sauzet, né le 12 décembre 1769, fut d'abord officier au régiment d'infanterie de Viennois, ensuite lieutenant au corps royal d'artillerie, puis lieutenant dans la garde royale créée en 1791, et qui fut licenciée en 1792; émigra en août, joignit les princes, fit la campagne dans les compagnies de cavalerie des gentilshommes d'Auvergne, passa, en mars 1793, au service du roi de Prusse, fut aide-de-camp du maréchal de Kalkerseut, décoré de l'ordre du mérite militaire, fait chef d'escadron et ensuite major.

Il a épousé, en 1805, Henriette de Hausen, fille du baron de Hausen, lieutenant-général des armées du roi de Prusse, grand-croix de l'ordre prussien de l'Aigle Noir, chevalier de l'ordre de Saint-Jean-de-Jérusalem.

Ils n'ont en ce moment qu'un fils, nommé Gustave de Hausen-Aubier, conformément aux lettres-patentes du roi de Prusse, portant réunion des deux noms; il est né en janvier 1809.

Jérôme-Emmanuel D'AUBIER DE LA MONTEILHE, seigneur de Sauzet, frère d'Antoine d'Aubier, né le 23 décembre 1770, débuta par être officier au régiment de Viennois, passa au régiment du maréchal de Turenne, de là au service du roi d'Espagne, en qualité de lieutenant au régiment de Naples, rentra en France en 1801, y épousa, au mois de juin, Marie-Claudine de Champflour, mourut en 1805. Il a laissé deux filles vivantes en ce moment, et sa femme enceinte; elle est accouchée d'un garçon, mort peu de jours après sa naissance.

Jean-Baptiste-Antoine D'AUBIER DE RIOUX, frère des deux précédents, fut d'abord officier d'infanterie, en France, puis émigra; fit deux campagnes dans l'armée de Condé, et fut ensuite lieutenant d'infanterie au service du roi de Prusse; y épousa la fille de S. Exc. le grand-écuyer Mardefeld, fut fait prisonnier à Magdebourg; devenu veuf, rentra au service de la Martinique, chevalier de Saint-Louis et de la Légion-d'Honneur; en mai 1815, fut chargé, par M. le comte de Vaugiraud, gouverneur-général des Antilles, de venir rendre compte au Roi de l'état des choses; en 1816, lieutenant-colonel de la légion départementale de la Haute-Vienne, et, en 1817, lieutenant de Roi, à Saint-Jean-Pied-de-Port.

Il a épousé, en secondes noces, Petra de Flor, fille d'un gentilhomme espagnol, nièce de l'évêque du Mexique, native de Burgos, d'une famille très-fidèle aux Bourbons. De ce mariage sont issus:

1.° Prosper-Antoine d'Aubier, né en 1811, en Espagne;

2.° Emmanuel d'Aubier, né à Limoges, en 1815;

3.° Susanne d'Aubier, née à Paris, en 1814.

Tel est l'état actuel de cette famille.

Armes: « Les armes de cette famille sont d'or, à un » chevron de gueules, accompagné en chef de deux

» molettes d'éperon d'azur, et en pointe d'un croissant
» du même; pour devise : *unguibus et rostro fidelis*, sur-
» monté d'une bannière, qui remonte à l'époque des
» croisades. »

Sur les tombeaux de cette famille et sur les vitraux
des chapelles où ils étaient, l'écusson était surmonté
d'une bannière blanche, traversée d'une grande croix
rouge; la tradition et un manuscrit, jadis conservé à la
bibliothèque de la cathédrale de Clermont, disent que,
lorsqu'en 1095, la croisade fut résolue à Clermont, *cet
insigne en cimier sur leurs armoiries* fut accordé à ceux
qu'on chargea de porter les bannières; et leurs descendants continuèrent d'en jouir. Le diplôme du roi de
Prusse, ainsi que la lettre du Roi, leur donne le titre
de baron, au lieu de celui de vicomte, que leurs auteurs
avaient depuis 1379, parce que ce titre est inusité en
chancellerie allemande. Pour l'admission d'Antoine
d'Aubier aux états de Prusse, les preuves de noblesse
de race ont été enregistrées aux archives royales de
Prusse après vérification de leur authenticité faite à
Paris, par trois commissaires, membres des états,
devant le ministre de Prusse, en présence de M. Pavil-
let, principal commis, de M. Chérin, actuellement aux
Archives royales de France, qui a affirmé la vérité des
actes et signatures.

DE LA PANOUSE, en Rouergue. La maison de la
Panouse a pris son nom de la petite ville de la Panouse
de Sévérac, au diocèse de Rodez, ce qui annonce la
pureté de son origine.

Elle n'est pas moins recommandable par son ancienneté, remontée à près de sept cents ans, que par ses
services militaires, et par les alliances distinguées qu'elle
a contractées.

Elle jouissait des honneurs de la chevalerie dès le milieu du treizième siècle, et elle a donné, dans les suivants, un sénéchal de Rouergue, un sénéchal de Carcassonne, deux évêques de Mende, dont le premier fut
ensuite archevêque de Damas, et un grand nombre d'officiers distingués. A tous ces avantages qui lui assurent

un rang distingué parmi la bonne noblesse du royaume, elle joint celui d'avoir été jurée, depuis près de trois cents ans, dans l'ordre de Saint-Jean-de-Jérusalem.

Ses principales alliances sont avec les maisons d'Alègre, d'Aubusson, de Bonafous-de-Presques, de Dienne, d'Erailh, d'Escoraillles, de Saint-Estève, de Lentilhac-Sédières, de Molceu, de Morlhon, des Ondes, de Pauliac, de Prévenquières, de Rives, de Rodez-de-Montalègre, de la Roque-Toyrac, de la Tour-de-Loubens, de Turenne-d'Aynac, de Vezins, et autres.

Son premier auteur connu est :

Motet DE LA PANOUSE, Ier du nom, qui fit don, en 1154, à Guillaume de Vezins et à ses frères, de tout ce qu'il avait acquis au château de Vezins, consistant en maisons, cens, rentes, et autres objets; il eut pour témoin de cet acte Gui de Sévérac.

La filiation est parfaitement établie depuis :

I. Motet DE LA PANOUSE, IIe du nom, chevalier, qui s'unit, au mois de juin 1257, avec d'autres habitants de la Panouse, tant chevaliers que damoiseaux, pour refuser à Gui de Sévérac l'hommage qu'ils lui devaient : c'est ce que l'on apprend d'une enquête du 9 des ides de ce mois, faite à la requête de la cour (justice) de Gui, d'où il résulta que Motet avait été le moteur de ce refus; ce fut sans doute pour se mettre hors de la dépendance de ce seigneur, que le 14 des calendes de mai 1259, Motet, uni à Stéphanie, sa femme, dont le surnom est ignoré, et à Motet de la Panouse, leur fils, vendit au même Gui de Sévérac tout ce qu'il possédait au château de la Panouse et dans son mandement. Il vivait encore en 1269, qu'il autorisa l'hommage rendu par le même Motet, son fils, qui suit.

II. Motet DE LA PANOUSE, IIIe du nom, chevalier, seigneur de Loupiac et de Vilaret, consentit la vente faite par ses père et mère, le 14 des calendes de mai 1259. Il fit hommage, conjointement avec Hugues de Mercastel, le lundi après l'Assomption de la sainte Vierge, 1269, à Henri de Bénévent, chevalier, de différents mas, et de tout ce qu'ils possédaient au château d'Aureille ; il y fut autorisé par son père. Il acquit le jour de l'octave de la Toussaint 1271, de Bernard Delmas et de Raimonde, sa femme, un territoire situé dans la paroisse de la Panouse, au lieu appelé la Combe de Loupiac. Acquit, le 19 des calendes de février 1284, un autre territoire situé dans les côtes de Vilaret, et fit hommage à Gui, seigneur de Sévérac, le 3 des ides de novembre 1287, de ces deux territoires et de toutes ses terres et possessions, situées dans les paroisses de la Panouse et de Saint-Grégoire ; fit encore diverses acquisitions de biens-fonds en 1287, 1289 et 1293 ; fit son testament à Rodez, le jeudi avant la fête des apôtres saint Simon et saint Jude 1307, et mourut, laissant d'une alliance inconnue :

1.° Raoul de la Panouse, chevalier, qui suit ;

2.° Motet de la Panouse, qui fut institué, en 1307, héritier particulier de son père, dans ce qui appartenait au testateur à Fabregues, à Fabresilles, dans l'affar de Canteloube, et au château d'Aureille ; il eut d'une femme inconnue, trois fils, Motet, Guillaume et Raimond de la Panouse, légataires de Motet, leur aïeul, en 1307, et dont la destinée est demeurée inconnue ;

3.° Stéphanie de la Panouse, qui était mariée dès 1307, à Bernard Bertrand, damoiseau ;

4.° Motet de la Panouse, femme de Hugues de Valat, damoiseau, dès 1307 ;

5.° Ysens de la Panouse, femme de Raimond de Saint-Estève, damoiseau, en 1307.

III. Raoul DE LA PANOUSE, chevalier, seigneur de Loupiac et de plusieurs autres lieux, fut institué héritier de son père en 1307, dans tout ce qui appartenait au testateur dans la ville et mandement de la Panouse, dans le château et mandement de la Roque-Balsergue, dans la paroisse de Saint-Saturnin, au château de Nogaret et dans la ville de Trellans ; fit hommage le samedi, veille des Rameaux 1311, à Gui, seigneur de Sévérac, de ses mas de Loupiac, de Vilaret ; fit une acquisition le mercredi avant la Purification 1331. Passa le 27 avril 134... une transaction avec son fils, ci-après nommé, et consentit un bail emphitéotique le 20 avril 1346. Le nom de sa femme est également ignoré ; mais il fut père de :

Motet de la Panouse, qui suit...

IV. Motet DE LA PANOUSE, IVe du nom, chevalier, seigneur de Loupiac et de Vilaret, passa une transaction, conjointement avec son père, le 27 avril 134... et un bail enphitéotique le 20 avril 1346. Fit hommage le 8 mai 1367, à Gui de Sévérac, chevalier, de ses mas de Loupiac et de Vilaret; vendit, en 1371, un pré situé dans les appartenances de la Panouse, et mourut avant le 6 octobre 1397 ; laissant de Miracle d'Erailh, sa femme, de l'une des plus anciennes maisons du Rouergue :

Jean de la Panouse, chevalier, qui suit.

V. Jean DE LA PANOUSE, surnommé aussi de Loupiac, Ier du nom, chevalier, seigneur de Loupiac et de Vilaret, gouverneur de Cabrières, et sénéchal de Carcassonne, fit hommage en qualité d'héritier universel de son père, le 6 octobre 1397, à Gui, baron de Sévérac, damoiseau, du mas de Loupiac et de tout ce qui lui appartenait dans la paroisse de la Panouse. Le roi Charles VI, le nomma, le 1er mars 1413, gouverneur du château de Cabrières, place alors importante en Languedoc, et sénéchal de Carcassonne. Il posséda en un tel point la confiance et l'estime de Jean de France, duc de Berri, frère du roi Charles V, que ce prince le nomma, par son testament du mois de mai 1416, l'un des exécuteurs de ses dernières volontés. Il épousa Lombarde d'Erailh, de la même maison que sa mère. Cette dame fit don le 21 février 1417 (n. st.), à l'église de la Panouse, d'un reliquaire avec des reliques, et du bois de la vraie Croix. Ils eurent pour enfants :

1.º Jean de la Panouse, qui suit ;
2.º Amalric de la Panouse, auteur de la branche des seigneurs du Colombier, rapportée ci-après ;
3.º Gui de la Panouse, qui fut d'abord archidiacre de Conques, dans l'église de Rodez, puis élu évêque de Mende, en 1443, et enfin, archevêque de Damas ;
4.º Raimond de la Panouse, prieur de Gailhac.

VI. Jean DE LA PANOUSE, IIe du nom, chevalier, seigneur de Loupiac et autres lieux, gouverneur du château de Cabrières, et sénéchal de Rouergue, qualifié *noble et puissant homme*, fit hommage de son mas de

Loupiac à Amalric ou Amauri de Sévérac, le 12 avril 1419. Ce seigneur, alors maréchal de France, le chargea, le 16 février 1424, de prendre possession en son nom, de la châtellenie de Cessenon. Il fut du nombre des Français qui demeurèrent constamment attachés au parti du roi Charles VII, et servit ce prince avec zèle dans toutes les guerres qu'il eut à soutenir pour recouvrer sa couronne et chasser les Anglais du royaume. Jean IV, comte d'Armagnac et de Rodez, l'envoya, en 1442, en qualité d'ambassadeur au roi d'Angleterre, pour proposer à ce prince une de ses filles en mariage.

Jean de la Panouse épousa Marguerite de Dienne, de l'ancienne et illustre maison de ce nom, en Auvergne, fille de Louis, seigneur de Dienne, et de Baranne d'Estaing, sa troisième femme (1). Leurs enfants furent :

1.º Philippe de la Panouse, qui suit ;

2.º Antoine de la Panouse, d'abord chanoine de Rodez, puis élu évêque de Mende, après Gui de la Panouse, son oncle ; il prêta serment de fidélité au roi Louis XI, en 1468, et occupa le siége jusqu'au 28 juin 1473, qu'il mourut conservateur des priviléges de l'ordre de Citeaux ;

3.º Jean de la Panouse, chanoine de Mende, en 1466 ;

4.º Pierre de la Panouse, chanoine de Prohnas ;

5.º Jérémie de la Panouse, qui épousa Jean de Morlhon, fils de *noble et puissant homme* messire Pierre de Morlhon, seigneur de Saint-Vensan ;

6.º Catherine de la Panouse, femme de Jean de Prévenquières, seigneur de Vazès, et légataire de sa mère, en 1466 ;

7.º Béatrix de la Panouse, qui était mariée à Ber-

---

(1) Louis de Dienne avait eu pour première femme Gabrielle de Langeac, fille d'Armand, seigneur de Langeac, et de Gaufrède de la Tour-d'Oliergues, et pour seconde, Isabelle de la Tour, fille d'Agne II de la Tour, seigneur d'Oliergues, tige des ducs de Bouillon, et de Béatrix de Chalençon. Cette alliance avec la maison de Dienne prépara aux descendants de Jean de la Panouse, des parentés avec les plus illustres maisons de France, telles que celles d'Aubusson, de Beaufort-Canillac, d'Escorailles, d'Estaing, de Montboissier, de Montlezun, de Montmorin, de Tournemine, de Tournon et autres.

nard de Pauliac, dès 1466, qu'elle fut faite légataire particulière de sa mère.

VII. Philippe DE LA PANOUSE, chevalier, seigneur
de Loupiac, de Servières, et autres lieux, reçut, avec
son père, le 28 janvier 1449, la quittance qui leur fut
donnée par Jean de Morlhon, son beau-frère, de la
dot de Jérémie de la Panouse, sa sœur : il obtint le 10
décembre 1461, des lettres de Jean, comte d'Armagnac,
portant confirmation de la concession faite à Jean de la
Panouse, son père, par Amauri, seigneur de Sévérac,
maréchal de France, dont ce comte était héritier, du
droit de juridiction basse au lieu de Loupiac; il est
nommé dans les lettres-royaux expédiées le 17 mars
1461, contre Amalric de la Panouse, son oncle, au sujet
de paiements faits pour la capitainerie du château de
Cabrières, qui avait été occupée par le même Jean, son
père; fut institué héritier universel de Marguerite de
Dienne, sa mère, le 26 avril 1466, et était mort avant
le 11 novembre 1478, qu'il est rappelé dans un hommage rendu par Jean de la Panouse, son fils, dont on
va parler, et qu'il avait eu de Bourguine, sa femme,
dont le nom de famille est inconnu.

VIII. Jean DE LA PANOUSE, III⁰ du nom, seigneur
de Loupiac, de Cervières, de Cruejouls, de Seyrac et
de Dome, qualifié *noble et puissant*, fit hommage de son
château de Loupiac à Antoine de Chabannes, comte de
Dammartin, seigneur de Sévérac, le 11 novembre 1478.
Il est nommé dans le testament d'Isabelle de Marcenat,
sa femme, du 26 juillet 1482, et vivait encore le dernier
mars 1505, qu'il assista au contrat de mariage de Charles
de la Panouse, son fils. Isabelle de Marcenat l'avait
rendu père de :

1.° François de la Panouse, qui fut héritier de sa
    mère, en 1482, et dont la destinée est demeurée
    inconnue;
2.° Charles de la Panouse, qui continua la posté-
    rité;
3.° Bertrand de la Panouse, légataire de sa mère,
    le 16 juillet 1482;
4.° Pierre de la Panouse, aussi légataire de sa
    mère, en 1482.

IX. Charles DE LA PANOUSE, écuyer, seigneur de Loupiac, de Pozols, de Marmiesse, des Servières, de Cruejouls, etc., fut fait légataire de sa mère, le 26 juillet 1482. Il forma, le dernier mars 1505, une alliance illustre en épousant Françoise d'Alègre, fille de Jacques, baron d'Alègre, chevalier, conseiller et chambellan du roi, et d'Isabeau de Foix-Rabat, sa seconde femme, et sœur consanguine de François d'Alègre, comte de Joigny, grand-maître des eaux et forêts de France.

Françoise d'Alègre, étant devenue veuve, convola en secondes noces avec Pierre Rohanne, et en troisièmes, en 1535, avec François Guérin, seigneur des Herbiers; elle avait eu de Charles de la Panouse :

1.° Jean de la Panouse, écuyer, seigneur de Loupiac, de Pozols, de Marmiesse, de Cruejouls, qui transigea, le 13 septembre 1525, avec Jeanne, sa sœur. On ignore s'il laissa postérité ;

2.° Jeanne de la Panouse, qui épousa Jourdain de Pujols, écuyer, et transigea, le 13 septembre 1525, avec Jean de la Panouse, son frère.

Branche des seigneurs du Colombier.

VI. Amalric DE LA PANOUSE, surnommé aussi de Loupiac, damoiseau, seigneur du Colombier, dans la paroisse de Mondalazac, au diocèse de Rodez, était second fils de Jean de la Panouse, I.er du nom, chevalier, seigneur de Loupiac, et de Vilaret, sénéchal de Carcassonne, et gouverneur de Cabrières, et de Lombarde d'Erailh, rapportés ci-devant. Il fut lieutenant de Jean de la Panouse, son frère aîné, au gouvernement du château de Cabrières, pendant les années 1436, 1437, 1438, et 1439, comme on l'apprend des lettres-royaux qui furent expédiées le 17 mars 1461, au sujet de la demande qu'il avait formée pour être payé de ses gages; épousa, par contrat du 1.er février 1437, Marguerite des Salles, fille et héritière de noble Pierre des Salles, seigneur du Colombier; c'est par ce mariage que la terre du Colombier est venue dans la maison de la Panouse. Ce fut en qualité de fondé de la procuration de Jean de la Panouse, chevalier, seigneur de Loupiac, son frère, qu'il rendit hommage le 15 novembre 1448, à Jean de la Roque, seigneur de Moret, de ce que Jean de la Panouse ténait de lui en fief franc et honorable. Il contracta une seconde alliance, le 7 novembre 1446, avec Bertrande des Ondes, fille de Raimond, seigneur des Salles-Comtaux, au diocèse de Rodez; il se porta caution, en 1467, de Philippe de la Panouse, son neveu, et passa à cet effet une obligation, le 10 octobre de cette année; testa le 22 août 1468, et ne vivait plus le 9 juillet 1472, qu'il est rappelé dans un hommage rendu par Jean de la Panouse, son fils.

Il avait eu de Marguerite des Salles, sa première femme,

> 1.º Marguerite de la Panouse qui était mariée dès le 23 novembre 1458, à noble homme Etienne d'Estève, co-seigneur de Saint-Martial, au diocèse de Nismes, époque de la donation qu'elle fit à Jean de la Panouse, son frère;
> 2.º Béatrix de la Panouse, femme de Jean de de Saint-Marsal, et légataire de son père, en 1468;
> 3.º Jeanne de la Panouse, qui épousa avant 1468, Bernard de Rives, et fut aussi légataire de son père, le 22 août de cette année.

Il eut de Bertrande des Ondes, sa seconde femme:

> 1.º Jean de la Panouse, qui continua la postérité;
> 2.º, 3.º, 4.º, 5.º, Guy, Pierre, Bertrand et Philippe de la Panouse, dont la destinée est demeurée inconnue;
> 6.º, 7.º, 8.º, 9.º, 10.º, Marguerite, Gaillarde, Dauphine, Antoinette et Catherine de la Panouse, légataires de leur père, en 1468.

Il eut aussi un fils naturel nommé Guillaume.

VII. Jean DE LA PANOUSE, II° du nom, surnommé de Loupiac, damoiseau, seigneur du Colombier, et co-seigneur de Golignac et des Salles-Comtaux, reçut le 23 novembre 1458, la donation que lui fit Marguerite de la Panouse, sa sœur consanguine, en présence d'Amalric, leur père; fut institué héritier universel de ce dernier, le 22 août 1468, et fit hommage en cette qualité le 9 juillet 1472, à Humbert de

Batarnay, écuyer, conseiller et chambellan du Roi, seigneur du Bouchage et des Salles-Comtaux, de ce qu'il possédait au petit château des Salles-Comtaux; il fit son testament à Rodez, le 28 août 1510, et laissa de l'alliance qu'il avait contractée le 14 mars 1477, avec Antoinette de Molceu, fille de Bertrand de Molceu, surnommé de Marcilhac, seigneur de Boysse, et d'Escorailles:

1.º François de la Panouse, *dit* de Loupiac, qui fut héritier universel de son père, le 28 août 1510. On ignore s'il a laissé postérité;

2.º Bertrand de la Panouse, qui servit le roi Louis XII, dans les guerres d'Italie; il y a tout lieu de croire qu'il y fut tué avant 1510, que son père, ignorant s'il existait encore, lui légua, à tout événement, une somme de quatre cents livres, par son testament du 28 août de cette année, et que depuis, il n'est plus question de lui;

3.º Pierre de la Panouse, qui suit;

4.º Catherine de la Panouse, femme d'Antoine de Campagnac, juge du comté de Rodez, et légataire particulière de son père, en 1510;

5.º Marguerite de la Panouse, femme de noble Brenguier de Prunet, aussi légataire de son père, en 1510;

6.º Antoinette de la Panouse, qui n'était pas encore mariée en 1510;

7.º Autre Catherine de la Panouse, religieuse de Saint-Saturnin, à Rodez.

VIII. Pierre DE LA PANOUSE, Ier du nom, écuyer, seigneur du Colombier et de Mondalazac, fut fait légataire particulier et substitué à François de la Panouse, son frère aîné, par le testament de leur père, du 28 août 1510. Il épousa, par contrat du 28 avril 1523, Marguerite de la Roque, fille de *noble et puissant homme* Claude de la Roque, écuyer, seigneur de la Roque-Toyrac, et de la Vergne, étant sur le point de partir avec la noblesse de la sénéchaussée de Rouergue, convoquée à Narbonne pour le service du ban et arrière-ban, il fit son testament le 2 novembre 1542, et ne vivait plus le 7 juillet 1557, que sa veuve assista au contrat de mariage de Pierre de la Panouse, leur fils; il est encore rappelé avec elle dans le procès-verbal des preuves de noblesse faites le 28 octobre 1559, par André de la Panouse, leur fils, pour être admis dans l'ordre de Saint-Jean-de-Jérusalem. Leurs enfants furent:

1.° Pierre de la Panouse, qui continue la postérité;

2.° et 3.° Gaillard et Antoine de la Panouse, tous deux substitués à Pierre, leur frère aîné, par le testament de leur père, du 2 novembre 1542, et dont le sort est ignoré;

4.° André de la Panouse, qui fit, le 20 octobre 1559, ses preuves testimoniales de noblesse, suivant l'usage alors suivi, pour être reçu dans l'ordre de Saint-Jean-de-Jérusalem, et dans lesquelles les témoins attestèrent qu'il était *noble, gentilhomme de nom et d'armes.*

IX. Pierre DE LA PANOUSE, IIe du nom, seigneur du Colombier, fut institué héritier universel de son père, le 2 novembre 1542. Il épousa, par contrat du 7 juillet 1557, Antoinette de Rodez, fille de Guillaume de Rodez, seigneur de Montalègre, et proche parente de Guillaume de Montalègre, commandeur de l'ordre de Saint-Jean-de-Jérusalem, en 1566, et fit faire, le 28 octobre 1559, les preuves de noblesse pour l'admission d'André, son frère, dans le même ordre. Il servait en 1568, en qualité d'homme d'armes, dans la compagnie de M. de Clermont-Lodève, et comparut à la revue qui en fut faite à la Ferté-Alais, le 10 juin de cette année. Il mourut bien avant le 4 juin 1586, qu'Antoinette de Rodez, sa veuve, remariée à noble François de Prunet, seigneur dudit lieu, prit à bail, de Pierre de la Panouse, son fils, le château du Colombier et ses dépendances. Elle fit encore un échange, le 5 avril 1590, au nom du même Pierre, et assista à son contrat de mariage, du 5 juin 1593.

X. Pierre DE LA PANOUSE, IIIe du nom, seigneur du Colombier, de Golignac et autres lieux, donna ses biens à rente à sa mère et à son beau-père, le 4 juin 1586. Il fut représenté par cette dame, dans l'échange qu'elle fit en son nom, le 5 avril 1590; épousa, par contrat du 5 juin 1593, Isabelle de Lentilhac, fille de

François, seigneur de Lentilhac, et d'un grand nombre d'autres terres, et de Marguerite d'Aubusson, issue d'une branche cadette de l'ancienne et illustre maison d'Aubusson, ducs de la Feuillade. Cette dame fit son testament au château du Colombier, le 22 juin 1630; et par cet acte, elle demanda à être inhumée au tombeau des prédécesseurs de son mari, dans l'église de Mondalazac, et mourut avant le 22 septembre 1632, que son mari assista au contrat de mariage de François de la Panouse, leur fils. Ils eurent pour enfants:

1.º François de la Panouse, déjà nommé, et qui suit;
2.º Raimond de la Panouse, qui embrassa l'état ecclésiastique, et fut prieur de Mondalazac;
3.º Gabrielle de la Panouse, qui était déjà mariée à noble Pierre du Perrier, seigneur dudit lieu, le 22 juin 1630, date du testament de sa mère;
4.º Marguerite de la Panouse, non encore mariée en 1630;
5.º Autre Marguerite de la Panouse, religieuse, à Saint-Flour, en 1630.

XI. François DE LA PANOUSE, seigneur du Colombier, de Pruns et autres lieux, fut fait légataire particulier d'Isabelle de Lentilhac, sa mère, le 22 juin 1630. Il fit son testament le 19 septembre 1647, par lequel il demanda à être inhumé au tombeau de ses ancêtres, dans l'église de Mondalazac; institua sa femme son héritière universelle, à la charge de remettre son hérédité à son fils aîné, non encore baptisé, et ne vivait plus le 8 février de l'année suivante. Il avait épousé, par contrat du 22 septembre 1632, Guillemette-Charlotte de la Tour, fille de Jean, seigneur de la Tour, en Rouergue, et d'Anne de Loubens (1). De ce mariage vinrent:

(1) Anne de Loubens était fille de Jacques de Loubens, baron de Loubens, seigneur de Verdalle, capitaine de cinquante hommes d'armes des ordonnances du Roi, et chevalier de ses ordres, et nièce de Hugues de Loubens, grand-maître de Malte, et depuis cardinal: elle avait pour frère Hugues de Loubens, baron de Verdalle, qui épousa en 1623, Louise d'Arpajon, sœur de Louis, vicomte d'Arpajon, chevalier des ordres du Roi, créé duc et pair de France, par lettres de l'année 1650, qui ne furent point enregistrées.

1.º Louis de la Panouse, qui suit;

2.º François de la Panouse, qui fut père de Pierre de la Panouse, seigneur de Bourran, d'Agnac et autres lieux, lequel épousa Marie-Anne d'Escorailles, dont il eut Marie-Anne de la Panouse, mariée par contrat du 21 février 1730, avec Antoine de Levezon de Vesins, seigneur et baron de Vesins, qu'elle rendit père de François de Levezon, comte de Vesins, brigadier des armées du roi, lieutenant des gardes-du-corps de sa majesté; de Jean-Jacques-Gabriel, abbé de Vesins, vicaire général du diocèse de Senlis, et aumônier du roi, et d'Antoine-Alexis, vicomte de Vesins, capitaine de cavalerie;

3.º Jeanne de la Panouse, femme de N.... de la Guisardie, et veuve en 1690.

XII. Louis DE LA PANOUSE, Iᵉʳ du nom, chevalier seigneur du Colombier, de Pruns, et autres lieux, fut maintenu dans sa noblesse par jugement de M. Pellot, intendant de Guienne, rendu le 4 mai 1668, sur le vû de ses titres, remontés à l'année 1468. Il servit en 1674, sous les ordres du maréchal d'Albret, dans l'arrière-ban de cette province, et fit son testament au château du Colombier, le 22 avril 1690; par lequel il demanda pareillement à être inhumé au tombeau de ses prédécesseurs, dans l'église de Mondalazac. Il avait formé deux alliances, la première, le 17 décembre 1671, avec Gabrielle d'Andouls, dont il n'eut point d'enfants, et la seconde, le 16 novembre 1681, avec Marie-Françoise de Banafous-de-Presques. Il eut de cette dernière:

1.º Louis de la Panouse, dont on va parler;

2.º François de la Panouse, légataire de son père en 1690, et dont la destinée est demeurée inconnue;

3.º Joseph de la Panouse, aussi légataire de son père en 1690. Il servit en qualité de lieutenant dans le régiment d'infanterie de Tourville en 1709; était capitaine en second dans celui de Meuse en 1721; capitaine dans celui de Montmorin, aussi infanterie en 1740, et fut reçu chevalier de l'ordre royal et militaire de Saint-Louis, le 10 décembre de cette année;

4.º Anne de la Panouse, légataire de son père, le 22 avril 1690. Elle épousa Jean-Louis de la Peyre, écuyer, seigneur de Capmay, dont elle était veuve le 6 janvier 1758, qu'elle assista au contrat de mariage de Joseph de la Panouse, son neveu.

XIII. Louis DE LA PANOUSE, IIe du nom, chevalier, seigneur du Colombier, de Pruns et autres lieux, fut fait légataire particulier de son père, le 22 avril 1690. Il épousa, par contrat du 27 janvier 1704, Louise de Soliols-de-l'Isle, fille de noble Mathurin de Soliols, seigneur de l'Isle, et d'Anne de la Salle; fut maintenu dans sa noblesse par jugement de M. Laugeois, intendant de la généralité de Montauban, du 5 avril 1716; et fit son testament au château du Colombier, le 23 avril 1748. Louise de Soliols l'avait rendu père de :

1.º Jacques-Mathurin de la Panouse, légataire de son père, le 23 avril 1748;

2.º Joseph de la Panouse, abbé de Saint-Sintin, vicaire général et prévôt de l'église cathédrale de Condom; aussi légataire de son père, le 23 avril 1748;

3.º Joseph de la Panouse, qui suit;

4.º Louise de la Panouse, femme de N.... de Bonafous, seigneur de Presques, en 1748;

5.º Louise-Henriette de la Panouse, non encore mariée en 1748;

6.º Catherine de la Panouse, religieuse au couvent de Notre-Dame, à Rodez, en 1748.

XIV. Joseph DE LA PANOUSE, chevalier comte de la Panouse, seigneur du Colombier, de Mondalazac, de Pruns et autres lieux, lieutenant au régiment de Picardie; fit, en cette qualité, la campagne de 1744; se signala au siége de Fribourg, où il fut dangereusement blessé d'un coup de mousquet, ce qui l'obligea de se retirer du service; a été membre des états provinciaux de la haute Guienne. Il fut institué héritier universel de Louis de la Panouse, son père, le 23 avril 1748; épousa, par contrat du 6 janvier 1758, Catherine-Agathe de Turenne-d'Aynac, fille de Jean-Louis-Anne de Turenne, chevalier, seigneur, marquis d'Aynac, et de Marie-Claude Robert de Lignerac. De ce mariage sont issus:

1.º Joseph - Mercure de la Panouse, comte de
la Panouse, seigneur du Colombier, de Mondalazac, de Pruns et autres lieux, chevalier des
ordres de Saint-Louis et de Saint-Jean-de-Jérusalem; d'abord page de Madame; ensuite sous-
lieutenant au 6ᵉ régiment de chasseurs à cheval
le 14 mai 1779; capitaine au régiment de Dauphin,
dragons, le 4 juillet 1782; a servi dans l'armée
des princes et dans celle de Condé; chef d'escadron le 25 septembre 1816; et institué héritier
universel de son père le 1ᵉʳ juin 1783.

Il fit ses preuves de noblesse, au mois de mai
1787, devant M. Chérin, généalogiste du Roi,
pour monter dans les carrosses de Sa Majesté, et
jouit de cet honneur le 16 du même mois;

2.º René-Joseph-Louis de la Panouse, chevalier
de Malte, officier de la marine royale, mort à
Malte au mois de novembre 1791;

3.º Alexandre-César de la Panouse, chevalier des
ordres de Malte et de Saint-Louis, capitaine de
vaisseau, a épousé mademoiselle Anastasie-Char-
lotte Macquerel de Pleineselve, dont il a:

a. César-Armand-Anatole de la Panouse, né le
31 décembre 1809;

b. Henri-Louis-César de la Panouse, né le 24
août 1812;

c. Anastasie-Louïse-Charlotte de la Panouse,
née le 24 mars 1811;

4.º Ange-François-Charles de la Panouse, aussi
chevalier de Malte, capitaine au régiment de
Brie, infanterie; et nommé major à la suite dans
la garde du grand-maître de Malte, par commission du 30 janvier 1793;

5.º Charles-François de la Panouse, chevalier des
ordres de Malte et de Saint-Louis, lieutenant
d'artillerie, a fait également les campagnes dans
l'armée de Condé, et a épousé, au mois d'août
1806, Marie-Joséphine du Greils de Missillac,
et en a:

a. Joseph de la Panouse, né le 26 mars 1810;

b. Joseph-François-Alexandre-Bertrand de la
Panouse, né le 8 mai 1813;

    c. Jacques - Alexandre - César de la Panouse, né le 16 juin 1815 ;

    d. Joséphine-Caroline-Agathe de la Panouse, née le 3 novembre 1807 ;

6.° Louise-Charlotte de la Panouse, d'abord religieuse de la Visitation, à Moulins, et ensuite supérieure du couvent du même ordre, à Saint-Céré ;

7.° Françoise-Sophie de la Panouse, élevée dans la maison royale de Saint-Louis, à Saint-Cyr.

Armes : d'argent, à six cotices de gueules. Supports: deux anges.

Je soussigné, Bénigne *Chérin*, avocat, ancien premier commis du cabinet de l'ordre du Saint-Esprit, certifie que j'ai composé la présente notice généalogique de la maison de la Panouse sur l'original des preuves faites au même cabinet, au mois de mai mil sept cent quatre-vingt-sept, devant M. Chérin, conseiller du roi en sa cour des aides, et généalogiste de ses ordres, mon cousin, par M. Joseph-Mercure de la Panouse, à l'effet de jouir des honneurs de la cour. En foi de quoi, j'ai signé, à Paris, ce dix-huit avril mil huit cent dix-huit.

                    CHÉRIN.

ONFFROY ou HONFROY, terre noble et fief de *hautbert*, dans le comté d'Eu, qui a donné son nom à une ancienne famille de la Haute-Normandie.

Dès l'an 1094, un seigneur du nom d'Onffroy, fils de Rodolphe, avec un autre seigneur, nommé Cany, et d'autres preux chevaliers normands, entreprirent le voyage de la Terre-Sainte, et, passant par l'Italie, signalèrent leur valeur au siége de Salerne.

Pendant le cours de la première croisade, Onffroy de Suraumont, fils du précédent, s'empara, à la tête de trente normands, de Thoron, le plus fort château de la Palestine, du côté de Nazareth, dont lui et plusieurs de ses descendants prirent le surnom. En 1150, Onffroy, dit Thoron, fils de celui qui avait emporté d'assaut cette citadelle, commanda l'arrière-garde qui défendit

Antioche, contre le Sultan. Devenu connétable de Jérusalem, il reprit Alexandrie; mais mécontent d'A-
mauri, roi de Jérusalem, il se retira dans la Basse-
Arménie, avec son fils, où il mourut en 1167.

Onffroy IIIe du nom, dit *Thoron*, ne fut pas plus
heureux que son père et que le connétable, son aïeul.
Après la mort d'Amauri, il épousa, en 1174, sa fille
cadette, nommée Mélissante, laquelle n'avait alors que
neuf ans; mais dans la suite, Philippe de Dreux, évêque
de Beauvais, qui se distingua à cette croisade, cassa ce
mariage.

Onffroy, indigné de voir sa femme épouser successivement le marquis de Montferrat et le comte de Champagne, retourna en France pour y réclamer ses droits.
Ce ne fut qu'après sa mort et celle de Mélissante, que
les pairs du royaume, assemblés à Melun, rendirent,
en 1227, un notable arrêt, par lequel les enfants que
Mélissante avait eus de ses second et troisième mariages,
furent déclarés bâtards.

Onffroy, dit *Boricard*, fils de Thoron, et de demoiselle de Boucard, était trop jeune alors pour profiter de
cet arrêt; il se qualifie *porte-oriflamme*, dans un dénombrement de son fief de Boucard, rendu au comté-pairie
d'Eu, du 7 janvier 1235. Il n'eut point de postérité, et
laissa un frère, dont un de ses descendants, le dernier,
du nom de Thoron, fut chargé, en 1343 ou environ,
par Philippe de Valois, d'une négociation importante
chez les Suisses : il y mourut, et laissa un fils à qui son
mérite dans la guerre, fit donner le surnom de *Lutin*.
On lit sur son épitaphe de l'année 1462, en l'église de
Puissanval, au comté d'Eu. « En 1425, naquit Onffroy
» Taupin, petit-fils d'Engrand, écuyer, seigneur
» d'*Onffroy*, Puissanval, au comté d'Eu, et Verchots,
» en Boulonnois, lequel épousa, à Londres, en 1459,
» Bethsi Ropere, fille aînée de Guillaume Ropere, doc-
« teur luthérien, et petite-fille, par sa mère, du célèbre
» Thomas Morus. » Il était né en 1425, dans ses terres
en Normandie, et mourut en Angleterre, où il avait
été fait prisonnier, laissant une fille et un fils, qui fut
Guillaume Onffroy Taupin, marié à Londres, en 1559.
Il eut plusieurs enfants mâles qui changèrent tous leur
nom, en Angleterre, dans les troubles de religion. La
branche cadette y existe encore.

Nicolas Onffroy, chef de la branche aînée, est mort à son château de Verchots, en Boulonnais, et portait le surnom *de la Barre*. Il a eu quatre enfants, tous nés en France.

1.º N... Onffroy, mort frère convers de la Trappe, en odeur de sainteté. *Voyez* le second volume de la *Vie des Pères de la Trappe*, à l'article *Onffroy* ;
2.º Jean, curé des Ifs, en Normandie ;
3.º Nicolas, qui suit ;
4.º Françoise Onffroy, femme de M. de Chamilly.

Nicolas Onffroy, dit *de la Barre*, écuyer, officier de cavalerie, s'est marié en la ville d'Eu, avec Claude de Villy. De ce mariage sont issus :

1.º Nicolas de la Barre, écuyer, seigneur d'Onffroy ;
2.º Françoise de la Barre ;
3.º Plusieurs autres enfants (1).

I. Marin Onffroy, descendant d'Onffroy-de-Thoron, IIIᵉ du nom, mourut en 1548, il était écuyer, seigneur de Vert, de Veret, d'Agnerville, de Saint-Laurent-sur-Mer, d'Aubigny et de la Pyramière, six paroisses dans l'élection de Bayeux, généralité de Caen, et obtint de François Iᵉʳ une charte en date de 1543, dans laquelle le roi fait l'éloge de ses services, de ceux de ses enfants et de ses vassaux, dans les bans et arrière-bans de l'armée. On n'a pu, jusqu'à présent, trouver le nom de son épouse. D'après une ancienne tradition conservée dans la famille, il paraîtrait que Marin était venu vers l'an 1490, d'une ville de Philadelphie, en Asie, où sa famille était restée depuis la fin des croisades, et qu'en ayant apporté de très-grandes richesses, il les plaça dans la Normandie, ancienne patrie de ses ancêtres ; il y planta ou greffa une espèce de pomme qu'il avait rapportée de ses voyages, et renommée dans le voisinage de Caen, pour faire d'excellent cidre. Cette pomme, de nos jours, est connue sous le nom de *Marin Onffroy*.

(1) Tout ceci, et ce qui précède, est extrait du Dictionnaire de la Noblesse, publié avant la révolution, tome XI, p. 80.

Après une si longue émigration, Marin ne pouvant prouver authentiquement sa filiation d'Onffroy de Thoron, troisième duc d'Antioche, et un des descendants des douze fils de Tancrède d'Hauteville, gentilhomme de l'évêché de Coutances, il crut devoir obtenir de François Ier la charte dont nous venons de parler.

II. Jehan Onffroy, Ier du nom, seigneur de Vert, Veret et de la Pyramière, etc., épousa Jeanne Herbellyne; de ce mariage sont issus :

1.º Charles, qui suit ;
2.º Lambert Onffroy ;
3.º Marie Onffroy.

III. Charles Onffroy, seigneur de Vert, Veret, de la Pyramière, etc., qui épousa Christine Le Poultrel, dont il eut :

1.º François, qui suit ;
2.º Pierre Onffroy, seigneur de Saint-Laurent-sur-Mer, lequel avait une fille nommée Jehanne Onffroy, qui épousa Jean le Blois de la Chapelle, conseiller du Roi, et trésorier-général de France.

IV. François Onffroy, Ier du nom, seigneur de Veret et Vert, etc., épousa Perrette Blondel, fille de Guillaume Blondel d'Emflour, écuyer, et Guillemette le Margand; il fut père de :

1.º François, qui suit ;
2.º Lambert Onffroy, duquel est sorti Jacqueline Onffroy, femme de Pierre le Court de la Maillardière ;
3. Marie Onffroy, qui épousa Pierre le Chevalier, seigneur de Longueville.

V. François Onffroy, IIe du nom, seigneur de Veret, épousa Jeanne Hébert, fille de Barthelemi Hébert, seigneur de Beaumer, et Marie de Bunel. François II obtint un arrêt de maintenue du sieur Chamillard, en 1666, commissaire du Roi, pour la réformation de la noblesse, dans la généralité de Caen. Cet arrêt le maintint comme fils de François, fils de Charles, fils de Jehan, etc. François II eut pour fils :

1.º Jean, dont l'article suit ;

2.º Nicolas Onffroy, qui vint rejoindre son frère à Saint-Christophe, et servait dans le régiment de Maison. Il paraît, par un certificat du chevalier de Saint-Laurent, gouverneur de ladite île, que Nicolas étant monté un des premiers à l'assaut du fort de Tabago, y fut blessé au bras. Ce gouverneur loue beaucoup son zèle, sa bravoure, et l'employa comme ingénieur. Nicolas repassa en France, avec les débris de son régiment.

VI. Jean ONFFROY, IIe du nom, seigneur de Veret, Vert, etc., épousa Anne le Tellier, fille de Marin le Tellier, major dans l'île de Saint-Christophe, et de Françoise Dumont, où Jean II acquit une très-belle sucrerie, qu'il perdit à la prise de l'île par les Anglais, qui la lui confisquèrent. Marin le Tellier y perdit la vie dans un combat, et Jean Onffroy, vraisemblablement aussi, car sa veuve seule repassa en France, et obtint un certificat du sieur d'Hozier, généalogiste, du 13 novembre 1697, qui constate que les armoiries de Jean II, étaient inscrites dans l'*Armorial général*. Il eut pour fils :

VII. Jacques-Charles ONFFROY, seigneur de Veret, Vert, etc., qui épousa Jeanne de Minfant, fille de Jean Minfant, écuyer, et de Jacqueline Carrel ; ils eurent pour fils :

VIII. Pierre-Roland ONFFROY, écuyer, seigneur de la Rosière, riche habitant de Saint-Domingue, qui épousa Claire de Pike, fille de Samuel-Antoine-Martin de Pike, ingénieur de la marine, au Cap Français. Ce dernier était passé en France avec Jacques II, et son père, Thomas Pike de Barouthe, avait été exécuté à Londres, pour sa fidélité envers son roi. C'était une famille considérable du comté de Lancastre, et sa femme, Anne, Haquetsaut, appartenait à tout ce qu'il y avait de plus distingué en Irlande. Thomas Pike avait un autre fils, chevalier baronnet, mort sans enfants, à Barcelonne, étant colonel d'un régiment au service d'Espagne. La femme de Samuel-Antoine-Martin de Pike, dont il vient d'être question, se nommait Marie-Claire d'Auvergne de Gagny. Elle avait été élevée à Saint-Cyr, avec une de ses sœurs, qui épousa, dans la suite, Henri-

François de Coulombe, capitaine de vaisseau, chevalier de Saint-Louis. La première passa à Saint-Domingue, avec Alexandre d'Auvergne, son père, commandant l'île de la Tortue, et du port de Paix. Par les d'Auvergne de Gagny, la famille Onffroy se trouve alliée aux comtes d'Ailly, marquis de Senecey, aux Gilbert-de-Voisins, marquis de Vilaines, aux marquis d'Aubeterre, de Bouillé, aux Nery de Courteville, aux Villepoix, aux Damport, Villiers, Guibillons, etc., etc., Pierre-Roland eut pour fils :

IX. Jacques-Rolland ONFFROY, seigneur de la Gaudinelaye, de la Rosière, de Varennes, marquis de Verès, ou Veret, etc., etc., né à Saint-Domingue, le 21 septembre 1751; il épousa, le 21 octobre 1771, Louise-Augustine du Frêne de Virel, fille d'Augustin du Frêne de Virel, conseiller au parlement de Bretagne, et de Louise-Henriette de Coulombe, fille d'Hyacinthe de Coulombe, chevalier de Saint-Louis, et capitaine de vaisseau. Jacques-Roland Onffroy s'étant établi en Bretagne, et voulant y jouir des prérogatives de la noblesse de cette province, fit valoir les droits de son ancienne et noble extraction, et obtint un arrêt du parlement de Bretagne, rendu le 20 juillet 1782, contradictoirement avec M. le procureur-général syndic des états de Bretagne, arrêt qui l'aggrégeait à la noblesse bretonne, et lui donnait séance et voix délibérative, dans cet ordre, aux états. Deux ans après, en 1784, les états le nommèrent un de leurs commissaires intermédiaires dans ledit ordre, et il fut réélu par eux de nouveau, en 1786 et 1788. La révolution mit fin à ces honorables fonctions en 1789. Il avait été nommé en outre, aux époques ci-dessus, leur commissaire pour l'inspection des octrois de quarante-deux villes de la province. Persécuté pour ses sentiments de dévouement bien connus à son monarque, il se réfugia à Saint-Domingue, en 1790, et y servit avec trois de ses fils, parmi les royalistes de cette colonie. Ceux-ci ayant rejoint l'armée anglaise qui y débarqua en 1793, au mois d'août suivant, ses services lui valurent un brevet de colonel commandant les milices et les émigrés d'un district de vingt lieues de côtes, et ses fils furent faits de suite officiers dans la légion du baron de Montalembert, et dans le régiment des guides.

Jacques-Roland a obtenu un nouveau brevet de colonel, daté du 20 juin 1815, de M. le marquis de la Boëssière, commissaire de Sa Majesté en Bretagne. Par son mariage précité, avec Louise-Augustine du Frêne de Virel, ses enfants appartiennent aux premières et aux plus anciennes familles nobles de cette province, telles que les Thierry de la Prevalaye, dont un est maréchal de camp, actuellement, et dont le frère aîné vient de mourir contre-amiral; les Talhouet, les du Halgouet, les de Tanouarn, Coatoudon, etc., etc., etc., dans la Normandie, il compte également, du chef de son père, des alliances aussi honorables avec les maisons de la Cour de Balleroy, de Longueville, les Méherant de Saint-Pierre, les Tannegui du Chatel, les Cussy de Manneville, les le Cordier de la Heuze, etc., etc.

Jacques-Roland Onffroy est père de trente enfants, ou petits-enfants vivants qui ont, comme lui, perdu une fortune immense en France et à Saint-Domingue, par la révolution. Son fils aîné, Guy-Louis-Roland Onffroy, élève de la marine, avant la révolution, est mort ayant été capitaine de cavalerie, et ensuite des grenadiers du régiment de Clarence.

Anne-Marthe-Roland chevalier Onffroy, dont on va parler, était capitaine d'artillerie de la légion de Montalembert, à l'âge de dix-huit ans. Deux autres des fils de Jacques-Roland Onffroy étaient, en 1799, capitaines aides-majors de la légion de Vitré, dans l'ancienne guerre des Vendéens. L'un d'eux, Benjamin Onffroy, a fait la guerre en 1815, comme colonel des volontaires royaux de Vitré. Un des gendres de Jacques-Roland Onffroy, le baron Jean-François-Pierre de Blair, ancien capitaine d'Austrasie, et chevalier de Saint-Louis, a fait la guerre d'Amérique; aux Indes-Orientales, celles des princes, les premières de l'armée de Condé; passa capitaine au service d'Angleterre, et commandait, en 1816, un fort à la Jamaïque, d'où il vient d'arriver après vingt-six années d'émigration. Toute la famille de Jacques-Roland Onffroy, comme on le voit, n'a jamais servi que la cause de son roi. Un autre gendre, M. le chevalier du Boisguéheneuc, a également servi la cause de son roi, à Saint-Domingue.

X. Le chevalier Anne-Marthe-Roland Onffroy, né

en Bretagne, le 15 décembre 1778, chevalier de l'ordre royal et militaire de Saint-Louis, chef de bataillon du corps royal d'artillerie, et employé dans le régiment de Douai, a épousé, le 31 janvier 1807, Jeanne Paulin de Gournay, fille de Michel de Gournay, ancien officier, chevalier de Saint-Louis, et riche propriétaire de Saint-Domingue. De ce mariage, et durant l'émigration de vingt-cinq années, du chevalier Anne-Marthe-Roland Onffroy, sont nés six enfants, cinq garçons et une fille, dont les noms suivent ; et qui sont tous nés à la Jamaïque, où le père possédait une cafeyère, qu'il a vendue en 1816, pour venir offrir ses services à Sa Majesté.

1.º Louis-Arnaud Onffroy, âgé de dix ans.
2.º Henri-Jules Onffroy, âgé de sept ans.
3.º Pierre-Roland Onffroy, âgé de cinq ans.
4.º François-Emile Onffroy, ⎰ jumeaux, âgés de
5.º Jeanne-Valérie Onffroy, ⎱   trois ans.
6.º Felix-Tancrède Onffroy, âgé de deux ans.

L'acte de baptême du chevalier Onffroy, porte les titres suivants, comme appartenants à sa famille: « Fils » légitime de messire Jacques-Roland Onffroy, cheva- » lier, seigneur de la Rozière, des Varennes, de la » Gaudinelaye, marquis de Veret, etc. »

Le chevalier Onffroy a trois frères et deux sœurs existants : 1.º Achille Onffroy, qui réside à la Jamaïque, marié à demoiselle du Quesnoy, dont il a deux filles. 2.º Benjamin Onffroy, veuf de demoiselle Courson de la Belle-Issne ; qui a été colonel des volontaires royaux dans les cent jours, et qui est actuellement capitaine dans la légion d'Ille-et-Vilaine. 3.º Emmanuel Onffroy, ancien officier vendéen, marié à une demoiselle de la Sanlaye, dont il a un fils. 4.º et 5.º Zoé et Julie Onf-froy, non mariées.

Armes : D'argent, au chevron de gueules, accompa-gné de trois trèfles de sinople. L'écu timbré d'une cou-ronne de marquis. Supports : deux lions.

Il y a deux autres familles d'Onffroy, dans la même province de Normandie, dont les armes sont les mêmes.

DU MESNIL; famille très-ancienne de Normandie, qui comparaît dans les anciens rôles des bans de la chevalerie de cette province. Son ancienneté se perd dans le onzième siècle.

On y remarque des alliances distinguées. Cette maison est représentée, de nos jours, par messire Marcel *du Mesnil*, ancien préfet du département du Jura; messire Charles *du Mesnil*, capitaine du génie-géographe, et M. N.... *du Mesnil*, fils du premier. Ils ont pour auteur, Jehan du Mesnil, Ier du nom, seigneur du Coudray. Il vivait au treizième siècle, et avait épousé Guillemette d'Amfernet. Il fut père de Pierre du Mesnil, qui eut pour fils Jehan du Mesnil, IIo du nom, qui fut père de Tristan du Mesnil, lequel eut pour fils, Robert du Mesnil, qui, par arrêt de la cour des aides, fut maintenu dans l'ancienneté de sa noblesse le 10 février 1576.

C'est de lui que descend cette famille connue aussi en Lorraine, et dont une branche a fourni messire du Mesnil, membre de la chambre royale des consultations de Nancy, et Marguerite du Mesnil, sa sœur, qui épousa M. Jean-Nicolas Mandel, en 1720.

De ce mariage est issu : M. François Mandel, conseiller du roi, et échevin de l'hôtel-de-ville, résidant à Vic, département de la Meurthe, lequel fut père de M. Sébastien-François *Mandel*, magistrat à Nancy, qui a obtenu de S. M. Louis XVIII, le 25 octobre 1814, une ordonnance qui l'autorise à joindre à son nom, celui de *du Mesnil*. M. Sébastien-François est père de M. Charles-François *Mandel du Mesnil*, jurisconsulte, né le 4 novembre 1793.

M. Mandel du Mesnil est celui qui, le 25 janvier 1793, lorsqu'il était membre du Directoire du département de la Meurthe, a courageusement protesté, au bas du procès-verbal de ce jour, contre les actes de félonie et le régicide.

Antérieurement déjà, il avait rappelé, dans ses discours, que le trône et l'autel étaient les appuis du gouvernement.

A la tête du corps municipal de la ville de Vic, il a contenu les Marseillais, qui s'étaient livrés à quelques désordres à Nancy.

Il a accueilli et calmé le régiment suisse qui, depuis, a été licencié à Vic.

A des époques orageuses encore, il a sauvé du vandalisme les dépouilles mortelles du roi Stanislas.

Maire à Nancy lors des fêtes militaires ordonnées par le gouvernement, l'ordre a régné dans cette ville.

M. Sébastien-François Mandel du Mesnil a donné de nouvelles preuves de son dévouement à l'entrée des alliés.

Son Excellence le gouverneur russe l'ayant nommé maire de Nancy, il s'est rendu à Paris en cette qualité, et a obtenu, par ses constantes représentations près des souverains, de faire cesser les réquisitions qui accablaient cette ville et le département.

Voir les annales de Metz, mois de juillet 1792, de Nancy, mars 1800, 1809, 4 septembre 1814, mai 1816.

DE PUYFERRÉ, famille ancienne, originaire de Béarn, résidente en Bretagne.

I. Berthomé DE PUYFERRÉ, écuyer, vivait à la fin de 1400. Il était seigneur des Garies, suivant un aveu de l'an 1503. Il fut père de :

II. Imbert DE PUYFERRÉ, écuyer, qui servit avec distinction Jeanne de Navarre, souveraine de Navarre, duchesse d'Albret; laquelle, par son testament du 8 juin 1572, lui fit don d'une somme de 6000 livres. En 1572, le 4 mai, il épousa Jeanne de Maignan, dont est issu :

III. Pierre DE PUYFERRÉ, écuyer, né le 5 mai 1574, qui obtint la délivrance du legs fait à son père par Jeanne de Navarre, suivant arrêt du 3 septembre 1602. Il épousa, le 15 avril 1599, Jeanne de l'Epée, dont il eut :

IV. Jean DE PUYFERRÉ, Ier du nom, écuyer, né le 17 septembre 1601. Il s'allia 1.° le 17 avril 1622, Olive du Bedat; 2.º le 5 juin 1632, avec Anne de la Mazelière. De ce dernier mariage est issu :

V. Henri DE PUYFERRÉ, écuyer, né le 27 mars 1634, capitaine au régiment de Gervezais en 1657, maintenu noble par ordonnance de M. l'intendant de la généralité de Guienne, du 27 mars 1661. Il fut requis au ban et arrière-ban, comme gentilhomme, le 2 janvier 1669. Il épousa, le 2 septembre 1670, Jeanne de Bizon, dont il eut :

VI. César DE PUYFERRÉ, né le 25 décembre 1671, à Nérac, capitaine d'infanterie, marié à Lesneven, en Bretagne, le 9 novembre 1701, avec Françoise de Kerguen, et mort le 1ᵉʳ juin 1744. De ce mariage sont issus :

 1.º Henri de Puyferré, procureur du roi en la sénéchaussée de Châteauneuf; cette branche est représentée par mademoiselle Préval, de Fougères; madame Golius, de Châteauneuf, et Marie-Anne-Françoise-Béatrix de Puyferré, de Paris;

 2.º Jean, dont l'article suit.

VII. Jean de PUYFERRÉ, IIᵉ du nom, né à Lesneven, le 30 novembre 1714, capitaine d'infanterie, épousa, le 15 août 1740, Jeanne de la Fleur de Kermengan. Il mourut le 15 février 1773, ayant eu de son mariage :

 1.º Gabriel de Puyferré, écuyer, fusillé à Quiberon, en 1795;

 2.º Pierre-François de Puyferré, ancien chanoine de l'évêché de Léon, curé actuel de Lesneven, où il est né le 4 octobre 1746;

 3.º Guillaume-Marie de Puyferré, né le 4 décembre 1750, curé actuel de Plouescot. Ces deux derniers frères ont aussi émigré;

 4.º César-François, dont l'article suit;

 5.º Marguerite-Françoise de Puyferré, née le 7 janvier 1743, épouse de Michel-Etienne Testard, dont deux fils morts en émigration.

VIII. César-François DE PUYFERRÉ, capitaine en retraite de vaisseau de la marine française, ancien chevalier de l'ordre royal et militaire de Saint-Louis, ac-

tuellement maire de la ville du Port-Louis, né à Lesneven, le 20 avril 1752, a épousé, au Port-Louis, le 11
mai 1785, dame Louise de la Faudrière de Baudry de
Kervegan, fille d'un ancien chevalier de Saint-Louis.
De ce mariage sont issus :

1. César-Louis-Aimé de Puyferré, né au Port-
Louis le 2 mai 1786, actuellement enseigne de
vaisseau de la marine royale ; marié en la même
ville, le 5 février 1816, avec dame Susanne Gou-
jon de Grondel, fille d'un ancien chevalier de
Saint-Louis, et ex-lieutenant de roi ;

2.º Guillaume-François de Puyferré, né à Brest,
le 20 mars 1790 ; actuellement enseigne de vaisseau de la marine royale ;

3.º Paul-Félicité-Aimé de Puyferré, né à Plouhi-
nec, le 23 octobre 1797, actuellement lieutenant
de la garde nationale du Port-Louis ;

4.º Zélie-Désirée de Puyferré, née le 19 janvier
1801, en la même ville du Port-Louis.

Armes : d'argent, au puits au naturel, posé sur une
terrasse de sinople ; à l'épée d'argent, garnie d'or, plon-
gée à demi dans le puits. L'écu timbré d'un casque de
chevalier, orné de ses lambrequins.

DE **LEISSEGUES** DE **LEGERVILLE**, famille originaire de Bretagne, dont est messire Urbain-Marie de
Leissègues de Légerville, ancien officier d'artillerie de
marine, aujourd'hui commandant la compagnie départementale du Morbihan, à Vannes. La belle conduite qu'il
a tenue comme commandant pour le roi la ville de
Ploermel, pendant les cent jours, lui a mérité des lettres-
patentes de S. M. le roi Louis XVIII en date du 6 août
1816, dans lesquelles ses services, son dévouement et sa
fidélité à la cause royale, sont solennellement reconnus.

Il porte pour armes : d'or, à trois fasces ondées de
gueules ; à l'épée d'argent, garnie d'or, brochante sur le
tout.

MARTIN, ou DE MARTIN, (ce nom se trouvant écrit de ces deux manières dans les titres,) famille ancienne, de race noble; originaire de la Marche, mais qui, depuis plusieurs siècles, est établie à la Goutte-Bernard, sur les confins du Berri et du Limosin, faisant autrefois partie de la province du Poitou.

I. Noble homme Pierre MARTIN, Ier du nom, écuyer, seigneur de la Goutte-Bernard, tué dans les guerres de 1429, laissa, de son mariage avec damoiselle Isabeau de Bressy :

    1.° Jean, mort sans postérité ;
    2.° Léonard, dont l'article suit.

II. Noble homme Léonard MARTIN, Iᵉ du nom, écuyer, seigneur de la Goutte-Bernard, et en partie de la Terre-aux-Feuilles, obtint permission du roi de faire fortifier son château de la Goutte-Bernard, par lettres en forme de cachet, données à Meaux, le... juillet 1474, signées« Louis, et plus bas. Thillar ». Il mourut vers l'an 1494; il fut marié deux fois : premièrement avec damoiselle Catherine Agenette, et en secondes nôces avec damoiselle Louise Augustin. Du premier mariage, vint Pierre, dont l'article suit.

III. Noble homme Pierre MARTIN, IIe du nom, écuyer, seigneur de la Goutte-Bernard, et en partie de la Terre-aux-Feuilles, mort en 1513, avait épousé, en 1481, damoiselle Jeanne Augustin, fille de noble homme Gilbert Augustin, écuyer, seigneur de Badecon, dont vinrent :

    1.° Jean, dont l'article suit ;
    2.° François, curé des Chézeaux.

IV. Jean MARTIN, Ier du nom, écuyer, seigneur de la Goutte-Bernard, de la Terre-aux-Feuilles, de Salles, Chassenon, etc., était homme d'armes des ordonnances du roi, sous la charge du seigneur d'Ars, et servit dans toutes les guerres de Louis XII et de François Ier. Il ne vivait plus en 1540. De son mariage avec Catherine Faulcon, dame de Salles et de Chassenon, en Angou-

mois, et fille de noble homme Pierre Faulcon, seigneur
des mêmes lieux, vinrent :

1.º Léonard, dont l'article suit ;
2.º François, tige des seigneurs de Puyvinaud, qui
n'existent plus ;
3.º René, curé des Chézeaux ;
4.º Marguerite, mariée à Jacques de Vérines, seigneur de la Roche-Mouhet ;
5.º Anne, mariée à Claude Leroux, seigneur de
Saint-Ladres.

V. Léonard MARTIN, IIe du nom, écuyer, seigneur
de la Goutte-Bernard, de Salles, Chassenon, des Ty-
zons, et autres lieux ; fut gentilhomme de S. A. Louis
de Bourbon, duc de Montpensier, ainsi que le porte un
passeport de ce prince, en date de 1571. Dans un certificat du même prince, il est qualifié de « vaillant, bien
« avisé et expérimenté gentilhomme ». Il mourut en
1586. Il avait épousé, en 1555, Françoise de Chamborant, fille de Pierre de Chamborant, seigneur de Droux,
Basse-Marche, et de Philippe de Loubes, sa femme.
De ce mariage sont issus :

1.º Jean, dont l'article suit ;
2.º Christophe, prieur d'Azérables ;
3.º Claude, Charles et Jacques. On ne sait s'ils ont
laissé postérité ;
4.º Françoise, mariée à Jean Père, seigneur de
Lavault-Blanzac ;
5.º Perrette, mariée à Roger Maingault, seigneur
de Château-Renauld ;
6.º Claude, mariée à Antoine du Mont, seigneur
de l'Age-du-Mont.

VI. Jean MARTIN, IIe du nom, écuyer, seigneur de
la Goutte-Bernard, de Salles, de Chassenon, etc., suivit en Flandres S. A. R. monseigneur le duc d'Alençon,
frère d'Henri III, avec deux cents hommes d'armes qu'il
commandait ; il s'était acquis la confiance de ce prince
qui, en 1579, le chargea d'une mission importante auprès de la reine Elisabeth d'Angleterre. En 1588, le roi
Henri III lui accorda, sous son propre seing, une
exemption du ban et arrière-ban, en considération des
services qu'il lui avait rendus. En 1597, le roi Henri IV

lui accorda la même faveur et pour les même causes; ce qui prouve, que, pendant les longs troubles qui agitèrent la France à cette époque, il resta constamment fidèle à son souverain. Il avait épousé, en 1587, Françoise d'Aubusson, de l'illustre maison de ce nom, fille de Pierre d'Aubusson, seigneur de la Villeneuve, et d'Anne de la Gorce, sa femme. En 1603, il se remaria avec Lucrèce de la Touche, veuve de Gabriel de Chamborant, seigneur de Beauregard, de laquelle il n'eut pas d'enfants. De son premier mariage vinrent :

1.º Louis Martin, Iᵉʳ du nom, chevalier, seigneur de la Goutte-Bernard, et autres lieux, qui fut gentilhomme de la chambre des rois Henri IV et Louis XIII, ainsi qu'en fait foi un certificat, signé par Henri de Lorraine, duc d'Aiguillon, pour lors grand-chambellan de France. Il mourut en 1668. De son mariage avec Sylvie de Benoist, fille de Bertrand de Benoist, seigneur de la Fontaine, vint Louis Martin, marié à Charlotte du Mont, fille de Baltazard du Mont, seigneur de Fontenay, et baron de Neuvy-Saint-Sépulcre. Il mourut avant son père, sans laisser de postérité ;

2.º Annet, dont l'article suit ;

3.º Anne, mariée à Mathurin de Saint-Aignan de la Gastine, seigneur de Lizières ;

4.ᵉ Françoise, religieuse.

VII. Annet Martin, Iᵉʳ du nom, écuyer, seigneur de Chassenon et de la Roche-Mouhet, frère des précédents, et fils de Jean II et de Françoise d'Aubusson, servit dans les guerres de son tems, et mourut en 1647. Il avait épousé, en 1614, Elisabeth Deveseau, fille de Guy Deveseau, seigneur de Chasseneuil, en Angoumois, et de Susanne de l'Etang, sa femme; dont vinrent :

1.º Jean, dont l'article suit ;

2.º François, mort sans postérité ;

3.º Susanne, mariée à François de Vouhet, seigneur de Bourbon ;

4.º Jeanne, mariée à Jean Souffrin, écuyer.

VIII. Jean Martin, IIIᵉ du nom, écuyer, seigneur de Chassenon et de la Roche-Mouhet, en Berri, fut

officier dans le régiment du comte de la Feuillade, son
parent, et mourut en 1658. Il avait épousé, en 1642,
Anne Couraud, fille de Gui Couraud, chevalier, seigneur de la Roche-Chevreuse, en Berri, et de Jacqueline
de Neuchèse, sa femme. Anne Couraud, en qualité
de mère-tutrice et ayant la garde noble de ses enfants,
eut acte de la représentation de ses titres de noblesse devant M. Tubeuf, intendant du Berry et du
Bourbonnois, qui, par jugement rendu à Bourges le 12
août 1669, déclara ses enfants, dont les noms suivent,
nobles et issus de noble race :

1.º Louis, dont l'article suit ;
2.º Jacques, marié à Renée de Saint-Aignan de la
Gastine, dont la postérité n'existe plus ;
3.º André, tige des Martin de Jartraux, seigneurs
des Grèves, en Berri, dont la postérité existe ;
4.º François, qui servit long-tems dans le régiment
d'Auvergne, cavalerie ; il est mort lieutenant-
colonel.

IX. Louis MARTIN, II.º du nom, chevalier, seigneur
de Chassenon, la Roche-Mouhet et de la Goutte-Bernard, après la mort de son grand-oncle, Louis, I.er du
nom ; fut aussi officier au régiment d'Auvergne, et
mourut en 1680. Il avait épousé, en 1662, Gabrielle de
Saint-Aignan de la Gastine, fille de Louis de Saint-Aignan de la Gastine, seigneur de Lizières, en Limosin,
et de Gabrielle de Savignac, sa femme, dont vinrent :

1.º Louis, dont l'article suit ;
2.º Joseph, sieur de la Jon, et puis seigneur de
la Roche-Mouhet. Cette branche existe encore ;
3.º Pierre, seigneur de Peudemont, dont la branche est éteinte ;
4.º Anne, mariée à Daniel Pot, écuyer.

X. Louis MARTIN, III.º du nom, chevalier, seigneur
de la Goutte-Bernard, etc., mort en 1707, avait épousé, en
1702, Marie de la Celle, fille de Germain de la Celle,
chevalier, vicomte de Châteauclos, en Marche, et de
Anne Mérigot, sa femme. De son mariage vinrent :

1.º Jean, dont l'article suit ;

2.° Sylvie, mariée à Pierre Joseph de la Regondie, seigneur du Mazeau, en Limosin.

XI. Jean MARTIN, IV° du nom, chevalier, seigneur de la Goutte-Bernard et du Bois-Rodin, mort en 1759, avait épousé, en 1726, Renée de Larye, fille de messire René de Larye, chevalier, seigneur de la Berge et de Montagrier, Basse-Marche, et d'Antoinette de la Chassaigne, sa femme, dont vinrent :

1.° Jean-François, lieutenant au régiment de la reine, mort au service ;

2.° Joseph, chanoine de la cathédrale de Chartres;

3.° Antoine, dont l'article suit ;

4.° François-Joseph, garde du corps du roi, mort au service ;

5.° Marie-Sylvie, mariée à M. de Cramouzeau ;

6.° Rose, mariée à M. Goguyer de la Lande.

XII. Antoine MARTIN, chevalier, jadis seigneur de la Goutte-Bernard, est né en 1736, et vit encore ; il était officier dans un régiment provincial, qu'il quitta lors de la mort de son père.

A cause de son attachement bien connu pour la famille royale, lui et sa famille furent traînés de prison en prison, pendant dix-huit mois, dans les années 1793 et 1794. De son mariage, contracté en 1759, avec Françoise Bigot, fille de messire Jacques-Charles Bigot de Pont-Rodin, seigneur du Puy-de-Sepmes, etc., en Touraine, et de Marie-Françoise Guiet de la Gravière, vinrent :

1.° François-Joseph, garde du corps du roi, mort dans l'émigration, au service de la Grande-Bretagne ;

2.° Jean, dont l'article suit ;

3.° Jacques-Aimé, mort sans postérité ;

4.° Marie - Anne - Marguerite, mariée à messire Antoine de Fougières, écuyer, chevalier de Saint-Louis.

XIII. Jean MARTIN, V° du nom, dit le chevalier de la Goutte-Bernard, n'avait que seize ans lorsqu'il s'émigra ; après la campagne de 1792, qu'il fit comme agrégé aux gardes du corps, il passa au service de la Hollande, où il fut d'abord volontaire dans la cavalerie de Béon, et ensuite enseigne dans un régiment national; en 1795,

il obtint une place de lieutenant au service de la Grande-
Bretagne, parvenu au grade de capitaine, il fut pourvu
d'une place de confiance dans l'état-major de l'armée anglaise des Indes-Occidentales, où il a été employé dans
la plupart des expéditions militaires qui ont eu lieu dans
ces contrées lointaines, et qu'il n'a quitté qu'en 1816,
pour s'en revenir dans sa patrie, après vingt-cinq ans
d'absence et de service actif; depuis son retour en France
il a été fait chevalier de Saint-Louis.

Armes : d'argent, à la fasce ondée d'azur. Supports,
deux lions d'or, armés et lampassés de gueules. Cimier:
un lion issant de même.

GENSOUL (le chevalier Joseph - Alexis de), né à
Connaux, diocèse d'Uzès, en bas Languedoc, le 17 novembre 1768, fils de messire Alexis Gensoul, seigneur
des Fonts, viguier de Connaux et de Saint-Paul, et
de dame Marie-Anne-Laurence de la Fabrègue; a été
admis dans la marine royale en qualité d'aspirant-vo-
lontaire au département de Toulon, en vertu d'une
lettre ministérielle, en date du 25 novembre 1786, après
les preuves faites conformément à l'ordonnance de la marine, du 1er janvier 1786. Il fut ensuite nommé par le roi
Louis XVI, sous-lieutenant au régiment de Champagne,
lieutenant audit régiment. Il fut agrégé à la compagnie des
gardes de la porte du roi, en mars 1815. Le souverain
pontife le nomma chevalier de l'ordre de l'Eperon d'Or,
et l'autorisa de porter le collier d'or le 29 mars 1816.
Le roi lui accorda cette autorisation le 16 mai de la même
année. Il est chevalier libérateur des esclaves blancs en
Afrique, comte palatin. Le chevalier de Gensoul se maria
à Paris le 27 août 1817, à Marie-Louise Mage, née le
15 juin 1796. De ce mariage est issue :

Marie-Joséphine - Marguerite - Hélène - Augustine,
née à Paris le 29 avril 1818.

Armes : d'azur, au dextrochère d'argent, tenant une
pensée au naturel, au chef cousu de gueules, chargé de
deux colombes essorantes d'argent, se becquetant. Couronne de comte; l'écu entouré du collier de l'ordre de
l'Eperon d'Or.

De SAIGNARD, Sagnard, Saniard, ou Sannhard, famille des plus anciennes du Languedoc, distinguée par ses alliances et ses services militaires, ayant donné nombre de capitaines de mérite et plusieurs officiers-généraux. Il est peu de familles, qui, aussi peu nombreuses que celle de Saignard, puissent fournir autant de preuves de service. Presque tous les membres de cette maison ont embrassé la carrière des armes depuis le treizième siècle, et ont acquis des grades honorables. En 1760, à la seule bataille de Rhinberg, trois gentilshommes de cette famille furent blessés, et un quatrième tué. Il est à remarquer que tous les membres de cette famille ont été décorés de l'ordre royal et militaire de Saint-Louis, depuis l'institution de cet ordre.

Elle s'est divisée en plusieurs branches, 1.º celle des Saignard de la Fressange, barons de Queyrières et des états du Velai, laquelle s'est alliée avec la dernière héritière de la maison d'Allier de la Fressange, et a joint à son nom celui de cette maison, ainsi que les armes; 2.º celle de Choumouroux, qui, issue des Saignard de la Fressange, s'allia avec la dernière héritière de Choumouroux (1), dont elle joignit également le nom au sien,

---

(1) La maison de *Choumouroux*, dont le nom est écrit quelquefois *de Chamarroux* dans les anciens actes, est distinguée par ses alliances et son ancienneté. Elle prouve une filiation suivie depuis :

I. Gabriel, seigneur *de Choumouroux*, qui fut père de :

II. Jacques *de Choumouroux*, écuyer, seigneur dudit lieu, qui épousa, 1.º le 2 février 1514, Isabeau Vacherel ; - 2.º Hélix de Baux, *dite* de Borne, avec laquelle il transigea le 21 janvier 1536, et avec Pierre de Baux, seigneur de Borne, son beau-frère ; et testa le 8 janvier 1555. Il eut de son second mariage :

    1.º Antoine, dont l'article suit ;
    2.º François de Choumouroux, qui fonde la branche des seigneurs de Borne, rapportée ci-après.

III. Antoine *de Choumouroux* testa le 12 février 1612. Il avait épousé, le 22 mai 1558, Anne Baronnat, et en eut :

ainsi que les armes; 3.º celle des Saignard de Sasselanges. D'anciennes traditions font descendre cette famille des comtes-souverains de Privas, mais comme dans une matière aussi sérieuse, il faut apporter des titres indiscutables à l'appui des origines, nous faisons seulement mention ici de ces traditions, pour qu'elles ne soient point perdues pour cette famille, et sans y apporter d'autre importance.

1.º Pierre de Choumouroux, qui assista au mariage de son frère, le 26 avril 1620;
2.º François, dont l'article suit.

IV. François *de Choumouroux* épousa, le 26 avril 1620, Catherine Jausserand, de laquelle il eut:
1.º Charles, dont l'article suit;
2.º Claude de Choumouroux, mort au camp de Pommas, dans le Milanais, comme il se voit par le certificat que Charles son frère, obtint pour leurs services communs, en 1643.

V. Charles *de Choumouroux*, seigneur de la Borie, épousa, 1.º le 20 janvier 1638, Jeanne de Borne; 2.º le 16 septembre 1645, Gabrielle de Baux; et fut maintenu dans sa noblesse par jugement de M. de Besons, intendant en Languedoc, du 20 août 1669.

Branche des seigneurs de Borne.

III. François *de Choumouroux*, dit *de Baux*, second fils de Jacques, et de Hélix de Baux, sa seconde femme; Antoine, son frère, fit une quittance à Hélix, sa mère, en faveur dudit François de Choumouroux, le 26 mars 1538. La même Hélix chargea ledit Antoine, par la donation qu'elle lui fit le 3 juin 1585, de payer une pension audit François. Il testa le 5 juillet 1610. Il avait épousé, le 4 mai 1584, Marie Spert, qui le rendit père de:

IV. Jean *de Choumouroux*, dit *de Baux*, seigneur de Borne, qui épousa, le 2 février 16...., Suzanne de Malbec, dite *de Montviel*, qui testa étant veuve, le 2 mai 1662. Il en eut:

V. Jean-Hugues *de Choumouroux*, dit *de Baux*, seigneur de Borne, du diocèse du Puy, marié, le 16 octobre 1658, avec Françoise de Verrières. Il fut maintenu dans sa noblesse par M. de Bezons, intendant en Languedoc, le 20 août 1669.

I. Jean DE SAIGNARD, Ier du nom, est le premier que l'histoire nous montre; il est fait mention de lui en 1439, comme commandant de cinquante hommes, et comme ayant été promu en la qualité de premier écuyer de Charles VII, pour avoir offert à ce prince, lorsqu'il était dauphin, les premiers drapeaux qui furent pris sur ses ennemis, dans le Velay. Nous donnons ici les lettres-patentes de Charles VII.

« Maître de notre hôtel, et vous maître et contrôleur
» de notre chambre aux deniers, savoir faisons que pour
» le bon rapport qui fait nous a été des sens, loyauté et
» bonne diligence de notre bien-amé l'écuyer Jean de
» Saignard, et pour considérations des bons services
» qu'il nous a faits le tems passé, au fait de nos guerres,
» si comme il nous a été remontré, et espérons que plus
» il fasse icelui Jean de Saignard; pour ces causes et au-
» tres à celles mouvans, avons aujourd'hui retenu et re-
» tenons, par ces présentes, notre premier écuyer d'écu-
» rie, pour nous servir dorénavant audit office, aux
» honneurs, prérogatives, franchises, libertés, gages, hô-
» tellages, lucraizons, droits, profits et émolumens
» accoutumés, et qui y appartiennent, si vous mandons
» et expressément en joignons et à chacun de vous si
» comme à lui appartiendra, que pris en reçu dudit
» Jean de Saignard le serment sûr et accoutumé; et
» notre présente retenue, enregistrée ès registres pa-
» piers et écrits de notre dite chambre aux deniers, avec
» celle de nos autres officiers, de semblable retenue,
» étant du même office, ensemble des honneurs, préro-
» gatives, franchises, libertés, gages, hôtellages, lu-
» craizons, droits, profits et émoluments des sudites
» faités, soufrés et laissés jouir et user pleinement et
» paisiblement, en lui comptant et payant iceux gages
» et hôtellages, aux termes et en la manière accoutumé
» et par rapportant ces présentes au vidimus d'icelles
» fait sous le scel royal, pour une fois seulement, nous
» voulons tout ce que compté et payé lui en sera être
» alloué ès compte et rabattu de la recette de vous
» maître de notre chambre aux deniers, par nos amés
» et féaux gens de nos comptes, auxquels mandons ainsi
» le faire sans difficultés, nonobstant quelconques or-

» donnances, restrictions, mandemens ou déffences à ce
» contraires.

    » Donné au Puy, le vingt-neuvième jour d'avril l'an
» de grâce 1439.

                » Par le Roi,

           » Messire Gastonet (Gaste), et autres pré-
           » sens, Chaligaud. »

Ce Jean de Saignard laissa pour fils :

    II. Jean DE SAIGNARD, IIᵉ du nom, écuyer, qui
servit avec distinction, et qui épousa Jeanne de Thorille,
de laquelle il eut :

    III. Antoine DE SAIGNARD, Iᵉʳ du nom, seigneur de
Mortesagne, connu par son testament du 24 janvier
1533, dont l'expédition fut passée par-devant Guillaume
Bouffard, notaire royal de Glavenas, au diocèse du Puy,
par lequel il institue son héritier universel noble Pierre
de Saignard, son fils aîné, et à son défaut, lui substitue
ses autres enfants, qu'il fait ses héritiers particuliers : et
enfin le plus proche de la lignée dudit testateur, tenant les
nom et armes de Saignard. On voit, par ce testament,
qu'il avait épousé noble demoiselle Isabeau de Saint-
Laurent, de laquelle il eut nobles

        1.º Pierre, dont l'article suit ;
        2.º François de Saignard, prêtre, légataire en
           1533 ;
        3.º Guillaume de Saignard, auteur de la branche
           des seigneurs Choumouroux, rapportée en son
           rang ;
        4.º Jeanne de Saignard, légataire et non mariée en
           1533.

    IV. Pierre DE SAIGNARD, écuyer, co-seigneur de
Mortesagne, paroisse de Glavenas, au diocèse du Puy,
épousa, par contrat du 18 novembre 1550, expédition
passée devant Guillaume Gouzin, notaire royal au diocèse du Puy, demoiselle Susanne de Bonnissolle, fille de
noble Amblard de Bonnissolle. Il fit diverses acquisitions
d'héritages, sis en la sénéchaussée du Puy, entr'autres
une le 14 juin 1573, d'André Fayolle, et une autre de

Jean Rivet, le 29 juin 1573, fit donation entre vifs de tous ses biens et droits présents et à venir, par acte du 15 février 1584, dont la grosse est passée par Antoine Parat, notaire royal au Puy; passa une transaction avec Nicolas Bonyol, marchand de la ville du Puy, le 17 février 1584; et rendit aveu et dénombrement à honorable homme monseigneur maître André du Jeune, seigneur de Montgiraud, co-seigneur de Banas, lieutenant en la sénéchaussée du Puy, de plusieurs terres et héritages relevants de ladite seigneurie du Montgiraud; par acte grossoyé par Barthélemi Richiout, notaire royal du lieu d'Araules, près d'Issengeaux, le 20 août de la même année 1584. Susanne de Bonnissolle, était veuve de Pierre de Saignard, le 14 mai 1589, qu'elle assista au mariage de César de Saignard, leur fils, par le contrat duquel, pour satisfaire aux conditions du testament dudit défunt son mari, elle institua, pour son héritier universel, ledit César de Saignard, leur fils. Leurs enfants furent:

1.º César, dont l'article suit;

2.º Pierre de Saignard, écuyer, seigneur de Vernet, qui testa le 22 décembre 1639. Il avait épousé, par contrat du 23 juin 1613, grossoyé par Louis Veriat, notaire royal, du lieu de Crazac, au diocèse du Puy, assisté de noble César de Saignard, son frère, demoiselle Marguerite Chapat, dite d'Allard, fille de feu noble Guillaume Chapat, et demoiselle Antoinette Brune. Il en eut :

a. César de Saignard, écuyer, seigneur de Vernet ;

b. Christophe de Saignard, maintenu avec son frère, en 1668.

3.º Susanne de Saignard, mariée, par contrat grossoyé par Gilibert de Burino, dit de Tarnays, notaire royal à Gluiras, en Vivarais, le 20 septembre 1579, avec noble Jean Veyrier, écuyer, seigneur de Planchol, fils de Hilaire Veyrier, écuyer, et de feu Anne de Planchol.

V. César de SAIGNARD, écuyer, seigneur de Mortesagne, de Glavenas, de Queyrières, de Saignard-Maumeyre, et autres places, capitaine de deux cents hommes de guerre pour le service du Roi; épousa par contrat grossoyé, par François Doron, notaire royal, le 14 mai 1589, demoiselle Claude de Langon, fille de feu Claude Paul de Langon, seigneur de Maumeyre, et autres lieux, et de demoiselle Claude de Bonnier. Il fut pourvu du commandement d'une compagnie de deux cents hommes de pied, par commission du 4 avril 1590, où il est spécifié que c'est en considération de sa fidélité et affection au service du Roi. Voici le texte de cette lettre :

» A notre cher et bien-amé Césard de Saignard, salut. Ayant délibéré de mettre sus à faire promptement lever et assembler bon nombre de gens de guerre, tant de cheval que de pied, pour nous en servir ès occasions qui se présenteront, pour la conservation de notre état et de nos bons sujets, et d'en bâiller la charge à quelques vaillants et expérimentés capitaines à nous fidèles et assurés; à cette cause, lesdites qualités être en vous, vous avons commis et députe, commettons et députons par ces présentes, signées de notre main, pour lever, mettre sus et assembler incontinent et de plus diligemment que faire se pourra, le nombre de deux cents hommes de guerre à pied francais, des meilleurs et des plus aguerris soldats que pourrez choisir, et iceux mener et conduire à la guerre avec vous, sans désemparer ladite compagnie, sous la charge de notre cher et très-aimé cousin le duc d'Epernon, l'un des pairs de France, et colonel-général de notre infanterie française, la part où il vous sera par nous ou nos lieutenants-généraux ordonné et commandé pour notre service, faisant iceux vivre avec telle police, qu'il ne nous en vienne aucune plainte; de ce faire, vous avons donné et donnons plein pouvoir, authorités, commissions et mandement, à tous qu'il appartiendra qu'à vous ce faisant, ils obéissent, car tel est notre bon plaisir.

» Donné à Corbeil, le quatrième jour d'avril l'an de grace 1590, et de notre règne le premier.

« *Signé* HENRI,

» Par le Roi,

«*Signé* Suze. »

Il commandait une compagnie de cent arquebusiers à pied français, le 4 juillet 1594, selon le rôle de la montre, qui en fut faite à Issengeaux. Il assista au mariage de Pierre de Saignard, seigneur de Vernet, son frère, le 23 juin 1613, est nommé dans une sentence arbitrale, du 9 mai 1622; passa, conjointement avec Claude de Langon, sa femme, un bail au profit d'Antoine et Jacques Rivière, père et fils, le 4 mars 1626; les consuls et habitants de la ville d'Issengeaux, firent une obligation en sa faveur, le 16 avril 1628, au sujet de quatre faulconneaux, appartenants audit seigneur de Saignard, par lui prêtés à ladite ville, pour le service du Roi, contre les rebelles à Sa Majesté, fit son testament le 20 janvier 1641, grossoyé par Chailhot, notaire royal. Il laissa :

1.º Jean de Saignard, seigneur de Préaux, dont l'article suit ;
2.º Antoine, auteur de la branche de seigneurs de Glavenas, rapportée plus bas ;
3.º Jean-Baptiste de Saignard, seigneur de Glavenas et de Canson, légataire, le 20 janvier 1641, marié par contrat du 14 janvier 1636, passé devant Jean Perrier, notaire royal de Veulron, avec demoiselle Marguerite de la Rivoire, fille de feu noble Jean-Baptiste de la Rivoire, et de demoiselle de Susanne de Brossollier. Il fut maintenu dans sa noblesse, le 20 décembre 1668;
4.º Pierre de Saignard, seigneur de Maumeyre, qui assista au mariage de Jean, son frère, le 25 octobre 1627.

VI. Jean DE SAIGNARD, IIe du nom, seigneur de Préaux, fut légataire de son père, par son testament du 20 janvier 1641. Il avait épousé, par contrat du 25 octobre 1627, passé devant André Chomel, notaire royal, demoiselle Claude Allier de la Fressange, morte avant le 6 septembre 1667, de Jean Allier, seigneur de Fressange, en la paroisse de Saint-Didier, au diocèse du Puy, et de demoiselle Isabeau de Breuyeux. La famille de la Fressange était connue dans le Velay depuis 1700, et plusieurs de ses membres avaient été au service des rois de Jérusalem de la maison de Lusignan. Les la Fressange se sont fondus dans la maison de Saignard. Jean fut maintenu dans sa noblesse, par ordonnance de M. de Bezons, intendant en Languedoc, du 20 décembre 1668; fait son testament ou codicille, les 5 et 6 septembre 1677, par lequel il institue son héritier universel, Jacques de Saignard, son troisième fils, et fait des legs à ses autres enfants, et transigea avec Antoine de Saignard, seigneur de la Rivoire et Gabriel Allier de Saignard, seigneur de la Fressange, ses fils, à l'effet de terminer les différends, au sujet des donations qu'il leur avait faites, tant de ses biens que de ceux de défunte demoiselle Claudine Allier, leur mère. Par son testament, on lui connaît les enfants qui suivent :

1.° Gabriel, dont l'article viendra ;

2.° Antoine de Saignard, écuyer, seigneur de la Rivoire, légataire en 1677 ;

3.° Jacques de Saignard, légataire en 1677 ;

4.° Pierre de Saignard, légataire en 1677 ;

5.° Claudine de Saignard, légataire en 1677.

VII. Gabriel Allier DE SAIGNARD, écuyer, seigneur de la Fressange, épousa, par contrat du 5 octobre 1666, grossoyé par Guérin, notaire royal au siége de Montfaucon, en Velai, demoiselle Marguerite de Navette, fille de feu Jean de Navette, écuyer, sieur de Pirol et de demoiselle Marie de Mernan, en faveur duquel mariage Jean de Saignard, nomme Gabriel Allier, son fils, son héritier pour la moitié de tous ses biens ; fut maintenu dans sa noblesse, le 20 décembre 1668, conjointement avec son père, ainsi que nobles Jean-Baptiste de Saignard, seigneur de Glavenas, César de Saignard, seigneur du Vernet, et Christophe de Saignard, son frère ; fut institué légataire de son père, les 5 et 6 septembre 1677, indépendamment des donations avantageuses qu'il en avait reçues lors de son mariage ; transigea avec son père et Antoine de Saignard, seigneur de la Rivoire, son frère, touchant leurs droits successifs ; passa une transaction, le 20 janvier 1686 ; fit une donation à son fils aîné, Jean Allier de Saignard, le 20 avril 1694, ratifiée par acte du 26 août 1699 ; de son mariage sont issus, entr'autres enfants :

1.° Jean Allier de Saignard, chevalier, seigneur de la Fressange. L'un des gendarmes de la garde ordinaire du Roi, en 1694 ; marié par contrat du

27 avril 1707, avec demoiselle Magdeleine de Saignard, fille de messire François de Saignard, chevalier, seigneur et baron de Queyrières, de Glavenas, de Maumeyre et autres places, et de dame Hélène de la Rivoire de Chadenat. Il en eut, entr'autres enfants :

a. Christophe Allier de Saignard, baron de Queyrières et des états du Velai. Marié avec dame Jeanne Françoise du Pont de Ligonès, qui était veuve de lui en 1728;

b. Jean-Joseph Allier de Saignard, chevalier, seigneur de la Fressange, baron de Queyrières et des états de Velai, qui fit une requête sur laquelle il fut rendu un arrêt, le 28 juillet 1728, qui ordonne que par les juges qui ont apposé les scellés, sur les effets délaissés par le seigneur baron de Queyrières, fils, il sera procédé à la levée de ceux apposés sur les titres et papiers dépendants de sa succession, en présence de sa veuve, des frères et de dame de Chadrat et autres parties intéressées, et que séparation sera faite des titres concernant la famille des Saignard et autres actes, qui peuvent servir à prouver la noblesse et à établir la filiation de cette famille, à l'effet d'être remis au dit seigneur de la Fressange;

2.º Jean-Armand dont l'article suit.

VIII. Jean-Armand DE SAIGNARD, baron de Queyrières, seigneur de la Fressange de Chaponot, ancien page du Roi, en ses petites écuries, épousa dame Magdeleine du Peloux de Saint-Romain, veuve de lui, avant l'an 1781. Ils eurent entr'autres enfants, messire :

IX. Joseph-Gabriel DE SAIGNARD, baron de Queyrières, seigneur de la Fressange, de Chaponot et autres places, marié, par contrat passé devant Gallet, notaire royal, en la ville de Craponne, le 27 août 1781, avec demoiselle Marie-Louise de Saignard de Sasselanges, fille de messire Jean-Dominique de Saignard, chevalier, seigneur de Sasselanges, baron du Besset, seigneur de Paupeiranc, le Quaire, co-seigneur avec le Roi de la Beissière Saint-Mary, et autres places; chevalier de l'ordre royal et militaire de Saint-Louis, et de dame Marie-Catherine-Denis du Besset. De ce mariage sont issus:

1.° Henri-François-Régis, dont l'article suit;
2.° Sophie de Saignard de la Fressange;
3.° Joséphine de Saignard de la Fressange.

X. Henri-François-Régis DE SAIGNARD DE LA FRESSANGE, baron de Queyrières, né le 12 mars 1791, est chef d'escadron, adjudant-major au premier régiment des grenadiers à cheval de la garde.

Seigneurs de Glavenas.

VI. Antoine DE SAIGNARD, seigneur de Mortesagne, de Marmignac, de Glavenas, de Maumeyre, etc., fils de César de Saignard, épousa, 1.° par contrat du 20 août 1625, Isabeau de Crémeaux; 2.° par contrat du premier décembre 1629, Claire des Baux; assista au mariage de Jean-Baptiste de Saignard, son frère, le 14 janvier 1636, fut déclaré exempt du droit de franc-fief, par M. Bezons, intendant en Languedoc, sur une requête du premier décembre 1667, laquelle rapporte sa filiation depuis Jean de Saignard, son trisaïeul, écuyer de l'écurie du roi; fit une acquisition de Claude Merle, de divers héritages situés près de Glavenas, le 18 décembae 1652; fut déclaré exempt, ainsi que Pierre de Saignard, écuyer, seigneur de Choumouroux, de Montméa et de Chazaux, du payement du droit de franc-fief, par arrêt du 13 janvier 1661. Antoine de Saignard eut de sa seconde femme:

1.° Pierre de Saignard, écuyer, mort avant le 20 décembre 1668;
2.° François, dont l'article suit;
3.° Isabeau de Saignard, mariée, par contrat du 17 décembre 1656, à François Baronnat, écuyer, seigneur de Poyron, fils d'Imbert Baronnat, seigneur du même lieu, et de Rainarde de Gast.

VII. François DE SAIGNARD, chevalier, seigneur de Glavenas, de Maumeyre, et autres places, d'abord mousquetaire du Roi dans la deuxième compagnie en

1662 jusqu'en 1664; enseigne an régiment de Navarre, par brevet du 30 novembre 1665, lieutenant au même régiment par brevet du 4 septembre 1666; fut maintenu dans sa noblesse, le 20 décembre 1668; épousa, par contrat du 1er janvier 1667, grossoyé par Gonin, notaire royal en la sénéchaussée du Puy, demoiselle Hélène de la Rivoire, fille de feu messire Christophe de la Rivoire, seigneur et baron de Chadenat, Beaume, la Rivoire, et autres places, et de dame Madelaine de Boulieu; servit sous M. le vicomte de Turenne, comme il appert par un passeport que ce général lui accorda le 1er octobre 1667, passa sous-lieuteuant au régiment de Dauphin, infanterie, par brevet du 2 décembre 1691, et fit son testament par acte du 27 juillet 1695, expédié par Rozet, notaire, garde-notes, à Toulouse, par lequel il institue son héritière fiduciaire Hélène de la Rivoire, son épouse, et fait des legs à chacun de leurs enfants, qui furent:

1.° Antoine de Saignard, légataire le 27 juillet 1695;

2.° Jean-Joseph de Saignard, légataire de son père, le 27 juillet 1695; il était alors lieutenant au régiment Dauphin, infanterie;

3.° François de Saignard, légataire le 27 juillet 1695;

4.° Christophe de Saignard, légataire le 27 juillet 1695;

5.° Madelaine de Saignard, légataire le 27 juillet 1695, mariée, par contrat du 20 avril 1694, avec Jean Allier de Saignard, seigneur de la Fressange, son cousin;

6.° Marguerite de Saignard, }
7.° Thérèse de Saignard, } légataires en 1695.

Branche de Saignard de Choumouroux.

IV. Guillaume DE SAIGNARD, fils d'Antoine de Saignard, seigneur de Mortesagne, et de demoiselle Isabeau de Saint-Laurent; assista au contrat de mariage de César de Saignard, son neveu, seigneur de Glavenas et de Queyrières, le 15 mai 1589. Il fut tué à la tête de cent arquebusiers qu'il commandait en 1594. Il eut pour fils:

V. Jean DE SAIGNARD, IIIe du nom, qui leva,
comme son père, et commanda une compagnie de cent
arquebusiers. Il fut fait prisonnier au siége de Chalençon, en 1639, et devint ensuite commandant de la ville
d'Issingeaux. Il fut père de :

VI. Pierre DE SAIGNARD, seigneur de Choumouroux,
de Montmea, de Chazeaux, etc. ; fut déchargé du droit
de franc-fief, conjointement avec Antoine de Saignard,
seigneur de Marmignac, par arrêt du 13 janvier 1661,
rendu sur la production de ses titres, justifiant son ancienne extraction. Il eut pour fils :

1.º N.... de Saignard de Montagut, tué à l'affaire
de Chiari, en Italie, en 1701;
2.º Joseph, dont l'article suit ;
3.º Jean de Saignard, qui fonde la branche des seigneurs de Sasselanges, rapportée ci-après.

VII. Joseph DE SAIGNARD DE CHOUMOUROUX fut
capitaine au régiment d'Auvergne, et mourut au siége
de Chivas. Il avait épousé Catherine de Brun, dont
il eut :

1.º Pierre-Louis, dont l'article suit ;
2.º Jean-Aimé de Saignard de Choumouroux, né à
Issingeaux, au mois de février 1689; il entra
sous-lieutenant au régiment d'Auvergne, au mois
d'avril 1706; devint successivement lieutenant au
mois de février 1707; capitaine le 5 mars 1712;
capitaine de grenadiers, le 1er juillet 1738;
major le 27 mai 1743; lieutenant-colonel, le 29
janvier 1744; et brigadier des armées du roi, le
1er janvier 1748; il joignit le régiment d'Auvergne en Italie, et se trouva au siége de Turin et à
la bataille de Castiglione en 1706; au siége de
Lérida en 1707, et de Tortose en 1708; à l'armée du Dauphin en 1710; aux siéges de Gironne
en 1711; de Barcelonne en 1714; et à tous les
siéges d'Italie; aux deux batailles de Parme et
de Guastalle en 1733 à 1736; en Corse, depuis le
mois de janvier jusqu'au mois d'avril 1741; à la
défense et à la sortie de Prague en 1742; à la bataille de Dettingen en 1743; à l'armée de Flandre, commandée par le maréchal de Saxe, en

1744 ; à la bataille de Fontenoy ; aux siéges de Tournai, d'Oudenarde, de Dendermonde et d'Ath en 1745 ; au siége de la citadelle d'Anvers, et à la bataille de Raucoux en 1746 ; à celle de Lawfeld en 1747 ; au siége de Maëstricht en 1748 ; au camp d'Aimeries en 1753 ; et quitta le service au mois de février 1756.

Ce brave officier, sexagénaire, lorsqu'il était lieutenant-colonel du régiment d'Auvergne, à l'attaque des sept forts Kithuit, dans la guerre de sept ans, après plusieurs assauts infructueux que son régiment avait livrés à ces forteresses, s'avança à la tête de la compagnie des grenadiers, jusqu'au chemin couvert, et ordonna à ses soldats de le jeter en dedans des palissades, ce qui fut exécuté, et il cria alors *à moi, Auvergne*, et dès ce moment le fort fut emporté. Il se trouva à vingt et un siéges, onze batailles et plusieurs combats.

VIII. Pierre-Louis DE SAIGNARD DE CHOUMOUROUX, capitaine au régiment d'Auvergne, infanterie, fut tué au combat de Rhinberg, au mois d'octobre 1760. Il avait épousé Catherine de Bonnafoux. Il eut de ce mariage :

1.º Joseph-Raimond-Bénigne, qui suit ;
2.º Détable de Saignard de Choumouroux ;
3.º Montméa de Saignard de Choumouroux ;
4.º Montagu de Saignard de Choumouroux ;
5.º N.... dit le chevalier de Saignard de Choumouroux. Trois de ces fils ont été tués sur le champ d'honneur, ou moururent des blessures qu'ils reçurent à la bataille de Rhinberg, le 16 octobre 1760.

IX. Joseph-Raimond-Bénigne DE SAIGNARD DE CHOUMOUROUX, officier au régiment d'Auvergne, chevalier de l'ordre royal et militaire de Saint-Louis, major au régiment des grenadiers royaux du Querci, épousa, en 1786, demoiselle Catherine-Pauline Ornano de Colonna, fille de M. Sébastien-Benoît, comte de Colonna. De ce mariage est issu :

X. Joseph-Alphonse-Raimond-Bénigne, baron DE

SAIGNARD DE CHOUMOUROUX, qui a servi en Espagne, et fut député du département de la Haute-Loire à la chambre de 1815. Il a épousé, en 1811, demoiselle Marie-Françoise-Angélique du Crozet, fille de M. du Crozet, lieutenant-colonel. De ce mariage sont issus :

1.º Joseph-Charles-Ernest de Saignard de Choumouroux;

2.º Pauline - Charlotte - Léonice de Saignard de Choumouroux

Seigneurs de Sasselanges.

VII. Jean DE SAIGNARD, IVᵉ du nom, seigneur de Sasselanges, fils de Pierre, seigneur de Choumouroux, et de Chazeaux, né à Craponne, entra dans les cadets, en 1688, sous-lieutenant au régiment d'Auvergne, au mois de septembre 1690. Il servit au siége de Mons; puis sur la Moselle en 1691; au siége de Namur et à la bataille de Steinkerque, en 1692; et passa à une lieutenance au mois de septembre. Il servit, l'année suivante à l'armée d'Allemagne et à la bataille de la Marsaille, en Italie, en 1694 et 1695; au séige de Valence, en 1696; à l'armée du Rhin, en 1697; aux combats de Carpi et de Chiari, en 1701; et obtint, le 13 décembre, une compagnie qu'il commanda à la bataille de Luzzara; à la prise de cette place et de Bogoforte, en 1702; aux siéges de Nago et d'Arco, en 1703; de Verceil, d'Yvrée et de Varue, en 1704; à la bataille de Cassano, en 1705; au siége de Turin et à la bataille de Castiglione, en 1706; à la bataille d'Almanza et au siége de Lérida, en 1707; au siége de Tortose, en 1708; à l'armée d'Espagne, en 1709; il y fut fait capitaine d'une compagnie de grenadiers, le 24 septembre, et la commanda, en Dauphiné, en 1710; au siége de Gironne, en 1711; commandant d'un bataillon, le 24 mai 1712 : il le conduisit au blocus et à l'assaut de Barcelonne, en 1714; et parvint à la lieutenance colonelle du régiment d'Auvergne, le 9 décembre 1728. Il servit, en cette qualité, au camp d'Alsace, en 1732; aux siéges de Gerra-d'Adda, de Pizzighitone et du château de Milan, en 1733; à ceux de Tortone et de Novarre; à l'attaque de Colorno; il contribua au gain des batailles de Parme et de Guastalle, en 1735, et obtint le grade de brigadier des armées du roi, par brevet du 1er août. L'année suivante il servit aux siéges de Reveri et de Guastalla, et se démit de la lieutenance colonelle du régiment d'Auvergne, en quittant le service au mois d'août 1738. Il eut pour fils :

    1.º Charles de Saignard de Sasselanges, qui était capitaine au régiment d'Auvergne, et chevalier de l'ordre royal et militaire de Saint-Louis. Il a été tué à l'affaire de Philingausen, en 1761 ;

    2.º Jean-Dominique, dont l'article suit.

VIII. Jean-Dominique DE SAIGNARD, chevalier, seigneur de Sasselanges, baron du Besset, seigneur de Paupeiranc, etc., fut capitaine au régiment d'Auvergne, blessé à la bataille de Rhinberg, en 1760, et fait chevalier de Saint-Louis, sur le champ de bataille, par le roi lui-même. Il est mort en 1816, à l'âge de quatre-vingt-dix-sept ans, doyen des chevaliers de Saint-Louis, et des officiers français. Il était père, fils, oncle ou neveu de douze chevaliers de Saint-Louis. Il eut pour fils :.

    1.º Jean-François-Regis, dont l'article suit ;

    2.º Pierre de Saignard de Sasselanges, qui a été officier d'artillerie ; a émigré, et est maintenant chevalier de l'ordre royal et militaire de Saint-Louis ;

    3.º Marie-Louise de Saignard de Sasselanges, mariée le 27 août 1781, avec Joseph-Gabriel de Saignard, baron de Queyrières, seigneur de la Fressange, son cousin.

IX. Jean-François-Regis DE SAIGNARD, marquis de Sasselanges, ancien premier page de Louis XVI, lieutenant-colonel de cavalerie ; a émigré, et est actuellement chevalier de l'ordre royal et militaire de Saint-Louis. Il a un fils :

X. Antoine DE SAIGNARD DE SASSELANGES, âgé de dix ans.

Armes: La branche de la Fressange porte : écartelé: aux premier et quatrième, d'azur, au sautoir d'or ; aux 2 et 3, d'azur, à l'aigle éployée d'argent, qui est d'Allier de la Fressange ; la branche de Choumouroux porte écartelé, d'azur, au sautoir d'or, et d'azur à trois chevrons d'or ; celle de Sasselanges, d'azur au sautoir d'or.

POYOL, cette famille portait dans son pays d'origine, le nom de POYOLS.

La famille de Poyols est établie dans le Comtat Venaissin. Elle s'y rendit du Dauphiné où elle possédait le seigneurie de Poyols, ville située dans le diocèse de Die, et celle de Lesches, également située en Dauphiné.

La famille de Poyols est si ancienne que l'on ne sait si elle a donné son nom à la ville de Poyols, ou si elle l'a tiré de cette seigneurie. Néanmoins il paraît constant, d'après Guy Allard, que la ville de Poyols, a reçu son nom de la famille.

Voici ce que cet auteur rapporte dans son Dictionnaire historique du Dauphiné, à l'article Poyols:

« Poyols est une ville du diocèse et de la judicature
» usage de Die, en l'élection de Montélimart, faisant
» un feu trois quarts; elle appartient à l'évêque. Guil-
» laume de Roussillon, évêque de Valence et de Die,
» l'acquit de Guillemette, veuve de Bertrand de Poyols,
» l'an 1312, et l'an 1318, il la divisa avec Saladin
» Arthaud. »

La famille de Poyols était alliée à celle du Pilhon et de Laval de Taurène, par suite du mariage contracté le 2 février 1318, par Odilon, co-seigneur du Pilhon et de Laval de Taurène, avec Jourdaine de Poyols, fille de Bertrand, seigneur dudit lieu et de Lesches.

La famille du Pilhon avait l'avantage de joindre à une noblesse des plus anciennes du Dauphiné, la gloire de s'être distinguée dans les armes et dans la magistrature.

Voyez Pithon-Curt, tome II, page 412 de son Nobiliaire du Comtat Venaissin, pour les deux paragraphes qui précèdent.

Cet auteur ajoute que les armes de la famille de Poyols, sont d'argent, à la bande de gueules, chargée d'une fleur de lys d'or, accostée de deux roses du même.

La famille de Poyols ne peut donner en ce moment la suite de ses premiers degrés, faute d'avoir les titres qu'elle possédait, et qui, pendant la révolution, ont été égarés ou brûlés. Néanmoins elle produit un certificat, échappé par miracle, à la fureur révolutionnaire, qui prouve qu'elle descend directement de l'ancienne famille de Poyols,

Cette pièce est ainsi conçue :

« Jean-Baptiste-Marie de Rivette de Baux-Orange,
» chevalier, baron de Rivette et de la Garde, capitaine
» de cavalerie à la suite des chevau-légers de la garde
» du Roi, élu de la noblesse et des seigneurs barons
» de la province du Comtat, certifions et attestons à
» tous qu'il appartiendra que noble Pierre-Toussaint
» Hyacinthe de Poyols est issu d'une famille dont
» la noblesse remonte à plusieurs siècles, d'abord dans
» la province du Dauphiné et ensuite dans celle du
» Comtat où elle est établie; que la famille de Poyols
» possédait en 1318, la seigneurie de Poyols et celle de
» Lesches, en Dauphiné; que les armoiries de la famille
» de Poyols sont d'argent, à la bande de gueules, chargée
» d'une fleur de lys d'or accostée de deux roses de
» même. »

» En foi de quoi, nous lui avons délivré le présent
» certificat, empreint du sceau de nos armes, donné en
» notre château de Rivette, paroisse de Bonieux, ce
» vingt-cinq mars mil sept cent quatre-vingt-huit. *Signé*
» le baron de Rivette de Baux-Orange. »

Aujourd'hui la famille de Poyol est représentée par messire Pierre-Toussaint-Hyacinthe de Poyol de Lesches, écuyer, et par messire Amand-François-Joseph de Poyol, dont le père, Bernard-Alphonse, était officier supérieur dans les gardes wallones au service d'Espagne.

DE VILLICY DE TOURVILLE, famille originaire de Chaudenay-lès-Toul, en Lorraine, où elle a formé deux branches; l'une à Toul, et l'autre à Metz. Le premier auteur connu de cette famille, est :

I. Claude DE VILLICY, Ier du nom, demeurant à Chaudenay, qui fut anobli par Toussaint Hocédy, évêque de Toul, par lettres-patentes du 23 août 1560. Il eut pour fils :

II. Claude DE VILLICY, IIe du nom, maître et premier échevin de la ville de Toul, d'abord commissaire
en l'artillerie et les fortifications de Lunéville, sous la
charge de conseiller-d'état, seigneur de Haussonville,
maréchal de Lorraine; il obtint des lettres confirmatives
de sa noblesse, de Charles II, duc de Lorraine, le 24
septembre 1600. Il eut quatre enfants, entr'autres :

III. Melchior DE VILLICY, qui épousa Jeanne de
Delouze, dont il eut :

1.° Jean de Villicy, marié, le 23 octobre 1683,
avec Marguerite de Maxey. Il mourut en 1730,
ayant eu onze enfants :

    A Jean-François de Villicy, né
       en 1685,

    B Melchior de Villicy, né en
       1687,

    C Edme-Louis de Villicy, né en
       1688,

    D Etienne de Villicy, né en   morts en bas
       1689,   âge ;

    E. Thomas de Villicy, né en
       1693,

    F. François de Villicy, né en
       1697,

    G. Jeanne de Villicy, née en 1684, mariée le
       23 août 1701, avec Etienne Houillon. Elle
       mourut à Paris, le 25 novembre 1705. Elle
       eut pour enfants :

        a. Claude Houillon, dont est issu M. Houil-
         lon, maire de la ville de Toul ;

        b. Marie Houillon ;

    H. Marguerite de Villicy,
       née en 1691 ;   mortes   en   bas
    I. Jeanne-Catherine de   âge;
     Villicy, née en 1692,

    J. Luce de Villicy, née en 1694, morte sans
       alliance le 22 juillet 1762 ; la dernière de
       cette branche qui était restée à Toul;

    K. Claudette de Villicy, née en 1695, morte
       en bas âge ;

2.° Vincent-Nicolas, dont l'article suit ;

3.º Cathérine de Villicy, qui épousa M. le Brun d'Heuweiller, dont un fils et une fille, qui épousa son cousin Plessis ;

4.º Marguerite de Villicy, qui s'allia avec M. Plessis, dont le fils unique fut reçu avocat au parlement de Nancy, en 1768, et existe à Metz.

IV. Vincent-Nicolas DE VILLICY DE TOURVILLE, continua la seconde branche qui s'établit à Metz, vers l'an 1700. Il servit d'abord dans les chevau-légers d'Orléans, en 1710, et fut major de dragons. A la paix générale, en 1713, il vint à la cour avec sa famille ; il fut bien accueilli de M. de Voisins, qui lui rendit publiquement témoignage, que Sa Majesté était contente de ses services. Fidèle à sa religion et à son roi, lorsque le czar de Moscovie, qui voyageait en France, l'engagea à le suivre en Russie, avec sa famille, il refusa constamment les propositions réitérées de ce prince, malgré les avantages considérables qui lui étaient offerts. Ce désintéressement ayant fait sensation à la cour, le maréchal de Villeroy, qui était gouverneur, et l'évêque de Fréjus, depuis cardinal de Fleury, résolurent dans cette circonstance, de parler au roi en faveur de cette famille, afin de faire élever un des fils du sieur de Tourville, dans un des colléges royaux ; ce qui eut lieu. Il mourut à Paris, en 1722. Il avait épousé demoiselle Michelle Antoinette Roger, qui, lorsqu'elle fut veuve, obtint une pension de six cents livres sur la cassette du roi, et ses enfants une pareille pension sur le trésor royal, le 1ᵉʳ octobre 1731 ; morte à Paris la même année. De ce mariage sont issus :

1.º Robert-Charles-Vincent, dont l'article suit ;

2.º Jean-Baptiste-Nicolas-Louis, rapporté après son aîné ;

3.º N..... de Tourville de Sant-Basile, religieuse à l'abbaye royale de Gify, décédée ;

4.º Philippine de Villicy décédée à Paris, en 1787, dans une communauté de religieuses ;

5.º N..... de Villicy, morte en bas âge.

V. Robert-Charles-Vincent DE VILLICY, comte de Tourville, né à Chauny, le 6 octobre 1701, capitaine de cavalerie au régiment royal ; chevalier de l'ordre royal et militaire de Saint-Louis; conseiller du roi en ses conseils privés ; commissaire-ordonnateur au département de la guerre à Strasbourg. Il épousa Marie-Françoise de Béthencourt, d'une très-ancienne maison, et de la branche de Jean de Béthencourt, qui fut chambellan du roi Charles IV, et fit la conquête des îles Canaries, qu'il eut en souveraineté. Dont il eut :

VI. Jean-François-Auguste DE VILLICY DE TOURVILLE, né à Metz, le 17 octobre 1747 ; il passa à Saint-Marc, île Saint-Domingue, en janvier 1783, où il épousa, le 14 octobre de la même année, demoiselle Marie-Louise Venat. Il mourut le 14 avril 1784. Sa veuve le fit père de :

VII. Marie-Françoise DE VILLICY DE TOURVILLE, née posthume à Saint-Marc, le 2 août 1784, que sa mère emmena en France en 1785, où elle s'est mariée, à Lussac, près de Libourne, le 28 avril 1802, avec Louis-Martial Montouroy. De ce mariage sont issus :

    1.° Jean-Ignace-Camille Montouroy, né le 29 juillet 1804, à Libourne. Il fut présenté à monseigneur le duc d'Angoulême, le 4 mars 1815 ; ce prince l'accueillit avec une touchante bonté ; lui fit expédier, de Bordeaux, par M. le comte de Damas, qui le donna à M. de la Salle pour qu'il le lui remît, le brevet de la décoration du Lys, en 1816, que le jeune Montouroy avait demandée à S. A. R., en attendant qu'il pût mériter celle de Saint-Louis ;

    2.° Paul Montouroy, né à Libourne, le 8 octobre 1805. Il fut présenté, avec son frère Jean-Ignace-Camille Montouroy, à S. A. R. monseigneur le duc d'Angoulême, en janvier 1816, par M. de la Salle, alors sous-préfet à Libourne, et par M. Dufau, maire de Libourne, leur grand oncle paternel, dans la salle de la Bourse, où la ville lui avait préparé une fête, à laquelle S. A. R. daigna assister ;

    3.° Louis-Antoine Montouroy, né à Blaye, le 7 avril 1817 ;

    4.° Louise-Marie Montouroy, morte en naissant, à Lussac.

SECONDE BRANCHE.

V. Jean - Baptiste - Nicolas - Louis DE VILLICY DE TOURVILLE, second fils de Vincent-Nicolas, et de Michelle-Antoinette Roger, naquit à Chauny, le 1er janvier 1709. Il fut présenté au Dauphin, depuis Louis XV, par madame la duchesse de Ventadour, gouvernante des enfants de France; il eut souvent l'honneur d'assister au dîner du roi Louis XIV, qui le désignait par le titre de *son petit officier*, (il n'avait que 5 ans). Le jeune de Tourville, étant tombé malade, S. M., qui l'honorait d'une bienveillance, d'une bonté particulières, daigna envoyer son premier médecin, M. Dodar, pour en prendre soin. Il fut élevé au collège de Beauvais, où il est resté depuis le 20 juin 1717 jusqu'au 1er août 1727; le 12 du même mois, le roi fit entrer dans la compagnie des cadets gentilshommes, à la citadelle de Metz, et il y resta jusqu'en 1734, qu'il prit une lieutenance dans un bataillon des milices de Picardie; il obtint une lieutenance en pied au régiment de Picardie, passa avec le même grade dans plusieurs autres régiments, fut capitaine au régiment de royal Lorraine, par commission du 3 janvier 1744; ensuite major du même corps, et nommé chevalier de l'ordre royal et militaire de Saint-Louis, par brevet du 17 juin 1747, après vingt-un ans de service. Il avait épousé, à Metz, le 4 octobre 1738, demoiselle Ursule-Catherine de Saint-Aubin, n'ayant eu que deux enfants, un fils et une demoiselle, nommée Françoise-Dieudonnée de Villicy de Tourville, morte à Metz, en 1808, épouse de M. le chevalier de Bock, ancien officier de hussards.

Cette famille a formé des alliances collatérales avec celles de Le Grand, de Rancé, de Brachet, etc., etc.

Armes: d'azur, à la molette d'éperon d'or, accompagnée de trois annelets d'or; au chef du même, chargé d'une tête de léopard de gueules.

DE MACÉ DE GASTINES, famille originaire de Chinon; elle s'établit en Normandie dans le quatorzième siècle, sous le règne de Charles VII. La branche cadette s'est établie en Provence; mais elle est éteinte depuis long-temps. Le premier de Macé qui a fait souche ne peut être connu, tant le malheur des guerres, sur-tout les troubles civils qui ont désolé la Normandie, ont occasionné de dévastations et entraîné de pertes dans les dépôts publics, qui furent pour la plupart ou pillés ou incendiés. L'incendie qu'a éprouvé la chambre des comptes de Paris, a détruit la plus grande partie des monuments rares et précieux des ancêtres de cette famille, qui, par les mariages qu'elle a contractés, est alliée du côté de Catherine le Noir à la famille des Fouquet, marquis de la Varenne, à messieurs Bertrand, dont les filles ont épousé M. de Saint-Mesme, président à mortier M. Colbert de Maulevrier, et M. le comte de Nogent; et c'est de ce côté maternel que cette famille jouit du droit de sépulture dans la chapelle des ducs d'Alençon, par brevet de Louis XIII, en 1637. Ils ont aussi l'honneur d'appartenir à M. Doyré, maréchal des camps et armées du roi. Ils sont également très-proches parents de la famille de Morel d'Escure, par le mariage d'Antoine de Macé, écuyer, sieur de la Tillière, avec demoiselle Charlotte de Morel. Cette famille est alliée aux maisons les plus anciennes de Normandie; leur grand'mère était d'Aché, et du côté des Patri, ils ont l'honneur d'être alliés à l'illustre maison de Coigni. Le chevalier de Morel, lieutenant de vaisseau, après avoir échappé à l'expédition de Quiberon, passa en Normandie à l'armée du général de Frotté, où il fut tué. Marié à mademoiselle l'Escale, il n'a eu qu'un fils Joseph de Morel, marié à sa cousine, mademoiselle du Perche de Mesnilhaton.

I. Simon DE MACÉ est le plus ancien des auteurs qu'il soit permis à cette famille de connaître. Il était en 1451, maître de la chambre aux deniers de Jean, duc d'Alençon, comte du Perche, vicomte de Beaumont, frère du roi Charles VII. Par un mandement de sa part, du 17 juin 1453, il le crée et le qualifie de *son amé et féal trésorier et receveur général de ses finances*. Il lui accorde les mêmes qualifications dans un autre mandement du 24 janvier 1462. Tous ces titres ne laissent aucun doute que Simon de Macé, dont l'origine était sûrement distinguée, n'eût à cette époque l'avantage de jouir pleinement de l'état de noble; et cet état, ne l'eût-il pas eu de ses ancêtres, il l'avait acquis par les charges dont le duc d'Alençon trouva bon de l'honorer. L'histoire et les fastes de la nation apprennent combien était précieuse et honorable la charge de trésorier et receveur général des finances, l'une des plus considérables de la couronne; unique dans le principe, elle est devenue la source et le modèle des changes de trésoriers-généraux de France, bureaux des finances, divisés par la suite des tems, d'abord sur deux, ensuite sur trois à quatre officiers, pourvue toujours avec les mêmes prérogatives, et l'attribution de la noblesse, et des autres priviléges attachés à la charge de trésorier et receveur-général des finances, qui était unique auprès de chaque souverain, et ensuite distribuée en compagnie par chaque généralité, à mesure que l'étendue du royaume, et l'accession des grands domaines de la couronne, n'ont plus permis que l'administration des finances fut resserrée sur un moindre nombre d'officiers. Simon de Macé fut père de :

    1.º Antoine, dont l'article suit ;

    2.º René de Macé, vivant en 1514. On ignore s'il a eu postérité.

II. Antoine DE MACÉ, fut fiancé le 11 février 1514, avec Marie Fils-de-Femme, fille de sire Jean Fils-de-Femme, d'une des familles les plus distinguées de la ville de Chinon, et de Françoise Ribot, en présence de René de Macé son frère. Marie Fils-de-Femme apporta entr'autres biens dans la famille de Macé le droit de patronage de la chapelle de Notre-Dame de Pitié, fondée par ses auteurs en l'église collégiale de Saint-Mesme à Chinon, et la terre de Gastines, près de cette dernière ville. Antoine de Macé eut pour fils :

III. Guillaume DE MACÉ, Ier du nom, qui fut marié en l'église de la Roche-Clémenceau, le 21 juillet 1550, avec Louise de Retz. Ils eurent pour fils :

IV. Guillaume DE MACÉ, IIe du nom, sieur de Gastines, qui servit avec distinction dans la robe et dans l'épée; d'abord, en 1578, François, fils de France, frère unique du roi Henri III, duc d'Anjou, Berri et Alençon, trouva bon de l'attacher à son service en qualité de contrôleur ordinaire des guerres, suivant le brevet qu'il lui en fit expédier, signé de sa main, le 12 septembre 1578. L'utilité et l'exactitude, autant que les succès de ses services, décidèrent son souverain à lui accorder encore la qualité et l'état de l'un de ses secrétaires ordinaires, ils lui sont attribués dans un brevet de don du 1.er novembre 1578, et le roi Henri III ratifia le don, ordonna, en faveur de *bien amé Guillaume de Macé, l'un des secrétaires ordinaires du feu duc d'Alençon, son frère,* le paiement des sommes dues au sieur de Macé de Gastines, par un brevet du 2 février 1586. Il servit à ses dépens, sous Henri IV, à plusieurs siéges, soit en qualité d'homme-d'armes ou de commissaire ordinaire et extraordinaire des guerres, ce qui lui valut le commandement de six cents hommes de guerre, dont le roi voulut bien l'honorer pour les conduire au siége d'Amiens, et desquels il avait été chargé de faire la levée. En récompense de ses services le roi lui fit don d'une charge de secrétaire de sa chambre, et d'une charge d'élu en l'élection d'Alençon, dont aucun n'avait été pourvu depuis sa création. M. de Matignon, gouverneur d'Alençon, lui confia, pendant son absence, la garde du château de cette ville. Il se maria, en 1586, avec Anne Dupont, et ils eurent pour fils :

1.º David, dont l'article suit ;

2.º Philippe de Macé, sieur de l'Hommel, qui partagea avec ses frères, le 8 mars 1624. Il assista, au contrat de mariage de Jean de Macé, sieur de Gastines, le 7 juillet 1657 ;

3.º Gilles de Macé, sieur du Chemin, qui servit long-tems le roi dans ses armées ; il vivait en 1624. Ayant désiré de jouir de tous les priviléges que lui donnait sa naissance, et surtout celui de porter l'épée, il obtint un arrêt du parlement d'Aix, du 21 juin 1667, qui lui en accorda la permission, attendu que sa noblesse d'extraction se trouvait suffisamment prouvée ;

4.º Nicolas de Macé de Gastines, avocat au présidial d'Alençon, qui fonda la branche de Provence, et servit long-tems le roi dans ses armées. Il épousa, par contrat du 11 mai 1641, demoiselle Anne d'Armand, veuve de Louis Ycard, avocat au parlement de Provence ; il en eut :

Noble Gilles de Macé de Gastines, sieur du Casson, enquêteur et commissaire-examinateur à Alençon, en 1624, qualifié *écuyer* de la ville de Martigues ; originaire d'Alençon, dans un arrêt de la cour du parlement de Provence, qu'il obtint le 21 juin 1667. De son mariage, accordé par contrat du 17 juin 1661, avec demoiselle Lucrèce d'Augustine, fille de noble Ambroise d'Augustine, écuyer seigneur de Septèmes, il eut deux enfants :

> *a.* Jean-Joseph de Macé de Gastines, écuyer, capitaine général garde-côte au département de Martigues, né au mois de mars 1682 ;
>
> *b.* Antoine de Macé de Gastines, écuyer, capitaine réformé au régiment de la Reine, né au mois de février 1685.

Jean-Joseph et Antoine DE MACÉ de Gastines, frères, ayant été recherchés à raison de leur noblesse, et une ordonnance, rendue par le sieur le Bret, intendant en Provence, le 9 avril 1711, leur ayant fait défendre de prendre la qualité de nobles, et condamné à une amende de 2000 liv. ; ils s'étaient pourvus à Sa Majesté par une requête tendante à ce qu'il lui plût la renvoyer aux commissaires-généraux députés, par arrêt de son conseil, du 24 octobre 1719, et autres rendus en conséquence, pour juger en dernier ressort toutes les affaires concernant les recherches des usurpateurs du titre de noblesse, à l'effet de produire les titres justificatifs de la leur ; en conséquence qu'il fut dit et ordonné, que, sans avoir égard à l'ordonnance qui serait cassée et annulée, ils seraient maintenus, gardés et confirmés dans leur ancienne noblesse d'extraction, déchargés de l'amende et des deux sous pour livre. Et en effet, Sa Majesté ayant trouvé bon d'ordonner ce renvoi, les titres rapportés par lesdits sieurs Jean-Joseph et Antoine de Macé, au soutien de leur noblesse d'ancienne extraction, furent si convainquants, que le jugement souverain des commissaires-généraux, rendu le 5 avril 1724, faisant droit sur l'appel que les sieurs de Macé de Gastines avaient interjeté de l'ordonnance du 9 avril 1711, et sans y avoir égard, les maintint dans leur ancienne no-

blesse d'extraction, et dans les titres et qualités de nobles et d'écuyers, ensemble leur postérité née et à naître
en légitime mariage, tant qu'ils vivront noblement, et
ne feront acte dérogeant à noblesse, en conséquence
ordonna qu'ils jouiront de tous les droits, honneurs,
priviléges, exemptions et prérogatives dont jouissent les
nobles et gentilshommes du royaume, avec défense à
toutes personnes de les y troubler et inquiéter, à l'effet
de quoi il ordonne qu'ils seront inscrits dans le catalogue des nobles et gentilshommes de Provence, qui
sera arrêté au conseil, en exécution des règlements et
arrêts du conseil, du 22 mars 1666 et 24 janvier 1697.

V. David DE MACÉ, sieur de Gastines, né le 4 octobre 1586, avocat au siége présidial et baillage d'Alençon,
succéda à son père en son office d'élu d'Alençon. Il
épousa, par contrat du 6 avril 1612, Marie Brichard,
fille de noble Jean Brichard, sieur de la Tirelière, aussi
conseiller du roi et élu d'Alençon, et de Marie Gaget,
sa femme. David de Macé a laissé cinq enfants :

1.º Jean de Macé, qui continue la descendance ;
2.º François de Macé de Gastines, est nommé, dans
le partage, fait entre ses frères et sœurs, des successions de leurs père et mère, le 20 octobre 1649,
et par cet acte, qui le qualifie *de chevalier de Saint-
Jean de Jérusalem;* il déclara que, *désirant suivre la
profession des armes pour la défense de la foi contre les
infidèles,* il renonçait à sa part desdites successions.
Il était commandeur de Baugis et de Corval, le 5
janvier 1660, et mourut âgé de 74 ans, le 25 décembre 1696 ; il fut inhumé le lendemain dans
l'église paroissiale de Saint-André de Planquery,
diocèse de Bayeux ;
3.º Gilles de Macé, sieur de la Tirelière, mourut
prêtre ;
4.º Marie de Macé était mariée, lors dudit partage,
avec Alexandre du Mesnil, sieur du Saulie, conseiller du roi au baillage et siége présidial d'A-
lençon ;
5.º Renée-Marie de Macé, vivait alors sans alliance,
et était en minorité.

VI. Jean DE MACÉ, écuyer, sieur de Gastines, sei-

gneur d'Hersès et de Chauvigny, fut commissaire-ordi-
naire de la marine, et depuis, conseiller du roi, élu en
l'élection d'Alençon. Il épousa Catherine Lenoir, fille
de François Lenoir, conseiller du roi, juge magistrat
au baillage et siége présidial de ladite ville, et de Renée
Hamelin, le 7 juillet 1657. Il fut inhumé le 28 juillet 1662,
dans l'église collégiale Saint-Candé-le-Viel, à Rouen.
De son mariage est issu :

VII. Gilles DE MACÉ, sieur de Gastines, né le 5 janvier 1660. François de Macé, devenu commandeur de
Beaugis et Corval, son oncle, le tint sur les fonts de baptême, avec madame Hamelin, son aïeule paternelle. Il
fut conseiller du roi au bailliage et siége présidial d'A-
lençon, mort doyen des conseillers. Il épousa, le 28 novembre 1696, sur la paroisse Saint-Sulpice, à Paris, Anne-
Marguerite Plastrier, fille de défunt Jacques Plastrier,
conseiller du roi, notaire honoraire au Châtelet de Paris,
et de dame Anne de Launay. De ce mariage sont issus :

1.º Gilles-Louis-François de Macé, écuyer, sieur
de Gastines, marié avec Renée le Rouillé de
Préaux, dont il eut une fille :
Anne-Renée de Macé d'Herses, mariée à
Pierre-Henri de Fromond de Bouaille, chevalier, seigneur de Miussé, ancien mousquetaire de la 2º compagnie. Ils eurent pour
fils Henri-Pierre de Fromond, chevalier,
seigneur d'Herses, de Pare, ancien mousquetaire de la 2º compagnie, marié avec
demoiselle Marie-Louise-Charlotte Chesneau de la Drourie. De ce mariage sont
nés : — 1.º Pierre-Marin-René de Fromond ;
— 2.º Marie-Henriette de Fromond ; —
3.º Renée-Joséphine de Fromond ; — 4.º Eu-
génie-Charlotte, tous vivants ;

2.º Antoine, dont l'article suit ;
3.º Jean-François de Macé de Gastines ;
4.º Nicolas de Macé de Gastines ;
5.º François-Henri de Macé, sieur de la Tuillerie,
officier d'infanterie ;
6.º Joseph Macé, écuyer, sieur de la Bindelière,
né le 17 mars 1708, fut gendarme de la 1ᵉʳ bri-

gade des gendarmes de monseignenr le Dauphin, et y servit l'espace de six ans, suivant le congé absolu qu'il obtint le 16 janvier 1735, entra depuis dans les gardes-du-corps du roi, où il servit pareil tems, et obtint aussi du duc d'Harcourt, son congé absolu, le 1er juillet 1741, qui porte « que, dans toutes les occasions où il s'était trouvé » pour le service de Sa Majesté, il avait donné » des marques de valeur et de bonne conduite. » Il a épousé, par articles sous seing-privé du 13 juillet 1740, demoiselle Catherine-Magdeleine Damois, fille de Jean Damois et de dame Catherine Aubri ;

7.° Jacques, auteur de la seconde branche, rapportée ci-après ;

8.° Gilles de Macé de Gastines ;

9.° Catherine de Macé de Gastines,

VIII. Antoine DE MACÉ, écuyer, sieur de Gastines, seigneur de la Tillière, né le 18 septembre 1704, épousa le 22 juillet 1729, Marie-Renée Morel d'Escure, fille de Charles de Morel, écuyer, seigneur de la Charbonnière, et de dame Renée Patry. Ils eurent pour fils :

1.° Charles-Antoine, dont l'article suit ;

2.° Pierre-Antoine-Alexis de Macé, né le 17 juillet 1745, garde-du-corps de Monsieur, frère du roi Louis XVI ;

3.° Marie-Charlotte-Gillette, née le 12 novembre 1729, mariée à Pierre Hamon, écuyer, sieur de la Brosse, chevalier de l'ordre royal et militaire de Saint-Louis ;

4.° Geneviève-Susanne de Macé, née le 8 février 1736 ;

5.° Françoise-Anne de Macé de Sauné, née le 6 décembre 1739.

IX. Charles-Antoine DE MACÉ, écuyer, sieur de Gastines, né le 3 novembre 1731, fut marié à Sablé, avec Perrine David, et eut pour fils :

1.° Charles-Antoine-Marie, dont l'article suit ;

2.° Pierre Gui, chevalier de Gastines, mort garçon, au mois de mai 1791.

X. **Charles - Antoine - Marie** DE MACÉ DE GASTINES, né à Sablé, le 3 août 1764, le seul représentant de sa famille, s'est marié à Paris, le 22 décembre 1800, à Michelle-Françoise de Blanchardon, fille de messire Louis de Blanchardon, secrétaire du roi, et maître particulier des eaux et forêts de la généralité de Tours. Charles-Antoine-Marie de Macé de Gastines a été reçu garde-du-corps du roi, compagnie écossaise le 20 mai 1782, s'est trouvé à la malheureuse affaire des 5 et 6 octobre 1789 ; émigré en 1791, il a fait la campagne des princes, avec son corps, est toujours resté dans la Belgique ou en Angleterre à la disposition des princes jusqu'à sa rentrée, à la fin de 1800 ; n'a voulu accepter aucunes places ; s'est réuni aux royalistes de l'intérieur ; il s'est empressé de rejoindre son corps aussitôt l'arrivée du roi dans sa capitale ; fait chevalier de l'ordre royal et militaire de Saint-Louis, le 4 juillet 1814 ; brigadier des gardes-du-corps du roi, compagnie de Wagram ; est parti de Paris le 20 mars 1815 avec Sa Majesté, l'a suivie à Gand, et est rentré à Paris le 8 juillet même année ; mis à la retraite au 1er janvier 1817 ; nommé lieutenant-colonel de la garde nationale de la ville du Mans, et commandant de la place. Il a eu de son mariage :

    1.º Charles-Louis de Macé de Gastines, né au Mans, le 18 novembre 1801 ;

    2.º Victor-Gui de Macé de Gastines, né le 1er mai 1803.

DEUXIÈME BRANCHE.

VIII. Jacques DE MACÉ, écuyer, sieur des Noyers, né le 22 août 1709, septième fils de Gilles de Macé, garde-du-corps du roi, ensuite conseiller du roi au bailliage et siége présidial d'Alençon, mort doyen de sa compagnie, marié, le 18 janvier 1742, à Catherine-Louise du Moulinet, fille de Nicolas du Moulinet, sieur de Choisel, conseiller du roi, et de dame Marie du Bois. De ce mariage sont nés :

    1.º Jacques de Macé, né le 29 novembre 1742 ;

    2.º Nicolas de Macé, sieur du Buisson, aussi conseiller, mort sans postérité ;

    3.º Jean-Baptiste, dont l'article suit.

IX. Jean-Baptiste DE MACÉ, sieur de Choisel, né le 1er septembre 1752, a été reçu dans les gendarmes de la garde de Sa Majesté, le 24 juin 1773, jusqu'à la réforme du 15 décembre 1775 ; émigré en 1791 ; a fait la campagne des princes avec son corps ; fait chevalier de Saint-Louis, à Londres, après l'expédition de Quiberon, dont il a eu le bonheur de se sauver.

Armes : d'argent, au chevron d'azur, accompagné en chef de deux roses du même, et en pointe d'un lion de gueules.

CHARPENTIER ; en l'Ile - de - France et en Picardie.

PREMIÈRE BRANCHE

I. Nicolas CHARPENTIER, échevin de la ville de Paris en 1519, eut pour fils :

II. Jean CHARPENTIER, Ier du nom, écuyer, qui fut père de :

III. Fiacre CHARPENTIER, écuyer, échevin de la ville de Paris, en 1546, qui épousa Marie Drouin, fille de N. Drouin, conseiller secrétaire du Roi ; il en eut :

    1.º Michel, dont l'article suit ;
    2.º Jean, auteur de la seconde branche.

IV. Michel CHARPENTIER, écuyer, receveur des consignations, épousa Anne Sellier, dont il eut :

    1.º Michel, dont l'article suit ;
    2.º Claude, receveur-général à Moulins.

V. Michel CHARPENTIER, IIe du nom, écuyer, conseiller au parlement de Paris, en 1607, ensuite président en la chambre souveraine de Metz, avant l'établissement du parlement, puis président au parlement lors de son établissement. Il épousa Jeanne - Elisabeth Malot, morte en 1654. De ce mariage sont issus :

    1.º Thierri, dont l'article suit ;

2.º Anne, mariée, 1.º à Jacques Miron, conseiller en la cour des aides, fils de Rohert Miron, seigneur du Tremblai, et de Marguerite Brette de Boinvilliers ; 2º à Charles Feydeau, maître des comptes, mort au mois de septembre 1682.

VI. Thierri CHARPENTIER, écuyer, conseiller au parlement de Metz, le 16 octobre 1637, puis au grand conseil, le 25 janvier 1644, conseiller au parlement de Paris, le 5 avril 1645, commissaire aux requêtes du palais, le 5 août 1645, mourut en 1681. Il avait épousé Marguerite le Tonnelier, veuve d'Antoine de Moucy, et fille d'Antoine le Tonnelier, auditeur des comptes, et d'Antoine Beire. Elle mourut le 11 janvier 1709, âgée de 83 ans. De ce mariage sont issus :

1.º Philippe, dont l'article suit ;
2.º Louis, maître des comptes, le 16 septembre 1686, auparavant conseiller au parlement de Metz, mort le 6 juin 1724, marié avec Colombe-Marguerite de Valles, dont il a eu :

    a. Philippe Charpentier, écuyer, seigneur de Vilzier, maître des comptes, le 4 octobre 1717, marié en avril 1727, avec N . . . . le Boulanger, fille de Jean le Boulanger, maître des comptes, et de Marie-Agnès Poulet. Il est mort le 10 janvier 1738, âgé de 51 ans, laissant Anne-Pierre Charpentier, écuyer, conseiller au parlement, mort le 24 novembre 1762 ;

    b. Pierre Charpentier, écuyer, maître des comptes, le 5 juillet 1724 ;

    c. N . . . . Charpentier, mariée, 1.º à Jacques Charuel, maître des comptes, dont un fils ; 2.º à N . . . . de Mauny.

3.º N . . . . chanoine régulier de Saint-Victor ;
4.º N . . . . chanoine régulier de Sainte-Geneviève ;
5.º N . . . . chanoine de l'abbaye de Sainte-Croix ;
6.º N . . . . religieuse de Sainte-Marie ;
7.º N . . . . religieuse à Fontaines les Nonains.

VII. Philippe CHARPENTIER, écuyer, conseiller aux requêtes du palais à Paris, le 13 novembre 1681, mourut en 1694. Il avait épousé le 27 mai 1682, Madelaine Portail, fille d'Antoine conseiller au parlement de Paris, et de Marie-Madelaine Lenain, dont il eut :

1.º Philippe - Antoine CHARPENTIER, écuyer, conseiller au parlement de Paris, le 24 avril 1709, mort le 7 juillet 1710, sans alliance;

2.º Jean, né le 4 mai 1688, clerc du diocèse de Paris;

3.º Claude, né le 13 mars 1690, capitaine aux gardes françaises;

4.º Thierri-Antoine, né le 16 mars 1692;

5.º Louise-Marie-Madelaine, mariée le 12 février 1771;

6.º Louise-Marie-Madelaine, religieuse à Sainte-Marie.

SECONDE BRANCHE.

IV. Jean CHARPENTIER, IIe du nom, écuyer, second fils de Fiacre et Marie Drouin, épousa Catherine Rouillé, fille de Jean Rouillé, et de Charlotte Leschassier. Il eut de ce mariage :

1.º Jacques, dont l'article suit;

2.º Philippe, conseiller au grand conseil, reçu le 19 décembre 1605, mort doyen en 1677, âgé de 98 ans;

3.º Louis, trésorier de France, à Soissons, mort sans alliance;

4.º Madelaine, mariée le 19 décembre 1605, à Jacques Lejay, seigneur de la Neuville et de Saussalle, correcteur des comptes;

5.º Marie, épousa Jacques le Peultre;

6.º Anne, mariée à Nicolas le Peultre, gentilhomme de la Venerie.

V. Jacques CHARPENTIER, écuyer, auditeur des comptes, le 8 mars 1597, avait épousé Madelaine Dreux, fille de Jean Dreux, pocureur-général de la chambre des comptes, et de Marie Castille, dont il eut :

1.º Louis, dont l'article suit;

2.º Simon, mort sans alliance;

3.º Marie épousa Henri Benoise, maître des comptes, le 10 mars 1727;

4.º Anna, religieuse;

5.º Geneviève, mariée à Jacques de Cotentin,

conseiller au grand conseil, puis maître des requêtes, mort en 1671.

VI. Louis CHARPENTIER, écuyer, maître des comptes, le 20 septembre 1641, seigneur de Lives, de Boischambault et du Mée, mort en 1665, avait épousé Jeanne Pinon, fille de Jean Pinon, seigneur du Martroy, président au parlement de Metz, et de Marie de Creil. Elle mourut le 15 mai 1675, laissant deux filles :

1.º Jeanne, dame du Mée-lès-Melun, et du Martroy, morte le 2 juin 1740, âgée de 80 ans. Elle avait épousé Nicolas Fraguier, seigneur de Quincy, en Brie, conseiller au parlement de Paris, en 1674, mort le 17, novembre 1721 ;

2.º Marie, morte sans alliance.

TROISIÈME BRANCHE.

I. Claude CHARPENTIER, Iᵉʳ du nom, frère de Nicolas, échevin de la ville de Páris en 1519, épousa demoiselle Marguerite Faintif. Il eut de ce mariage Claude, IIᵉ du nom, dont l'article suit :

Révérend père en Dieu, messire Jean Charpentier, frère du précédent, abbé de l'abbaye de royale de Saint-Vincent de Laon, a gouverné 28 ans. Ce fut lui qui fit construire, en 1527, la maison de refuge dite le Petit-Saint-Vincent, située dans la ville. Ce fut aussi lui qui acheva l'église de l'abbaye, fit le grand portail, répara les lieux claustraux, et rétablit la maison abbatiale à côté du couvent. Il est cité parmi les abbés de Saint-Vincent qui se sont le plus distingués par leur science et leur piété ; il mourut le 8 septembre 1538, et eut pour successeur Louis de Bourbon (1).

II. Claude CHARPENTIER, IIᵉ du nom, écuyer, épousa damoiselle Marie de Blois. De ce mariage sont issus :

Voyez Histoire du diocèse de Laon, par dom le Long, pages 57 et autres ; et un. manuscrit de 1631, sur l'histoire de Laon.

1.º Adrien, dont l'article suit;

2.º Marie, morte sans alliance.

III. Adrien CHARPENTIER, Ier du nom, écuyer, mayeur de la ville de Saint-Quentin, épousa demoiselle Judith de Noyelle. Il mourut en 1648, laissant :

1.º François, dont l'article suit ;

2.º Adrien, auteur de la quatrième branche;

3.º Nicolas, mort sans alliance ;

4.º Dom Claude Charpentier, prévôt de l'abbaye de Saint-Quentin en l'isle ;

5.º Elisabeth Charpentier, épousa François d'O-rigny;

6.º Marie, morte sans alliance.

IV. François CHARPENTIER, écuyer, maïeur de la ville de Saint-Quentin, mourut en 1672, il avait épousé demoiselle Jeanne Allart, dont il eut :

1.º Adrien, IIIe du nom, dont l'article suit ;

2.º Louis - François, auteur de la cinquième branche ;

3.º Nicolas Charpentier, écuyer, mort sans alliance ;

4.º Jean-Eustache, écuyer, capitaine de dragons;

5.º Messire Quentin Charpentier, prêtre, chanoine de l'église collégiale de Sainte-Pécine, en la ville de Saint-Quentin, mort en 1716 ;

6.º Marie-Jeanne, épousa Louis Jolly, et mourut en 1701 ;

7.º Charlotte, épousa N....

8.º Anne, morte au berceau.

V. Adrien CHARPENTIER, IIIe du nom, écuyer, maïeur de la ville de Saint-Quentin, épousa en 1692, demoiselle Marie Férot. De ce mariage sont issus :

1.º Adrien-Louis, dont l'article suit;

2.º Révérende mère en Dieu, Marie Charpentier, religieuse.

VI. Adrien - Louis CHARPENTIER, Ier du nom, écuyer, épousa demoiselle Antoinette - Charlotte de Chanlatte. De ce mariage sont nés :

1.º Adrien-Louis, IIe du nom, dont l'article suit ;

2.º Nicolas, mort sans alliance ;

3.º Joseph, officier d'infanterie ;

4.º Marie-Louise-Antoinette, morte sans alliance ;

5.º Marie-Claude-Elisabeth, aussi morte sans alliance.

VII. Adrien-Louis CHARPENTIER, IIe du nom, écuyer, mort sans alliance.

QUATRIÈME BRANCHE.

IV. Adrien CHARPENTIER, IIe du nom, écuyer, fils d'Adrien, Ier du nom, et de demoiselle Judith de Noyelle, fut maïeur de la ville de Saint-Quentin, épousa demoiselle Catherine de Burcourt ; il eut de ce mariage :

1.º Quentin, dont l'article suit ;

2.º Adrien-Eustache, ⎫ chanoines de l'église royale

3.º Henri-Louis, ⎭ de Saint-Quentin ;

4.º François, chapelain de ladite église ;

5.º Nicolas jésuite ;

6.º Charles, ⎫

7.º Hubert-Marie, ⎬ chanoines réguliers de Sainte-Geneviève ;

8.º Robert, ⎭

9.º Catherine épousa N. de Y. ;

10.º Charlotte épousa Jean de Chalvoix, maïeur de la ville de Saint-Quentin ;

11.º Marie, morte sans alliance.

V. Quentin CHARPENTIER, écuyer, lieutenant-général au baillage de Vermandois, maïeur de la ville de Saint-Quentin, épousa en 1690, demoiselle Louise-Marguerite des Forges, dont il eut :

VI. Charles-Adrien-François CHARPENTIER, écuyer, mort sans alliance.

CINQUIÈME BRANCHE.

Seigneurs de Beauvillé.

V. Louis-François CHARPENTIER, écuyer, seigneur de Naux et de Beauvillé, second fils de François Charpentier, écuyer, et de demoiselle Jeanne Allart, fut maïeur de la ville de Saint-Quentin; il prit ensuite le parti des armes et obtint une compagnie au régiment de .... infanterie. Il avait épousé en 1681, demoiselle Marie-Madelaine de Tabarie. De ce mariage sont issus :

1.° Adrien, dont l'article suit ;
2.° Paul Charpentier, dit M. de Vaux, écuyer, conseiller d'épée au baillage de Vermandois ;
3.° François, chapelain de l'église royale de Saint-Quentin, mort en 1704 ;
4.° Jeanne, morte sans alliance, en 1694 ;
5.° Marie-Madelaine, morte également sans alliance, en 1686.

VI. Adrien Charpentier, IVe du nom, chevalier, seigneur de Vaux et de Beauvillé, conseiller en la cour souveraine des Monnaies de Paris, maïeur de la ville de Saint-Quentin, et mort président à la cour des Monnaies, avait épousé, en 1707, demoiselle Anne de Fay d'Herbe. Il eut pour enfants :

1.° Quentin-Adrien, dont l'article suit ;
2.° Louis-François, dit M. de Vaux, officier d'infanterie ;
3.° Jean-Eustache, mort sans alliance ;
4.° Claude-Marie-Josephe, morte sans alliance ;
5.° Anne-Françoise, aussi morte sans alliance.

VII. Quentin-Adrien Charpentier de Beauvillé, chevalier, seigneur de Vaux et de Beauvillé, épousa Marie-Anne-Louise du Trieu, *demoiselle*, d'une ancienne famille de la province de Normandie. De ce mariage sont issus :

1.° Adrien-Marie-Louis, dont l'article suit ;
2.° Anne-Marie-Louise, religieuse à Fervaques ;
3.° Angélique-Michelle, dite mademoiselle de Beauvillé ;
4.° N.... dite mademoiselle de Vaux, morte sans alliance.

VIII. Adrien-Marie-Louis Charpentier de Beauvillé, chevalier, seigneur de Vaux, Beauvillé, Bayempont, etc., épousa Marie-Louise-Elisabeth d'Y de Résigny, *demoiselle*, fille de messire Jean-

Charles-Louis d'Y de Résigny, chevalier, seigneur de Résigny, Seboucourt, La Neuville, d'une des deux premières familles de Picardie, et de dame Elisabeth-Claude Rillart de Verneuil. Elle avait été admise sur ses preuves, en 177...... à la maison royale de Saint-Cyr. De ce mariage sont issus :

    1.º Auguste - Marie Charpentier de Beauvillé, chevalier ;

    2.º Alexandre, dit de Bayempont, décédé ;

    3.º Marie-Nicole-Ferdinande-Pauline de Beauvillé.

Cette famille est alliée à plusieurs maisons distinguées, entr'autres à celle de Champignelles, par le mariage de Dlle. Charlotte-Louise-Thérèse d'Y de Miny, cousine-germaine de madame de Beauvillé, épouse d'Adrien-Marie-Louis, avec messire Armand-Louis de Rogres de Lusignan, chevalier, marquis de Champignelles, lieutenant des gardes-du corps du Roi, et jouissant des honneurs de la cour, avant la révolution, mort à son retour d'émigration.

Armes : Les armes de cette famille sont pour la première et la seconde branches : d'azur, à la bande échiquetée d'or et de gueules de deux tires ; supports : deux licornes d'argent. Les trois autres branches portent : de gueules, à la bande échiquetée d'or et d'azur de deux tires, accompagnée en chef d'une hache d'armes d'argent ; couronne de comte ; cimier : une licorne issante d'argent ; supports : deux licornes du même ; devise : *Securi securus.*

DE CHARTOGNES, maison ancienne et distinguée de la province de Champagne, qui s'est constamment alliée aux familles les plus considérables, entr'autres à celles de *Bourbon-Condé*, d'*Aublin*, de *Beauvais*, de *Champagne*, de *le Danois*, de *Dorjault*, de *Bombelles*, de *Lizaine*, de *Mérode*, de *Roucy*, de *Saint-Quentin*, de *Villelongue*, de *Joyeuse*, etc.

Elle paraît tirer son nom du fief de Chartognes, assis en la prévôté de Bourg, et mouvant du comté de Rethelois, lequel fief paraît être sorti de cette maison dès le seizième siècle. Elle a été maintenue dans son ancienne extraction par M. Caumartin, intendant de Champagne, en 1667, sur la production de ses titres, remontant une filiation suivie, depuis

I. Laurent DE CHARTOGNES, écuyer, seigneur de la Folie-lès-Bretoncourt, en 1533, et d'Escordal, en partie; rendit foi et hommage de son fief de la Folie le 28 octobre 1546. Il épousa damoiselle Marie de Saint-Quentin, fille de Jean de Saint-Quentin, écuyer, seigneur de Sons, et de damoiselle Marguerite des Laires. De ce mariage sont issus:

1.º Adrien, dont l'article suit;
2.º Etienne de Chartognes, qui fonde la seconde branche, rapportée ci-après;
3.º Jean de Chartognes, écuyer, lequel fournit un dénombrement pour Laurent, son père, et pour Adrien de Chartognes, son frère, le 14 novembre 1572;
4.º Jeanne de Chartognes, mariée à Gilles d'Aublin, écuyer, qui rendit hommage du fief de Chartognes, qu'il tenait de sa femme, le 7 novembre 1546;
5.º Antoinette de Chartognes, femme de Philippe de Beauvais, écuyer, seigneur d'Autruche. Ils transigèrent sur le partage des biens de défunt Laurent de Chartognes, le 3 juillet 1579.

II. Adrien DE CHARTOGNES, Iᵉʳ du nom, écuyer, seigneur de la Folie, d'Escordal, de Sorbon, d'Escly et de Sons en partie, capitaine et gouverneur de la ville et du château de Rethel; épousa, par contrat du 9 octobre 1536, damoiselle Marie de Beauvais, fille de Didier de Beauvais, écuyer, seigneur d'Autruche, et de damoiselle Alix de Chapy. Il rendit foi et hommage des seigneuries d'Escly, de Sons et de Sorbon, le 17 septembre 1549; fut guidon de la compagnie d'hommes d'armes des ordonnances du roi, commandée par monseigneur le duc d'Uzès; fut nommé maître des eaux-et-forêts des comté de Rethelois, baronnie de Rosoy, et terres souveraines d'outre-Meuse, par provisions du 28 septembre 1573; est qualifié capitaine et gouverneur de la ville de Rethel, dans un acte du mois d'avril 1580, et dans un autre, du 1ᵉʳ août 1587, capitaine de deux cents hommes de pied, par commission du roi, pour la défense de la ville de Rethel. Il eut pour fils :

III. Christophe DE CHARTOGNES, écuyer, seigneur, de la Folie et de Sorbon, en partie, qui fut lieutenant de la compagnie de deux cents hommes d'armes de son père. Il rendit hommage de quelque partie de la terre· de la Folie, qu'il avait acquise d'Etienne de Chartognes, son oncle, le 11 septembre 1597. Il épousa damoiselle Claude le Danois, veuve de lui avant le 23 août 1620, fille de messire Philibert le Danois, chevalier, seigneur de Desery, et de dame Yolande de Condé, dame de Ronchères. De ce mariage sont issus :

1.º Adrien, dont l'article suit ;

2.º Jean de Chartognes, chevalier, vicomte de Pernan, seigneur de Montigny-sur-Vingenne, de Provenchères, de Sery, etc., etc., qui épousa, par contrat du 23 août 1630, où il a la qualité de capitaine au régiment de Cerny, et de sergent-major des ville et citadelle de Maubert, assisté de Claude le Danois, sa mère, damoiselle Susanne de Mérode, avec laquelle il vivait en 1642. Il n'eut point d'enfants mâles. Marie de Chartognes, leur fille, épousa, par contrat du 12 février 1647, Claude d'Orjault, chevalier, seigneur de Coussy, capitaine de cavalerie, fils de François d'Orjault, écuyer, seigneur de Coussy, et de Jeanne Fillette.

IV. Adrienne DE CHARTOGNES, IIe du nom, écuyer, seigneur de la Folie, de Bretoncourt, de Montigny-sur-Vingenne, de Sorbon et de Tourteron, en partie, reçut une donation que lui fit sa mère, au mois de juin 1621 ; épousa Claude de Mérode, fille de messire Charles de Mérode, chevalier, seigneur de Brecy, de Montigny-sur-Vingenne, baron de Saint-Thibaut, et de dame Susanne de Joyeuse de Grandpré. Stipulant par ladite dame Claude de Mérode, il acquit la terre de Bretoncourt, le 18 juin 1628 ; il commanda deux compagnies, l'une au régiment de Cerny, et l'autre dans celui du comte de Grandpré. Il ne vivait plus le 27 mai 1642, que sa veuve eut la garde noble de leurs enfants mineurs, et que Jean de Chartognes, écuyer, seigneur de Montigny, son frère, fut institué leur curateur. Ces enfants furent :

1.º Claude, dont l'article suit ;

2.º Louis de Chartognes, écuyer, mineur en 1654 ;

3.º Jean-François de Chartognes, écuyer, seigneur de Tourteron, qui était au service en 1667. Ce fut probablement lui qui, commandant six cents hommes d'infanterie, contribua à la prise de Savillan, au mois de janvier 1691.

V. Claude DE CHARTOGNES, écuyer, seigneur de la Folie, de Bretoncourt, de Lezay, de Pernan, de Sorbon, etc., épousa, par contrat du 14 avril 1648, dame Françoise de Bombelles, fille de messire Jean de Bombelles, chevalier, seigneur de Mongirol et de Lezay, et de dame Françoise de Toupet ; rendit foi et hommage des seigneuries de la Folie et de Bretoncourt, le 21 juin 1652 ; transigea, le 26 mai 1654, avec Claude de Mérode, sa mère, alors remariée à messire Antoine de Montigny, agissant avec elle ; fut cornette au régiment de Roquelaure pendant trois ans, et lieutenant de cavalerie en la compagnie du comte de Grandpré, au régiment d'Enghien, pendant quatre années ; et enfin lieutenant-colonel, commandant en chef le régiment de Créqui, étranger. De son mariage sont issus :

1.º Charles de Chartognes, mort sans postérité ;

2.º Claude de Chartognes, dont l'article suit ;

3.º Louis de Chartognes, mort sans postérité,

VI. Claude DE CHARTOGNES, écuyer, capitaine au régiment du Noy, s'allia à dame Angélique Le Prévôt de Longprès, et laissa de ce mariage :

1.º Charles-Gabrielle-Claude de Chartognes, dont l'article suit ;

2.º Anne-Radégonde de Chartognes, épouse de messire Louis-Joseph-Hubert-Nicolas de Champagne, dont est issue Angélique-Françoise de Champagne, épouse de messire Claude-Joseph, marquis de l'Escuyer, père d'Angélique-Gabrielle, mariée, en 1805, à M. Adair. (Voyez le *Nobiliaire de France*, tome XIV, page 402.)

VII. Charles - Gabriel - Claude DE CHARTOGNES, capitaine au régiment du Roi, infanterie ; mort en 1806, et qui n'a point laissé d'enfants de dame Gabrielle-Angélique de Rémont.

SECONDE BRANCHE.

Seigneurs d'Arsonville et de Neuvisy.

II. Etienne DE CHARTOGNES, écuyer, seigneur d'Arsonville, second fils de Laurent de Chartognes, écuyer, seigneur de la Folie et d'Escordal, paraît dans un jugement du 3 juillet 1579, entre lui, Philippe de Beauvais, écuyer, seigneur d'Autruche; damoiselle Antoinette de Chartognes, sa femme ; Adrien de Chartognes, aussi écuyer, son frère, touchant la succession des biens de feu Laurent de Chartognes, leur père. Il vivait encore le 13 janvier 1598. De son mariage avec damoiselle Marie de Lizaine, sont issus :

> 1.º Alexandre de Chartognes, écuyer, seigneur d'Arsonville, qui assista au mariage de Charles, son frère, en 1598. Il fut l'aïeul de Benjamin de Chartognes, seigneur d'Arsonville, demeurant à Maisy, élection de Laon, maintenu dans sa noblesse en 1667;
>
> 2.º Charles, dont l'article suit.

III. Charles DE CHARTOGNES, écuyer, seigneur de Neuvisy ; capitaine au régiment de Cervy, par commission du 15 janvier 1629; au régiment de Grandpré, par commission du 6 janvier 1632, comparut à la convocation du ban et arrière-ban, le 28 juin 1635, et était capitaine au régiment de Boissy, en 1636. Il avait épousé, par contrat du 13 janvier 1598, damoiselle Nicole de Villelongue, dont il eut :

> 1.º Tristan de Chartognes, écuyer, seigneur de Cierge et de Lonchamp, en 1640 ; lieutenant d'infanterie, tué au siége de Kuppenheim, au mois de mai 1645 ;
>
> 2.º Thomas, dont l'article suit ;
>
> 3.º Bénigne de Chartognes, } vivantes en 1640.
> 4.º Claude de Chartognes,

IV. Thomas DE CHARTOGNES, écuyer, seigneur de Neuvisy, de Maure, et autres lieux, capitaine d'infanterie, épousa, par contrat du 21 avril 1640, damoiselle Antoinette de Roucy, fille de Paul de Roucy, seigneur

de Villette, et de Claude d'Ambly de Malmy. Elle ne
vivait plus le 13 juin 1665. Thomas de Chartognes fut
maintenu dans sa noblesse par jugement de M. de Caumartin, intendant en Champagne, en 1667. De ce mariage
sont issus :

1.º Philippe-François, dont l'article suit ;

2.º Christophe Antoine de Chartognes, qui était au
service en 1667 ;

3.º Charles-Jean de Chartognes ;

4.º Tristan-Louis de Chartognes.

V. Philippe-François DE CHARTOGNES, enseigne au
régiment d'Herbouville, par brevet du 11 décembre 1663,
lieutenant le 9 novembre 1665; il servit au siége et à la
prise de Tournay, de Douay, de Lille, en 1667; à la conquête de la Franche-Comté en 1668 ; réformé le 26 mai,
il suivit le régiment en Candie; se trouva à la fameuse
sortie du 25 juin; fut remplacé lieutenant en pied le 10
octobre 1670; servit à tous les siéges que le roi fit en
personne en 1672, et obtint une compagnie dans le même
régiment, par commission du 28 septembre; il était au
siége de Maestricht en 1673 ; au combat de Sénéf; à
celui de Mulhausen en 1674 ; de Turkeim le 5 janvier
1675 ; capitaine de son régiment, par lettres du 6 avril,
il passa sous les ordres du maréchal de Créquy ; combattit à Consarbrick; concourut à la défense de Trèves;
servit au siége et à la prise de Valenciennes, de Cambray et de sa citadelle en 1677; de Gand et d'Ypres en
1678 ; à la bataille de Saint-Denis, près Mons, la même
année; major de son régiment, par brevet du 23 octobre 1683 ; il servit en Flandre sous le marquis de Bou-
flers en 1689, à l'armée de Piémont, sous M. de Catinat.
en 1690 ; lieutenant-colonel du même régiment, par
commission du 5 juin, il contribua à la prise de Cahours;
à la victoire remportée à Staffarde; à la prise de Berges;
à la soumission de Suze ; au siége de la citadelle la même
année; à la réduction des Vaudois, dans les vallées de
Saint-Martin et de la Perouse; aux siéges et prises des
villes et châteaux de Villefranche, de Montalban, de
Nice, de Vaillane, de Carmagnoles en 1691; et commanda, pendant l'hiver, dans la vallée de Pragelas, par
ordre du 26 octobre; il était à l'armée de la Moselle,
d'où il passa à l'armée de Flandre en août 1692 ; et se

trouva au bombardement de Charleroy ; brigadier des armées du roi, par brevet du 30 mars 1693 ; il combattit à la Marsaille, sous M. de Catinat ; fut employé sur la frontière de Piémont, pendant l'hiver, par ordre du 14 novembre ; continua de servir à la même armée, qui se tint sur la défensive, en 1694 ; il fut créé inspecteur général de l'infanterie,. par ordre du 21 décembre ; il servit au siége de Valence en 1696 ; à celui de Barcelonne, sous le duc de Vendôme, en 1697 ; obtint la lieutenance de roi de cette place, par commission du 20 août, et quitta alors son régiment ; employé à l'armée d'Italie par lettres du 19 mars 1701 ; il combattit à Carpi et à Chiari, la même année ; maréchal-de-camp, par brevet du 29 janvier 1702, il fut employé en cette qualité à l'armée d'Italie, par lettres du 21 février ; contraignit les ennemis d'abandonner Viadana ; contribua à la victoire remportée à San-Vittoria, au mois de juillet, à Luzzarra ; au mois d'août, à la prise de Cette ; il fut créé directeur-général de l'infanterie, par commission du 4 septembre, à la même armée, en 1703 ; il se trouva à la défaite de l'arrière-garde du général Staremberg, près la Stradella ; au combat de Castelnova de Borneia ; suivit le duc de Vendôme dans le Trentin, combattit à San-Sebastiano où l'on défit le général Visconti ; et servit à la prise de Villeneuve d'Ast ; il était, en 1704, au siége et à la prise de Verceil, d'Yvrée et sa citadelle ; lieutenant-général des armées du roi, par pouvoir du 26 octobre, il commanda une attaque à la prise du chemin couvert du fort de Guerbignan , qu'on emporta ; étant de tranchée au siége de Verue, les ennemis firent, le 26 septembre, une sortie avec toutes leurs troupes, M. de Chartognes, après un combat des plus opiniâtres, les repoussait, lorsqu'il fut blessé et pris ; il mourut une heure après. Il a laissé des descendants, parmi lesquels on compte M. le comte de Chartognes, maréchal-de-camp, qui a épousé une demoiselle de Champagne, dont il a eu une fille unique, mariée au marquis de Bonnaire.

Armes: de gueules, à cinq annelets d'argent. L'écu timbré d'un casque taré de front. Supports : deux sauvages de sables. Cimier : un sauvage issant du même, la massue d'or à la main.

ESPIVENT, en Bretagne. La généalogie de cette famille, imprimée au Dictionnaire généalogique héraldique, en 1761, est comme suit, d'après son arrêt de maintenue d'extraction noble, rendu par le parlement de Bretagne.

Guillaume Espivent est maintenu au rang des nobles à la réformation de la noblesse de Bretagne, en 1427, sous le rapport de la paroisse de Plélo, évêché de Saint-Brieuc ; il y est désigné *ancien et ne se arme poent*. A la réformation des nobles de la paroisse de Pordic, même évêché, en 1441, il est également maintenu avec la même désignation, *ancien et ne se arme poent* (Extrait des registres de la Chambre des Comptes de Bretagne.)

I. Jehan Espivent et le susdit Guillaume furent du nombre des gentilshommes et chevaliers du territoire de Goëllo, évêché de Saint-Brieuc, qui prêtèrent serment de fidélité à Jean V, duc de Bretagne, en 1437. (Extrait des registres de la Chambre des Comptes, et Histoire de Bretagne, par dom Morice.)

Jehan comparut en outre au rang des nobles à la montre générale de l'évêché de Saint-Brieuc, en 1477, avec Pierre, Olivier, Robert et Rolland Espivent, sous le rapport de la paroisse de Pordic ; et Geoffroy, Morice, Loys ou Louis, et autre Jean, sous celui de la paroisse de Tremeloir limitrophe de Pordic. Rolland, Charles et Robert Espivent avaient aussi comparu à une autre montre, en 1475, sous Pordic, et Geoffroy, Espivent sous Tremeloir. Autre montre des nobles, en 1479, dans laquelle comparaissent, sous le rapport de la paroisse de Pordic, Pierre, Olivier, Robert, Rolland Espivent ; et sous Tremeloir, Morice et Louis Espivent. Montre de l'année 1480, où comparaissent Rolland, Robert et Olivier Espivent, sous le rapport de Pordic ; et Morice et Louis Espivent sous celui de Tremeloir. Dénombrement des nobles du même évêché, même année 1480, 13 août, auquel paraissent Morice et Louis Espivent, demeurants paroisse de Tremeloir. Montre générale des nobles, en 1483, où comparaissent Pierre, Olivier et Robert Espivent, sous le titre de la paroisse de Pordic, de Morice et Louis Espivent sous celui de Tremeloir. Dans les montres, comparus à cheval avec désignation de leur armure. (Extrait des registres de la Chambre des Comptes de Bret.)

Jehan épousa Marguerite Boulais; de ce mariage sont issus, entr'autres :

1.º Charles Espivent, dont l'article suit ;

2.º Isabeau Espivent, mariée à Guillaume Gendrot de la Mare-Colas, sous l'autorité duquel elle reçut de son frère aîné son partage, le 4 février 1492.

II. Charles ESPIVENT, seigneur de Mallebrousse, y demeurant, paroisse de Pordic, fut maintenu noble à la réformation de la noblesse, en 1513, dans laquelle on lui reconnaît la maison de Mallebrousse, *et n'y avoir jamais vu demeurer que son père et ayeul quelx ont veu se regir comme nobles personnes*, et la maison de la Villesollo ou Villesotte en Tremeloir, *que possède Charles Espivent, noble, et qui avoit appartenu à Morice Espivent Palmt*, pareillement *noble*. (Extrait des registres de la Chambre des Comptes de Bretagne.)

Il donna partage, le 4 février 1492, à Isabeau Espivent, sa sœur, et lui en fit l'assiette le 26 avril 1493. Il épousa Marie le Chat, laquelle Marie le Chat, dame Espivent de Mallebrousse, arrenta, le 5 mars 1543, à Guillaume Bodin, deux pièces de terre. De ce mariage vinrent :

1.º Thomas Espivent de Mallebrousse, dont l'article est ci-après ;

2.º Olivier Espivent, qui comparut au rang des nobles à la montre tenue à Lamballe, les 3 et 4 juin 1543, sous le titre de la paroisse de Pordic, et y est désigné aussi du surnom de Mallebrousse ;

3.º Pasquière Espivent, qui épousa Jacques Hallenault de la Villecolvé, alliance citée dans l'arrêt de maintenue d'extraction noble de la famille Hallenault, à la dernière réformation de la noblesse, de l'année 1669. Elle mourut à Saint-Brieuc, le 30 avril 1533, et son corps fut porté et enterré dans l'église de Tremeloir ;

4.º Guillemette Espivent épousa François de Hil-

lion des Douves, qui obtint, en 1539, une sau-
vegarde à Jugon ;

5.° Heleine Espivent, épousa Gilles du Quellenec;
elle eut plusieurs enfants, entr'autres noble homme
Guillaume du Quellenec, seigneur du Carthier,
qui fut son fils aîné, héritier principal et noble,
suivant acte du 8 janvier 1587.

Elle donna des terres à titre de rente censive,
le 16 octobre 1556 ;

6.° Hervée Espivent épousa N..... Taillard de la
Villegoury, dont elle eut Jean Taillard, son
fils aîné, héritier principal et noble, et sept
autres enfants. Elle fit son testament le 5 juin
1551, stipulant des fondations pieuses à perpétuité à l'église de Tremeloir, et que son corps y
fût enterré.

III. Thomas Espivent, seigneur de Mallebrousse,
dénommé, à la réformation de 1535, sous le rapport des
deux paroisses de Pordic et de Tremeloir, sous la première, *qu'il y vit noblement, qu'il possède la maison de
Mallebrousse* ; sous la deuxième, *qu'il se porte noble personne, qu'il possède la maison de la Villesotte, et qu'il est
seigneur de Mallebrousse.* (Extrait des registres de la
Chambre des Comptes de Bretagne.)

Il comparut aussi au rang des nobles du ressort de
Goëllo, sous le rapport de la paroisse de Pordic, à la
montre tenue à Lamballe en 1543. Il donna partage à
Guillaume Hallenault, son neveu, en 1535, et à ses
sœurs Hervée et Heleine Espivent en 1550, 31 mai. Il
épousa Anne du Bouesbouexel, dont il eut :

1.° Yves Espivent, écuyer, seigneur de Mallebrousse, qui donna partage, le 10 novembre 1577,
à noble homme Charles Espivent, son frère juveigneur, et le reçut à foi de juveigneurie, comme
est tenu de le faire, dit l'acte, *juveigneur de noble partageant noblement* ;

2.° Charles Espivent, II° du nom, dont l'article
suit ;

3.° Françoise Espivent, dame de Mallebrousse à
cause de l'acquisition qu'elle en avait faite d'Yves
Espivent, son frère, ainsi qu'il conste du contrat
de mariage de ladite Françoise, en date du

1er mars 1590, avec noble homme Morice Nouël, seigneur de la Perrière, fils puîné de défunt écuyer Jean Nouël et damoiselle Catherine Berthou, sieur et dame de Pillavoine et de la Villehulin. Françoise Espivent fit son testament le 12 avril 1615, par lequel elle assigne des rentes à perpétuité *à l'église de Pordic ; ordonne que son corps y soit enterré, et que ses obsèques y soient faites ainsi qu'il appartient aux nobles du pays ;* 4.º Marie Espivent rendit aveu à la seigneurie de Pordic, de la maison et lieu noble de la petite Mallebrousse, en 1606, étant veuve d'Etienne le Bigot, qui était troisième fils de Nicolas le Bigot, et de Catherine Charier.

IV. Charles ESPIVENT, IIe du nom, épousa Jeanne de Quelen ; ils vivaient à Mallebrousse en 1566, suivant acte du 23 novembre dite année, par lequel Charles et sa femme achetèrent quatre pièces de terre, en Tremeloir, pour la somme de vingt-quatre livres, que paya ladite Jeanne de Quelen. De ce mariage ne vint que

> Ysabeau Espivent, née le 4 avril 1565, et qui eut pour parrain, en l'église de Pordic, François Espivent. Elle fut assignée les 12 et 15 décembre 1613, à requête d'écuyer François Geslin, seigneur de Ponteillard, curateur des enfants mineurs de feu noble homme Jacques Courson, seigneur de la Villecosteau, pour nommer avec leurs autres parents un curateur à sa place, et il est dit qu'elle demeurait en Tremeloir.

Branche de la Villecosteau.

I. Mathelin ou Mathurin ESPIVENT, seigneur de la Villecosteau. La preuve de ce degré a été reconnue sur ceux qui suivent.

II. Louis ESPIVENT, seigneur de la Villecosteau, comparut au rang des nobles de l'évêché de Saint-Brieuc, paroisse de Tremeloir, aux montres des années 1477, 1479, 1480 et 1483, avec désignation d'armure et à cheval ; suivant extrait des registres de la Chambre des comptes, qui comprend aussi, 1.º le dénombrement

des nobles de la même paroisse de Tremeloir, ressort de
Goëllo, du 13 août 1480, où comparaît ledit Louis
Espivent ; 2.º la réformation des nobles du susdit évêché, même paroisse, de l'an 1513, où Louis Espivent
fut reconnu *noble et posséder la maison et estaige qui ap-
partint à Mathelin Espivent.* Il fit son testament, qui se
trouve relaté dans le partage noble de sa succession, le
27 novembre 1516, à cause d'une pièce de terre qu'il
assigna à dom Lucas Espivent, son second fils, pour
dire une messe pour lui, tous les quinze jours, durant
la vie dudit Lucas. Il eut de son mariage avec Jeanne
Courson :

1.º Allain Espivent, dont l'article suit ;
2.º Dom Lucas Espivent, prêtre, qui fit différents
acquêts, les 2 novembre 1529, 8 juillet 1537,
31 mai 1545, et échange d'héritage avec Jacques
Espivent son neveu, le 19 avril 1537 ;
3.º Jeanne Espivent, qui épousa Guillaume le
Borgne, sous l'autorité duquel elle reçut son
partage, en 1516 et 1535 ;
4.º Alliette Espivent, mariée à Pierre Eon ;
5.º Marguerite Espivent, mariée à Jean Geslin ;
6.º Mathelin ou Mathurin Espivent, IIᵉ du nom,
qui continue la filiation ci-après.

III. Allain Espivent, fils aîné, héritier principal et
noble, donna partage à ses cadets le 27 novembre 1516,
dans le bien de leur père, et le 15 mai 1535, dans le
bien de leur mère. Il fit un acquêt le 17 octobre 1518,
et un arrentement le 22 janvier 1519. Il épousa Marie
Dollo, fille de Yves Dollo et d'Alliette le Picquart. De
ce mariage vinrent :

1.º Jacques Espivent, dont l'article suit ;
2.º Pierre Espivent, qui épousa Jeanne Boullais ;
3.º Françoise Espivent, mariée à Jean Taillard ;
4.º Jeanne Espivent.

IV. Jacques Espivent, maintenu à la réformation
de 1535, y est déclaré *gentilhomme et posséder la terre de
la Villecosteau.* (Extrait des registres de la Chambre des
Comptes de Bretagne.)
Il comparut au rang des nobles à la montre tenue à
Lamballe en 1543, rendit aveu de sa terre de la Ville-

costeau le 8 juin 1546 et était mort avant le 28 octobre 1553, laissant de son mariage avec Jeanne Courson de la Villeneuve, deux filles :

1.° Ysabeau Espivent, fille aînée, héritière principale et noble, qui donna partage à sa sœur le 18 juillet 1568, et épousa, le 21 décembre de la même année, Rolland Courson de Kernescop. (*Voyez* dans la réformation dernière, année 1669, l'arrêt de maintenue d'ancienne extraction de la maison de Courson.) C'est la troisième alliance avec cette famille ;

2.° Jeanne Espivent, dame de Surlaville en Tremeloir, mariée à Jean Nicol, d'une famille noble, dont une Ysabeau Nicol épousa Jacques Geslin, lequel avait pour trisaïeule autre Jeanne Espivent, ainsi que le tout conste de l'arrêt de maintenue à la dernière réformation, année 1670, *de Geslin de Surlaville en Tremeloir*, branche de la maison de Geslin de Tremergat, qui a donné un président de l'ordre de la noblesse aux états de Bretagne en 1784.

Branche cadette de la Villecosteau.

III. Mathelin ou Mathurin Espivent, IIe du nom, sixième enfant de Louis Espivent et de Jeanne Courson, reçut dans sa minorité son partage en 1516, sous l'autorité de son frère aîné, qui le lui donnait en même tems qu'à ses sœurs, et reçut, lors de l'autre partage noble en 1535, les biens de sa mère, desquels il rendit aveu, en 1551, à la seigneurie de Pordic. Il était mort avant le 2 février 1578. Il fit, encore jeune, le 3 mars 1520, une espèce de testament pour s'assurer des prières après sa mort ; pourquoi il assigna une rente de trois boisseaux de froment, grande mesure de Goëllo. Il eut de son mariage avec Marie Taillard (troisième alliance avec cette famille) :

IV. François Espivent, de la Villetrouble, son héritier principal et noble, qui désigna le douaire à sa mère le 22 novembre 1566 ; rendit aussi aveu à la seigneurie de Pordic, qui le reporta au Roi dans ceux qu'elle rendit en février 1578 et 12 avril 1583. Il atténua sa fortune en 1604 et 1614, par des procès contre écuyer Guillaume Poullain, sieur du Pontlo, écuyer le Forestier de la Villeslin et de la Hazaie, et contre le chapitre de la cathédrale. Il épousa Anne d'Arcelles de la Couldraie, en la paroisse de Plaintel, près Saint-Brieuc. De ce mariage sont issus :

1.º Jean Espivent, dont l'article suit :
2.º Olivier, mort sans postérité ;
3.º Hélène et Alliette Espivent, jumelles nées à Saint-Brieuc, le 22 mai 1594 ; la première épousa Jacques le Bigot.

V. Jean Espivent, IIe du nom, seigneur des Aulnais, donna à titre de rente censive, le 17 août 1628, une pièce de terre, qui avait appartenu à Mathurin Espivent IIe, et qui avait fait partie du douaire de Marie Taillard, femme du dit Mathurin. Il était mort avant le 3 mai 1629. Il avait épousé Marguerite Sorres, dame de la Villesboisnet, en la paroisse de Quessoy, près Saint-Brieuc ; ses enfants furent :

1.º Louis Espivent des Aulnais, né à Saint-Brieuc, le 3 novembre 1613, qui épousa Jeanne Clément, dont il eut :

a. Louis Espivent, mort en 1669, sans postérité, ce qui a fait tomber en quenouille, une deuxième fois, l'aînesse de la famille ;
b. Marguerite Espivent, qui épousa Alexis Taillandier du Chêne Planté ;
c. Marie Espivent, mariée à Jean le Saulnier du Bocquélo ;
d. Jeanne Espivent, mariée à Pierre Ducrest ;
e. Anne Espivent, mariée à écuyer Berthelot des Grands Clos ;

2.º Jean Espivent, dont l'article suit ;
3.º Gilles Espivent, baptisé en l'église cathédrale, et eut pour parrain Allain le Forestier de la Hazaie.

VI. Jean Espivent, IIIe du nom, seigneur de la Villesboisnet, né à Saint-Brieuc le 24 octobre 1614, eut son aïeul, François Espivent, présent à son baptême; il reçut aveu le 9 octobre 1642, du convenant nommé des Gatteix, qui lui appartenait, en la paroisse de Plaintel; il mourut à Saint-Brieuc, et fut enterré de même que sa femme dans l'église de Saint-Michel, sous une des tombes de la famille. Il avait épousé Jeanne Couëssurel, qui le rendit père de :

1.° Guillaume Espivent de la Villesboisnet, dont l'article est ci-après :

2.° Louis Espivent des Gatteix, qui épousa Anne le Coniac; il n'eut qu'une fille, Jeanne Louise Espivent, dame des Noës, morte religieuse en 1766 ;

3.° François Espivent de Grandmaison, né à Saint-Brieuc, épousa Hélène Lemesle, il eut de ce mariage :

> *a.* Louis Espivent, écuyer, né à Saint-Brieuc, qui épousa à Nantes, Marie le Bernier, dont il eut Louis et Julienne Espivent ; Louis se fit religieux augustin, et Julienne épousa à Nantes, en 1735, Louis Fresneau de la Couronnerie. Jean Espivent, oncle et tuteur desdits Louis et Julienne Espivent payait encore pour eux, la capitation à Saint-Brieuc, au rôle de la noblesse en 1732 ;
>
> *b.* René Espivent, né à Saint-Brieuc le 3 septembre 1681, épousa demoiselle Gendrot des Rosais, c'est la deuxième alliance avec cette famille ; il eut quatre filles, dont deux vivaient âgées, à Saint-Brieuc, peu d'années avant la révolution ;
>
> *c.* Julien Espivent, écuyer, seigneur de Grandmaison, mort avant 1710, sans postérité.
>
> *d.* Jean Espivent, né à Saint-Brieuc, le 13 août 1687. Le taux de sa capitation au rôle de la noblesse dudit Saint-Brieuc, n'était que de 4 livres. Il eut pour parrain, écuyer Louis Espivent, et pour marraine demoiselle Anne Espivent, *en présence de plusieurs autres notables de distinction*, que le registre ne nomme pas. Il mourut aussi sans postérité.

e. Deux filles, qui n'ont point laissé d'enfants de leur mariage, l'une avec M. le Hodé de Lagrange, l'autre avec M. Bérard du Bellet, sieur du dit lieu.

VII. Guillaume Espivent, écuyer, seigneur de la Villesboisnet né à Saint-Brieuc le 8 novembre 1637, acquit le 13 avril 1672, le fief de l'Epine-Ormeaux, et quelques années après, la terre noble de Perran. Il mourut âgé de 54 ans, et fut enterré dans l'église de Saint-Michel de Saint-Brieuc, sous une des tombes de la famille. Il avait épousé Jeanne Mire, dame du Plessis, qui fit plusieurs dons pieux, par l'assiette de différentes rentes, à l'hôpital et à l'église; elle mourut le 11 janvier 1720, et fut enterrée aussi dans l'église de Saint-Michel; ses enfants furent:

1.º Denis Espivent, né à Saint-Brieuc, le 9 octobre 1670, garde-du-corps du Roi, dans la compagnie de Duras, décéda à Saint-Domingue, le 23 août 1701, sans avoir été marié;

2.º Antoine Espivent de la Villesboisnet, dont l'article suit;

3.º Anne-Jeanne Espivent, née à Saint-Brieuc, le 9 décembre 1672, épousa Julien Bossinot du Mottay;

4.º Jeanne-Louise Espivent, née à Saint-Brieuc, le 19 juin 1676, épousa Louis Elias de Stathens, conseiller du Roi, commissaire de la marine.

VIII. Antoine Espivent, chevalier, seigneur de la Villesboisnet, né à Saint-Brieuc le 29 novembre 1680, fils aîné, héritier principal et noble, lors du partage noble, en date du 27 mai 1724, de la succession de ses père et mère, partagea ses neveux et nièce, Pierre, Guillaume et Louise Bossinot, enfants d'Anne-Jeanne Espivent; assista dans l'ordre de la noblesse, aux états de Bretagne, en 1736 et 1760. En 1738, la ville de Nantes le choisit pour échevin et juge-consul. Il mourut en cette ville le 29 mai 1761. Il avait épousé à Saint-Malo, Céleste-Angélique Bossinot, de laquelle il eut:

1.º Pierre-Antoine Espivent de la Villesboisnet, dont l'article est ci-après;

2.º Julien, chevalier d'Espivent, né à Nantes, le

17 octobre 1725, qui assista aux états de Bretagne, dans l'ordre de la noblesse en 1750, 1752, 1754, 1758 et 1760. et mourut à Nantes, le 21 septembre 1763. Sa succession fut collatérale ;

3.º Antoine-Guillaume Espivent de Perran, qui forme la branche de Perran, rapportée plus bas ;

4.º Denis-Jean Espivent de la Valleguevraie, né à Nantes le 14 décembre 1732, assista dans l'ordre de la noblesse aux états de Bretagne de 1758, 1760, 1764, 1780 et tenues suivantes dans lesquelles il était de la commission de la chiffrature ; il émigra et fit la campagne de 1792, dans les compagnies d'infanterie de la noblesse de Bretagne. Il est mort à sa terre de l'Ecurais en Prinquiau, évêché de Nantes, le 7 septembre, 1808. Il avait épousé Emélie-Louise Danguy, fille de messire Jacques Danguy, seigneur de Vuë, et de Louise le Flo de Tremelo. De ce mariage vinrent :

a. Deux fils morts jeunes ;

b. Emilie Espivent de la Villeguevraie, mariée en 1782, à M. Claude-Germain-Louis, chevalier de Besné, officier au régiment de Dauphiné ;

c. Marie Espivent de la Villeguevraie, mariée le 10 mai 1796, à M. Jean-François Thomson capitaine de la garde nationale, depuis le gouvernement du Roi ;

d. Aimée Espivent de la Villeguevraie, épouse de François Espivent, son cousin germain ;

5.º Anne-Julie Espivent de la Villesboisnet, née à Nantes, en 1726, épousa en 1747, M. Bonaventure Guy, chevalier, seigneur de Mareil, ancien officier d'infanterie.

IX. Pierre-Antoine ESPIVENT, chevalier, seigneur de la Villesboisnet, né à Thouaré, près Nantes, le 15 mai 1719, assista aux états de Bretagne, dans l'ordre de la noblesse en 1732, (avant l'âge de 25 ans que l'ordonnance du roi, du 26 juin 1736, a depuis fixé pour l'entrée, séance et voix délibérative aux états) et à ceux tenus en 1752, 1754, 1760, 1764 et 1780, à la tenue de 1764 par délibération du 26 décembre, il fut de la commission du commerce. Ainsi que son père, la ville de Nantes le choisit pour juge consul et échevin, en 1753. Il partagea ses cadets le 15 juillet 1761, et mourut le 2 février 1785. Il avait épousé Elisabeth-Geneviève Montaudoin, fille d'écuyer Montaudoin de Launay ; de ce mariage sont issus :

1.° Antoine-Anne Espivent, dont l'article suit ;

2.° Pierre-Sébastien-Daniel Espivent, chevalier de la Villesboisnet, seigneur de la châtellenie de Crossac et de Belébat, né à Nantes, assista dans l'ordre de la noblesse aux états de Bretagne, de 1780, 82, 84, 86 et 88. Il assista aussi le 30 juillet 1788, avec la députation des 21 bretons présidés par l'évêque de Dol, à l'audience de sa majesté Louis XVI, à Versailles. Il fut chargé des paquets de la députation pour les neuf chambres intermédiaires de la province ; était, en avril 1789, un des 912 gentilshommes à Saint-Brieuc, où le roi avait convoqué les deux premiers ordres de la province de Bretagne, et fut chargé du greffe de la noblesse bretonne, cantonnée à Witlick, près Coblentz ; fit la campagne de 1792 dans les compagnies à cheval de la noblesse de Bretagne ; en juin 1795, il fut incarcéré à Paris, détenu au secret pendant 35 jours, pour la cause du roi et des princes. Il a épousé à Wurspledon-Sarcy, en Angleterre, par contrat du 19 février 1805, que daigna signer S. A. S. |monseigneur le prince de Condé, Sophie-Jeanne-Louise Bedeau de l'Ecochère, née à Nantes, fille de M. Guillaume-Laurent Bedeau, chevalier seigneur de l'Ecochère, chevalier de l'ordre royal et militaire de Saint-Louis, qui a fait plusieurs campagnes, tant dans l'armée de M. le prince de Condé que dans d'autres corps, et de Sophie-Jeanne-Marie du Breil du Buron. De ce mariage avec Sophie de l'Ecochère, sont nés paroisse de Saint-Luke, à Londres :

a. Sophie Espivent de la Villesboisnet ;
b. Pierre Espivent de la Villesboisnet ;
c. Artur Espivent de la Villesboisnet ;

d. Guillaume Espivent de la Villesboisnet ;

e. Henry Espivent de la Villesboisnet ;

f. Antoinette Espivent de la Villesboisnet ;

g. Daniel Espivent de la Villesboisnet.

3.º Rose Victoire Espivent de la Villesboisnet, née à Nantes, épousa le 26 juin 1781, M. Louis Dutressay, chevalier, seigneur de la Sicaudais, ancien officier au régiment de Bourbon.

X. Antoine-Anne ESPIVENT, chevalier, né à Nantes, le 21 octobre 1751, conseiller au parlement de Bretagne en 1780, mort à Nantes le 3 juillet 1806 ; avait épousé le 26 août 1789, Magdeleine-Françoise de Chevigné, chanoinesse de l'Argentière, appelée *Henriette*, de son nom de chanoinesse, dans la généalogie de la maison de Chevigné, tome 7 du présent nobiliaire. De ce mariage sont issus :

1.º Antoine Henry Espivent, dont l'article suit ;
2.º Achilles Espivent, mort jeune ; } nés à Nantes.
3.º Henriette Espivent ;

XI. Antoine - Henry ESPIVENT, chevalier, né à Nantes, reçu conseiller-auditeur à la cour royale de Paris en 1815.

Branche de Perran.

IX. Antoine - Guillaume ESPIVENT, chevalier seigeur de Perran, fils puîné d'Antoine Espivent de la Villesboisnet et de Céleste-Angélique Bossinot né à Nantes le 2 septembre 1731, assista aux états de Bretagne, dans l'ordre de la noblesse en 1758, 1760, 1764, 1780 et tenues suivantes, jusqu'à la révolution ; il émigra avec sa femme et ses enfants ; il mourut à Telgle près Munster, en Westphalie, le 26 janvier 1795, et sa femme à Brunswick, le 22 avril 1799 ; il avait épousé Marie-Magdeleine Danguy, sœur d'Emélie - Louise Danguy citée plus haut ; il eut de ce mariage :

1.º Antoine Espivent de Perran, capitaine de frégate, chevalier de Saint-Louis ; entré aspirant-garde-de-la-marine, en 1781, était au combat

de l'armée navale, au siége de Gibraltar, en
1782, a continué le service de la marine, jusqu'à
l'émigration en 1791, il fit alors la campagne de
1792, dans le corps de la noblesse bretonne cavalerie, puis servit successivement dans le régiment
du prince de Rohan, infanterie, et dans le cadre
du prince de Léon, sous les ordres de S. A. R.
MONSIEUR, comte d'Artois, à l'île Dyeu, d'où
il est entré en France 1795, par Quiberon, fut
employé chef de canton (rang de lieutenant
colonel), dans l'armée royaliste, commandée
par le vicomte de Scépeaux, où il eut le commandement de sept paroisses près Nantes; enfin ayant
été arrêté sous le gouvernement directorial, il a
subi le jugement de deux commissions militaires
pour être fusillé comme émigré, l'une à Nantes,
l'autre à la Rochelle, et il s'est évadé par-dessus
les remparts de la citadelle de l'île d'Oléron,
après trois ans d'existence dans les prisons.

Il a épousé à Nantes, en 1804, Anne-Marie-
Josephe Desgrées de Lesné, cousine germaine du
comte Desgrées Dulou, qui a été président de
la noblesse aux états de Bretagne. Il a eu de ce
mariage :

a Louise-Marie-Antoinette
   Espivent de Perran ;
b. Anne-Marie-Louise Espi-
   vent de Perran :   nés à Nantes.
c. Antoine-Francois Espi-
   vent de Perran, mort au
   berceau ;

2.° François Espivent de Perran, aussitôt son
retour, en 1792, d'un voyage sur mer, vint à
l'armée des princes; mais arrivé au moment où
l'armée était licenciée, il s'exposa à rentrer en
France, laissant à son père, à sa mère et à ses
sœurs, pour les aider à subsister, l'argent qui
venait d'être le produit de ses voyages de mer,
quoiqu'il sut ne devoir rien trouver en France
de leur fortune entièrement séquestrée et depuis
totalement vendue. Il a épousé, le 8 juin 1803,

Aimée Espivent de la Villeguevraie, sa cousine germaine, dont il a :

a. Aimée Espivent de Perran ;

b. Denis Espivent de Perran,

c. Fanny Espivent de Perran, } jumeaux ;

d. Joséphine Espivent de Perran ;

} nés à Nantes.

3.° Louis Espivent de Perran, chevalier de Saint-Louis, ci-devant officier au régiment de Piémont, infanterie, a fait, depuis 1791, plusieurs campagnes dans les compagnies de chasseurs nobles de l'armée de monseigneur le prince de Condé, puis a servi, 1.° dans le régiment de Rohan ; 2.° dans le cadre du prince de Léon sous les ordres de S. A. R. Monsieur, comte d'Artois, à l'île Dyeu d'où il est aussi entré en France, par Quiberon dans l'armée royaliste du vicomte de Scépeaux, où il fut fait chef de canton (rang de lieutenant-colonel), commandant, comme son frère, sept paroisses près Nantes ; il est, depuis 1816, capitaine adjudant de la place de cette ville. Il a épousé à Nantes, en 1800, demoiselle Renée-Olive-Hyacinthe Douville, fille de M. Douville, chevalier de Saint-Louis, capitaine des vaisseaux du Roi, qui a émigré et fait campagne dans les compagnies d'infanterie du corps de la marine ; de ce mariage sont issus :

a. Anastasie Espivent de Perran, née à Nantes ;

b. Louis Marie Espivent de Perran, né à Guérande, élève du roi à l'école militaire de la Flèche.

4.° Charles Espivent de Perran, né à Nantes, ayant émigré, a servi dans les chevau-légers en cantonnement à Neuwied, près Coblentz, se retira pour cause de maladie, se rallia ensuite à l'armée de M. le prince de Condé, où étant retombé malade, il quitta de nouveau le service du roi, et mourut à Juliers, dans le duché de Clèves, le 7 janvier 1794 ;

5.º Désirée Espivent de Perran, née à Nantes; épousa en émigration M. de Saint-Alban de Beaumefort, français émigré, chevalier de Saint-Louis, et major de la place de Verdun sous Louis XVI; elle est morte à Brunswick le 8 septembre 1799, sans postérité;

6.º Magdeleine Espivent de Perran, née à Nantes, émigrée aussi avec ses père et mère, est morte à Brunswick le 23 mars 1796, ayant eu les jambes gelées sur un chariot, en fuyant l'approche de l'armée des républicains, qui s'avançait en Allemagne.

Cette famille est encore alliée dans sa province à celle de Boisgelin, par le mariage de Allain de Boisgelin, avec Françoise Espivent, alliance articulée dans l'arrêt de maintenue d'ancienne extraction de la maison de Boisgelin à la dernière réformation de la noblesse, qui eut lieu en 1668, et à celle de Chesneau de la Vieuxville et de Mont-Louis, ainsi qu'il conste simultanément du contrat de mariage, fait en la ville de Tréguier, le 17 décembre 1575, entre messire François de Chesneau de la Vieuxville, escuyer, baron de Bordebure etc., et demoiselle Jeanne Espivent, dans lequel contrat se trouvent dénommés, feu noble homme escuyer d'Espivent, gentilhomme de la maison du roi de Navarre, noble homme Espivent, escuyer, et Louis d'Espivent, escuyer, cornette des gendarmes de la garde du Roi.

Armes : d'azur, à la molette d'éperon d'or, en abîme, accompagnée de trois croissants du même, deux en chef, et un en pointe. Supports : deux griffons.

DE FADATE DE SAINT-GEORGES, famille noble, originaire d'Italie, naturalisée en France, au milieu du seizième siècle, époque où elle s'établit dans la province de Berri.

I. Jean DE FADATE, né à Crémone, en Italie, capitaine d'une compagnie de chevau-légers dans les troupes italiennes venues en France au secours de François Iᵉʳ, mourut en Italie, laissant un fils :

II. Baptiste DE FADATE, écuyer, seigneur de Varennes, homme d'armes au service de France, naturalisé par lettres-patentes du roi Charles IX, du 6 février 1563. Il épousa, 1.º par contrat du 20 juillet 1561, Catherine Carré, fille de Louise de Boisey, avec laquelle il transigea, le 6 février 1571 ; 2.º par contrat du 9 février de la même année 1571, Françoise de Puygirault ; 3.º N.... de Coquilleray. Il eut de sa première femme :

1.º Jacob, dont l'article suit ;
2.º Camille de Fadate, vivante en 1571 ;
3.º Anne-Louise de Fadate, qui vivait en 1571. Elle transigea avec son père, le 10 février 1584.

III. Jacob DE FADATE, seigneur de Varennes et de Saint-Georges, successivement homme d'armes, capitaine d'une compagnie de gens de pied, enseigne de la compagnie colonelle dans le régiment de Vatan. Il obtint des lettres-patentes du roi Henri IV, du 17 mars 1600, à la suite desquelles est un arrêt de la cour des aides de Paris, portant confirmation de la noblesse de son père, sur quoi il fut tenu de justifier, dans la quinzaine, sa noblesse de race, devant le procureur-général de ladite cour des aides de Paris, et les habitants de la paroisse de Saint-Georges, dans une enquête faite le 19 décembre de la même année 1600, pardevant le lieutenant en l'élection de Châteauroux, en Berri, en exécution de l'arrêt précité, enquête où paraissent comme témoins, six gentilshommes des plus qualifiés du pays, sont rapportés les services et actions militaires de Jean, de Baptiste et de Jacob de Fadate. Il avait épousé, par contrat du 1er février 1584, Philiberte le Comte, dont il eut cinq enfants :

1.º Noël de Fadate, marié avec demoiselle d'Escourneau. On ignore sa destinée ;
2.º Michel, dont l'article suit ;
3.º Marie de Fadate, mariée à Pierre-Armand, seigneur de Bounade ;
4.º Marie-Anne de Fadate, épouse de Josse de Bolimande, seigneur d'Oishoy ;
5.º Jeanne de Fadate, mariée à Charles de Boisey, écuyer, seigneur de Chastelanie.

IV. Michel DE FADATE, écuyer, seigneur de Saint-

Georges, épousa, 1.º par contrat du 20 mai 1624, Louise de Trochet, dont il n'eut point d'enfants. Ils se firent une donation mutuelle le 20 février 1645; 2.º par contrat du 22 avril 1652, Marie Dalot, dont il eut un fils unique :

V. François DE FADATE, écuyer, seigneur de Saint-Georges, qui s'allia, 1.º en 1686, avec Anne Bezan, morte sans enfants, 2.º le 11 février 1708, avec Jeanne Chasteloin, dont il eut trois fils. Il fut maintenu dans sa noblesse par jugement de M. Fouliès, commissaire départi en la province de Berri, le 10 décembre 1715, où sont relatés tous les titres filiatifs de cette famille. Ses enfants furent :

> 1.º Jacob de Fadate, lieutenant de dragons, tué à la bataille de Guastalla, en Italie, en 1734;
> 2.º Claude-François, dont l'article suit;
> 3.º Jean de Fadate, mort sans alliance.

VI. Claude-François DE FADATE DE SAINT-GEORGES, seigneur de Saint-Georges-sur-Arnois, d'abord enseigne dans le régiment des Landes, infanterie, ensuite garde-du-corps du Roi, épousa, en 1732, Anne Chapozet, dont il eut trois fils :

> 1.º Jean-Baptiste de Fadate, garde-du-corps du Roi, capitaine de cavalerie, chevalier de l'ordre royal et militaire de Saint-Louis, mort sans alliance;
> 2.º Claude-François de Fadate, garde-du-corps du Roi, capitaine de cavalerie, chevalier de l'ordre royal et militaire de Saint-Louis;
> 3.º Jacques, dont l'article suit.

VII. Jacques DE FADATE, chevalier, seigneur de Saint-Georges, né le 28 décembre 1740, chevalier de l'ordre royal et militaire de Saint-Louis, sous-lieutenant des gardes-du-corps, mestre de camp de cavalerie, est mort à Sadow, en Volhynie, en émigration, le 27 mars 1799, général-major au service de Russie, maréchal des camps et armées du roi de France, sous-aide-major des gardes-du-corps. Il avait épousé, en 1774, Anne-Mélanie Harlan. De ce mariage sont issus :

1.º Philippe-Charles-Georges de Fadate, né le 22 septembre 1775, mort le 13 décembre 1776 ;

2.º Charles-Jacques, dont l'article suit ;

3.º Augustin-Abdon de Fadate, né le 5 août 1780;

4.º Louis-Jean de Fadate, né le 26 novembre 1781 ;

5.º Angélique-Victoire de Fadate, née le 8 octobre 1777, morte le 4 octobre 1778.

VIII. Charles-Jacques DE FADATE DE SAINT-GEORGES, né le 2 juillet 1779, maire de la ville de Troyes, a épousé, le 30 avril 1800, dame Aimée-Geneviève-Thimothée de Feu de la Motte, fille de M. Feu de la Motte, mousquetaire. De ce mariage sont issus :

1.º Jacques-Thimothée de Fadate de Saint-Georges, né le 18 février 1801, garde-du-corps du Roi;

2.º Edme-Jacques de Fadate de Saint-Georges, né le 2 juillet 1802 ;

3.º Auguste-Jacques de Fadate de Saint-Georges, né le

4.º Eugène-Jacques de Fadate de Saint-Georges, né le

5.º Aimée-Bathilde de Fadate de Saint-Georges, née le 30 août 1805.

Armes: d'or, au chevron de gueules, accompagné de trois tourteaux du même ; au chef d'azur, chargé de trois fleurs de lys d'or. L'écu timbré d'un casque taré de front et fermé, orné de ses lambrequins.

DE GRASSE, illustre et ancienne maison de Provence, qui a possédé la ville d'Antibes dès le dixième siècle, en titre de *principauté* et *de comté* (1), et a donné son nom à la ville de Grasse, à trois lieues de la première, vers le douzième siècle (2), sur laquelle elle avait encore des droits en 1720.

---

(1) Expilli, Dictionnaire géographique des Gaules et de la France, tome I, page 207.

(2) *Ibidem*, tome III, page 656.

Une antique tradition, fondée sur des monuments historiques, porte que cette maison est issue des anciens seigneurs souverains d'Antibes, puînés des comtes de Provence, de la première race; et cette illustre origine est encore justifiée par la possession de terre.

Considérée sous le rapport des services et de l'illustration, la maison de Grasse est une des plus distinguées du royaume. Elle a donné nombre d'officiers-généraux, des maréchaux-de-camp, des conseillers-d'état, des généraux des galères, des maréchaux de Sicile, des capitaines de vaisseaux, des amiraux et chefs-d'escadre, des gouverneurs de places, des ambassadeurs, des chevaliers de l'ordre du Roi, des chevaliers de l'ordre du Temple; des chevaliers de l'ordre de Saint-Jean de Jérusalem ou de Malte, au nombre de plus de quarante; tant chevaliers, commandeurs, baillis, prieurs, qu'autres dignitaires de cet ordre; à l'église, elle a donné cinq évêques d'Antibes, deux de Grasse, et un évêque de Vence, puis d'Angers.

Parmi les nombreuses possessions qui sont entrées successivement dans cette maison, soit en Provence, soit en l'Ile de-France, soit en Picardie, et en d'autres provinces, on remarque les comtés, baronnies, villes, terres et seigneuries d'Amirat, d'Ampus, d'Antibes, du Bar, de Bornes, de Briançon, de Cabris, la vallée de Calian, Cannaux, Collets, Courmettes, Escragnolle, Flassans, Flayosc, Flins, Gars, la Geneste, les Jonchères, Limermont, Magagnosc, la Malle, le Mas, Mondreville, Montauroux, Montblanc, Mouans, Roquefort, le Rouret, Saint-Césaire, Saint-Laurent, les iles Sainte-Marguerite, Saint-Paul, Sartoux, Seranon, Soleillas, Taveron, Thorène, Tilly, Valauris, Valettes, Verrayon, etc., etc.

Cette maison tient, par ses alliances, aux races les plus anciennes et les plus puissantes. Elle a l'honneur d'avoir des parentés avec la plupart des maisons souveraines, et d'appartenir à la famille royale de France, selon les termes des lettres-patentes touchant la mouvance du comté de Bar, données par le roi Louis XV, en 1773, lesquelles nous relaterons plus loin. Mais indépendamment de ces illustres consanguinités, elle est encore alliée en ligne directe aux maisons des Achard de Ferrus, d'Agoult de Saillans, d'Allagonia-Mérargues, d'*Andréa*, d'*Astoaud* de Murs, d'*Aube* de Roquemartine, de *Barras* de Mirabeau, de *Baschi* d'Estoublon, des *Baux*, de la maison des princes d'Orange, de *Beuil*, de *Blacas*, de *Brancas*, des comtes de Forcalquier, de *Brandis* d'Auribeau, de *Bruni* de Castellane, de Castellane, vicomtes de Salerne, aux marquis de Grimaud et de Saint-Juers, de *Castillon* de Beine, de Chabaud des Tourettes, de *Clapiers*, barons de Gréoux, de *Covet*, marquis de Marignane, de *Cresp* de Saint-Césaire; d'Esclapon, d'Esparron, de *Fabri*, marquis de Fabregues, de *Flotte* d'Agoult, de Foix, des comtes de *Fréjus*, de *Gaufridé*, barons de Trets, de *Giraud* du Bruc, de *Glandevès*, de *Grimaldi*, des princes de Monaco; aux comtes° de Beuil, aux marquis de Corbons, barons de Cagnes, et aux seigneurs du Revest; de *Hallenconrt* de Limermont et de Dromesnil, en Picardie, de la *Hogue*, seigneurs de la Hogue, en Normandie, d'*Isoard* de Chénérelles; de *Lascaris* de Vintimille de Tende, des comtes de Marseille, de *Laurent*, de *Louancy*, de *Marseille*, des comtes de Vintimille et aux branches de Fos, de Signe et d'Ollioules; d'*Oraison*, barons de Cadenet d'*Ornano*, de *Peruzzis*, de *Pontevès*, de Carces; des comtes de *Provence*; du *Quesnel* de Coupigni, de *Quiqueran*; de Beaujeu, de *Reilhane*, de *Renaud* d'Allein, de *Requiston* d'Alons, de *Rodulph* de Limans et de Châteauneuf, de Rouxel de Médavi, de Russan, de *Sabran*, barons de Beaudinar, de *Savoie*, des princes d'Achaïe, le *sénéchal* de Carcado, de Simiane; de *Villemurs*, barons de Villemurs, de *Villeneuve*, aux branches des Arcs, de Vence, de Trans, de Tourettes, de Carros, de Seranon, de Baraine, de Vaucluse et de Bergemont.

C'est à la piété des seigneurs de cette maison, à leur munificence envers l'abbaye de Lerins, que l'on doit la preuve de leur origine, transmise jusqu'à nous, depuis la fin du dixième siècle.

I. Rodoard, le premier connu par titres, vivait encore en 993. Il est dit, dans les capitulaires de Lerins, *princeps Antipolitanus ad domino Guillelmon secundo comites Arelatensis creutus*. Les mêmes capitulaires nous apprennent le nom de sa femme Alajarde, fille de Guillaume, comte de Provence, qui lui donna en souveraineté Antibes, vers l'an 960, et la moitié des terres du diocèse (1). Il est fait mention de lui dans une charte de donation, faite par Balieldis, au monastère de Saint-Victor-lès-Marseille. Les enfants de Rodoard et d'Alajarde, nommés dans les cartulaires de Lérins, sont :

1.º Gauceran, dont l'article suit ;

2.º Guillaume, appelé *Gruette*, à cause de son long cou, religieux à Lérins en 990 (2). Il s'était précédemment marié, et avait eu deux enfants :

    a. Pierre, moine à Lérins, puis évêque d'Antibes ;

    b. Une fille, qui donna au monastère de Lérins ce qu'elle avait eu pour sa dot, sur la terre de Valauris.

3.º Oda, qui fut mariée à Pierre Signerius.

II. Gauceran, fils aîné de Rodoard, lui succéda, et obtint du comte de Provence, l'autre moitié du diocèse d'Antibes, pour l'entier paiement de la dot de sa mère. Il est qualifié *prince de la comté d'Antibes, et comte d'Antibes*, dans les cartulaires de Lérins, dans l'*État ecclésiastique de Provence*, par Louvet, t. II, p. 397, et dans le *Gallia Christiana*, t. III, p. 1150 et 1210. Il donna, en 1007, la terre de Pierrefeu, au monastère de Lérins (3). Il épousa Balieldis, fille d'Atanulphe, comte de Fréjus, ainsi qu'il paraît par plusieurs donations qu'ils ont faites au monastère de Saint-Victor de Marseille, de divers biens, situés au comté de Fréjus, et provemant de la dot de ladite Balieldis. Leurs enfants furent :

1.º Guillaume, *aliàs* Gauceran, qui suit ;

2.º Aldebert, évêque d'Antibes. Il avait été marié avant que d'être évêque. Il fut élu en 1026, se trouva à la dédicace de Saint-Victor de Marseille, faite par Benoît IX, en 1040, et mourut vers l'an 1061. Il eut deux enfants :

    A. Guillaume de Grasse, qui ratifia les donations faites par Aldebert, son père, à l'abbaye de Lérins. Il eut deux fils :

---

(1) Gaufridi, Histoire de Provence, pp. 44 et 85.
(2) Gallia Christiana, tome III, page 1195.
(3) *Ibidem*, page 1150.

a. Fulco de Grasse, qui révoqua les donations faites par son père au monastère de Lérins, pour raison de quoi il lui fut enjoint de restituer à cette abbaye l'argent qu'elle avait fourni pour son rachat, des mains des Sarrasins, et de leur payer ce qui leur en avait coûté pour faire à ce sujet le voyage de Jérusalem. Il fut excommunié ; mais aux approches de la mort, il restitua aux moines ce qu'il leur avait repris ;

b. Guillaume de Grasse, qui fut présent à l'accommodement qui se fit entre son frère Fulco et les moines de Lérins, pour lequel il se rendit caution de mille sous envers ce monastère. Il leur restitua une partie de la ville de Cannes, d'Astus et de Mongins, et après les avoir long-tems inquiétés, il se fit moine à Lérins.

B. Une fille, pour laquelle Aldebert, son père, réserva en dot un fief dans la donation qu'il fit de la moitié de Valauris à l'abbaye de Lérins.

3.° Une fille, mariée avec N..... de Reillane. Guillaume et Geoffroi de Reillane, ses fils, ayant troublé les moines de Lérins dans la possession de Mongins, promirent, en 1128, en présence de Raimond Bérenger, comte de Provence, et de plusieurs évêques, de les y laisser libres.

III. Guillaume DE GRASSE, *aliàs* Gauceran, est nommé, dans différentes chartes de donation, que Balieldis, sa mère, fit aux monastères de Lérins et de Saint-Victor de Marseille. Il est appelé Guillaume de Grasse, et qualifié *prince d'Antibes*, (1) dans une donation qu'il fit, l'an 1041, à cette dernière abbaye. Dans une charte des capitulaires de Lérins, de l'an 1056, il est appelé

_____

(1) Barralis, part. II, page 151 ; Archives de l'Abbaye de Saint-Victor-de-Marseille ; Histoire de Marseille, par Ruffi, tome II, page 201.

Gauceran de Grasse. De Fidis, *aliàs* Phida, sa femme, fille du comte de Provence, il eut :

> 1.° Rambaud, dont l'article suit ;
> 2.° Geoffroi de Grasse, *aliàs* Gaufrède, quator-zième évêque d'Antibes, en 1056 (1). Il donna, en 1078, au monastère de Lérins, l'église de Sainte-Marthe, de la ville de Grasse (2) ;
> 3.° Aldebert de Grasse, qui fut d'abord abbé de Lérins, et succéda à son frère dans l'épiscopat d'Antibes, en 1089.

IV. Rambaud DE GRASSE, Ier du nom, comte d'An-tibes, est compris dans l'acte de donation de la terre de Mougins, en 1056 (3). Il souscrivit, en 1113, l'accom-modement fait entre Manfrède de Grimaldi, évêque d'Antibes, et Pierre, abbé de Lérins. Il eut deux fils :

> 1.° Bertrand, dont l'article suit ;
> 2.° Raimond de Grasse, auteur de la branche des seigneurs de Cabris (*).

V. Bertrand DE GRASSE, Ier du nom, seigneur de Flayoc, d'Ampus et de la ville d'Antibes, partagea les

---

(*) *Branche des seigneurs de Cabris.*

V. Raimond *de Grasse*, seigneur de Cabris, en 1142, fut présent, avec Bertrand de Grasse, son frère aîné, à une dona-tion faite par Raimond Bérenger, comte de Provence, au monastère de Lerins. Il fut un des seigneurs qui furent caution de la paix que le comte Ildephonse accorda à ceux de Nice, eu 1176, et la ratifia en son nom. Il eut pour enfants :

> 1.° Bertrand, dont l'article suit :
> 2.° Targue de Grasse, vivant en 1216 ;
> 3.° Nicole de Grasse.

VI. Bertrand *de Grasse*, Ier du nom, seigneur de Cabris fit, en 1216, un échange de certains biens avec Targue, son frère. Il fut père de :

VII. Bertrand *de Grasse*, IIe du nom, seigneur de Cabris. Ce fut le premier de sa maison qui changea ses armes, et prit

---

(1) Barralis, part. II, p. 152, Dict. des Sciences ecclésias-tiques, tome I, page 260.
(2) Gallia Christiana, tome III, page 1196.
(3) *Ibid.*, page 1296.

terres de ses ancêtres avec Raimond de Grasse, son frère, et prêta hommage au comte de Provence. Le pape Innocent II, ayant terminé les différends du monastère de Lerins avec l'église d'Antibes, en 1142, exhorta Bertrand de Grasse et Raimond, son frère, d'interposer leur autorité pour maintenir cet accord (1). Il épousa Ixcelne, *aliàs* Ajadenne, ainsi qu'il paraît en une donation faite à l'abbaye de Lérins de tout ce qu'ils possé-

d'or à trois chevrons de gueules, blason que sa branche a toujours conservé, quoique quelques-uns aient écartelé des armes primitives. Il épousa Béatrix, dont il eut :

VIII. Guyonnet *de Grasse*, seigneur de Cabris, qui fit son testament par lequel il fait des legs à sa mère, ses oncles et ses enfants, et fait héritier Bertrand de Grasse, son fils aîné. Il vivait encore en 1280. Il fut père de :

1.º Bertrand qui suit ;
2.º Raimond, *dit* Raimondet de Grasse, chevalier de Saint-Jean-de-Jérusalem, vivant en 1280.

IX. Bertrand *de Grasse*, IIIº du nom, seigneur de Cabris, fit son testament au mois d'octobre 1280, par lequel il veut être inhumé dans le cimetière des Hospitaliers de St.-Jean-de-Jérusalem, auquel ordre il lègue, entr'autres choses, le grand palefroi dont il se servait principalement aux expéditions de guerre, avec son riche caparaçon, poitrail et chanfrein, son harnais complet et ses armes, voulant que le tout fût envoyé dans le parti d'Outremer, pour le secours de la Terre-Sainte. (Histoire de Provence, par Nostradamus, partie III, page 271.) Il fait des legs à Guyonnet de Grasse, son père, et à Guigues de Clumans, son consanguin, chevalier ; et demande, pour l'exécution de ses volontés testamentaires, le consentement de Raimond de Grasse, son frère, chevalier et hospitalier de Saint-Jean-de-Jérusalem. Mais par un codicille de l'an 1282, il révoqua les armes, les chevaux, les harnois et les gages qu'il avait légués audit chevalier Guigues de Clumans ; laissant néanmoins en sa force tout ce qui lui avait donné en sus; et faisant par la même voie divers legs de bons et beaux palefrois et coursiers à divers chevaliers et gentilshommes, ses parents et ses écuyers. (*Histoire de Provence*, p. 277.) Il épousa Marthe, dont il eut :

X. Raimond *de Grasse*, seigneur de Cabris, fit son testa-

(1) Gallia Christ., page 1152 ; Barralis, partie II, page 162.

daient dans le château de Mougins. Leurs enfants furent :

      1.° Rambaud, dont l'article suit ;

      2.° Guillaume de Grasse, dont il est fait mention

---

ment par lequel il voulut être inhumé dans l'église de Saint-
Honoré-de-Lerins. Il eut pour fils :

      1.° Pons, dont l'article suit :

      2.° Hugues de Grasse, seigneur de Châteauneuf, auteur
      de la branche des seigneurs de ce nom. Il fut père de
      Raimond de Grasse, co-seigneur de Cabris, seigneur de
      Châteauneuf, qui eut, entr'autres enfants, Marguerite
      de Grasse de Cabris, mariée, vers l'an 1320, avec Ber-
      trand de Marseille de Signe, co-seigneur d'Eveaunes et
      d'Ollioules, des comtes de Vintimille et de Marseille ;
      cette branche s'est éteinte en la personne de Louis de
      Grasse, seigneur de Châteauneuf, dont la fille unique,
      Marguerite de Grasse, dame de Châteauneuf, épousa,
      vers l'an 1400, Gui Lascaris de Vintimille et de Tende,
      qui testa en 1431, fils de Louis de Lascaris de Vintimille
      et de Tende, et de N.... de Glandevez ;

      3.° Rambaud de Grasse.

XI. Pons *de Grasse*, damoiseau, seigneur de Cabris, fut
témoin de la donation faite par le roi Philippe-le-Bel de la
portion de la terre de Roussillon qui avait appartenu à Imbert
d'Agoult, et la seigneurie de Rians, à Isnard d'Agoult d'En-
travènnes, chevalier, seigneur de Sault, par acte passé à
Grasse, devant Raimond Rainaud, notaire de Brignoles, en
1294. (*Histoire de la Noblesse du comtat Venaissin, tome IV,
page* 99.) D'Alarsette, son épouse, il eut Jean de Grasse, qui
suit :

XII. Jean *de Grasse*, Ier du nom, seigneur de Cabris, qui,
par son testament, élit sa sépulture dans l'église de Notre-
Dame-de-Cabris. Il fut père de :

XIII. Bertrand *de Grasse*, IVe du nom, seigneur de Cabris,
dont il rendit hommage, en 1435, à la reine Isabelle, femme
du roi Réné. Il épousa Dauphine de Cormie, dont provin-
rent :

      1.° Baltazard, dont l'article snit ;

      2.° Isnard de Grasse de Cabris, prévôt du Chapitre de
      l'église métropolitaine d'Aix, puis abbé de Saint-
      Honoré-de-Lerins, en 1477.

XIV. Baltazard *de Grasse*, seigneur de Cabris, fit son testa-

dans le *Gallia Christiana*, t. III, p. 212, 220. Il vivait en 1190, et mourut sans postérité ;

3.º Gauceran de Grasse, religieux à Lerins ;

4.º Hugo de Grasse, qui vendit à Bertrand, évèque d'Antibes, la sixième partie du moulin du Château.

VI. Rambaüd DE GRASSE, IIe du nom, seigneur de Flayosc, d'Ampus, d'Antibes, etc., fut un des seigneurs qui ratifièrent la paix qu'Ildephonse, comte de Provence,

---

ment en 1505, par lequel il voulut être inhumé dans l'église de Saint-Honoré-de-Lerins. Il eut pour fils :

XV. Louis *de Grasse*, seigneur de Cabris, père de :

1.º Jean, dont l'article suit;

2.º Jeanne de Grasse, mariée à René de la Tour, seigneur de Romoules.

XVI. Jean *de Grasse*, IIe du nom, seigneur de Cabris, épousa Antoinette de Réquiston d'Escragnolle. De ce mariage sont issus :

1.º Honoré, dont l'article suit ;

2.º Claude, qui a fondé la branche des seigneurs de Montauroux, rapportée ci-après ;

3.º Honorée de Grasse, mariée, par contrat du 24 février 1544, avec François de Réquiston, seigneur d'Alons et de Vaucluse ;

4.º Françoise de Grasse, mariée à Guillaume de Renaud, seigneur d'Alein.

XVII. Honoré *de Grasse*, Ier du nom, seigneur de Laval, de Cabris, etc., épousa, 1.º Louise de Berne de Cologne; 2.º Delphine Olivier. Ses enfants furent :

Du premier lit :

1.º Honoré, dont l'article suit ;

2.º Martine de Grasse, mariée à Jacques Chabaud, seigneur de Tourettes, fils d'Honoré Chabaud, seigneur de Tourettes, et de Dorothée de Giraud du Broc ;

Du second lit :

3.º Honoré de Grasse de Cabris, marié, vers l'an 1590, avec Barthélemine de Girame du Broc, dont il eut :

Philippine de Grasse, mariée à César de Grimaud, seigneur de Levens, la Tourette, le Revest et

accorda, l'an 1176, aux habitants de Nice. Non-seulement lui et Raimond de Grasse, son oncle, la souscrivirent, mais ils se rendirent caution qu'elle serait ferme
et durable. Il fut un des principaux seigneurs de la cour
du comte de Provence (1). On conserve dans la maison
de Grasse un acte de partage fait entre Rambaud II et

autres lieux, fils de Jean Grimaldi et de Françoise
de la Baume ;

4.º Sibylle de Grasse, mariée à N..... de Villeneuve de
la branche des seigneurs de Saraine.

XVIII. Honoré *de Grasse*, IIe du nom, seigneur de
Taveron, de Laval, de Cabris, etc., épousa Lucrèce de
Renaud d'Alein, fille de Guillaume de Renaud, seigneur
d'Alein, et de Françoise de Grasse d'Escragnolle. De ce
mariage sont issus :

1.º Honoré de Grasse de Cabris, reçu chevalier de
Malte en 1601 ;

2.º César, dont l'article suit ;

3.º Jean de Grasse de Cabris, reçu chevalier de Malte,
en 1620.

XIX. César *de Grasse*, seigneur de Laval et de Cabris,
épousa Marthe de Barras de Mirabeau, fille d'Antoine de
Barras, seigneur de Mirabeau, et d'Honorée de Rochas-
Aiglun. De ce mariage sont issus :

1.º César de Grasse, reçu chevalier de Malte en 1620.

2.º Alexandre, dont l'article suit ;

3.º Charles de Grasse, reçu chevalier de Malte en 1620.

4.º Jean de Grasse, abbé de l'Enfourchure, puis nommé
à l'évêché de Grasse. Il en perçut les revenus pendant
plus de dix ans sans être sacré ;

5.º Honoré de Grasse-Cabris, reçu chevalier de Malte en
1621 ;

6.º Marguerite de Grasse, mariée à Gaspard de Villeneuve, baron de Tourettes ;

7.º Françoise de Grasse, mariée, le 1er avril 1634, avec
Annibal de Grasse, baron de Mouans, son cousin ;

8.º Catherine de Grasse, mariée à César de Villeneuve,
baron de Vence ;

9.º Marguerite de Grasse, mariée, par contrat du 22
décembre 1619, reçu par Arquier, notaire à Cabris,

(1) *Voyez* Gaufridi, Histoire de Provence, page 112.

Guillaume, son frère, des possessions qu'ils avaient en la ville d'Antibes, de l'an 1190. D'un mariage demeuré inconnu, Rambaud laissa :

1.º Isnard, dont l'article suit ;

2.º Rambaud de Grasse ;

3.º Gui, dit Guido, surnommé d'*Ampus*, qualifié

---

avec François de Lombard, IIª du nom, seigneur de Gourdon et de Courmes, fils de Louis de Lombard, seigneur de Cuebris, lieutenant-général au siége de Grasse, et d'Honoré de Dole.

XX. Alexandre *de Grasse*, seigneur de Cabris, capitaine d'une galère du roi, qui épousa Madelaine-Diane de Glandevez, fille de Gaspard de Glandevez, conseiller au parlement de Provence, et de Véronique de Russan, dont il n'eut que deux filles :

1.º Véronique de Grasse, mariée, par contrat du 3 août 1658, avec Alexandre de Clapiers, baron de Gréoux, fils d'Esprit de Clapiers, seigneur de Sambuc, baron de Gréoux, etc., et d'Anne de Gaspari ;

2.º Diane de Grasse, mariée à Jean-Baptiste-François de Glandevez, marquis de Cuges, fils de François de Glandevez, seigneur de Cuges, et de marquise Paulo de Gérénimo.

Seigneurs de Montauroux.

XVII. Claude *de Grasse*, Iᵉʳ du nom, seigneur de Saranon et de Montauroux, second fils de Jean de Grasse, IIº du nom, seigneur de Cabris, et d'Antoinette de Requiston, épousa Anne de Brandis d'Auribeau, fille de Pierre de Brandis, seigneur d'Auribeau, et d'Antoinette de Barre. De ce mariage vint :

XVIII. Antoine *de Grasse*, Iᵉʳ du nom, seigneur de Montauroux, marié avec Honorée d'Andréa, fille de Mathieu d'Andréa, et du Marthe de Beat d'Aiglan. De ce mariage sont issus :

1.º Claude, dont l'article suit ;

2.º Paul de Grasse, seigneur de Montauroux, qui épousa Marguerite de Rodulph, fille de Baltazard de Rodulph, seigneur de Châteauneuf et de Fumeau et de Claire de Martin de Puylobier, Il eut de ce mariage:

    a. Jean Paul de Grasse, reçu chevalier de Saint-Jean de Jérusalem en 1637 ;

    b. Claire de Grasse, mariée, le 18 avril 1638, avec

chevalier dans divers actes de l'an 1237. Il eut un fils nommé Pierre-Assalit de Grasse, dont on ignore la destinée.

VII. Isnard DE GRASSE, Ier du nom, seigneur de Magagnosc, de Sartoux, de Flayosc, d'Ampus, de Ville-Haute, Stelle, Spelunque, Antibes, Mouans, la Roque, etc., arma contre les Vaudois, en 1208. Il transigea avec Guillauume de Grasse, son cousin, en 1213, sur quelques différends que la co-seigneurie d'Antibes avait occasionnés. Il fut présent, avec son père, à l'hommage que Boniface de Castellane fut obligé de rendre, en 1222, en la ville de Grasse. De sa femme, dont on ignore le nom, il eut deux fils :

1.° Rambaud, dont l'article suit ;

Jean - Baptiste d'Isoard de Chenerilles, second consul d'Aix, fils de Claude d'Isoard, seigneur de Chenerilles, et d'Honoradé de Tributiis de Sainte-Marguerite ;

3.° Honoré de Grasse, reçu chevalier de Malte en 1601 ;
4.° Michel de Grasse, reçu chevalier de Malte, en 1603 ;
5.° Jean de Grasse, reçu chevalier de Malte en 1607 ;
6.° Henri de Grasse, reçu chevalier de Malte en 1608.

XIX. Claude *de Grasse*, IIe du nom, seigneur de Montauroux, épousa Madelaine de Rodulph, fille de Baltazard de Rodulph, seigneur de Châteauneuf et de Fumeau, et de Claire de Martin de Puylobier. Il eut de ce mariage :

XX. Antoine *de Grasse*, IIe du nom, seigneur de Montauroux, qui épousa Anne de Caissan, fille de Joseph de Caissan, seigneur de la Garde, avocat au parlement, et de Marguerite de Michaëlis. Il eut, entr'autres enfants :

1.° Jean-Joseph de Grasse, reçu chevalier de Malte en 1666 ;
2.° Blaise de Grasse de Montauroux, reçu chevalier de Malte en 1669.

Cette branche s'est éteinte en 1740. Elle a encore donné deux chevaliers de Malte, Louis de Grasse de Montauroux, reçu en 1689 ; et Jean-Baptiste de Grasse de Montauroux, reçu en 1706.

Elle portait pour *armes* : d'or, à trois chevrons de gueules.

2.º Geoffroi de Grasse, chevalier de l'ordre des Templiers (1).

VIII. Rambaud DE GRASSE, IIIᵉ du nom, chevalier, seigneur d'Antibes, du Bar, de Sartoux, de Flayosc, d'Ampus, de Ville-Haute, de Mouans, etc., etc., de concert avec Gui de Grasse, son oncle, fit un échange avec Bérenger, comte de Provence, le 3 avril 1236, des terres Raimond et seigneuries d'Ampus, Stelle, Spelunque et Ville-Haute, contre celles du Bar, de Gourdon, et quinze cents sous raimondins (2). Dans cet acte ils prennent tous deux la qualité de *chevalier*. Rambaud épousa Etiennette de Beuil *(de Boglio)* dont il eut:

    1.º Isnard, dont l'article suit ;

    2.º Bertrand de Grasse, religieux au monastère de Lérins, et prieur de Valauris ;

    3.º Rambaud de Grasse, dit du *Bar* ou de *Bouret*, qui fit un acte de partage avec son frère aîné en 1298. En 1282, il avait fait prêter hommage-lige aux habitants du Bar, tant en son nom qu'en celui d'Isnard II, son père ;

    4.º Pierre de Grasse, dit de Rocas ;

    5.º Maxime de Grasse, mariée à Raimond de Ferris.

IX. Isnard DE GRASSE, IIᵉ du nom, seigneur d'Antibes, du Bar, de Sartoux, de Saint-Paul, et autres lieux, partagea, avec Rambaud de Grasse, son frère, le 14 mars 1298 ; fut choisi par Charles Iᵉʳ d'Anjou, roi de Naples, comte de Provence, pour être un des cent chevaliers qui devaient le seconder dans le fameux combat que le roi d'Aragon lui proposa, et qui devait avoir lieu à Bordeaux, en présence du roi d'Angleterre. Le même prince, en 1300, lui assigna une pension proportionnée aux services importants qu'il lui avait rendus, et la terre de Magdalone, dans le royaume de Naples. Il avait fait partie de l'expédition d'Afrique, en 1270, dirigée par le roi saint Louis. Dans son testament, il

_____

(1) Gallia Christiana, tome III, p. 1160.
(2) Archives de la Cour des Comptes à Aix, registre *Magdalena*.

est qualifié *egregius et potens vir dominus Isnardus miles domini de Albarno.* Il veut être inhumé dans l'église de Saint-Honoré de Lérins. Il avait épousé Alazie, fille de Guillaume de Marseille, seigneur de Fos, et de Giraude, fille de Giraud, et petite-fille de Roger de Fos, souverain d'Hières, et de Tiburge, fille de Guillaume, prince d'Orange. De ce mariage naquirent :

1.º Rambaud, dont l'article suit ;

2.º Isnard de Grasse, dit du Bar, chevalier de l'ordre de Saint-Jean de Jérusalem, commandeur de Rue, en 1327, grand prieur de Capoue ; grand sénéchal de Provence en l'absence du comte d'Aumont ;

3.º Bertrand de Grasse, gouverneur, et viguier de Marseille, en 1321. Il épousa Marie des Baux, dont il n'eut point d'enfants.

X. Rambaud DE GRASSE, IVe du nom, chevalier, seigneur d'Antibes, du Bar, de Saint-Paul, de Mouans, et de plusieurs autres terres, fut un des plus illustres seigneurs provençaux qui passèrent les Alpes pour servir le roi Robert, comte de Provence, contre l'empereur Louis de Bavière (1). Il avait sous ses ordres une compagnie de cinq écuyers, ainsi qu'il appert d'une montre de l'an 1328. Il est qualifié *nobilis et potens vir domini Rimbaldus de Grasse, miles, dominus de Albarno,* dans une sentence qu'il obtint contre les habitants du Bar, auxquels il demandait ès ces impériaux. Il avait épousé, par contrat du 22 janvier 1310, Agnès de Pontevès de Carces, fille de Barral de Pontevès, seigneur de Pontevès, de Carces, de Cotignac, etc., et de Batalle des Baux, dame de Silans. Il en eut :

1.º Bertrand, dont l'article suit ;

2.º Rambaud de Grasse ;

3.º Isnard de Grasse, marié, en 1331, avec Philippe d'Esclapon, morte sans enfants ;

4.º Mauregat de Grasse, chevalier de Saint-Jean de Jérusalem, grand prieur de Hongrie et d'Esclavonie, vicaire et général de Louis, roi de

---

(1) Gaufridi, Histoire de Provence, page 288.

Hongrie, conseiller d'état et maréchal de Sicile, vivant en 1352;

5.º Maxime de Grasse, mariée à Esparron d'Esparron;

6.º Rosoline de Grasse, mariée à Jacques d'Aube, seigneur de Roquemartine;

7.º Catherine de Grasse, mariée à Adalbert de Blacas, seigneur de Thoar.

XI. Bertrand DE GRASSE, IIᵉ du nom, chevalier, seigneur du Bar, des îles Sainte-Marguerite, de Mouans, de Saint-Paul et de quatorze autres terres, chambellan du roi, conseiller d'état en 1352, maréchal de Sicile en 1361, commanda une compagnie de dix lances dans la guerre faite contre Raimond, vicomte de Turenne (1) en 1340. En récompense des services qu'il rendit, ainsi que Mauregat, son frère, au roi de Naples, ce prince et la reine Jeanne lui donnèrent, par acte du 28 mai 1351, les îles Sainte-Marguerite, les terres et châteaux d'Ezia ou d'Eze, de Peille, de Saorgio, etc.; ils sont qualifiés dans cet acte : *Nobilem religiosumque virum, fratrem mons, regilem de Albarno ordinis sancti Joannis Jerosolomitani civitatis adverse dominun regem Siciliarium marescalum consiliariun et Bertrandum fratrem Albarni et Magdelani dominum Combertanum, etc.* Il fit son testament par lequel il voulut être inhumé en l'église de Saint-Honoré de Lérins. Il avait épousé, 1.º Marguerite de Stendarde, d'une très-illustre maison de Naples, morte sans enfants; 2.º Saure d'Aube, fille de Jacques d'Aube, seigneur de Roquemartine, grand sénéchal de Provence en 1373. De ce dernier mariage sont issus :

1.º Bertrand, dont l'article suit;

2.º Rambaud de Grasse, chevalier de Rhodes;

3.º Maxime de Grasse, nommé avec Rambaud dans un acte que leur mère passa le 4 juillet 1376.

XII. Bertrand DE GRASSE, IIᵉ du nom, seigneur du Bar, de Valettes, du Rouret, de Saint-Paul de Roquefort, d'Amirat et autres lieux, obtint, en 1386,

---

(1) Nostradamus, Histoire de Provence, page 507.

de la reine Marie de Blois, mère et tutrice du roi Louis, en considération de ses services, les franchises et privilèges accordés par les rois, ses prédécesseurs, aux prédécesseurs dudit seigneur du Bar. La charte porte : *Propter servitium per magnificum militem Bertrandum de Grasse et dominum de Albarno predicti filii nostri consiliarium et fidelem dilectam armuta per eum facta pro eum questu datis regni quam in eodem regno et commitiva ipsius nati nostri.* Il est nommé parmi les seigneurs qui tinrent le parti de Louis contre Charles et Ladislas de Durazzo, roi de Naples en 1386 (1). Il fut nommé conseiller d'état par lettres de la reine Yolande, du 5 avril 1418, et envoyé en qualité d'ambassadeur auprès du duc de Bourgogne et du pape Nicolas V en 1435. Il avait été gouverneur et viguier de Marseille en 1412 (2). Le roi René et la reine Yolande lui firent plusieurs dons en récompense de ses services (3). Il fut fait capitaine général par brevet du roi René, du 23 janvier 1445. Il avait épousé, 1.° Marguerite Grimaldi-Monaco, fille de Luc Grimaldi, seigneur d'Antibes, et d'Yolande Grimaldi ; 2.° le 16 décembre 1425, Mateline de Simiane, fille de Bertrand Rambauld de Simiane, baron de Caseneuve, seigneur d'Apt et de Gordes, chambellan de Louis III, comte de Provence, roi d'Aragon, et de Marguerite de Pontevès Cotignac ; 3.° Silonne de Ferre ; ses enfants furent ;

Du premier lit :

1.° Bertrand de Grasse, mort jeune ;

2.° Charles, dont l'article suit ;

3.° Catherine de Grasse, mariée, en 1434, à Bertrand de Marseille, V° du nom, des comtes de Vintimille, seigneur d'Ollioules, d'Evennes, du Revest, de Cabriès, de Vitrolles, de Ventabren, de Trebillane, etc., gouverneur de la ville et viguerie de Toulon, fils de Bertrand de Marseille, seigneur d'Ollioules, et de Sibylle de Castellane de Fos. Elle vivait encore le 22 mars 1454 ;

---

(1) Nostradamus, page 496.

(2) *Ibidem*, page 330 ; Ruffi, tome II, page 213.

(3) Archives du Roi, à Aix, registre *crucis sine novi*, fol. 10, armoire A.

Du second lit :

4. Pierre de Grasse, auteur de la branche des seigneurs de Cormes. Il eut, entr'autres enfants :

   A. Georges de Grasse, baron de Bormes, qui fut nommé exécuteur des dernières volontés d'Etienne de Rodulph, baron de Limans, de Lirac et de Gaujac, pour les biens qu'il avait en Provence, selon son testament du 27 mars 1521, et ses codicilles du 12 septembre 1523, 17 juin et 15 juillet 1525 ;

   B. Pierre de Grasse, commandeur du Pouet-Laval, qui fut nommé exécuteur du testament d'Etienne de Rodulph, baron de Limans, le 27 mars 1521, pour les biens qu'il avait au comtat Venaissin.

Cette branche, après avoir formé des alliances avec les maisons de Rodulph, de Roussen, de Portanier, de Villeneuve-Vence, etc., se termina en la personne de Pompée de Grasse, baron de Bormes, qui s'allia avec Susanne de Villeneuve-des-Arcs, dame d'honneur de la reine Marguerite, dont il n'eut que deux filles :

   A. Lucrèce de Grasse, baronne de Bormes, mariée, par contrat du 18 mars 1601, à Jean-Baptiste de Covet, baron de Trets et de Marignane, premier consul de la ville de Marseille ; fils de Jean de Covet, baron de Trets et de Marignane ;

   B. Catherine de Grasse, mariée à Henri de Grasse, baron de Mouans, de Sartoux et autres lieux, son cousin..

Du troisième lit :

5.º Georges de Grasse, seigneur du Mas, chevalier de l'ordre du Roi, général des galères avant la réunion de la Provence à la France, marié, avec Marie de Savoie, fille de Claude de Savoie, comte de Tende, gouverneur de Provence, issu des princes d'Achaïe, Il en eut :

   A. Louis de Grasse, seigneur du Mas et de Calian, chevalier de l'ordre du Roi, son lieutenant-général en Provence, lieutenant-

général des armées du Roi. Il fut un des
grands capitaines de son temps. Il soutint le
siége de Marseille, contre l'empereur Charles-Quint, et battit le duc de Bourbon, à la
tête de la noblesse provençale. Il fut marié
avec Louise de Requiston. De ce mariage
sont issus, entr'autres enfants :

a. Henri de Grasse, seigneur du Mas,
d'Escragnolle, et de Calian, qui transigea le 12 avril 1562, avec Antoine
de Ferrier, seigneur de Riez et de
Saint-Julien d'Asse, sur les droits successifs de Marguerite de Grasse, mère
de ce dernier, et sœur de Henri. Il
épousa Philippe de la Baume-Suze, fille
de Pierre de la Baume, seigneur de
Suze, et de Françoise Allois de Vassieu.
Il en eut : 1.º Françoise de Grasse
d'Escragnolle, mariée à Guillaume de
Renaud, seigneur d'Alein; 2.º autre
Françoise de Grasse, dame en partie
de la vallée de Calian, en Provence;
mariée à Claude d'Astoaud, gentilhomme de la chambre du Roi, et colonel des vieilles bandes françaises, dans
les guerres du Piémont, fils de Françoise d'Astoaud, seigneur de Murs, et
de Catherine Grillet de Taillades; 3.º
Claudine de Grasse, mariée, par contrat passé devant Antoine Chauletti,
notaire à Bolène, le 18 décembre 1533,
à Guillaume de Vincens de Mauléon,
baron de Brantes et de Causans, gouverneur de la principauté d'Orange,
fils de Louis de Vincens de Mauléon,
baron de Brantes et de Causans, seigneur de Saveillans, de la Garde-Pe-
réol, etc., gouverneur de la mêms
principauté, et de Jeanne Mayaud de
la Robine. Il testa le 21 mars 1567, et
Claudine de Grasse, sa fenme, le 27
mars 1573;

b. Madeleine de Grasse, mariée, par contrat du 17 novembre r531, avec Malchior de Ferrier, seigneur de Riez et de Majastres, fils d'Honoré de Ferrier, co-seigneur de Riez et d'Honorée de Roux de Pamanon;

e. Honorade de Grasse, qui épousa Elzéar de Materon, seigneur d'Auzet.

B. Jacques de Grasse, chevalier de l'ordre de Saint-Jean de Jérusalem ;

C. Isabelle de Grasse, mariée avec Bertrand de Simiane, seigneur de Vachères, fils de Giraud de Simiane, seigneur de Simiane et de Vachères et de Marguerite de Pontevès-Carces ;

6.° Isnard de Grasse, prévôt de Forcalquier et protonotaire apostolique, évêque de Grasse en 1452, nommé par bulles de Nicolas V, du 24 janvier, mort en 1483 ;

7.° Jacques de Grasse, marié, par contrat du 23 novembre 1444 avec Catherine de Vincens de Mauléon, fille de Jacques de Vincens de Mauléon, seigneur de Causans et co-seigneur de la Garde, Paréol, et d'Argentine de Verchères de Montdragon.

XIII. Charles DE GRASSE, Ier du nom, seigneu du Bar, de Valettes, du Rouret, de Mouans, de Courmettes, et de douze autres terres, chambellan du roi, conseiller d'état d'épée en l'éminent conseil en 1480, est qualifié dans une commission du roi René : *Magnifico viro Carolo de Grasse, domino de Albarno, Cambellano consiliarioque et fideli nostro.* Il épousa, par contrat du 20 octobre 1441, Honorade d'Oraison, fille d'Elzéar d'Oraison, baron de Cadenet, seigneur de Piévert d'Oraison et de Venterol, et de Sibylle de Castellane de Salerne. Il prêta hommage pour la terre du Bar, le 24 avril 1480, fit son testament le 10 septembre 1484, et laissa les enfants qui suivent :

1.° Jacques, qui continue la lignée ;

2.° Jean de Grasse, auteur de la la branche des seigneurs de Briançon, rapportée en son rang;

3.° Gilbert de Grasse, qui fut un des plus grands capitaines de son tems (1). Il fut en grande consi-

---

(1) *Voyez* de Serre, Histoire de France, tome I, page 883 ; tome II, page 20 ; Belleforest, Chronique de France, fol. 516.

dération à la cour du duc de Bretagne, sous le règne de Louis II. L'histoire fait mention de l'accord qu'il sut ménager entre l'Angleterre et la France, au sujet de leurs différends sur la Bretagne;

4.° Jeamette de Grasse, mariée, le 15 janvier 1452, avec Andronic de Villeneuve, baron de Tourettes.

XIV. Jacques DE GRASSE, seigneur du Bar, de Saint-Paul, de Mouans, du Rouret, de Cannaux, etc., servit le roi Louis XI au siége de Nuys, et fut un des principaux seigneurs qui assistèrent aux états de Provence en 1487. Il épousa, 1.° Polixène de Rodulphe de Limans; 2.° par contrat du 11 avril 1494, Sibylle, *aliàs* Jeanne de Quiqueran-Beaujeu, remariée ensuite à Gaspard Grimaldi, seigneur d'Antibes, fille de Gaucher de Quiqueran, baron de Beaujeu, seigneur de Ventabren et de Vaquières, gentilhomme ordinaire de la chambre du roi, et de Louise de Castellane de la Verdière. Ses enfants furent :

Du premier lit :

1.° N.... de Grasse, mariée à N.... de Villeneuve-Vence;

Du second lit :

2.° Claude, dont l'article suit ;

3.° Jean-Baptiste de Grasse, chevalier de Malte, en 1522,

4.° Gaspard de Grasse, tué au siége de Marseille, en 1524 ;

5.° Maxime de Grasse, religieuse au monastère de Saint-Etienne, à Nice ;

6.° Deux filles, mariées dans les maisons de Stars-Laudun et de Pontevès-Muy.

XV. Claude DE GRASSE, I.er du nom, seigneur de Valettes, de Roquefort, de Mouans, du Rouret, de Cannaux, etc., servit dans les guerres de 1537, contre Charles V et le duc de Savoie (1). Le roi François I.er, en récompense de ses services, érigea en comté la terre

(1) Louvet, tome III, page 414.

du Bar, titre qui fut confirmé à Claude, son fils. Il épousa, par contrat du 9 mars 1535, pardevant Jacques Audibert du Muy, notaire, Marthe de Foix, fille de Jean de Foix, vicomte de Meilles, en Aragon, comte de Gurson et de Fleix, et d'Anne de Villeneuve de Trans. Cette alliance donne à la maison de Grasse les plus illustres consanguinités. Elle se trouve, par là, alliée aux maisons royales de France, de Navarre, d'Aragon, de Bavière, et à d'autres maisons souveraines. Voici un tableau filiatif, dressé sur l'Histoire des Grands-Officiers de la Couronne, du P. Anselme, servant à établir et prouver l'affinité qu'a l'honneur d'avoir la maison de Grasse avec l'auguste maison de France.

XIV.

Archambaud de Grailly, vicomte de Castillon et de Gurson, captal de Buch, comte de Benauges, épousa, en 1381, Isabelle de Foix, fille de Roger-Bernard, vicomte de Castelbon, et sœur de Mathieu, comte de Foix, vicomte de Béarn. Elle apporta le comté de Foix, à son mari, qui en fut le XIVe comte.

XV.

Jean, comte de Foix et de Bigorre, vicomte de Béarn, marié en secondes noces, en 1422, avec Jeanne d'Albret, fille de Charles Ier, sire d'Albret, connétable de France, et de Marie de Sully, dame de Sully et de Craon.

XV.

Gaston de Foix, captal de Buch, comte de Bénauges, deuxième fils d'Archambaud, épousa Marguerite d'Albret, fille d'Armand-Amanjeu, sire d'Albret, vicomte de Tartas, et de Marguerite de Bourbon, sœur de Jeanne, femme du roi Charles V.

XVI.

Gaston IV, comte de Foix et de Bigorre, pair de France, vicomte de Béarn et de Lautrec, épousa, en 1434, Eléonore, fille de Jean II, roi d'Aragon, et de Blanche, reine de Navarre.

XVI.

Jean de Foix, comte de Candalle, captal de Buch, marié, en 1440, avec Marguerite de la Pole Suffolck, comtesse de Candalle, en Angleterre, fille de Richard, duc de Suffolck.

XVII.

Gaston de Foix, prince de Viane, vicomte de Castelbon, chevalier de l'ordre du roi, épousa, en 1461, Madelaine de France, sœur du roi Louis XI.

XVIII.

Catherine de Foix, reine de Navarre, après la mort de son frère François-Phœbus, en 1482, comtesse de Foix et de Bigorre, épousa, en 1484, Jean d'Albret, comte de Penthièvre et de Périgord.

XIX.

Henri d'Albret, roi de Navarre, prince de Béarn, comte de Foix et de Bigorre, marié, en 1527, avec Marguerite d'Orléans, sœur unique du roi François Ier, dont pour fille unique

XX.

Jeanne d'Albret, reine de Navarre, femme d'Antoine de Bourbon, duc de Vendôme, et par elle roi de Navarre.

XXI.

Henri IV, roi de France et de Navarre, en 1589, cinquième aïeul de S. M. Louis XVIII, roi de France et de Navarre, aujourd'hui régnant.

XVII.

Jean de Foix, vicomte de Meilles, comte de Gurson et de Fleix, second fils de Jean, comte de Candalle, épousa, en 1507, Anne de Villeneuve de Trans.

XVIII.

Marthe de Foix, mariée, le 9 mars 1535, avec Claude de Grasse, seigneur du Bar, de Valettes, de Roquefort, chevalier de l'ordre du roi, dont elle a eu, entr'autres enfants.

XIX.

Claude de Grasse, comte du Bar, gouverneur d'Antibes, chevalier de l'ordre du roi, marié, en 1560, avec Jeanne de Brancas, fille de Gaspard de Brancas, issu des comtes de Forcalquier.

XX.

Annibal Ier de Grasse, comte du Bar, gouverneur d'Antibes, épousa, en 1592, Claire d'Alagonia de Meirargues.

XXI.

Honoré de Grasse, maréchal de camp, trisaïeul de M. le comte Grasse de Rouville, chef des nom et armes de cette maison.

Marthe de Foix, épouse de Claude de Grasse, était petite-nièce de Gaston de Foix, prince de Viane, époux de Madelaine de France, fille du roi Charles VII, petite-nièce de Jean de Foix, vicomte de Narbonne, qui épousa Marie d'Orléans, sœur de Louis XII, roi de France, petite-nièce de Marguerite de Foix, qui épousa François, duc de Bretagne, petite-nièce de Jeanne de Foix, mariée à Jean, comte d'Armagnac, cousine - germaine d'Anne de Foix, mariée à Ladislas, roi de Bohême et de Hongrie, tante, à la mode de Bretagne, d'Elisabeth, reine de Hongrie et de Bohême, mariée à Ferdinand d'Autriche, Ier du nom, empereur, nièce, à la mode de Bretagne, de Germaine de Foix, mariée à Ferdinand le Catholique, roi d'Espagne, nièce, à la mode de Bretagne, d'Anne de Bretagne, mariée à Louis XII, roi de France, etc., etc.

Claude de Grasse, Ier du nom, reçut du roi le collier de son ordre l'année de son mariage. Il fit son testament le 18 octobre 1539, et ne vivait plus l'an 1542, que Marthe de Foix, sa veuve, se remaria, le 29 décembre, à Antoine, baron d'Oraison, vicomte de Cadenet. Claude de Grasse eut de son mariage :

1.º Claude, dont l'article suit ;

2.º Henri de Grasse, seigneur de Saint-Tropez et de Malijai, marié avec Françoise de Renaud d'Alein, fille de Pierre de Renaud, seigneur d'Alein, et de Catherine de Sève. Il en eut :

René de Grasse, seigneur de Saint-Tropez, de Malijai et autres lieux, qui épousa Diane de Villeneuve, fille de Christophe de Villeneuve, seigneur de Vaucluse et de Bargemont, et de Françoise de Grasse de Briançon. De ce mariage sont issus :

a. François de Grasse, } reçus chevalier de Saint - Jean
b. Christophe de Grasse, } de Jérusalem en 1615 ;

c. Baltazard, reçu chevalier du même ordre en 1623 ;

d. Anne de Grasse, mariée, en 1625, à Jacques de Laurens, seigneur de Vaugrenier, fils de Pierre de Laurens, Ier du nom, des marquis de Bruë, et de Madelaine d'Albertas de Villecrose.

3.º Charles de Grasse, chevalier de l'ordre de Saint-Jean de Jérusalem.

Dans le même tems vivaient :

Durand de Grasse, seigneur de Flassans, dont la fille unique, Marguerite-Louise de Grasse de Pontevès de Flassans, épousa, le 10 juin 1576, Alphonse d'Ornano, colonel-général des Corses, chevalier du roi, lieutenant-géneral des ordres en Dauphiné, puis en Guienne, et enfin maréchal de France; fils de Sampetro Corse, dit Bastelica, seigneur de Benane, colonel-général des Corses, et de Vanina d'Ornano;

Renée de Grasse, nommée, dans le testament du 21 août 1588, de Victor des Achards de Ferrus, son mari, seigneur d'Orpierres, de Sainte-Colombe, de Salles, de Terrandol, de Chauvac et de Pennafort, fils d'Antoine des Achards, seigneur de Sainte-Colombe et de Pennafort, et d'Honorée de Ferrus, d'Orpierres.

XVI. Claude DE GRASSE, IIe du nom, comte du Bar, chevalier de l'ordre du roi, chambellan de *Monsieur* gouverneur d'Antibes, seigneur de Valettes, de Cannaux, de Seranon, de Courmettes, etc., rendit des services importants à l'état ainsi qu'il est prouvé par nombre de lettres qu'il reçut des rois Charles IX et Henri III ; ce prince le reçut chevalier de son ordre, avec le comte de Tende, gouverneur de la Provence, et le comte de Suze, dans l'église de Saint-Sauveur, à Aix. Il confirma l'érection en comté de la seigneurie du Bar accordée par François Ier à Claude de Grasse, père du dit seigneur, par lettres-patentes, expédiées en 1580. Il avait fait son testament le 17 septembre 1572, et avait épousé, par contrat du 27 février 1560, passé devant Barria, notaire à Avignon, Jeanne de Brancas, fille de Gaspard de Brancas, des comtes de Forcalquier, baron de Céreste, et de Françoise d'Ancezune de Caderousse. De ce mariage sont issus :

1.º Annibal, dont l'article suit ;

2.° Henri de Grasse, auteur de la branche de Mouans, rapportée en son lieu :

3.° Charles de Grasse, dit *de Cannaux*, qui fut toujours fort attaché au parti du roi Henri IV, en Provence (1) ;

4.° Achille de Grasse, qui se distingua pendant les troubles en Provence (2) ;

5.° Gaston de Grasse, tué à la bataille de Coutras, en 1587 ;

6.° Jeanne de Grasse, mariée à Nicolas de Castellane, vicomte de Salerne ;

7.° Isabeau de Grasse, mariée avec Jean-Baptiste de Glandevès, seigneur du Beau et du Ménil.

XVII. Annibal DE GRASSE, Ier du nom, comté du Bar, seigneur de Valettes, de Cannaux et autres lieux, gouverneur d'Antibes, fut un des chefs du parti de Henri IV. Il leva un régiment de cavalerie à ses dépens, et quelques compagnies d'arquebusiers, pour servir contre les ligueurs ; se distingua au combat d'Allemagne, où il fit prisonnier le seigneur de la Molle, qui était l'un des chefs du corps de troupes du seigneur de Vins (3). Annibal épousa, par contrat du 11 février 1596, Claire d'Allagonia, fille de Claude d'Allagonia, seigneur de Mérargues, d'une maison illustre, originaire de Naples, éteinte depuis long-temps. Il fit son testament le 11 juin 1607, pardevant Citrani, notaire à Aix. De son mariage sont issus :

1.° Charles de Grasse, comte du Bar, seigneur de Cannaux et autres terres, qui servit avec distinction, et fut fait maréchal des camps et armées du roi, le 21 juillet 1649. Il leva à ses dépens douze à quinze cents hommes de pied, qui furent mis en partie sous les ordres de *M. de Valettes*, son frère, lequel donna son nom à ce régiment. Le roi Louis XIV lui témoigna combien il était content de ses services par une lettre qu'il lui écrivit en date du 12 mai 1646. Il épousa, par contrat du

---

(1) Louvet, page 52.
(2) Louvet, *ibidem*.
(3) Gaufridi, Histoire de Provence, page 617.

22 juillet 1618, Marguerite Grimaldi de Bueil, fille d'Annibal de Grimaud, comte de Bueil, seigneur de Massouins, de Choudon, de la Tourette, du Revest, etc., chevalier de l'ordre de l'Annonciade, gouverneur du comté de Nice, et d'Anne-Françoise de Provana. Charles de Grasse fit son testament le 18 octobre 1657, et mourut au mois de novembre suivant. Ses enfants furent:

A. Annibal de Grasse, comte du Bar, seigneur de Valettes, de la Malle, de Cannaux, etc., dit *le baron du Bar*, qui fut colonel du régiment de Provence. Il s'allia, le 22 janvier 1648, avec Jeanne de Fortia, fille de Jean-Paul de Fortia, baron de Baumes, seigneur de Piles, de Forville, de Costé-Chaude, gouverneur de Marseille, maréchal-de-camp, et de Marguerite Covet de Tretz de Marignane. Il prêta hommage à la cour des comptes à Aix, pour le comte du Bar, et fit son testament le 29 mars 1681. De ce mariage sont issus:

a. Paul-Joseph de Grasse comte du Bar, seigneur de Cannaux, de la Malle, de Valettes, etc., qui servit pendant quelque tems dans le régiment de Saint-Sylvestre. Il épousa, par contrat du 29 octobre 1704, Marguerite de Villeneuve, fille de Pierre de Villeneuve, seigneur de Seranon, et de Rossoline de Villeneuve-Trans. Il fit son testament le 7 septembre 1709. Il n'eut de son mariage qu'une fille, nommée Marie-Véronique de Grasse, mariée, le 21 janvier 1725, à Charles-Joseph de Grasse, son cousin, à qui elle porta les biens de sa branche;

b. Léon de Grasse, chevalier de l'ordre de Saint-Jean de Jérusalem, en 1675, capitaine de galère, commandeur de Valence;

c. Jean de Grasse, chevalier du même ordre ;

d. Pierre de Grasse, officier des vaisseaux du roi, tué au combat naval de l'an 1704 ;

e. Une fille, morte religieuse à Hières ;

B. Francois de Grasse, chevalier de l'ordre de Saint-Jean de Jérusalem, colonel d'un régiment d'infanterie;

2.° Honoré, dont l'article suit ;

3.° Gaspard, de Grasse, chevalier de l'ordre de Saint-Jean de Jérusalem, capitaine d'une compagnie de gendarmerie ;

4.° Pierre, chevalier du même ordre, reçu en 1621 avec son frère, major du régiment des Galères ;

5.° Antoine de Grasse, qui fut tué à Aix pendant la sédition contre le Comte, gouverneur en Provence, dont il soutenait le parti ;

6.° Jeanne de Grasse, *aliàs* Marie, alliée, le 27 octobre 1620, avec Jean de Sabran, II° du nom, baron de Beaudinar, fils d'Antoine de Sabran, baron de Beaudinar, et de Marguerite de la Garde de Chambonas;

7.° Anne de Grasse, mariée à Jean-Henri Grimaldi, marquis de Corbons, baron de Cagnes, fils d'Honoré Grimaldi, seigneur de Corbons, et de Blanche de Thomas ;

8.° Marthe de Grasse, seconde femme d'André de Grimaud, comte de Bueil, baron du Val de Masso, fils d'Annibal de Grimaldi, comte de Bueil, et d'Anne-Françoise de Provana;

9.° Une autre fille, mariée au seigneur de Villeneuve Carros.

XVIII. Honoré DE GRASSE, seigneur de Valettes, maréchal des camps et armées du roi, fut destiné dans sa jeunesse à l'état ecclésiastique. M. le Maingre de Boussicault, évêque de Grasse, se démit de son évêché, et supplia le Roi d'y nommer Honoré de Grasse. Sa Majesté le trouva trop jeune, et elle y nomma Jean de Grasse Cabris, le seul de cette maison qui fut alors dans le clergé. Honoré commanda, en 1635, sur toute la côte de Provence, et fut fait gouverneur de Péronne, le 17 septembre 1639. Il servit avec distinction au siége de Rose, et dans les guerres du règne de Louis XIII. Il épousa, le 24 mai 1645, Marguerite de Flotte d'A-goult, fille de Christophe de Flotte d'Agoult, seigneur de Saint-Auban, et d'Isabelle de Glandevès. De ce mariage sont issus :

     1.° Jean-Pierre-Charles, dont l'article suit ;

     2.° Susanne de Grasse, mariée, par contrat du 8 avril 1678, avec François de Lile, seigneur de Taulane, de Garron et du Bourguet en partie, fils de Guillaume de Lile, III° du nom, seigneur Taulane, capitaine au régiment de Courbons, et de Jeanne d'Emeric de Sartoux.

XIX. Jean-Pierre-Charles DE GRASSE, seigneur de Valettes, épousa, le 26 avril 1676, Angélique de Rouxel, fille de Jean-Baptiste de Rouxel, seigneur de Boi-Rouxel de Grancey et de Médavi, maréchal de France, gouverneur de Sédan et de Marie de Rousselet de Rou-ville. C'est depuis l'époque de ce mariage, et en vertu du testament de Guillaume de Rouville, du 17 décembre 1686, que leurs descendants ajoutent au nom de *Grasse* celui *de Rouville*, Jean-Pierre-Charles de Grasse, fit son testament le 8 novembre 1709. De son mariage sont issus ;

     1.° François, dont l'article suit ;

     2.° Etienne, comte de Grasse, seigneur de Limer-mont, en Picardie. Il épousa Etiennette-Louise de Hallencourt, dame de Limermont, veuve de lui avant le 13 mars 1756, époque de son décès à Paris. Leurs enfants furent :

         a. Jacques de Grasse, abbé et prieur de Rieux, sacré évêque de Vence, le 23 mars 1755, transféré à l'évêché d'Angers, pour lequel il avait été sacré le 23 mars 1756 ;

         b. Etienne, vicomte de Grasse de Limermont, officier des vaisseaux de la marine royale, à présent contre-amiral ;

         c. François, marquis de Grasse de Sarcus, seigneur de Limermont, chevalier de Saint-

Louis, capitaine au régiment des gardes-françaises, mort maréchal-de-camp, marié, par contrat signé du roi et de la famille royale, le 3 juillet 1763, avec Marguerite-Louise-Françoise le Sénéchal de Carcado, fille de Louis-Alexandre le Sénéchal de Carcado, lieutenant-général des armées du roi, et de Marie-Anne de Montmorenci la Neuville d'Aumont. Elle a été présentée le 2 avril 1764. Il a eu trois garçons et plusieurs filles, établis à Sarcus, en Picardie;

d. Marie-Thérèse de Grasse;

e. Marie-Anne-Sophie de Grasse.

3.° Joseph de Grasse, capitaine au régiment de Bourgogne, tué à la bataille de Luzarra;

4.° Jean-François de Grasse, capitaine dans le régiment de Prie, dragons;

5.° Marc-Antoine de Grasse, lequel, après avoir servi dans le régiment de Richelieu, épousa Catherine de Chapuis, décédée sans enfants;

6.° Thérèse de Grasse, religieuse à Grasse, morte en 1750.

XX. François DE GRASSE-ROUVILLE, Ier du nom, marquis de Grasse, seigneur de Valettes, capitaine dans le régiment de Villegagnon, dragons, en 1702; épousa, le 6 février 1709, Véronique de Villeneuve-Trans. Il mourut le 3 octobre 1723, laisant:

1.° Charles-Joseph de Grasse, comte du Bar, seigneur de Valettes, né le 29 avril 1710, qui épousa, le 21 janvier 1725, Marie-Véronique de Grasse, dame du Bar, sa cousine, fille unique de Paul-Joseph de Grasse, comte du Bar, et de Marguerite de Villeneuve de Seranon. De ce mariage sont issus:

a. Pierre-François de Grasse, comte du Bar (1),

_____

(1) Voici les lettres-patentes qu'il obtint du roi Louis XV, en 1773, touchant la mouvance du comté du Bar.

« Louis, par la grâce de Dieu, roi de France, et de Navarre,
» comte de Provence, Forcalquier et terres adjacentes, à tous

né le 22 novembre 1727. Il servit dans le régiment des Gardes-Françaises, en 1743, et épousa, en 1753, Françoise-Marie de Covet de Marignane, fille de Joseph-Marie de Covet, marquis de Marignane et des îles d'Or, seigneur de Vitrolles, etc., lieutenant général des armées du roi, commandeur de Saint-Louis, et de Marguerite d'Orcel de Bessaure

b. Pierre-Marie de Grasse, né le 24 mai 1744, chevalier de Malte ;

c. Véronique de Grasse, née le 24 mai 1734 ;

d. Célère de Grasse, mariée, en 1756, Jo-

« présens et à venir, salut : Notre cher et bien amé le sieur
» François-Pierre de Grasse, comte du Bar, nous a fait repré-
» senter que depuis l'échange fait par l'un de ses ancêtres, avec
» Raimond Bérenger, comte de Provence, le 3 avril 1235, la-
» dite terre et seigneurie du Bar a été possédée par ses ayeux
» successivement, et sans interruption jusqu'à ce jour, qui est
» l'année 1580, le roi Henri III, pleinement instruit que le
» sieur Claude de Grasse, lors possesseur de ladite terre du
» Bar, était issu d'une des plus illustres et des plus recom-
» mandables familles de son royaume ; qu'il tirait son origine
» de Rodoard, comte et prince d'Antibes, dans le dixième
» siècle ; et qu'à la distinction de cette haute naissance, il
» joignait l'honneur d'appartenir à la famille royale par son
» mariage avec Marthe de Foix, se porta par ces considéra-
» tions à ériger ladite terre en comté ; que par ces mêmes con-
» sidérations, et pour donner nous-mêmes des témoignages
» d'affection et de bienveillance à l'exposant, nous avons été
» excité à confirmer par nos lettres-patentes de 1759, celles de
» 1588, et de l'érection de ladite terre en titre et dignité de
» comté ; mais que pour lui rendre la faveur de cette création
» plus utile et plus avantageuse, il désirerait que ledit comté du
» Bar pût jouir de l'avantage de ressortir nûment à notre cour
» de parlement de Provence ; sur quoi il nous a très-humble-
» ment fait supplier de faire connaître nos intentions, et d'en
» assurer la stabilité par le sceau de notre autorité. A ces cau-
» ses, voulant reconnaître et récompenser par de nouveaux
» bienfaits les services qui nous ont été rendus par ladite famille
» de Grasse, soit en servant dans nos troupes de terre, ou sur
» nos vaisseaux, de l'avis de notre conseil qui a vu lesdites
» lettres de septembre 1759 dont copie est ci-attachée sous le
» contre-scel de notre chancellerie, nous avons de notre grâce

seph-César de Villeneuve, seigneur de Vence, fils de Scipion-Joseph de Villeneuve, seigneur de Tourettes-lès-Vence, et de Marie de Raimond d'Eoux.

2.° Joseph de Grasse, chevalier de l'ordre de Saint-Jean de Jérusalem, capitaine de vaisseaux, en 1762;

3.° François-Joseph-Paul, dont l'article suit; ·

4.° Susanne-Rossoline de Grasse, née le 14 janvier 1715, mariée, le 14 janvier 1731, avec François

---

» spéciale, pleine puissance, autorité royale, séparé et exempté, » et par ces présentes, signées de notre main, séparons et exemp- » tons ledit comté du Bar et son territoire, ensemble celui de » Valettes, appartenances et dépendances, du ressort et juri- » diction de notre sénéchal de Grasse et tous autres juges, » voulons et nous plaît, qu'à l'avenir et pour toujours, etc.

« Donné à Versailles, le vingt-huitième jour de juillet, l'an » de grâce mil sept cent soixante-treize, et de notre règne le » cinquante-huitième.

» Signé Louis.

» Et plus bas : par le Roi, Comte de Provence. Phelypeaux. » Visa, de Maupeou. Et scellé.

» Enregistrées, ensemble la quittance du marc d'or ci-jointe » au registre intitulé *Parlamentum*, f°. . . . . et suivants, con- » servé aux archives de Sa Majesté, en Provence, dans l'ar- » moire lettre B, collationné par nous, chevaliers conseillers » du Roi en la cour de parlement de ce pays, commissaires aux- » dites archives, soussignés ensuite de l'arrêt de la cour du 5 » août 1773, rendu sur la requête à elle présentée par messire » François-Pierre de Grasse, comte du Bar. Bec, fils. Segond » de Sederon.

Extrait des registres du parlement.

» Sur la requête présentée à la Cour de la part de messire » François-Pierre de Grasse, comte du Bar, contenant etc. » Vû ladite requête signée Bernard ; le décret de soit montré » au procureur-général, ses conclusions signées Joannis ; la » recharge à ladite requête signée Bernard, procureur, les » lettres-patentes portant confirmation des titres d'érection de » la·terre et fief du Bar en comté, à François-Pierre de » Grasse, etc. Fait à Aix en parlement, le 5 aoust 1773.

» Collationné, signé Regibaud. »

de Cresp, seigneur de Saint-Césaire et du Mauvans;

5.º Marie-Elisabeth-Thérèse-Victoire de Grasse, mariée à Joseph de Capello, seigneur de Châteauneuf;

6.º Marguerite de Grasse, mariée à N.... de Canuby-Toriselle.

XXI. François-Joseph-Paul DE GRASSE DE ROUVILLE, comte de Grasse, des comtes d'Antibes, marquis de Tilly, lieutenant-général des armées navales, commandeur de l'ordre royal et militaire de Saint-Louis, chevalier de l'ordre de Cincinnatus et de Saint-Jean de Jérusalem, non-profès, épousa, par contrat du 28 février 1764, signé du roi et de la famille royale, le 29, demoiselle Antoinette-Rosalie Accaron, fille de Jean-Augustin Accaron, écuyer, commissaire de la marine, et premier commis des colonies, et de dame Catherine-Rosalie Roydot. La comtesse de Grasse fut présentée à LL. MM. et à la famille royale, par la comtesse de Carcado, le 2 avril 1764, et le comte de Grasse fut aussi présenté en 1766. En 1782, le congrès des Etats-Unis d'Amérique fit don au comte de Grasse de quatre pièces de canon de bronze, du calibre de 6, avec leurs caissons et agrès, en reconnaissance des services signalés qu'il rendit à la nation américaine, en contribuant, avec la flotte française sous ses ordres, à la prise du lord Cornwallis, et à la reddition d'Yorck-Town. Louis XVI autorisa le comte de Grasse, par brevet, comme une marque particulière de sa satisfaction, à accepter ces quatre pièces de canon, et à les placer à son château de Tilly, où elles furent enlevées au commencement de la révolution, et conduites à Dreux. Nous allons donner un précis des services importants rendus par ce général.

En 1778, ayant sous ses ordres quatre vaisseaux et deux bataillons, il joignit l'amiral d'Estaing à la Martinique, contribua à la prise de l'île de Saint-Vincent, le 16 juin; au combat de la Grenade, le 7 juillet, où l'amiral Biron, est mis en fuite; soutint le combat de la Martinique, contre l'amiral Hood, dont le succès resta indécis; commanda vingt-huit vaisseaux de ligne et trois mille cinq cents hommes de troupes de terre à la prise de Yorck-Town, le 17 octobre 1781, où l'on fit prisonnier de guerre l'amiral Cornwalis et toute son armée; action mémorable qui assura l'indépendance de l'Amérique; le comte de Grasse s'empara de l'Ile de Saint-Christophe, le 11 janvier 1782 ; mais le 12 avril, il perdit un combat à la hauteur de la Dominique, contre l'amiral Rodney, supérieur en forces. Ce combat eût été évité, et le comte de Grasse eût entré à bon port à la Guadeloupe, sans le secours qu'il fit donner au vaisseau le *Zélé*, qui, désemparé de son choc, tombait sous le vent. Cet accident nécessita une manœuvre qui ralentit la marche de l'escadre, qui fut bientôt atteinte par l'armée anglaise, qui s'empara des vaisseaux le *Glorieux*, l'*Ardent*, le *César*, l'*Hector*, et la *Ville de Paris*, monté par l'amiral de Grasse. Ce vaisseau, le plus beau qui jusqu'alors eut porté voiles, fut défendu jusqu'à la dernière extrémité. Investi par quatorze vaisseaux ennemis, il ne se rendit qu'après un combat de douze heures ; et il était dans un si mauvais état lorsqu'il amena, qu'il coula bas, ainsi que *le Glorieux*, en revenant en Europe.

Le comte de Grasse épousa, en secondes noces, Catherine Pien, veuve de M. de Villeneuve, et en troisièmes, le 11 février 1786, demoiselle Christine-Marie-Delphine Lazare de Cibon, fille d'Ebzéar de Cibon, secrétaire d'ambassade de Malte, et d'Anne-Thérèse David. Le comte de Grasse a eu de son premier mariage :

1.º Alexandre François-Auguste, qui suit ;
2.º Amélie-Rosalie-Maxime, morte sans enfants ;
3.º Adélaïde de Grasse, mariée à N.....;
4.º Maxime de Grasse, chevalier de Malte, mort en 1773 ;
5.º Mélanie-Véronique-Maxime, morte sans enfants ;
6.º Silvie de Grasse, mariée à N....

XXII. Alexandre-François-Auguste DE GRASSE-ROUVILLE, Ier du nom, comte de Grasse, marquis de Tilly, des comtes d'Antibes, seigneur de Flins, Mondreville, le Chambrier, Saint-Laurent-les Jonchères, de Laval, la Boulaye, Présonnet, la Geneste et autres lieux, né à Versailles le 14 février 1765 ; entra au service comme sous-lieutenant au régiment du roi infanterie ; capitaine de réforme dans Royal-Pologne en 1784 ; fut présenté au roi et à la famille royale en 1788, passa capitaine en pied dans Royal-Guienne, cavalerie, en 1789; passa à cette époque à Saint-Domingue, à Charlestown, dans la Caroline, en 1793; fut nommé ingénieur des deux Carolines et de la Géorgie, par le président Washington, sous le ministre-secrétaire-d'état de la guerre, le général Knox; fut fait chevalier de Saint-Louis à Saint-Domingue et de Cincinnatus à Charlestown; officier de l'ordre royal de la Légion-d'Honneur par le roi, à prendre rang du 14 juin 1815; a suivi sa majesté au 20 mars, comme officier supérieur agrégé des gardes de la porte du roi. Il n'a pas cessé, depuis cette époque, de faire partie de l'armée royale en Belgique, sous les ordres de son altesse royale monseigneur le duc de Berri, a été licencié avec cette compagnie le 1er janvier 1816, et est breveté chef d'escadron depuis 1802. Il a épousé, en 1792, noble demoiselle Anne-Sophie de la Hogue, des seigneurs du château de la Hogue, en Normandie, fille de M. de la Hogue, conseiller au conseil supérieur du Cap-Français, île Saint-Domingue. De ce mariage sont issus :

1.° Caroline de Grasse ;
2.° Sophie de Grasse ;
3.° Appoline de Grasse ;
4.° Marie-Antoinette de Grasse ;

SECONDE BRANCHE.

Seigneurs et barons de Mouans.

XVII. Henri DE GRASSE, baron de Mouans, de Sartoux et autres lieux, second fils de Claude de Grasse, IIe du nom, et de Jeanne de Brancas, dont il fut l'héritier en 1619, épousa Catherine de Grasse, fille de Pompée de Grasse, baron de Bormes, et de Susanne de Villeneuve des arcs. Il fut très-attaché au parti du roi en Provence (1), et soutint, pendant trois jours, dans son château de Mouans, contre le duc de Savoie. Il eut de son mariage :

1.° Annibal, dont l'article suit ;

_____

(1) Gaufridi, page 676 ; Louvet, p. 34, 44 et 52.

2.º Claire de Grasse, mariée à Antoine de Castellane, seigneur de Rogon ;

3.º Jeanne de Grasse, mariée à Guillaume de Lascaris-Vintimille de Tende ;

4.º Marthe de Grasse, qui épousa Gaspard de Blacas, seigneur de Carros ;

5.º Françoise de Grasse, mariée à Guillaume de Villeneuve ;

6.º N...... de Grasse, religieuse à l'abbaye de Tarascon.

XVIII. Annibal DE GRASSE, baron de Mouans, gouverneur et viguier de Marseille, en 1646, avait épousé, le 1ᵉʳ avril 1624, Françoise de Grasse, fille de César de Grasse, seigneur de Cabris et de Marthe de Barras. Leurs enfants furent :

1.º Alexandre, dont l'article suit ;

2.º Catherine de Grasse, mariée à Antoine de Tabarel, seigneur de la Baume ;

3.º Anne de Grasse, mariée, le 24 janvier 1673, à Jean-François de Gaufredi, baron de Trets, auteur de l'*Histoire de Provence* qui porte son nom, fils de Jacques de Gaufridi et de Françoise de Rabasse de Vergons ;

4.º Isabeau de Grasse, mariée à Jean-Baptiste le Noble, seigneur du Revest.

XIX. Alexandre DE GRASSE, baron de Mouans, seigneur de Sartoux, épousa, en 1668, Jeanne de Lile de Taulane, fille de Guillaume de Lile, IIIᵉ du nom, seigneur de Taulane, co-seigneur du Bourguet, et de Jeanne d'Eméric. De ce mariage sont issus :

1.º Louis-Joseph de Grasse, seigneur de Mouans et de Sartoux, dit le marquis de Grasse, gouverneur de la ville de Grasse, marié 1.º avec Marguerite-Françoise de Corbinelli, dont il n'eut point d'enfants, 2.º avec Thérèse-Albertine du Quesnel, fille du marquis de Coupigny, dame d'honneur de madame la comtesse de Toulouse. Il mourut sans postérité ;

2.º Jean-Baptiste, dont l'article suit ;

3.º Jean de Grasse, capitaine de vaisseau du roi, mort en Amérique ;

4.° Françoise de Grasse, mariée à Jean-Baptiste de
Villeneuve, seigneur de Vence;

5.° Susanne de Grasse, mariée, le 4 février 1709,
à Joseph de Lile, son cousin-germain, seigneur
de Taulane, du Bourguet, de Garron, etc.; fils
de François de Lile, seigneur de Taulane, et de
Susanne de Grasse de Valettes.

XX. Jean-Baptiste DE GRASSE, baron de Mouans et
de Sartoux, après le décès de son frère, gouverneur pour
le roi, de la ville de Saint-Paul, chevalier de l'ordre
royal et militaire de Saint-Louis, épousa, en 1714, Anne-
Françoise de Lile de Taulane, sa cousine, fille de François de Lile, seigneur de Taulane; et de Susanne de
Grasse de Valettes. De ce mariage sont issus:

1.° Alexandre de Grasse;

2.° Susanne de Grasse, mariée à Louis de Villeneuve, seigneur de Seranon;

3.° Rossoline de Grasse, mariée, le 9 août 1746, à
Louis-Auguste de Lile, seigneur de Taulane,
co-seigneur du Bourguet et de Seranon, depuis
capitaine des vaisseaux du roi, chevalier de l'ordre royal et militaire de Saint-Louis, son cousin-
germain, fils de Joseph de Lile de Taulane, et
de Susanne de Grasse de Mouans;

4.° Charlotte de Grasse;

5.° Jeanne-Alexandre de Grasse, mariée, au mois
de juillet 1757, avec Jean-Louis de la Tour de
Romoules, co-seigneur de Tourtour, fils de De-
nis-Marcel de la Tour, seigneur de Romoules,
et de Susanne de la Tour.

TROISIÈME BRANCHE.

Seigneurs de Briançon.

XIV. Jean DE GRASSE, seigneur de Briançon, Soleillas, Gras, Salegrison, Mont-Blanc, Verrayon, Thorène, et autres lieux, second fils de Charles de Grasse,
Ier du nom, seigneur du Bar, et d'Honorade d'Oraison,
épousa Catherine de Villemurs, fils d'Antoine, baron de Villemurs, et de Louise, des comtes de Forcal-

quier. Il prêta hommage, le 27 mars 1499, pour ses terres, et eut pour enfants :

1.° Antoine, dont l'article suit;
2.° Charles de Grasse, chevalier de Saint-Jean de Jérusalem, bailli de Manosque;
3.° Jérôme de Grasse, chevalier du même ordre, reçu avec son frère, l'an 1547;
4.° Maxime de Grasse, religieuse.

XV. Antoine DE GRASSE, seigneur de Briançon, de Soleillas, de Verrayon, de Thorène, etc., etc., servit avec distinction dans les guerres du règne de François Ier. Il fut détaché de l'armée du roi pour commander dans la Haute-Provence contre l'empereur Charles-Quint. En récompense de ses services, Charles IX le fit chevalier de son ordre, en 1568. Il épousa Nicaise de Russan, fille d'Antoine de Russan, seigneur de Thorène, et prêta hommage de ses terres le 17 octobre 1546. Il testa en 1572, et laissa :

1.° Jérôme, dont l'article suit;
2.° Claude de Grasse, seigneur de Saint-Césaire, chevalier de l'ordre du roi, qui épousa Marguerite de Villeneuve de Trans, dont il eut Claude de Grasse, seigneur de Saint-Césaire, marié avec Isabelle de Baschi d'Estoublon, fille de Thadée de Baschi, seigneur d'Estoublon, et de Sara du Mas. Il en eut, entr'autres enfants :

a. Marie de Grasse, mariée à Joseph Bruni de Castellane, fils de Baltasard Bruni de Castellane, seigneur de Caille, de Vaucroue, etc., et de Lucrèce d'Ambrois de Taulane;
b. Isabelle de Grasse de Saint-Césaire, mariée à Marc-Antoine, vicomte de Reilhane, seigneur du Bousquet et de Sainte-Croix, fils d'Antoine de Reilhane, et d'Honorée de Castellane de Tournon;
c. Françoise de Grasse de Saint-Césaire, mariée, le 18 juin 1622, avec Gaspard de Fabri, seigneur de Fabrègues, fils de Melchior de Fabri, seigneur de Fabrègues, et de Camille d'Esparron-Tourtour.

Cette branche s'est éteinte, en 1734, par la

mort sans postérité de François et de Pierre de
Grasse ;

3.º Françoise de Grasse, mariée, le 14 mars 1565,
à Christophe de Villeneuve, seigneur de Vaucluse, et de Bargemont, depuis chevalier de l'ordre
du roi, gentilhomme ordinaire de sa chambre,
mort le 26 juillet 1615, fils de Gaspard de Villeneuve, seigneur de Bargemont, et de Marguerite
de Castellane ;

4.º Honorade de Grasse, mariée, le 20 mars 1566,
à Jean-Léon de Castillon, seigneur de Beine,
fils de Pierre de Castillon, écuyer, seigneur de
Beine, chevalier de l'ordre du roi, gentilhomme
ordinaire de sa chambre, et de Renée de Castellane de Laval.

XVI. Jérôme DE GRASSE, seigneur de Briançon,
des Collets, de Salegrison, de Gars, Verrayon, Mont-
blanc, etc., épousa, par contrat du 2 juin 1567, Jeanne
de Calvi, fille de Guillaume de Calvi, seigneur de Gênes,
et de Catherine de Jassaud. Il prêta hommage pour sa
terre de Briançon, le 14 mars 1597. Ses enfants furent :

1.º Charles, dont l'article suit ;

2.º Jean de Grasse, seigneur de Verrayon, et de
Thorène, mariée avec N...., de Gabriellis, fille
de Barthélemi de Gabriellis, comte de Bacarocca;
il en eut, entr'autres enfants, Jean-Francois de
Grasse, seigneur de Verrayon et de Thorène,
en qui s'éteignit cette branche. Il s'allia avec
Marie de Louancy, dont il eut Barbe de Grasse,
mariée, en 1685, avec Henri-Joseph de Péruzzis,
seigneur du Barou, fils de Julien-François de
Péruzzis, seigneur du même lieu, et de Catherine de Malespine ;

3.º Honoré de Grasse, seigneur des Collets, qui
s'allia avec Françoise de Grimaud, fille de
César de Grimaud, seigneur de Lavens, la Tourette, le Revest, etc., et de Philippe de Grasse
de Cabris. Il en eut :

a. Jean de Grasse, ⎱ reçus chevaliers de Malte
b. Jean-François, ⎰   en 1646 ;

4.º Alexandre de Grasse, seigneur de Gars, marié

avec Isabeau de Laurent, dont il eut deux filles :

>   *a.* N.... de Grasse, mariée à N.... de Flotte
>   d'Agoult ;
>   *b.* Marguerite de Grasse, mariée à Jacques
>   de Martin d'Amirat.

XVII. Charles DE GRASSE, seigneur de Briançon, épousa Isabeau de Villeneuve, fille de Gaspard de Villeneuve, chevalier de l'ordre du roi, baron des Arcs, et de Marguerite de Bouillé. Il laissa de ce mariage :

>   1.º Jean-François, dont l'article suit ;
>   2.º Henri de Grasse, chevalier de l'ordre de Saint-
>   Jean de Jérusalem en 1615 ;
>   3.º Lucrèce de Grasse, mariée à Christophe d'A-
>   goult, seigneur de Saillans ;
>   4.º Marie-Maxime de Grasse, mariée à Gaspard
>   de Flotte d'Agoult.

XVIII. Jean-François DE GRASSE, seigneur de Briançon et autres lieux, rendit hommage de ses terres le 3 janvier 1673. Il épousa Marie de Gucii ou Gousse, dont sont issus :

>   1.º François, dont l'article suit ;
>   2.º René de Grasse, prêtre, docteur de Sorbonne,
>   et docteur de l'église de Glandevès ;
>   3.º Raimond de Grasse, capitaine au régiment de
>   Provence ;
>   4.º Une fille, religieuse ;

XIX. François DE GRASSE, seigneur de Briançon, prêta hommage de ses terres le 4 mai 1697. Il épousa Marguerite de Brun-Castellane, dont il eut :

>   1.º François-René, dont l'article suit ;
>   2.º Jean de Grasse, prévôt de l'église de Glandevès.

XX. François-René DE GRASSE, seigneur de Briançon, épousa Marie de Chailan de Mouriès, fille de N.... de Chailan, seigneur du Castelet, et de N... de Flotte Saint-Auban. De ce mariage vinrent :

>   1.º Joseph, dont l'article suit ;

2.° Pierre de Grasse, chevalier de l'ordre de Saint-Jean de Jérusalem, officier des vaisseaux du roi.

XXI. Joseph DE GRASSE, seigneur de Briançon, capitaine de vaisseau du roi en 1765, a épousé, en 1750, N.... de Castellane, fille de Toussaint de Castellane, marquis de Grimaud et de Saint-Juérs, et d'Anne de Félix de Creisset, et sœur de Jean-Baptiste de Castellane, marquis de Saint-Juers, chambellan du duc d'Orléans, brigadier des armées du roi.

Armes : Ecartelé : au 1, contr'écartelé DE FOIX et DE BÉARN ; au 2, parti DE FRANCE et DE NAVARRE ; au 3, écartelé en sautoir d'ARAGON et DE SICILE ; au 4, DE FRANCE brisé d'une bande componée de gueules et d'argent de quatre pièces : sur le tout DE GRASSE, qui est d'or, au lion couronné de sable, lampassé et armé de gueules. Devise : *Pro me, domine, responde.* ·

BOURGUIGNON DE FABREGOULES, en Provence.

Jean-Baptiste DE BOURGUIGNON, seigneur de Fabregoules, fut pourvu en 1771 ou 1772, de l'office de conseiller secrétaire du Roi près le parlement de Provence. Il mourut dans l'exercice de ses fonctions. (*Sa charge fut vendue après sa mort, à M. Siméon, père de M. le comte Siméon, aujourd'hui conseiller d'état.*)

Jean - Baptiste DE BOURGUIGNON DE FABREGOULES, son fils, épousa en 1782, la demoiselle Marie-Louise-Marseille Martin, fille de Jean-Baptiste Martin, écuyer, conseiller-secrétaire du Roi et échevin de la ville de Marseille, qui laissa pour fils :

Jean - Baptiste - Marie DE BOURGUIGNON DE FABREGOULES, conseiller en la cour royale d'Aix, qui a épousé en 1813, demoiselle Aline de Bures de Villiers, fille de M. de Bures de Villiers, ancien mousquetaire gris de la garde du Roi.

Armes : D'or, au sanglier de sable, passant sur une terrasse de sinople ; au chef d'azur chargé de trois étoiles d'argent. L'écu timbré d'une couronne de marquis.

DE TRÉMAUDAN, noble et ancienne famille de Bretagne, qui prouve, par titres, une filiation suivie, depuis :

I. Jean DE TRÉMAUDAN, écuyer, vivait en 1400; aux termes de la maintenue de noblesse, accordée à ses descendants, en 1670. Il servit en cette qualité dans les guerres de son tems, en la compagnie de Guillaume de la Goublaye, écuyer, qui fit montre à Saint-Cloud, le 13 novembre 1415 (1). Il servit aussi en la compagnie de Jehan Gilleront, écuyer (2), ainsi qu'il appert de la revue qui en fut passée à Croces-lès-Bourges, le 24 juin 1418. Il est rapporté aux réformations de 1427 et 1459. Il eut pour fils :

II. Thomas DE TRÉMAUDAN , seigneur de Corbehault , qui comparaît aux montres des nobles de l'évêché de Saint-Brieux, de l'an 1480 et 1483, en brigandine, salade, épée, dague et un cheval. Il épousa Guionne Graffart, dont il eut :

III. Jean DE TRÉMAUDAN, II° du nom, seigneur de Corbehault, marié, en 1531, avec Mathurine de la Vigne, veuve de Charles de Guehenneuc, sieur de la Villebrunart et fille de Bertrand de la Vigne, et de Guillemette des Cognets de la Bouexière. De ce mariage vint :

IV. Jean DE TRÉMAUDAN, III° du nom, seigneur de Corbehault, qui s'allia avec Julienne, *aliàs* Jeanne Agan. Leurs enfants furent :

    1.° Toussaint de Trémaudan, sieur de Corbehault, qui, de Marie Josset, son épouse, eut :

        a. François de Trémaudan, écuyer, sieur du Tertre, marié, en janvier 1642, avec Ma-

---

(1) Mémoire, pour servir de Preuves à l'Hist. de Bretagne , par dom Morice, tome II, col. 911.

(2) *Ibid.*, col. 963.

deline Rouxel. Il fut père de François de Trémaudan, sieur du Tertre, maintenu dans sa noblesse d'extraction, avec son père, par arrêt de la chambre de la réformation de Bretagne, du 3 septembre 1670 ;

b. Thomas de Trémaudan, écuyer, seigneur de la Chapelle, qui s'allia avec Françoise Grignon. Il fut maintenu en 1670.

2.º Jacques, dont l'article suit.

V. Jacques DE TRÉMAUDAN, écuyer, sieur de la Daviais, épousa Hélène Urvoy, dont sont issus :

1.º Jean de Trémaudan, qui épousa, au mois de janvier 1650, Françoise Chardet ;
2.º Christophe de Trémaudan, } maintenus en
3.º Simon de Trémaudan, } 1670.
4.º Gilles, dont l'article suit.

VI. Gilles DE TRÉMAUDAN, chevalier, seigneur du Moulin, fut maintenu dans sa noblesse d'extraction, avec ses frères, par arrêt de la chambre de la réformation de Bretagne, du 3 septembre 1670. Il épousa, par contrat du 16 mars 1671, demoiselle Julienne Rolland, fille de Jean-François Rolland, et de dame Marie Collichet. De ce mariage vint :

VII. Jean DE TRÉMAUDAN, IVe du nom, chevalier, seigneur du Moulin, marié, 1.º au mois de janvier 1688, avec demoiselle Françoise de la Motte, dame de Lentillais, morte sans enfants, quelques années après ; 2.º avec demoiselle Françoise Guymont, dont il eut :

1.º Gui-Julien de Trémaudan, qui suit ;
2.º Susanne de Trémaudan, mariée à Jean Restif ;
3.º Jeanne de Trémaudan.

VIII. Gui-Julien DE TRÉMAUDAN, chevalier, seigneur des Soudrais, épousa, par contrat du 9 février 1743, Rose Humphry, fille de noble Samuel Humphry, et de demoiselle Renée Bonnier. Il justifia de sa noblesse d'extraction par-devant M. de Pontcarré de Viarmes, intendant en Bretagne, qui le maintint dans ses priviléges, le 5 mai 1747. Il avait partagé noblement avec Susanne et Jeanne de Trémaudan, ses sœurs, le 14 avril 1741. De son mariage sont issus:

1.º Louis-Jacques, dont l'article suit ;
2.º Rose de Trémaudan, demoiselle des Saudrais;
3.º Marie de Trémaudan, dame de Pré-Lambert;
4.º Reine de Trémaudan;
5.º Henriette de Trémaudan, dame du Puy-Pottier.

IX. Louis-Jacques DE TRÉMAUDAN, chevalier, né le 6 janvier 1747, partagea noblement avec ses sœurs le 28 mai 1779. Il épousa Julie-Marie-Joséphine-Louise de la Saulaye, fille de messire Etienne-Charles-Joseph de la Saulaye, ancien officier au régiment de la Reine, dragons, et de noble demoiselle Louise-Cécile Guitton, et sœur germaine de messire Etienne-René de la Saulaye, page de monseigneur le duc de Penthièvre, puis officier dans son régiment de dragons, qui, comme tous les officiers de ce corps, émigra, en 1791, combattit pour la cause du roi, et est mort en émigration, non marié. Louis-Jacques de Trémaudan a de son mariage :

1.º Auguste-Etienne-Louis-Eugène de Trémaudan, né à Vannes, le 22 décembre 1805 ;
2.º Désiré-Marie-Joseph François de Trémaudan, né à Sixet, le 9 novembre 1807 ;
3.º Louis-Marie-Fidèle-Ange de Trémaudan, né à Vannes, le 1er décembre 1808 ;
4.º Ferdinand-Marie-Emmanuel de Trémaudan, né à Vannes, le 14 janvier 1811 ;
5.º Eugène-Frédéric de Trémaudan, né à Redon, le 23 mai 1813.

Armes: De gueules, à la levrette d'argent; accompagnée en pointe d'une molette d'éperon du même.

DE MASELLIÈRE-COETQUEN. La maison de Coetquen, l'une des plus anciennes et des plus illustres de Bretagne, passe pour être issue des comtes de Dinan, puînés de la maison d'Avaugour, sortie elle-même des

ducs de Bretagne. Ce fut vers la fin du douzième siècle,
que le nom de la terre de Coetquen, bourg et ancienne
châtellenie près de Dinan, fut pris par Olivier, fils de
Walon, frère de Godefroy, comte de Dinan. Depuis ce
tems, ses descendants l'ont toujours porté. Coetquen fut
érigé en marquisat en faveur de Jean de Coetquen,
comte de Combourg, et vicomte d'Uzel, que le roi
Henri IV fit ensuite gouverneur de Saint-Malo, chevalier des ordres en 1595. Mais il mourut avant d'avoir
reçu le collier.

La maison de Coetquen joint aux caractéres de la
plus haute antiquité et de la plus belle origine, les avantages plus précieux encore d'une illustration soutenue
depuis plus de six siècles. Elle a tenu un des premiers
rangs à la cour des ducs souverains de Bretagne, et à
celle des rois de France, après la réunion de ce duché
à la couronne. Elle a donné un maréchal de Bretagne,
un grand-maître, des ambassadeurs, un lieutenant-
général des armées du Roi, et d'autres officiers généraux, des ministres et conseillers-d'état, des gouverneurs de Dol, de Dinan, de Léon, des chevaliers de
l'ordre du Roi, etc., etc. Ses alliances directes sont
avec les maisons d'Acigné, de Beaumanoir, de Boiséon,
de Coetlogon, de Durfort-Duras, de la Ferronays, de
Galard, des marquis de Lille, de Giffart, de Goyon,
de Matignon, de Kerlech, de Kermeno, de Kerveno,
de Lompagieu, de Lorraine, de Malestroit, de Ni-
colaï, de Noaïl, d'Orléans-Rhotelin, alliance qui donne
à la maison de Coetquen des parentés avec la maison
royale de France; de Rochechouart, de Rohan, des
princes de Guéménée, de Rohan-Chabot, de Rostrenen,
de Rougé, de Sorbier, de Surgères, de Tournemine, etc., etc.

Cette maison, dont la tige principale subsiste encore
en Bretagne, a formé diverses branches, dont une entr'autres vint s'établir dans la province de Guienne,
vers la fin du seizième siècle. Nous allons en donner la
filiation sur les preuves faites au cabinet des ordres du
Roi, pardevant M. Chérin, en vertu desquelles le chef
de cette branche a été admis à jouir des honneurs de la
cour, le 2 avril 1780.

I. Jean-Malo DE COETQUEN, marquis de la Masellière, du chef de sa femme Charlotte de la Masellière, qu'il avait épousée par contrat du 25 janvier 1500, eut deux fils; l'aîné continua la branche aînée en Bretagne, et le second, Jean de Coetquen, fut l'auteur d'une branche établie en Guienne, à laquelle il transmit les nom et armes de la Masellière (1), du chef de sa mère.

II. Jean DE LA MASELLIÈRE, Ier du nom, fils puîné de Jean-Malo de Coetquen, fit toutes les guerres de son tems avec les ducs d'Anjou et d'Aquitaine. Il s'allia avec demoiselle Isabeau de Forcès, fille de Gui, baron de Forcès, et de demoiselle Catherine de Pardaillan Gondrin, par contrat du 1er mars 1540. Il en eut quatre fils, qui tous ont eu postérité; savoir:

1.º Odet de la Masellière, ministre et secrétaire d'état du roi de Navarre, qui fut l'auteur de la branche des barons d'Espiens;

2.º Jean, dont l'article suit;

3.º Gaxiot de la Masellière, ministre d'état, comme son frère Odet; auteur de la branche des seigneurs de Reaup;

4.º Bertrand de la Masellière, colonel du régiment de Navarre, et gentilhomme ordinaire de la chambre du Roi, tige des seigneurs des Tours.

III. Jean DE LA MASELLIÈRE, IIe du nom, seigneur de Nazareth et de Douazan, exempt des gardes du roi Henri IV, en 1594, épousa, le 21 juillet 1593, Anne de Frère, fille de Henri de Frère, gentilhomme ordinaire de la chambre du Roi, vicomte de Gratens, seigneur de Saint-Léon, Audiran, Hordosse, etc., et de Marie de Noaillan. De ce mariage est né:

IV. Barthélemi DE LA MASELLIÈRE, ou *de Masellière*, seigneur de Nazareth et de Douazan, capitaine au régiment de Bourgogne, qui se maria, le 27 avril 1623, avec Jeanne de Sorbier, fille de Pierre de Sorbier, baron de la Tourrasse, et d'Angélique de Galard, fille de Gilles de Galard, marquis de Terraube. Il eut pour fils:

V. Benjamin DE MASELLIÈRE, ou *de la Masellière*, Ier du nom, seigneur de Douazan, capitaine au régi-

---

(1) Ce nom s'est écrit, *de Maȝelière*, *de Maselière*, *de Maȝellière*, *de la Marȝelière*, *de la Maȝelière* et *de Maȝelières*.

ment de Royal-Vaisseaux, qui s'allia, par contrat du 27 juillet 1690, avec Jeanne de Lompagieu, fille de Paul de Lompagieu, baron de Cuzères, seigneur d'Auradet, de Molm, et de Gardères, etc., et de Françoise de Noailles. Les terres de la maison de Lompagieu furent partagées avec madame la baronne de Hontens, sa sœur. Benjamin fut père de :

VI. Jean-Bernard DE LA MASELLIÈRE, baron de Cazères, du chef de sa mère, seigneur de Douazan, etc. Il commanda les cadets gentilshommes, à Neuf-Brisach, et s'allia, par contrat du 10 mai 1725, avec Marie le Sage, fille de Joseph de Susanne de Las de Tulle de Brimont. De ce mariage est issu :

VII. Benjamin DE MASELLIÈRE, IIe du nom, baron de Cazères, seigneur de Douazan, etc., cornette au régiment Colonel-Général, cavalerie, marié, par contrat du 23 février 1749, avec Jeanne de Pedesclaux, fille de Pierre de Pedesclaux, baron de Savignac, seigneur du Bournac et de Laquit, et de Jeanne de Galard de Balarin. De ce mariage sont issus :

    1.º Joseph - Denis de Masellière, dont l'article suit ;

    2.º Joseph-Marie, vicomte de Masellière, seigneur de Balarin, chevalier de Saint-Louis et de Malte, et chef d'escadron ; marié à mademoiselle de Castillon, d'une des plus anciennes et illustres maisons de France.

    3.º Jeanne de Masellière, mariée à Philippe-Ignace, comte de Galard, de la branche des marquis de Lille, dont plusieurs enfants.

VIII. Joseph - Denis, comte DE MASELLIÈRE - COET-QUEN, maréchal de camp, chevalier de l'ordre royal et militaire de Saint-Louis, et de l'ordre souverain de Saint-Jean-de-Jérusalem ; fut, pendant trente-six ans, capitaine au régiment de Royal - Picardie, cavalerie, puis colonel du régiment de Royal-Champagne, cavalerie ; a fait la première campagne eu qualité d'officier des mousquetaires, avec rang de colonel. Il donna des preuves d'un courage et d'un dévouement sans bornes, à S. M. Louis XVI, et à toute son auguste famille, dans la journée du 24 février 1791, en s'opposant à l'ouverture des grilles des Tuileries, investies par une populace effrénée, à laquelle il sut en imposer par un discours énergique ; cette fermeté héroïque, confirmée par tous les journaux du tems (1), préserva la famille royale des plus grands malheurs. Par son conseil, MM. de la Fayette et Bailly, maire de Paris, sur le point de céder aux menaces et aux vociférations de la multitude, firent entrer sur le champ, dans les Tuileries, un escadron de cavalerie ; cette mesure obligea la populace de se retirer, ce qu'elle fit avec les imprécations les plus fortes. Sa Majesté, instruite de cette conduite courageuse, par M. le duc de Brissac, daigna, au milieu d'une foule de gentilshommes que le péril avait réunis autour de la personne du Roi, adresser les paroles les plus obligeantes à M. le comte de Masellière. Il a épousé, en 1790, Marie-Agnès de Lamberg, d'une ancienne maison d'Allemagne, de laquelle il a eu :

      1.° Joseph-Auguste-Malo, comte de Masellière, né en 1791, sous-lieutenant au 2ᵉ régiment des cuirassiers, mort à Wilna, des suites de la malheureuse campagne de Moscow.

Armes : Ecartelé : aux 1 et 4, bandés d'argent et de gueules, qui est DE COETQUEN ; et aux 2 et 3, d'or, au chevron de gueules, accompagné de trois lionceaux d'azur, lampassés et armés de gueules, qui est DE MASELLIÈRE.

Extrait de la lettre de M. le duc de Coigny, pour l'admission de M. le comte de Masellière aux honneurs de la Cour.

                  Paris, le 29 avril 1780.

J'ai l'honneur de vous prévenir, Monsieur, que le Roi a bien voulu vous accepter pour monter dans ses carrosses ; j'aurai celui de vous indiquer le jour où je pourrai vous donner des chevaux pour faire votre début.

    J'ai l'honneur, etc.   *Signé* le duc DE COIGNY.

MECQUENEM, en Champagne ; famille ancienne, représentée de nos jours par :

    M. Louis-Roland de MECQUENEM, ex-secrétaire-

---

(1) Voyez le Mercure de France, année 1791, page 81.

général de la préfecture des Ardennes, fils de feu messire Roland de Mecquenem, chevalier de l'ordre royal et militaire de Saint-Louis, ancien capitaine au régiment de Picardie, et de dame Marie-Françoise-Louise de Gruthus. Il appert, par un certificat en forme, attestant la noblesse paternelle et maternelle de M. Louis-Roland de Mecquenem, au delà de quatre degrés, qu'il a fait la campagne de 1815, en Belgique, en qualité de garde-du-corps du roi, et qu'il n'a jamais cessé de donner des preuves de son attachement à la dynastie légitime.

De cette famille était :

Philibert DE MECQUENEM DE MERANDALLE, capitaine d'une compagnie de cinquante hommes de cavalerie du régiment de Cravattes, dont la revue fut faite au camp de Piéton, le 9 août 1674. Le rôle de cette compagnie, dont l'original est entre nos mains, fait encore mention de N.... de Mecquenem de Merandalle, cornette de cette compagnie, probablement fils du précédent.

Armes : d'azur, à deux bâtons d'or, passés en sautoir.

MERCASTEL. Ancienne noblesse originaire d'Angleterre, qui vint s'établir, il y a plus de six cents ans, à Mercastel, où elle fit bâtir le vieux château et donna son nom à cet endroit, situé dans la paroisse de Villers-Wermont, vidame de Gerberoy, baillage d'Amiens, en Picardie. Il en est parlé dans le *Nobiliaire* de cette province, par Haudicquer de Blancourt, page 344. Elle a donné, dans tous les tems, de braves capitaines, qui se sont signalés au service de nos rois, des commandeurs et nombre de chevaliers de l'ordre de Malte ; les uns pris par les Turcs, et morts en esclavage, les autres tués au service de l'ordre, etc.

Le premier connu de cette maison est Antoine Sieuri, comte de Mercastel, seigneur dudit lieu, de Saint-Maurice, de Villers-Wermont, et Doudeauville, qualifié *hardi chevalier, et sans reproche, grand serviteur, généreux chré-*

tien. Il fut blessé à Constantinople, et se rendit maître du Saint-Sépulcre en 1099, avec le corps d'infanterie qu'il commandait, ses écuyers, et vingt-quatre sergents, qui marchaient sous sa bannière rouge, blanche et verte. Le mémoire qu'on nous a envoyé, dressé sur titres et d'après les historiens, dit que, par contrat passé le jour de l'octave de la fête de Saint-Paul, au mois de juillet, le 12 de la lune, il épousa (du consentement et assisté de leurs parents) Marguerite d'Alingue de Salvaing, dont les armes sont *d'or, à une aigle éployée de sable, becquée, membrée et diadémée, de gueules ; à la bordure d'azur, semée de fleur de lys d'or*. D'eux est descendu :

I. Antoine, comte DE MERCASTEL, chevalier, seigneur dudit lieu, capitaine de cent hommes de pied, qui fut aux croisades en 1200, avec sa bannière ; il fit une donation à l'abbaye de Saint-Germer, en 1219, ce qui se voit par les titres et chartes de cette abbaye.

II. Pierre DE MERCASTEL, son fils, seigneur dudit lieu, de Villers-Wermont, etc., capitaine de cent hommes d'armes, fut aux croisades avec ses écuyers : il avait épousé très-haute et puissante demoiselle Béatrix Desquesnes, issue des anciens comtes de Breberat. C'est ce qui se voit par l'histoire de Gerberoy, et sur une tombe dans l'église de Villers-Wermont, sur laquelle il est écrit : *Ici jitte haut et puissant seigneur de* MERCASTEL, *de Villers-Vermont, Saint-Maurice, Doudeauville, décédé le 1er avril 1269, et noble dame Béatrix Desquesnes, décédée le 4 octobre 1296*. Cette Béatrix portait pour armes : *d'argent, à la croix de gueules, frêtée d'or*. De leur mariage vint :

III. Wautier, comte DE MERCASTEL, seigneur dudit lieu, capitaine d'hommes d'armes. Il fit l'acquisition, par contrat du mois de juin 1293, de la terre et seigneurie de Signy, qui fait encore partie de celle de Mercastel. Il fut choisi, avec tous ses écuyers, pour accompagner saint Louis dans une de ses croisades, et fit deux fois le voyage de la Terre-Sainte. Ce prince le décora du titre de *comte* et de *baron* et sa postérité, en récompense de ce que lui et ses prédécesseurs l'avaient fidèlement servi au péril de leur vie dans toutes les conquêtes d'outre mer. Il leur fut aussi permis de porter pour attributs à leurs armes leur bannière *rouge blanche* et *verte* (qui est leur livrée) d'un côté, et une pique de l'autre, ayant pris plusieurs drapeaux dans ces expéditions. De Wautier est issu :

IV. Richard DE MERCASTEL, seigneur dudit lieu, qualifié *brave chevalier*, et titré maître-d'hôtel de Jean d'Artois, arrière-petit-fils de Robert d'Artois, frère de saint Louis. Il épousa, le jeudi avant la fête de Noël, (on ne dit pas en quelle année) une demoiselle de la maison d'Aubigné, dont fut madame de Maintenon. Il eut pour fils :

V. Robin, comte DE MERCASTEL, seigneur dudit lieu, tué à la bataille de Brigenais ; il avait épousé, en 1395, Marguerite de Bayeux, qui portait pour armes: *d'or à trois écussons de gueules.* Il en eut :

VI. Robert DE MERCASTEL, baron, seigneur dudit lieu, vaillant capitaine, qui se trouva à la bataille d'Azincourt, en 1415, où il fut blessé. Il avait épousé, en 1404, très-haute et très-puissante demoiselle N...... de Milly, une des héritières de cette maison de Milly, une des plus anciennes du royaume, qui a donné un grand-maître de l'ordre de Saint-Jean de Jérusalem, le 10 juin 1454, sous Charles VII. Les armes de Milly sont: *de sable, au chevron d'argent.* Du mariage de Robert naquit :

VII. Jean DE MERCASTEL, seigneur dudit lieu, et de Villers-Wermont, capitaine d'hommes d'armes, qui épousa, en 1449, N..... de Belleval, dame de Bonvillé, ce qui se prouve par une sentence de la sénéchaussée de Ponthieu, de l'an 1449, qui prononce que ledit seigneur de Mercastel, et ladite dame son épouse, étant très-nobles, ne doivent point payer d'impôts. Les armes de Belleval sont: *de gueules, à la bande d'or, accompagnée de sept croix potencées de Jérusalem.* Il fut père de :

VIII. Jean, comte DE MERCASTEL, IIe du nom, seigneur dudit lieu, capitaine d'hommes d'armes des ordonnances du roi, qui rendit foi et hommage de sadite terre en 1474, et reçut le dénombrement d'un fief qui en relève, où est encore le sceau entier de ses armes, représentant un écusson renversé d'argent, à trois croissants de gueules, avec les attributs. Il avait épousé, en 1474, noble demoiselle N..... d'Abancourt, dont les armes sont : *d'argent, à une aigle éployée de gueules.* Leurs enfants furent :

1.º Etienne, qui suit ;
2.º Adrien de Mercastel, ⎫
3.º André de Mercastel, ⎬ chevaliers de Malte.

IX. **Etienne**, comte DE MERCASTEL, seigneur dudit lieu, Saint-Maurice, Villers-Wermont, de Doudeauville, grand-prévôt des maréchaux en l'Ile-de-France, épousa, le 21 avril 1500, haute et puissante demoiselle N..... de Cœurver, fille de François de Cœurver, chevalier, seigneur du Manoir-Denier, et de Marie de Pardieu. Les armes de Cœurver sont : *d'argent, à trois cœurs de sinople couronnés,* 2 et 1. De ce mariage vinrent :

1.º Etienne, comte de Mercastel, lequel continua la branche aînée qui est éteinte. De cette branche était André de Mercastel, chevalier, seigneur de Doudeauville, Ravènes, Bellosane, etc., capitaine de cavalerie, au régiment de Palaiseau, qui épousa Claude d'Alleaume, dont il eut entr'autres enfants :

François de Mercastel, chevalier, seigneur de Villers - Wermont, Doudeauville, Saint-Maurice, les îles Fontenay, et autres lieux, marié, par contrat du mois de février 1708, avec dame Marie de Luppé, veuve de messire François Poisson, chevalier, marquis du Mesnil, lieutenant-général de la cavalerie du roi de Danemarck.

2.º Florent, qui suit ;
3.º Roland, auteur de la troisième branche, dite de Mercastel-Monfort, dont il sera parlé ci-après ;
4.º Jean, seigneur du Manoir-Denier, reçu chevalier de Malte, sur ses preuves faites en 1536. Il fut blessé à la bataille de la Canée, où il reçut deux coups de feu ;
5.º Denise de Mercastel, mariée au seigneur de Saint-Remy de Montigny.

X. **Florent**, comte DE MERCASTEL, seigneur de la Haye,

de Courcelles, chevalier, major d'infanterie, blessé à la bataille donnée contre les impériaux, à Metz, en 1554, avait épousé, en 1547, demoiselle Antoinette Alexandre, fille de Louis Alexandre, chevalier, seigneur du Vivier, d'une famille noble, dont les armes sont : *d'argent, à l'aigle éployée de sable, becquée et membrée de gueules.* Il eut pour fils :

XI. Roland, comte DE MERCASTEL, chevalier, seigneur de la Haye, lieutenant-colonel d'infanterie, blessé à la cuisse, à la journée d'Arques, en 1589. Quoique vieux, il suivit Henri IV, et se distingua au siége de Paris. Il avait épousé noble demoiselle Barbe de Chauvelle, dont les armes sont : *d'argent, à l'arbre de sinople, soutenu d'un vol de sable, accosté de deux croissants de gueules.* De ce mariage vint :

XII. Jean DE MERCASTEL, chevalier, seigneur de la Haye, mousquetaire de la garde ordinaire du roi, qui épousa, le 27 mai 1645, Nicole de Lombelon, de la même famille que Guilbert de Lombelon, fait prisonnier par les infidèles, au voyage de la Terre-Sainte. Elle porte : *de gueules, au chevron d'or.*

XIII. Charles DE MERCASTEL, leur fils, chevalier, seigneur de la Haye, officier d'infanterie; épousa, en 1685, noble demoiselle Agnès le Prévôt, dont les armes sont: *écartelé : aux 1 et 4, de sable, à la bande d'argent, chargée de trois mouchetures d'hermine de sable ; aux 2 et 4, d'argent, à trois bandes d'azur, et sur le tout d'argent, au lion de gueules, à la bordure du même.* De ce mariage sortit :

XIV. Charles, comte DE MERCASTEL, IIe du nom, chevalier, seigneur de la Haye, patron honoraire de Saint-Etienne de Crodalle, Alliermont, Valmeneray, terre et fief de Poirel, ancien capitaine d'infanterie au régiment du Prat. Il épousa Louise de Saint-Ouen, dame de Crodalle, d'une famille distinguée par nombre de chevaliers bannerets, connus dès le treizième siècle, et qui porte : *d'azur, au sautoir d'argent, cantonné de quatre aiglons du même.* De cette alliance sont nés :

1.° Charles-Théodore, page, pendant quatre ans, de monseigneur le duc d'Orléans, ensuite capitaine-major dans le régiment de Chartres, infanterie, tué au combat de Dettingen ;

2.° Bruno de Mercastel, retiré du service en 1780, mort, en 1814, chevalier de Saint-Louis, brigadier des gardes-du-corps, sans avoir été marié ;

3.° Marc-Nicolas, qui suit ;

4.° Ferdinand de Mercastel ;

5.° Marie de Mercastel, morte à Saint-Cyr ;

6.° Félicité de Mercastel.

XV. Marc-Nicolas, comte de MERCASTEL, chevalier, seigneur de la Haye, de Saint-Etienne de Crodalle, capitaine au régiment d'Orléans, cavalerie, a épousé, le 28 juin 1754, noble Marie-Thérèse Madeleine-Henriette Gallye de Calmont, fille de Jean-Baptiste Gallye, chevalier, seigneur de Calmont, ancien officier au régiment de Gèvres, cavalerie, neveu de Gabriel Gallye d'Hybouville, conseiller du roi en ses conseils, et grand-bailli de Caux, dont les armes sont : *d'argent, à la galère de sable, à la bordure d'or, chargée de huit tourteaux de gueules.* De ce mariage sont issus :

1.° Charles-Etienne-Théodore de Mercastel, chevalier, seigneur et patron honoraire de Saint-Etienne de Crodalle, Alliermont, Valmeneray, terre et fief de Poirel, né à Envermeux, près Dieppe, le 28 mars 1755, page de M. le duc d'Orléans, mort jeune ;

2.° Nicolas-Maximilien-Onésiphore, qui suit.

XVI. Nicolas - Maximilien - Onésiphore, comte DE MERCASTEL, né à Envermeux, le 18 février 1756, reçu chevalier de Malte, de minorité, ensuite page, le 1ᵉʳ mai 1771 de MADAME, comtesse de Provence, femme du roi régnant, puis officier à la suite du régiment Royal-Champagne, cavalerie en 1774, présenté par MADAME, le 24 juin 1779, dans les gardes-du-corps, retiré brigadier des gardes, chevalier de l'ordre royal et militaire de Saint-Louis, et pensionné en 1814 ; a épousé, le 30 septembre 1779, Marie Cécile-Josèphe d'Imbleval de la Frenaye, dont sont issus :

1.° Nicolas - Maximilien - Joseph - Victor, comte de Mercastel, élevé à l'école militaire. Ayant subi le sort, il fut enrôlé dans le deuxième régiment d'artillerie à pied; passa dans l'artillerie légère de la garde italienne, et est décédé à Wilna, capitaine titulaire, chevalier de la Légion-d'Honneur, avec rang de lieutenant-colonel;

2.º Hortense-Hippolite, appelé le chevalier de Mercastel, décédé à 18 ans, à Venise, étant artificier au deuxième régiment d'artillerie, avec son frère;

3.º Appoline-Arsène de Mercastel, mariée à messire François-Henri Beuve d'Arandel, élevé à l'école royale militaire, qui s'est soustrait à la conscription, et n'a été qu'officier de la garde nationale. Il avait quatre frères dans le régiment de Soissonnais, dont deux sont morts à l'armée de Condé, chevaliers de Saint-Louis, le troisième réside à Metz, et est ancien capitaine du même régiment;

4.º Marie-Eléonore-Rosalie de Mercastel, qui devait entrer à Saint-Cyr, en 1790, mariée à Adrien de Baillard, conscrit réfractaire, ayant fait partie de l'association de Georges Cadoudal; il a été aussi officier de la garde nationale. Le père d'Adrien de Baillard s'était retiré officier au régiment de Noailles, dragons: sa mère, Félicité d'Haucourt, descendante du fameux Jean d'Haucourt, fait chevalier devant Oudenarde en 1450. Le nom et la terre d'Haucourt sont passés dans la maison des comtes de Mailly. M. Baillard, père, descend, par les femmes, de la Pucelle d'Orléans, et porte le surnom de du Lys, et pour armes, comme elle, un écu *d'azur à deux fleurs de lys d'or, et une épée d'argent, garnie d'or, la pointe en haut, supportant une couronne d'or.*

La troisième branche, *dite de Monfort,* qui a pour auteur Roland de Mercastel, troisième fils d'Etienne, comte de Mercastel, et de demoiselle N..... de Cœurver, subsistait en 1770, dans la personne de

N..... de Mercastel-Monfort, seigneur du Puchervain et de la Hetroy (dont la mère était une l'Etendart), ancien officier au régiment de Royal-Cravattes et chevalier de Saint-Louis, qui s'est distingué en toutes les occasions où il s'est trouvé ; il n'était point marié, et résidait à la Hetroy, proche le bourg de Foucarmont. Il avait pour frère N.... de Mercastel, capitaine de grenadiers, chevalier de Saint-Louis, brave officier, qui, après avoir soutenu le siége de Berg-op-Zoom, en 1747, monta à l'assaut et y perdit presque toute sa compagnie ; en faisant ranger sa troupe sur la place, il fut blessé d'un coup de feu, à la jambe, et mourut peu de jours après à Malines, sans enfants, regretté des officiers-généraux.

Cette ancienne noblesse est alliée aux maisons de *Mailly de Saint-Blimont*, de *Monsures*, de l'*Étendart*, de *Cannesson*, de *Fautereau*, de *Sourches*, d'*Alingue*, de *Salvaing*, de *Dampierre*, d'*Aubigné*, de *Sarcus*, de *Poisson du Mesnil*, de *Pardieu*, de *Rufuveille* et de *Milly*.

Les armes sont : *d'argent, à trois croissants de gueules.* Devise et cri : *Hongne qui vonra.* Pour attributs : d'un côté une bannière chargée de l'écu de cette maison, et de l'autre une pique.

MARCHANGY ou Marsangy, selon la prononciation des provinces où cette famille s'est successivement établie. La maison de Marchangy est originaire de Champagne, où elle existait depuis long-tems, puisque l'on trouve des preuves de son ancienneté et de sa noblesse en différents parchemins authentiques, dont quelques expéditions notariées se trouvent dans nos archives, à la date de 1504, 1622, 1651, etc. Un des membres de cette famille, Antoine de Marchangy, seigneur de divers lieux, et conseiller du Roi, quitta la Champagne au commencement du dix-huitième siècle, et vint s'établir dans le Nivernais par suite de son alliance avec Adélaïde de Nolay. De ce mariage, naquit en 1604, Louis de Marchangy ; et en 1605, Scholastique de Marchangy. Celle-ci fut célèbre par sa haute piété et ses aumônes. Liée avec madame de Gondy, femme d'Emmanuel de Gondy, général des galères, elle connut dans cette maison, Vincent de Paule, qui l'associa aux œuvres de bienfaisance auxquelles ce héros de l'humanité consacra sa vie. Scholastique de Marchangny versa toute sa fortune dans les établissements de charité fondés par Vincent de Paule. Elle-même fonda un hôpital à Saint-Saulge, petite ville à 7 lieues de Nevers, et concourut à l'élévation des maisons de filles de la charité, dont elle fut élue supérieure. Louis de Marchangy secondant les pieuses intentions de sa sœur, disposa aussi de toute sa fortune au profit des églises et des pauvres de sa province. Depuis cette époque, cette famille est devenue pauvre et obscure, exerçant avec honneur des places dans la magistrature provinciale. En 1639, Louis de Marhangy eut de son mariage avec Gabrielle Desrochers, François-Victor-Antoine de Marchangy, qui, en 1675, eut de son mariage avec Etiennette de Vielland, Antoine de Marchangy, lequel épousa, en 1714, Elisabeth de Vigneaux. De ce mariage naquit Louis-Victor de Marchangy, qui épousa, en 1745, Berthe de Baux. De ce mariage naquit Marie de Marchangy et Louis-Antoine de Marchangy; ce dernier épousa Magdelaine Enfert, dont il eut, en 1782, Louis-Antoine-François de Marchangy. Celui-ci se distingua dans la magistrature et dans les lettres, il publia la *Gaule Poétique*, en huit volumes; il est avocat du Roi au tribunal civil de Paris, chevalier de l'ordre noble de Saint-Hubert, chevalier de Malte et du Saint-Sépulcre de Jérusalem. En 1813, il épousa Joséphine-Philippine-Fidèle Thanberger, veuve du baron Dembowski.

(*Voyez* les anciennes histoires de Champagne et du Nivernais, les manuscrits de mon cabinet, la biographie des hommes vivants, etc.)

Armes: D'azur, à la fasce d'or, accompagnée en chef de deux étoiles d'argent, et en pointe, de trois arbres de sinople. Support: un vol abaissé.

———

BERENGER, comtes de Fontaines, barons de Grand-mesnil, seigneurs de Fierfol, la Moissonnière, le Fresne, le Fouqueran, Grougny, Bonneval, Cerqueux, Herenguerville, Canon, Montaigu, le Crosley, le Plenne, Trelly, Cantelou, etc., etc. Maison des plus anciennes de la Normandie, où elle s'est établie vers l'an 1200, et où elle possédait des terres nobles dès cette époque. Une ancienne tradition la fait descendre des Bérenger d'Italie, transplantés depuis dans le midi de la France. (Consulter sur son origine, entr'autres ouvrages, le Mercure de France du mois d'avril 1691, et la vie écrite de Jean de Bérenger, comte de Fontaines, baron de Grandmesnil, gentilhomme ordinaire de la chambre du roi Henri IV, chevalier de son ordre, gouverneur de la ville et château d'Argentan, commandant pour S. M. dans l'étendue du bailliage d'Alençon, son lieutenant dans les provinces du Maine et de l'Anjou, et capitaine d'une compagnie d'arquebusiers.)

Cette maison s'est alliée, depuis son établissement en Normandie, aux plus anciennes maisons de cette province. Elle porte pour armes : De gueules, à deux aigles éployées d'argent, armées, becquées et couronnées d'or.

BOISSELI, Boisselini ou Boisselin, famille noble, originaire d'Italie, dont plusieurs branches se sont transplantées en France. Il est fait mention de Pierre-André de Boisselin, chevalier, dans un titre original en parchemin, sous la date du 3 juillet 1455; et de Jacques et Jehan de Boisselin, chevaliers en 1510 et 1566. L'une de ces branches est représentée par :

Jean-Baptiste-Théodore DE Boisselin, marié à Paule-Victoire DE Coulomb; de ce mariage est issu :

Joseph-Marie-Félicien-Roch de Boisselin, né le 16 août 1784.

Armes: De gueules, au chevron d'or, chargé de trois tourteaux d'azur, et accompagné en chef de deux têtes de maure, liées d'argent, et en pointe d'une molette d'éperon d'or à cinq rais.

DE JAQUELS DE BRAY, famille noble et ancienne de la province de Languedoc, qui depuis plus de
deux siècles s'est constamment vouée au service militaire,
a donné des officiers distingués, et plusieurs chevaliers
de l'ordre royal et militaire de Saint-Louis. Les membres de cette famille ont été inscrits au catalogue des
véritables nobles de la province de Languedoc, dressé
sous Louis XIV, et par déclaration de M. de Lamoignon, conseiller-d'état et intendant en cette province,
sous la date du 15 juin 1697, lors de la recherche des
usurpateurs du titre de noblesse.

Elle prouve par ces différentes pièces une filiation
suivie depuis noble

I. Bernard DE JAQUELS, Ier du nom, écuyer, ca-
pitaine-châtelain de Terolles, qui s'allia, par contrat
du dernier novembre 1546, avec demoiselle Jeanne
Gaufreze. Le duc d'Uzès lui inféoda une maison, le 4
mars 1548; il rendit hommage à ce seigneur le pénul-
tième octobre 1550; et reçut de lui les provisions de
viguier de la ville de Florensac, au mois de novembre
1552. Il en a la qualité dans une quittance de lods, à
son profit, le 23 août 1558. Bernard de Jaquels eut de
son mariage, noble :

II. Bernard DE JAQUELS, IIe du nom, écuyer,
viguier des ville et baronnie de Florensac, marié, par
contrat du 22 mai 1562, avec Jeanne Reynarde. Le
duc d'Uzès lui fit donation de deux prés, le 13 novembre 1579. Il eut pour fils, nobles

1.° Jacques, dont l'article suit;

2.° Daniel de Jaquels, écuyer, émancipé par son
père, le 10 mars 1599, marié avec demoiselle
Marie Martin. Il fut père de :

a. Jacques de Jaquels, écuyer, docteur et
avocat, marié, le 4 novembre 1654, à
N . . . . Il fut maintenu dans sa noblesse,
avec son frère, le 15 juin 1697;

b. Jean de Jaquels, marié, le 29 octobre
1691, avec demoiselle Esther de Malordy.

III. Jacques DE JAQUELS, Ier du nom, écuyer, épousa, par contrat du 18 mai 1599, demoiselle Marthe de Malbois. Il en eut autr'autres enfants :

IV. Jacques DE JAQUELS, IIe du nom, écuyer, marié, par contrat du 4 novembre 1653, avec demoiselle Marthe de Doulmet. Il eut pour fils :

V. Jacques DE JAQUELS, né le 11 février 1664, qui fut déclaré noble, issu de noble race et lignée, et maintenu dans ses priviléges, par M. de Lamoignon, le 15 juin 1697.

Cette famille est représentée de nos jours, par

Jacques-Hercule DE JAQUELS DE BRAY, ancien capitaine-commandant des grenadiers au régiment d'Angoulême, pensionné de l'état, après trente-cinq ans de service, chevalier de l'ordre royal et militaire de Saint-Louis, marié avec Marie-Rose de Forville, dont sont issus :

1.º Casimir de Jaquels de Bray ;
2.º Jean-Baptiste-Joseph-Aristide de Jaquels de Bray, officier d'infanterie, marié en 1817, avec Marie-Louise-Elisabeth-Gabrielle-Clotilde de la Serre d'Arroux, de Pezenas ;
3.º Antoine-Joseph Saint-Hilaire, qui suit ;
4.º Alix de Jaquels de Bray, mariée avec Raimond-Regis de Pradines d'Aureilhan, ancien émigré, chef de bataillon, chevalier de l'ordre royal et militaire de Saint-Louis, pensionné du Roi ;
5.º Marie-Rose-Bernardine de Jaquels de Bray, mariée avec M. de Simoneau, colonel de cavalerie, chevalier de l'ordre royal et militaire de Saint-Louis, officier de l'ordre royal de la Légion d'Honneur.

Antoine-Joseph-Saint-Hilaire DE JAQUELS DE BRAY, né à Florensac, le 26 mai 1797, est entré au service en qualité de garde-d'honneur dans le 4e régiment, le 1er juin 1813, brigadier le 16, et maréchal-des-logis le 18 du même mois, maréchal-des-logis en chef le 1er août 1813, est passé garde-du-corps du

Roi, compagnie de Wagram, avec le rang de lieutenant de cavalerie, le 1er août 1814, a été nommé chevalier de l'ordre royal de la Légion-d'Honneur, le 10 novembre 1814; a fait les campagnes de 1813, à l'armée du Nord, de 1814 à la grande armée en France, et de 1815, à Béthune, où il eut l'honneur d'accompagner Sa Majesté. Au mois de mars 1815, la maison du Roi ayant été licenciée, le chevalier de Jaquels de Bray passa à Nevers, au mois d'avril, pour se rendre à l'armée de S. A. R. Monseigneur, duc d'Angoulême, et y fut arrêté par le général qui commandait le département, lequel lui reprochant son dévouement à l'auguste maison de Bourbon, lui fit éprouver pendant plusieurs jours de durs traitements (1), et ayant remarqué l'empressement que laissait apercevoir ce gentilhomme pour voler sous les drapeaux du prince qui commandait dans le Midi, il dirigea un gendarme sur Moulins, pour le faire arrêter; est passé dans le Midi où il s'est montré, le 26 juin 1815, lorsque la ville de Béziers arbora le drapeau blanc, un des premiers et des plus zélés défenseurs de la légitimité du trône; son dévouement pendant la durée du siége lui a mérité l'estime et la confiance des chefs sous lesquels il a servi (2).

Armes: Coupé: au 1, d'or, à trois cyprès terrassés de sinople; au 2, de gueules, au bélier d'argent. Couronne de comte. Supports: deux lions.

---

(1) Certificat délivré par M. le colonel Clément, commandant la compagnie des gendarmes des chasses du Roi, et attesté par M. le vicomte de Berthier-Bizy, commandant l'arrondissement de Cosne.

(2) Certificat du 19 juillet 1815, délivré par M. Barthès, colonel commandant des troupes de la place de Béziers; autre du 1er août de la même année, signé de M. le baron de Jessé, commandant supérieur et chef de l'armée royale de l'Hérault; tous deux rapportés dans l'état de services de M. de Jaquels de Bray; signés de M. le duc de Céreste, colonel de la légion de l'Aisne, président, et du conseil d'administration de cette légion, au Hâvre-de-Grâce, le 2 avril 1817.

TAISNE, en Hénault.

Georges-Charles-Joseph Taisne, écuyer, prévôt-général des maréchaussées de Bresse et de Bourgogne, épousa, le 23 février 1737, noble dame Marie-Jeanne Préseau, fille de N.... Préseau, seigneur de Potel, demeurant à Avesnes, département du Nord.

Anne-Joseph Taisne, leur fils, chevalier de l'ordre royal et militaire de Saint-Louis, né à Avesnes, département du Nord le 2 août 1741, épousa, à Bruxelles, le 19 messidor an 9, dame Caroline-Thérèse Frantzen, fille légitime de feu Charles-Léonard Frantzen, écuyer, et de dame Marie-Catherine-Lambertine Perseons, son épouse demeurant à Louvain, province du Brabant, royaume des Pays-Bas. Ils ont pour fils :

> Charles-Lambert-Anne Taisne, né à Ressaix, arrondissement de Charleroy, département de Jemmappes, le 20 thermidor an 10 (7 août 1802).

Armes : de sinople, à trois croissants d'argent.

LE ROY DE BARDE, (ou DE BARDES), famille noble et ancienne de la province de Picardie, distinguée par ses alliances et ses services militaires. Nous allons en donner la filiation suivie, dressée sur les preuves originales, faites par-devant M. d'Hozier, juge d'armes de la noblesse de France, le 22 mai 1789.

Raoul le Roy (*li Rois*), du consentement d'Emmeline, son épouse, de Richer, (*Richerii*) son frère, et d'Hélie, fils dudit Richer, fit donation, l'an 1227, à l'église et aux religieux de Sainte-Marie de Lieu-Dieu, de huit journaux de terre, situés au territoire d'Embreville, et de tout son masage d'Embreville, qu'il tenait desdits religieux, qui, pour ce, lui donnèrent vingt-quatre livres parisis. Il leur fit une autre donation, la même année 1227, de sept journaux de terre, situés au champ des Noes, par laquelle donation ledit Raoul le Roy reconnaît que lesdits religieux lui avaient donné douze livres tournois. Cette donation fut ratifiée, au mois d'octobre 1228, par Richard de Feukières (*de Feuquières*), frère de Raoul le Roy ; ce qui fait voir que l'un de ces deux seigneurs avait épousé la sœur de l'autre.

Nicole le Roy fut mariée, vers l'an 1470, avec Alexandre Gaillard, écuyer, seigneur de Ferré. Elle est mentionnée dans le testament de son mari, du 24 septembre 1510.

Cette maison a formé plusieurs branches ; savoir: celle de Valenglart, et celles de Camelun et de Barde, rapportees ci-après. Suivant la preuve précitée, leur souche commune remonte à

I. Gui le Roy, écuyer, rappelé comme défunt dans trois jugements des années 1375, 1396 et 1405, rapportés au degré suivant, par lesquels il appert qu'il eut pour fils :

II. Jean le Roy, Ier du nom, écuyer, qui, ayant prouvé suffisamment sa noblesse, tant de père que de mère, fut déchargé, comme noble et gentilhomme, du droit de francs-fiefs et nouveaux acquêts, par jugements du 30 mai 1375 et 20 mai 1396, rapportés dans un troisième du 5 septembre 1405, rendu en sa faveur par les commissaires, députés sur le fait des finances, lesquels mettent en pleine délivrance les fiefs nobles acquis par ledit Jean le Roy et Gui, son père, depuis quarante ans. Il eut pour fils

III. Jean le Roy, IIe du nom, écuyer, seigneur de Darguy et de Cornehotte, qui fut également déchargé du droit de francs-fiefs, par jugement du 25 janvier 1482, par lequel il appert que ses prédécesseurs avaient toujours vécu noblement, et suivi les armes toutes les ois que le roi avait convoqué son ban et arrière-ban de la noblesse. Il est mentionné dans le compte de la recette du domaine de Ponthieu, de l'an 1496. Il épousa demoiselle Marguerite du Mouchel, rappelée comme défunte et veuve dudit Jean le Roy, dans un acte du 31 mars 1524, rapporté au degré suivant. Leurs enfants furent:

1.° Nicolas, dont l'article suit ;

2.º Louis le Roy, écuyer, seigneur de Darguy, qui assista au contrat de mariage de Nicolas, son frère, le 24 novembre 1525.

IV. Nicolas LE ROY, Iᵉʳ du nom, écuyer, seigneur de Moyenneville, en Vimeu, sieur de Pougerville, fit le 31 mars 1524, le relief d'un fief noble, situé au terroir de Moyenneville, et tenu en plein hommage du seigneur de Valenglart et de Moyenneville en partie, duquel fief la saisine lui fut donnée pour en jouir après le décès de Regnault de Bournoville, écuyer, qui avait été mari de demoiselle Jeanne du Mouchel, sa tante; fit un autre relief, le 2 juin 1524, à Nicolas le Vasseur, écuyer, seigneur de Sailly le Bray, de Boullancourt, etc., de quelques terres qu'il possédait au terroir de Moyenneville; et s'allia, par contrat du 24 novembre 1525, passé au château de Rayneval, devant Oudard du Four et Vaude de Beaufort, avec damoiselle Catherine de Crevecœur, assistée de messire Jacques de Crevecœur, prêtre, doyen et chanoine de Saint-Martin de Piquigny, et d'Augustin de Cosette, écuyer, seigneur de Boucacourt, mari et bail de demoiselle Antoinette de Crevecœur, sa sœur. De ce mariage sont issus:

1.º Nicolas, dont l'article suit ;
2.º Adrien le Roy, écuyer, sieur de Honville, vivant le 26 septembre 1557 ;
3.º Louis le Roy, écuyer, seigneur de Darguy, qui s'allia, avec demoiselle Claude le Comte, dont elle était veuve, le 13 juillet 1583, et ayant la garde noble de Philippe le Roy, leur fils.

V. Nicolas LE ROY, IIᵉ du nom, écuyer, seigneur de Moyenneville et de la Motte, en partie, , fit un relief des terres qu'il possédait à Moyenneville, le dernier septembre 1546, fit une déclaration de ses terres et fiefs nobles, le 26 septembre 1557, par-devant le bailli d'Amiens, commissaire du roi sur le fait du ban et arrière-ban; épousa 1.º par contrat du 5 novembre 1546, passé à Saint-Riquier, devant Jacques Roussel et Jean de Quevauviller, notaires, demoiselle Antoinette de Hesdin, qui fit son testament le 21 février 1573 ; fille de feu Antoine de Hesdin, écuyer, seigneur de Bezencourt, et de demoiselle Marie de la Berquerie ; 2.º par contrat du 12 juillet 1581, passé devant Pierre des Marets, et François du Buit, notaires, à Boulogne, demoiselle Jeanne de Maillefeu, veuve de feu noble seigneur Antoine de Griette, écuyer, seigneur de l'Escoré. Elle vivait encore le 9 février 1610. Nicolas le Roy fit son testament le 21 septembre 1582, devant Benoît Waille, prêtre et curé de Boullencourt, par lequel il veut être inhumé dans l'église du couvent de Saint-François, à Abbeville, auprès de feu Antoinette de Hesdin, sa femme. Il y nomme Jeanne de Maillefeu, et les enfants qu'il avait eus des deux lits, savoir:

Du premier lit:

1.º Jacques le Roy, légataire de la seigneurie de Moyenneville et autres terres, mort sans postérité;
2.º François, dont l'article suit;
3.º Adrien, auteur de la branche des seigneurs de Barde, rapportée ci-après;

Du second lit:

4.º André le Roy, qui a fondé la branche des seigneurs de Camelun, rapportée en son rang.

VI. François LE ROY, Iᵉʳ du nom, écuyer, seigneur de Moyenneville, de la Motte, de Bezencourt, de Valenglart, etc., écuyer du duc d'Aumale, épousa, par contrat du 4 mai 1587, passé devant Fremin du Four, notaire à Moreuil, demoiselle Antoinette de Rivery, fille de messire Jean de Rivery, chevalier, seigneur de Potonville, gentilhomme ordinaire de la chambre du roi, lieutenant pour S. M. au gouvernement de Brouage. De ce mariage est issu:

VII. René LE ROY, chevalier, seigneur de Moyenneville, de Valenglart, Bezencourt, Rivery, Yonval, Vaux, et autres lieux, marié, par contrat du 15 avril 1621, passé devant Pinthereau, notaire, au bailliage de Chaumont, avec demoiselle Renée des Landes, fille de noble seigneur Claude des Landes, écuyer, seigneur de Beaurepaire et de Boutencourt, et de damoiselle Jeanne du Bosc. Il fit son testament devant Papin, notaire, en

Ponthieu, le 8 février 1638, par lequel il lègue ses enfants, savoir :

1.º Claude, dont l'article suit ;

2.º Louis le Roy de Valenglart, chevalier de Malte, ainsi qu'il conste d'une quittance de 3000 livres, donnée le 28 mai 1632, par Pierre Desquets, chevalier et receveur de l'ordre de Malte, ladite somme pour son passage et la dispense d'âge. Il fut légataire de son père, en 1638 ;

3.º François le Roy, chevalier, seigneur de Bezencourt, vivant en 1683 ;

4.º Charles le Roy, chevalier, seigneur de Potonville, de Rivery, Bollencourt, et autres lieux, légataire de son père, en 1638, marié, par contrat de 10 mai 1646, avec dame Elisabeth le Myr, veuve de feu messire Charles de Fontettes, chevalier, seigneur de Vaumain. Il fut déclaré noble et maintenu dans les priviléges de son ancienne extraction par arrêt de la cour des aides du 16 janvier 1664. Il eut pour fils :

    a. Joseph-Pierre le Roy, chevalier, seigneur de Potonville, qui épousa, par contrat du 30 octobre 1683, demoiselle Louise-Françoise du Quesnoy, fille de messire François du Quesnoy, chevalier, seigneur de Rety, de Saint-Martin, en Preure, et autres lieux, et de dame Catherine d'Acheu ;

    b. Claude-Charles le Roy, abbé de Potonville, qui transigea, le 14 février 1685, avec Pierre-Joseph le Roy, son frère, touchant les successions paternelle et maternelle. Il fut maintenu avec lui dans son ancienne extraction, par jugement de M. Bignon, intendant en Picardie, le 17 décembre 1701.

    Cette branche de Potonville est éteinte.

5.º Louis le Roi, légataire en 1638 ;

6.º Georges le Roy, légataire en 1638 ;

7.º André le Roy, sieur de Rivery, légataire en 1638, maintenu par l'arrêt de la cour des aides, du 16 janvier 1664 ;

8.º Catherine le Roy, légataire en 1638, veuve en

.1668, de messire Jean le Ver, chevalier, seigneur de Caux.

VIII. Claude LE ROY, Ier du nom, chevalier, seigneur de Moyenneville, de Valenglart, de Plouy d'Yonval, Vaux, etc., légataire de son père, le 8 février 1638, épousa, par contrat du 4 octobre 1643, reçu par P. Becquin, notaire, en Ponthieu, demoiselle Catherine d'Acheu, fille de messire Gédéon d'Acheu, chevalier, seigneur de Plouy, Morival, Acheu, et autres lieux, et de demoiselle Marie Manessier. Il fut maintenu dans sa noblesse, par arrêt de la cour des aides du 16 février 1664. De ce mariage est issu :

IX. François LE ROY, IIe du nom, chevalier, seigneur de Moyenneville, de Valenglart, etc., marié, par contrat du 16 juillet 1668, reçu par le Febvre, notaire à Abbeville, avec demoiselle Antoinette Le Fort, fille de feu Jean Le Fort, chevalier, seigneur du Quesnoy, et de dame Isabelle de Tronville, femme en secondes noces, de messire Charles de Sacquespée, chevalier, seigneur de Gorenclos et de Beaulieu. De ce mariage sont issus :

1.º Claude, dont l'article suit :

2.º Marie-Jeanne-Angélique le Roy, mariée, par contrat du 24 septembre 1701, à Joseph-François de Lisques, chevalier, seigneur de Lisques, de Tofflet, de Fouarville, Molinaux, etc., fils de feu messire François de Lisques, chevalier, seigneur des mêmes lieux, et de dame Louise de Montejan de Niecourt.

X. Claude LE ROY, IIe du nom, chevalier, seigneur de Moyenneville, Valenglart, le Quesnoy, Allery, et autres lieux, épousa, par contrat du 15 décembre 1696, reçu par Trancart et Caron, notaires à Amiens, demoiselle Marie-Anne de Trudaine, demoiselle de Roberval, fille de messire François de Trudaine, chevalier, seigneur de Roberval, d'Oisy, de Tieulloy, la Vacquerie et autres lieux, conseiller du roi, et de dame Marie-Anne Canterine. Il fut maintenu dans les priviléges de sa noblesse d'ancienne extraction, par jugement de M. Bignon, intendant en Picardie, du 17 décembre 1702. Ses enfants furent :

1.° Claude-François le Roy, chevalier, né le 25 octobre 1699;

2.° Catherine le Roy, née le 1er novembre 1697;

3.° Marie-Anne le Roy, née le 11 octobre 1698;

4.° Angélique le Roy, née le 15 février 1701.

Nous attendons sur cette branche des détails ultérieurs, que nous transmettrons dans un prochain volume.

Seigneurs de Barde.

I. Adrien LE ROY, écuyer, seigneur de Barde, Bois-Colart, Harse, Watisard, Limeu, Hurt, le Tiltre, Royaulmont, Valines, erc., gentilhomme ordinaire de la maison du duc de Guise, troisième fils de Nicolas le Roy, IIe du nom, seigneur de Moyenneville, et d'Antoinette de Hesdin, sa première femme, fut institué légataire de ses père et mère, par leurs testaments du 21 septembre 1582 et du 21 février 1573; épousa, par contrat du 5 février 1613, par-devant Gallet, notaire à Abbeville, demoiselle Charlotte de Rune, fille de Charles de Rune, écuyer, sieur d'Yonval, et de damoiselle Antoinette de Vaulz, et fit son testament le 30 décembre 1627, où sont nommés ses enfants, qui suivent. Sa veuve passa une transaction, le 7 avril 1646, avec François le Roy, son fils. Leurs enfants furent :

1.° Claude le Roy, écuyer, seigneur de Hurt, par le testament de son père ; mort sans postérité ;

2.° François, dont l'article suit ;

3.° Antoinette le Roy, légataire de son père, en 1627.

II. François LE ROY, écuyer, seigneur de Barde, de Bois-Colart, Hurt, Watrehurt, etc., épousa, par contrat du 24 juillet 1641, passé devant Michel de la Rue, demoiselle Elisabeth de Fontaines, fille de messire Joachim de Fontaines, écuyer, sieur de Woincourt, Cerisy, et de demoiselle Marie de Roussel de Saint-Clair. Il passa une transaction avec Charlotte de Rune, sa mère, le 7 avril 1646, pour la rescision d'une autre transaction, faite entre eux le 25 avril 1642, au sujet d'une somme de 600 livres, que François le Roy lui devait par chacun an. De ce mariage sont issus :

1.° Nicolas, dont l'article suit ;

2.° Adrien le Roy, écuyer, sieur de Royaulmont, qui était cadet dans le régiment de Croisy, compagnie de M. de la Boissière, lorsqu'il transigea avec Nicolas le Roy, son frère aîné, sur leurs droits successifs, le 12 septembre 1685 ;

3.° Antoine le Roy, écuyer, sieur de Limeu, mentionné dans la transaction du 12 septembre 1685; il était capitaine d'infanterie au régiment de Bourbon, en 1738 ;

4.° Françoise le Roy, religieuse à Sainte-Marie d'Abbeville, morte avant le 12 septembre 1685;

5.° Claude-Antoinette le Roy, religieuse au même monastère. Elle et sa sœur ratifièrent, le 23 avril 1682, un partage fait par leurs frères, le 20 juillet 1672. Elles ne vivaient plus le 12 septembre 1685.

VIII. Nicolas LE ROY, Ier du nom, écuyer, seigneur de Barde, Hurt, etc., partagea les biens de ses père et mère, avec Adrien et Antoine le Roy, ses frères, le 20 juillet 1672; épousa, par contrat du 3 août 1673, passé devant Paul le Clercq, notaire royal au bailliage et prévôté de Vimeu, demoiselle Antoinette de Cacheleu, fille de défunts messire Jacques de Cacheleu, chevalier, seigneur de Bouillencourt, et de dame Françoise de Maillefeu. De ce mariage sont issus :

1.° Nicolas, dont l'article suit ;

2.° Antoine-Jean le Roy, vivant en 1693 ;

3.° Louise-Madelaine le Roy, vivante en 1738.

IX. Nicolas LE ROY, IIe du nom, écuyer, seigneur de Barde, l'un des deux cents chevau-légers de la garde du Roi, précédemment lieutenant d'infanterie au régiment de Thiange; obtint des lettres de bénéfice d'âge, le 25 novembre 1695; épousa, par contrat du 12 avril 1698, passé devant Philippe Lefèvre, notaire à Abbeville, demoiselle Marguerite-Thérèse de Tillette de la Motte, fille de défunts Jean de Tillette, écuyer, sieur de Maufort, et de dame Madelaine le Vasseur; et fut maintenu dans sa noblesse d'ancienne extraction, par jugement de M. Bignon, intendant en Picardie, du 24 avril 1708. De son mariage sont issus :

1.º Nicolas-François, dont l'article suit;

2.º Marie-Thérèse le Roy, née le 18 mars 1700, morte jeune;

3.º Antoinette-Madelaine le Roy, née le 6 octobre 1702, mariée avant l'an 1738, avec messire Jean-Baptiste Loisel de Gocher, écuyer, seigneur de Broutelles.

X. Nicolas-François LE ROY, chevalier, seigneur de Barde, Hurt, Limeu, Royaulmont, Bois-Colart, etc., naquit le 26 octobre 1706. La tutelle de lui et d'Antoinette-Madelaine le Roy, sa sœur, fut donnée à Nicolas-le Roy, leur père, par sentence rendue au bailliage d'Amiens, le 1er mars 1720. Il obtint des lettres de bénéfice d'âge, données en la chancellerie de Paris, le 13 septembre 1724, et s'allia, par contrat du 6 septembre 1738, passé devant Marcotte et Hacot, notaires à Montreuil-sur-Mer, avec demoiselle Marie-Jeanne Prevost, dame de Vaudringhem et de Frémicourt, fille de Jacques Prevost, seigneur du Quint d'Aix et de Gouy, en Issarts, et de feu demoiselle Anne Sublet. De ce mariage sont issus:

1.º François-Isidore, dont l'article suit;

2.º Marie-Madelaine le Roy, demoiselle de Barde, morte en 1788;

3.º Marie-Thérèse-Françoise le Roy, demoiselle de Vaudringhem, vivante en 1818;

4.º Marie-Charlotte-Elisabeth le Roy, demoiselle de Frémicourt, vivante en 1818.

XI. François-Isidore LE ROY, comte de Barde, né le 8 juillet 1740, seigneur de Barde, de Royaulmont, Hurt, Bois-Colart, etc., ancien capitaine au régiment de Picardie, émigra et fit les campagnes dans l'armée de monseigneur le duc de Bourbon, accompagné de ses deux plus jeunes fils, et mourut en 1811. Il avait épousé, par contrat du 20 octobre 1771, passé devant le Sage, notaire royal à Montreuil-sur-Mer, demoiselle Marie-Françoise-Guillaine le Bel de la Fresnaye, fille de feu messire Pierre le Bel, chevalier, seigneur du Boisgenest, Vieil-Roman, etc., chevalier de l'ordre royal et militaire de Saint-Louis, capitaine au régiment de Rohan-Prince, et de dame Charlotte-Elisabeth de Saisseval. De ce mariage sont issus :

1.º Armand-Nicolas, dont l'article suit ;

2.º Alexande-Isidore le Roy, vicomte de Barde, né en 1777 ; il a émigré et fait les campagnes à l'armée de monseigneur le duc de Bourbon. Il a aujourd'hui rang de capitaine de cavalerie, et il est chevalier de l'ordre royal et militaire de Saint-Louis ;

3.º Alexis-Hilarion, chevalier de Barde, né en 1779, chevalier de l'ordre souverain de Saint-Jean-de-Jérusalem. Il a émigré avec son père, et a fait les mêmes campagnes.

XII. Armand-Nicolas LE ROY, comte de Barde, né le 30 septembre 1772, ancien page de Louis XVI, a émigré et fait les campagnes dans l'armée des princes, dans le corps des mousquetaires. Il n'a jamais quitté le Roi ni les princes pendant l'émigration, et n'est rentré en France, ainsi que ses frères, qu'avec Sa Majesté, en 1814. Il est chevalier de l'ordre royal et militaire de Saint-Louis, capitaine de cavalerie, et receveur-général du département de l'Isère. Il a épousé à Londres, par contrat du 1er juillet 1806, signé de MONSIEUR, comte d'Artois, et de monseigneur le duc de Berri, demoiselle Adèle-Louise-Henriette de Sainte-Hermine, fille de haut et puissant seigneur, René-Louis, marquis de Sainte-Hermine, seigneur de Coulenges, la Brossardière, Agonay et autres lieux, maréchal des camps et armées du Roi, premier écuyer et gentilhomme d'honneur de S. A. R. MONSIEUR, et de feu haute et puissante dame Elisabeth-Augustine-Aimée de Polignac-Chalençon. De ce mariage sont issus :

1.º Amédée-Nicolas-François le Roy de Barde, né le 21 juin 1807 ;

2.º Anne-Francisque-Eugène le Roy de Barde, né le 19 mars 1817 ;

3.º Hermine-Julie-Henriette le Roy de Barde, née le 6 mai 1815.

Seigneurs de Camelun.

VI. André LE ROY, écuyer, seigneur de Camelun, quatrième fils de Nicolas le Roy, IIe du nom, seigneur de Moyenneville, et de Jacqueline de Maillefeu, sa seconde femme, laquelle transigea, le 20 mai 1583, avec Jacques le Roy, écuyer, sieur de Bezancourt, François le Roy, écuyer, sieur de la Motte, et Adrien le Roy, écuyer, sieur de Hurt, frères du premier lit; épousa, par contrat du 9 février 1610, passé devant Becquin et Descaules, notaires en Ponthieu, demoiselle Françoise de Tillette, fille de feu Antoine de Tillette, écuyer, sieur de Mautot, Dructel, la Motte et Cambron, et de demoiselle Hipolyte de Rohault. Il fit son testament le 24 mars 1613, où il est qualifié d'homme d'armes de la compagnie du Roi, et institue son héritier universel, Nicolas le Roy, son fils unique, qui suit :

VII. Nicolas LE ROY, IIIe du nom, chevalier, seigneur de Camelun, Zoteux, et autres lieux, épousa, par contrat du 26 février 1645, passé devant Jean Papin, notaire en Ponthieu, demoiselle Marie le Roy, fille de Jacques le Roy, écuyer, seigneur de Valines et de Lignerolles, conseiller du Roi, maître des requêtes ordinaire de son hôtel, et de demoiselle Françoise Boulon. Il fit son testament le 26 juillet 1684. Ses enfants furent :

1.º Charles, dont l'article suit ;
2.º Jacques, légataire, en 1684 ;
3.º Madelaine, ⎫
                ⎬ légataires, en 1684 ;
4.º Marie,   ⎭
5.º Françoise le Roy, mariée par contrat du 9 juin 1672, avec Nicolas le Sellier de Han, seigneur de Frireulle, fils de Charles le Sellier, dit de Han, écuyer, sieur de Frireulle, de Rosel, etc., capitaine en chef d'une compagnie de gens de pied, au régiment d'Espagny, et de demoiselle Françoise le Moictier.

VIII. Charles LE ROY, écuyer, seigneur de Camelun, légataire de son père, le 26 juillet 1684, major du régiment de Belleforrière, en 1696, fut maintenu dans sa noblesse, par jugement de M. Bignon, intendant en Picardie, du 17 décembre 1701.

Armes: Tiercé en fasces: au 1, d'or, au lion léopardé de gueules; au 2, de sinople; au 3, d'hermine. Supports: deux lions. Cimier: un lion issant.

DE JASSAUD DE THORAME, maison dont il est fait mention, tome XIII, page 207; c'est à tort qu'il y est dit que cette famille s'éteint, attendu que le baron de Thorame a laissé un fils qui existe de nos jours, en Languedoc; il est frère de Marie-Désirée de Jassaud de Thorame, dont il est question audit article.

Armes: D'azur, au croissant d'argent; au chef cousu de gueules, chargé de trois étoiles d'or.

DU VAL DE LA HOUSSAYE, famille ancienne, originaire de Champagne, qui s'est répandue en diverses provinces de France, dont une branche entr'autres dans le Bordelais. Elle remonte à

I. Perron DU VAL, chevalier, du lieu de Champagne, qui fut chambellan du roi saint Louis, et son homme de confiance; il suivit ce monarque dans les guerres qu'il fit contre les infidèles. Joinville en fait mention dans ses Mémoires. Son frère, Manassès du Val, chevalier, l'accompagna dans les mêmes croisades. Ce Manassès est auteur de diverses autres branches de la maison du Val, en Bourgogne et en Champagne. Perron du Val épousa Marie d'Autricourt, dont il eut:

II. Avant DU VAL, chevalier, époux d'Anne de Champons, et père de:

III. Thibaut DU VAL, chevalier, qui s'allia avec Jeanne de Hennequin; il eut pour fils:

IV. Pierre DU VAL, Ier du nom, chevalier, qui eut pour femme Anne de Saint-Avi, de la province de Touraine, où il s'établit à cause des biens de sa femme. Il fut père de Raoul, qui suit :

V. Raoul DU VAL, chevalier, l'un des principaux gentilshommes du maréchal de Boucicaut, qui fut tué à a bataille d'Azincourt, en 1415. Il avait épousé Michelle de Loré, dont il eut deux fils :

    1.º Yvon, dont l'article suit ;
    2.º Martin du Val, chevalier, qui fut écuyer du roi Charles VII. Il épousa Jeanne de Ronsard, et mourut sans postérité.

VI. Yvon DU VAL, chevalier, seigneur de Niafle, près de Craon, capitaine de la Marchère, secrétaire du roi Charles VII, par lettres du 6 juillet 1437, épousa, la même année, Marguerite de Maynence. La chronique d'Alain Chartier en fait mention au nombre des capitaines qui suivirent Charles VII, contre l'irruption des anglais, en 1440. Il eut pour fils :

VII. René DU VAL, chevalier, seigneur de Niafle et de Baratoire, marié, en 1470, avec Jeanne des Loges. Il passa une procuration, le 13 janvier 1489, et sa femme, veuve, partagea, avec Antoine et Abel du Val, ses enfants, sa succession, le 25 juillet 1510. Leurs enfants furent :

    1.º Antoine, dont l'article suit ; .
    2.º Abel du Val, chevalier, seigneur du Bois-Gaget, en Touraine, qui n'eut que des filles.

VIII. Antoine DU VAL, chevalier, seigneur de Baratoire, en Touraine, reçut quittance du receveur des octrois faits au roi par les gentilshommes, le 11 février 1529 ; épousa, 1.º Andrée de Dureit, fille de Jean de Dureit, seigneur de la Barbée, dont il n'eut point d'enfants ; 2.º Françoise Errault de Chemans, fille d'Antoine Errault, seigneur de Chemans, et de Roberte de Bouillé du Bourgneuf, et sœur de François Errault, seigneur de Chemans, en Anjou, garde des sceaux de France, en 1543. De ce dernier mariage sont issus :

    1.º Jean, dont l'article suit ;
    2.º François du Val, chevalier, seigneur de Ba-

ratoire, mort sans postérité. Il fut appelé à la réforme de la coutume de Tours, et produisit un compulsoire de titres à la cour des aides le 3 décembre 1539;

3.° Maximilien du Val, écuyer, seigneur de la Cour, après Chinon; il n'eut qu'un fils, Guillaume du Val, écuyer, qui donna une procuration le 7 août 1550, et mourut sans postérité.

IX. Jean DU VAL, Ier du nom, chevalier, seigneur de Périgny de Pierrières, épousa, le 18 juin 1537, Isabeau Dangu de la Mérinière morte avant le 7 août 1550. Dans son contrat de mariage, il est assisté d'Antoine de Scolin, son oncle. Leurs enfants furent :

1.° Jean, dont l'article suit;

2.° Pierre du Val, qui fonde la branche des marquis de Tertys, rapportée ci-après;

3.° Claude du Val, mort sans postérité.

X. Jean DU VAL, IIe du nom, chevalier, seigneur de Vaumort et d'Epizy, né le 3 octobre 1540, gentilhomme de monseigneur François de France, duc d'Alençon, frère du roi Henri III, commandait les gardes de la reine Catherine de Médicis. On a dix certificats des services qu'il rendit au roi depuis l'an 1564 jusqu'en 1578. Il ratifia un bail à ferme, le 18 décembre 1558; fit une acquisition de Jean Guerard, le 3 juin 1562; rendit hommage les 11 et 22 juillet suivant; reçut une procuration d'Adrien le Marchand, le 20 août 1563; passa une transaction avec Pierre de la Grange le 8 février 1565; fit une vente à Bonaventure Gillier, le 4 mai suivant; acquit quelques terres d'Ambroise Certaut le 16 juillet 1566; transigea au sujet de la vente de la terre de Perigny le 18 février 1575; rendit un aveu le 13 juin 1580, et passa une procuration le 12 avril 1585. Il avait épousé, 1.° par contrat du 14 février 1563, Catherine de Milly de Vaumort; 2.° par contrat du 22 avril 1582, Marie de Domont; 3.° par contrat du 3 février 1584, Suzanne de Chabouillé. Il eut de ce dernier mariage :

1.° Jacques, dont l'article suit;

2.° Nicolas du Val, seigneur de Maison-Rouge, mort sans postérité; de Gabrielle de Balathier de Lantage, sa femme, veuve de lui, en 1639, fille

d'Edme de Balathier, écuyer, seigneur de Bra-
gelogne ;

3.° Georges du Val, seigneur de Vielpont, tué en
Italie, près de Casal, capitaine dans le régiment
de Vervins ;

4.° Gabrielle du Val, mariée, avant le 19 juillet
1618, avec Gabriel Gautier.

XI. Jacques DU VAL, Ier du nom, chevalier, seigneur d'Epizy, maréchal-des-logis de la cavalerie légère commandée par le sieur de la Ferté, chevalier de
l'ordre de Saint-Michel, maître d'hôtel du roi, naquit
le 23 août 1594. D'abord destiné à l'état ecclésiastique en
1601, il partagea la succession paternelle avec ses frères le
16 juillet 1618 ; rendit foi et hommage les 10 mars 1616
et 1er juin 1626 ; fut pourvu de la charge de maréchal-
des-logis de la cavalerie légère par brevet du 10 janvier
1629 ; obtint, les 12 juillet 1626 et 8 novembre 1635,
deux jugements des commissaires établis par les francs-
fiefs, par lesquels il fut déclaré noble, et maintenu dans
ses priviléges ; partagea avec Nicolas du Val, la succession de Georges, seigneur de Vielpont, leur père, le
24 mars 1631, fut déchargé de la contribution du ban
et arrière-ban par ordonnance du 15 avril 1639, portant qu'il sert présentement ; fut pourvu de la charge de
maître d'hôtel ordinaire du roi, par provisions du 9
octobre 1650 ; obtint le brevet de capitaine appointé,
le 1er septembre 1651 ; fut reçu chevalier de l'ordre de
Saint-Michel le dernier octobre 1652. Il avait épousé,
par contrat du 15 février 1621, demoiselle Anne de
Poliard de la Cane, dont il eut :

1.° Edme, dont l'article suit ;

2.° Robert du Val, à qui Claude Balathier de Lantage fit une donation, le 25 juin 1633.

XII. Edme DU VAL, chevalier, seigneur de la Grand-
maison, d'Epizy, etc., né le 6 avril 1627, d'abord destiné à l'état ecclésiastique, le 19 décembre 1637, épousa,
par contrat du 30 avril 1656, Elisabeth de Pontbréant (1);

(1) Issu de la maison de Rune, originaire de Pologne
suivant le mémoire généalogique sur lequel celte filiation est
établie. Une branche s'est fixée en France vers l'an 1400. Elle
a occupé des emplois considérables et contracté les plus belles

fit acquisition, le 1er novembre 1664, du comté de Moucy; rendit foi et hommage, le 29 décembre du même an; et fut maintenu dans sa noblesse par arrêt du conseil du Roi du 19 mars 1668. De son mariage sont issus :

1.º Galliot du Val, écuyer, seigneur de la Grand-maison, d'Epizy et de la Houssaye, ancien capitaine au régiment de Normandie, infanterie, ingénieur en chef des armées du Roi. Il avait d'abord été page du maréchal de Noailles. De Geneviève du Tertre, son épouse, il laissa :

a. Edme du Val, chevalier, seigneur de la Houssaye, brigadier de la première compagnie des mousquetaires, chevalier de l'ordre royal et militaire de Saint-Louis; mort sans lignée ;

b. Louis du Val, chevalier, mousquetaire dans la première compagnie, mort sans lignée ;

c. Galliot du Val, chevalier, page dans la maison d'Orléans, capitaine au régiment de Flandre, chevalier de Saint-Louis, mort sans postérité.

2.º Daniel du Val, qui suit ;

3.º Henri du Val, chevalier, lieutenant au régiment d'Orléans, tué à la bataille d'Hochstedt, en 1704.

XIII. Daniel DU VAL, chevalier, seigneur d'Epizy, aide-major au régiment de Souastres, cavalerie, et lieutenant audit régiment, précédemment garde-du-corps du roi dans la compagnie de Noailles, épousa Françoise de Varade, de laquelle il eut :

XIV. Alphonse-François-René DU VAL, chevalier, seigneur de la Houssaye et d'Epizy, de la Motte la Nozaye, qui épousa, par contrat du 19 novembre 1720, Madelaine de Lalouette. Leurs enfants furent :

———————————————

alliances, entr'autres avec la maison d'Humières, qui leur donna la parenté, au sixième degré, avec Henri IV ; à celles de Créqui, d'Ailli, de Rubempré, de Longjumeau, Vieupont, Boulainvilliers, de Croix, la Meth, Clermont-Tonnerre, Tramecourt, Coppesquène, descendants des lords de ce nom, de Gomicourt, etc., etc.

1.º François-André, qui suit ; .

2.º Marie-Anne du Val, qui fut présentée pour être admise au nombre des demoiselles de Saint-Cyr.

XV. François-André DU VAL, chevalier, seigneur de la Houssaye et d'Epizy, etc., lieutenant des grenadiers au régiment de Solar, épousa Marie-Anne d'Abon, fille de Jacques-Auguste d'Abon, chevalier seigneur du Carouge, capitaine au régiment de Boufflers, chevalier de l'ordre royal et militaire de Saint-Louis, et de Marie-Françoise de Mazancourt. Ils n'ont eu qu'une fille unique, Marie-Madelaine-Charlotte du Val de la Houssaye, mariée à Pierre du Val, chevalier, marquis de Tertys, chef de la seconde branche rapportée ci-après :

SECONDE BRANCHE

Etablie à Bordeaux.

X. Pierre DU Val, IIᵉ du nom, chevalier, seigneur de Perigny, second fils de Jean du Val, Iᵉʳ du nom, et d'Isabeau Dangu, vint s'établir à Bordeaux, où il épousa Marguerite de la Chausse, dont il eut :

XI. Jacques DU VAL, Iᵉʳ du nom, baron de Tertys, qui s'allia avec Bartholomée dè Gaufreteau, et en eut :

1.º Jean, dont l'article suit ;

2.º Pierre, qui fonde la troisième branche rapportée en son lieu.

XII. Jean DU VAL, IIᵉ du nom, chevalier, baron de Tertys, mort doyen au parlement de Bordeaux, à eu pour fils :

1.º Jacques du Val, chevalier, baron de Tertys, conseiller du Roi, au parlement de Guienne, qui obtint, en 1685, l'érection en marquisat de sa baronnie de Tertys (1), il épousa demoiselle N...

---

(1)   *Lettres patentes de sa majesté, portant érection de la baronnie de Terfïïs en marquisat.*

LOUIS par la grâce de Dieu, roi de France et de Navarre ; à tous présens et à venir, salut : Les témoignages les plus

du Perrier, dont il eut Antoine du Val, chevalier, marquis de Tertys, conseiller du Roi au
parlement de Bordeaux, qui s'allia avec demoiselle Anne Le Berton;

certains que les rois nos prédécesseurs ayant voulu donner de
leur estime à ceux de leurs sujets qui les ont bien servis, ne se
sont pas contentez de les honorer en leurs personnes, mais ils
ont voulu décorer leurs terres et seigneuries, des titres et
dignitez proportionnées à leur mérite, ce qu'ils ont fait d'autant volontiers, que l'exemple de ces sortes de grâce excitoit
un châcun à la vertu pour s'en rendre digne; en quoy voulant
les imiter, et mettant en considération les services qui nous ont
esté rendus par notre très cher et bien aimé Jacques Duval,
nostre conseiller en nostre parlement de Guyenne, baron de
Tertiis dans la fonction et exercice de sa charge depuis trente
années, et dans toutes les occasions où il a pu donner des
marques de son zèle à nostre service, dans plusieurs commissions qu'il a eues pour des affaires publiques, et entr'autres
dans celles de la religion, où il a travaillé et travaille avec
beaucoup d'application : les longs et grands services que Jean
Duval, nostre conseiller, doyen de nostredit parlement, son
père, a rendus, qui a donné des marques éclatantes de son
courage et de sa fermeté pour nostre service dans les derniers
troubles, la perte de ses biens et les dégats de ses maisons de
campagne faits par les ennemis de l'état n'ayant fait qu'augmenter son zèle et sa fidélité; comme aussi en considération
de l'ancienne noblesse dudit Duval, et des services importans
rendus par ses ayeuls dans les armées des rois nos prédécesseurs; désirant de luy donner des marques de la satisfaction
que nous avons desdits services; Nous avons cru ne le pouvoir
mieux faire qu'en luy donnant un titre qui le distingue du
commun et fasse connoistre à la postérité l'estime que nous
faisons de sa personne, nous estant bien informé que la terre
et baronie de Tertiis est une des plus anciennes baronies de
nostre province de Guyenne, relevante de nous en plein fief,
sur laquelle passent les deux rivières de la Dour et du Luy,
où il a tout droit de haute, moyenne et basse justice qu'il fait
exercer par ses officiers, droits honorifiques à l'église, un beau
chasteau, plusieurs domaines et fiefs, cens et rentes, prérogatives et autres droits et devoirs seigneuriaux, et est capable de
soutenir la qualité de marquisat; cette terre estant d'une
grande réputation pour les eaux chaudes et les bains salutaires
que Dieu a donné dans cet endroit, lesquelles attirent dans le
printemps et l'automne un grand concours de personnes,
même des pays étrangers, qui reçoivent quasi toujours la

2.° Léonard du Val, chevalier, conseiller au parlement de Bordeaux ;

3.° Pierre, dont l'article suit ;

---

guérison de leurs maladies. Sçavoir faisons que pour ces causes et autres à ce nous mouvans, de nostre grâce spétiale, pleine puissance et authorité royale, *Nous* avons ladite terre et baronnie de Tertiis, ses appartenances et dépendances, créée, élevée, érigée, instituée et décorée, créons, élevons, érigeons, instituons et décorons par ces présentes, signées de nostre main, en titre, nom, dignité, et prééminence du marquisat, pour en joüir par ledit sieur Duval, ses enfans, héritiers et successeurs mâles, audit titre, nom et dignité pour la dénomination et marquisat de Tertiis ; Voulons et nous plaît que les vassaux et justiciables de ladite terre, tant nobles que roturiers, dorénavent portent et rendent, quand le cas 'y écherra, la foy et hommages qu'ils doivent, donnent leurs aveux et dénombremens, fassent leurs déclarations et payent leurs droits et devoirs auxquels ils sont tenus, sans les augmenter, sous la reconnaissance dudit titre de marquisat de Tertiis, et que ledit sieur Duval, ses enfans, héritiers et successeurs mâles, seigneurs et propriétaires de ladite terre, joüissent à l'avenir du titre du marquisat, avec tous les honneurs, droits, prérogatives et priviléges y appartenans, et dont joüissent les autres marquis de nostre royaume et de ladite province, et à cet effet leur ayons permis de porter sur leurs armes les blazons et couronnes appartenans à la dignité de marquis ; pour dudit marquisat joüir et user par eux, tenir et posséder aux mêmes redevances, foy et hommages qu'il doit à présant, à cause de ladite terre, et sans aucun changement de mouvance, augmentation ni diminution des droits. Voulons que la justice y soit administrée par les officiers' dudit sieur Duval ès lieux accoûtumez, ainsi qu'elle estoit auparavant, et que lesdits juges et officiers intitulent leurs sentences et jugements de la qualité de marquis de Tertiis, en toutes causes civiles et criminelles, sans aucun changement de ressort, ny que les appellations puissent être relevées ailleurs, ny d'autre manière qu'elles estoient auparavant, ne rien innover aux droits de justice, foy et hommages qui pourroient appartenir à d'autres seigneurs particuliers, ny contrevenir aux cas royaux dont la jurisdiction appartient aux juges présidiaux. Voulons en outre que si ledit marquisat vient à tomber ès mains et estre possédé par gens faisant professsion de la R. P. R. il ne s'y pourra faire aucun prêche ny exercice public de ladite religion, à peine de nullité des présentes : n'entendons néanmoins qu'en conséquence de la présente exécution, ny des édits des années 1565

XIII. Pierre DU VAL, IIIᵉ du nom, chevalier, baron de Tertys, a eu pour fils :

  1.° Armand, mort sans postérité ;

  2.° Joseph, dont l'article suit.

XIV. Joseph DU VAL, chevalier, baron de Tertys, fut père de :

  1.° Jean du Val, chanoine à Saint-Emilion ;

  2.° Pierre, dont l'article suit.

XV. Pierre DU VAL, IVᵉ du nom, chevalier, marquis de Tertys, capitaine au régiment de Royal-Vaisseaux chevalier de l'ordre royal et militaire de Saint-Louis, a épousé Marie-Madelaine-Charlotte du Val, dame de la Houssaye et d'Epizy, dernier rejeton de la branche aînée, fille unique de François-André du Val, chevalier, seigneur de la Houssaye et d'Epizy, et de Marie-Anne d'Abon. Le marquis de Tertys est mort sans postérité. Il a pris le nom de du Val de la Houssaye, par la possession de la terre de ce nom, qui fut laissée à sa femme en héritage, par Edme du Val, chevalier, brigadier de la première compagnie des mousquetaires.

---

et 1566 et autres, on puisse prétendre ledit marquisat estre mis à nostre couronne, au défaut d'hoires mâles, ausquels édits et à tous autres semblables, nous avons dérogé et dérogeons pour ce regard ; sans laquelle condition ledit sieur Duval n'auroit pû accepter nostre présente grâce. Si donnons en mandement à nos amez et féaux conseillers, les gens tenans nostre cour de parlement à la Réole, et chambre de nos comtes de Paris, que ces présentes ils ayent à enregistrer, et que du contenu en icelles ils fassent joüir et user ledit sieur Duval, ses enfans et successeurs mâles, seigneurs et propriétaires de ladite terre, pleinement, paisiblement et perpétuellement, cessant et faisant cesser tous troubles et empêchemens contraires : car tel est nostre plaisir, et afin que ce soit chose ferme et stable à toûjours. Nous avons fait mestre nostre scel à ces présentes. Donné à Fontainebleau, au mois d'octobre, l'an de grâce mil six cent quatre-vingt-cinq ; et de notre règne le quarante-trois. Ainsi signé LOUIS, et sur le reply, par le Roy, signé PHILIPEAUX, *visa* signé LE TELLIER, et scelé du grand sceau de cire verte en lacs de soie verte et rouge.

Collationné à l'original par nous conseiller secrétaire du Roy, maison, couronne de France et ses finances.

La marquise du Val de la Houssaye vit à Paris, et se trouve, par le mariage de sa cousine-germaine Marthe-Madelaine-Louise d'Abon, avec le vicomte de Hallet, tante, à la mode de Bretagne, du comte et du vicomte de Hallet, et de Clémentine de Hallet, leur sœur.

TROISIÈME BRANCHE.

XII. Pierre DU VAL, IIIe du nom, chevalier, conseiller du Roi et commissaire aux requêtes au parlement de Bordeaux, mort doyen, eut pour fils :

1.° Pierre, qui suit ;
2.° Jean du Val, chevalier ;
3.° Joseph du Val, chevalier, lieutenant-colonel au régiment de Noailles, père de Jean du Val, ancien capitaine d'infanterie.

XIII. Pierre DU VAL, IVe du nom, chevalier, seigneur de Lart, Endorthe et Belair, épousa Marie-Anne de Spens d'Estignols, fille de Jacques de Spens d'Estignols, chevalier, capitaine au régiment Dauphin, dragons, chevalier de l'ordre royal et militaire de Saint-Louis, et de N..... de la Lande. Il eut pour fils :

XIV. Etienne DU VAL, chevalier seigneur, de Belair et autres lieux.

Armes : D'argent, à trois trèfles de sinople ; l'écu timbré d'un casque taré de front, orné de ses lambrequins d'argent et de sinople, et sommé d'une couronne de marquis. Supports : deux lions d'argent. Cimier : un lion issant du même.

LE GRAS DE SECHEVAL, ET DE LA CHASTIÈRE, porte pour armes : d'argent à trois rencontres de cerf de gueules.

De cette famille était M. le baron le Gras, adjudant-général à l'armée de Quiberon, qui est mort de deux blessures qu'il a reçues à cette bataille ; il a laissé un fils, qui a continué la postérité : c'est M. Alexandre le Gras de la Chastière, adjudant-major de la légion de Rohan, émigré, déporté en 1805, à l'occasion de l'affaire du duc d'Enghien.

RIGOLEI ou RIGOLEY; famille noble, originaire de Florence, établie en Bourgogne.

I. Denis RIGOLEY, seigneur de la Chaume et de Visargent, fut honoré de l'estime particulière du grand Condé, comme il appert des lettres de ce prince, et particulièrement de celle autographe que S. A. S. lui écrivit de Chantilly, le 13 mars 1664, finissant par ces mots : « votre affectionné ami, Louis de Bourbon. » Il fut cornette au régiment de Rantzau, infanterie, en 1635; lieutenant au régiment de Rantzau, cavalerie, en 1636, et capitaine au régiment de Kulhase, infanterie, en 1640. Il se trouva au siége de Saint-Jean de Losne, le 2 novembre 1636, et y fit des prodiges de valeur. A la tête du premier secours, il traversa le pont sous la mousqueterie des ennemis qui occupaient la tour de la Prison; assailli de toutes parts, rien ne put ralentir sa marche; il força tous les postes, et entra le premier dans la ville. Les magistrats et habitants ne purent s'empêcher d'admirer son courage, et voulant reconnaître les services qu'il leur avait rendus en cette circonstance, ils lui donnèrent un certificat de sa conduite héroïque pendant cette journée. Il fut depuis conseiller du roi, secrétaire des états de Bourgogne et Bresse. Il épousa, en 1640, Anne Guye, fille de N.... Guye, écuyer, seigneur de Labergement et de Vorène. De ce mariage sont issus :

1.º Denis-François Rigoley, prêtre, docteur de Sorbonne ;

2.º Pierre Rigoley, conseiller au parlement de Dijon, commissaire aux requêtes du palais, marié à Madelaine de Berbis ;

3.º Claude Rigoley, qui suit ;

4.º Françoise Rigoley, mariée à Antoine de Mucie, seigneur, d'Escuelles et de Pont-de-Vaux, conseiller du roi, maître ordinaire en la chambre des comptes de Dijon ;

5.º Anne-Gabrielle Rigoley, religieuse ;

6.º Catherine Rigoley, religieuse.

II. Claude RIGOLEY, chevalier, seigneur de Puligny, de Mypon, fut successivement secrétaire des états de Bourgogne et Bresse, conseiller du roi en tous ses conseils, premier président de la chambre des comptes de Dijon. Il épousa, 1.º par contrat du 21 février 1677, Anne-Madelaine Chartraire, fille de Gui Chartraire, écuyer, procureur du roi au bailliage d'Auxois; 2.º par contrat du 28 juillet 1686, demoiselle Oudette-Thérèse Languet, fille de messire Denis Languet, écuyer, comte de Rochefort, baron de Saffres, seigneur de Montigny, de la Villeneuve et de Saint-Cosme, conseiller du roi en tous ses conseils, procureur-général au parlement de Dijon. Ses enfants furent;

Du premier lit:

1.º Denis Rigoley, conseiller au parlement de Dijon, mort sans postérité;
2.º Germain Rigoley, colonel du régiment de Rouergue, infanterie, le 11 décembre 1705, mort sans postérité;

Du second lit:

3.º Jean Rigoley, chevalier, seigneur de Puligny; il fut successivement conseiller au parlement de Dijon, commissaire aux requêtes du palais et conseiller du roi en tous ses conseils, premier président de la chambre des comptes de Dijon. Il épousa demoiselle de Siry, fille de messire de Siry, président au parlement de Dijon. De ce mariage sont issus:

    a. Jean Rigoley, chevalier, premier président de la chambre des comptes de Dijon, mort sans postérité;

    b. Guillaume-Olympe Rigoley, chevalier, secrétaire des états de Bourgogne et Bresse, mort sans postérité;

    c. Anne -Marie - Françoise - Thérèse Rigoley, mariée à messire Marc-Antoine de Pradier, chevalier, marquis d'Agrain, premier président de la chambre des comptes de Dijon;

4.º Denis-Claude Rigoley, qui suit;
5.º Anne Rigoley, morte en bas âge.

III. Denis - Claude Rigoley, chevalier, baron d'Ogny, seigneur de Mypon et de Saint-Cosme, pour lesquelles seigneuries il rendit foi et hommage le 8 août 1748, au marquis Digomay, baron de Vianges. Il fut secrétaire des états de Bourgogne et Bresse. Il épousa, par contrat du 14 novembre 1719, Anne-Marie Chartraire de Bierres, fille de François Chartraire, écuyer, seigneur de Montigny et de Bierres, conseiller au parlement de Dijon. De ce mariage est issu :

IV. Claude - Jean Rigoley, né à Dijon, le 12 octobre 1725, chevalier, baron d'Ogny, seigneur d'Auteuil, Antouillet, Milmont, Bazoches et Andelu. Il fut successivement conseiller au parlement de Dijon, le 20 avril 1745 ; intendant général des courriers, postes, relais et messageries de France, le 20 janvier 1770 ; grand - croix, prévôt de l'ordre royal et militaire de Saint-Louis, le 25 décembre 1771. Il épousa, par contrat du 24 avril 1748, Elisabeth d'Alencé, fille de Denis d'Alencé, écuyer, seigneur de Lacouarde et de Grosrouvre, capitaine au régiment de Bourbonnais, infanterie. De ce mariage sont issus :

1.º Claude-François - Marie Rigoley, chevalier, baron d'Ogny, né à Dijon, le 9 janvier 1759. Il fut successivement élève au régiment de Strasbourg, artillerie, en 1770 ; capitaine au régiment de Jarnac, dragons, en 1774, et adjoint à son père, intendant général des postes, en 1785. Il épousa, par contrat du 13 février 1786, Flore-Louise Ménage de Pressigny, fille de François Ménage de Pressigny, écuyer.

2.º Claude-Elisabeth Rigoley d'Ogny, qui suit ;

3.º Marie-Denise-Elisabeth Rigoley d'Ogny, née à Dijon, le 21 janvier 1753, mariée, par contrat du 21 avril 1773, à messire Claude-Anaclet, chevalier, marquis de Bassompierre, maréchal des camps et armées du roi, chevalier de l'ordre royal et militaire de Saint-Louis.

V. Claude-Elisabeth Rigoley, né à Paris, le 21 avril 1767, chevalier, baron d'Ogny, fit sa preuve de noblesse, pour être reçu officier dans les troupes du Roi, devant Bernard Chérin, écuyer, généalogiste des ordres de Saint-Michel, du Saint-Esprit et de Saint-Lazare, le 29 novembre 1782. Il fut successivement sous-lieutenant au régiment Colonel-Général, infanterie, le 1er mars 1783; capitaine au régiment Royal-Picardie, cavalerie, le 1er juin 1786; aide-maréchal-général deslogis de la cavalerie du corps commandé par S. A. S. monseigneur le duc de Bourbon, le 1er juin 1792; et colonel de cavalerie, le 13 novembre suivant, dont les services sont attestés par S. A. S. ainsi qu'il appert de son certificat, en date du 20 juin 1814; chevalier de l'ordre royal de la Légion d'Honneur, le 21 septembre 1814 et officier dudit ordre, le 4 janvier 1815, chevalier de l'ordre souverain de Saint-Jean de Jérusalem, le 13 juin 1816; chevalier de l'ordre royal et militaire de Saint-Louis, le 3 décembre 1817, et décoré du lys de la garde nationale parisienne, le 2 octobre 1817.

Armes : D'azur, au chevron accompagné en chef de deux étoiles, et en pointe d'un faisan, le tout d'or.

Je soussigné généalogiste et chevalier honoraire de l'ordre souverain de Saint-Jean de Jérusalem, certifions et attestons avoir dressé la présente généalogie sur les titres qui m'ont été donnés en communication.

En foi de quoi j'ai signé et fait apposer sur cire rouge notre cachet ordinaire.

Paris, le 17 mai 1818.

LA CROIX.

NICOLAS, famille noble, et très-ancienne, originaire de Bretagne, province où elle florissait dès le commencement du quatorzième siècle. Elle justifie une longue série de services dans l'épée et la magistrature.

Galerand Nicolas, *dit* de la Grève, est rappelé comme défunt dans l'acte de la fondation du collège de Cornouailles, de l'an 1321, en faveur de laquelle il paraît avoir fait des dispositions testamentaires.

I. Olivier NICOLAS, chevalier, est mentionné, l'an

1336, avec la qualification de *messire* dans l'acte de la
fondation de l'hôpital de Landernau, par Hervé de Léon,
seigneur de Noyon. Il combattit dans les guerres qu'eut
Charles de Blois, duc de Bretagne, contre les Anglais,
en 1345 et 1347. Il avait épousé Tiphaine de Langourla,
dont les armes sont: *d'azur, à trois bandes d'or*. On leur
connaît trois fils et une fille :

> 1.º Jean, dont l'article suit :
> 2.º Pierre Nicolas, qui, l'an 1373, servit sous le
> connétable du Guesclin au siége de Brest, en la
> compagnie de messire Geoffroi de Kérimel, che-
> valier ;
> 3.º Dérien Nicolas, écuyer, qui fut du nombre
> des hommes d'armes de la compagnie d'Olivier le
> Moyne, capitaine de Lesneven, dont la montre
> fut faite en cette ville le premier janvier 1378;
> 4.º Olive Nicolas, mariée à Geoffroi Giffart,
> écuyer.

II. Jean NICOLAS, Iᵉʳ du nom, écuyer, fut du nombre des seigneurs bretons qui, le 28 avril 1381, ratifièrent à Lamballe le traité de paix de Guerrande, conclu
entre Charles V, roi de France, et Jean de Montfort,
duc de Bretagne, Gilonne du Plessier, sa femme, était
veuve le 14 mars 1383, qu'elle transigea avec ses enfants
qui suivent. Ses armes sont: *d'or, à cinq chaussetrapes
de sable :*

> 1.º Guillaume, dont l'article suit;
> 2.º Olivier, ⎰ vivants le 14 mars 1383 ;
> 3.º Perroton, ⎱
> 4.º Nicole, mariée, avant le 14 mars 1383, avec
> Alain du Val, écuyer;
> 5.º Thomasse, qui n'était pas encore mariée le 14
> mars 1383. Elle mourut religieuse.

III. Guillaume NICOLAS, Iᵉʳ du nom, écuyer, servit dans les guerres de son tems sous la charge d'Eon
de Lesnerac, écuyer, capitaine de Clisson, dont la
compagnie, composée de quatorze chevaliers-bacheliers
et de quatre-vingt-cinq écuyers, fut reçue à Paris le 27
janvier 1382. Il épousa, après l'an 1383, Alaïs de Kerman, dont les armes sont: *d'azur, à la tour d'argent,*

maçonnée de sable, posée sur une roue d'argent, dont on ne voit que la moitié. Leurs enfants furent :

1.° Jean, dont l'article va suivre ;
2.° Maurice Nicolas, écuyer, qui paraît avec cette qualité dans le rôle de la montre de la compagnie de messire Robert de Montauban, chevalier, banneret, du premier septembre 1421 ;
3.° Elisabeth Nicolas, morte sans avoir été mariée.

IV. Jean NICOLAS, IIe du nom, écuyer, était, en 1420, homme d'armes en la compagnie de Jean de Penhouet, amiral de Bretagne. Il fit partie de l'armée qui fut levée par Raoul, sire de Coetquen, maréchal de Bretagne, pour le recouvrement de la personne du duc, retenu prisonnier par Olivier de Blois, comte de Penthièvre, dont les biens furent ensuite confisqués pour cause de cette félonie. Jean Nicolas prêta serment de fidélité au duc de Bretagne le 28 octobre 1437. Il était alors marié avec Guillemette de Bellouan, dont les armes sont : *de sable, à l'aigle éployée d'argent.* On leur connaît entr'autres enfants :

1.° Guillaume, dont l'article suit ;
2.° Anne, femme de Jean de Noualan ;
3.° Françoise, morte sans alliance.

V. Guillaume NICOLAS, IIe du nom, écuyer, est nommé dans les plaids des états tenus à Vannes, le 6 mars 1451, comme ayant quelque différend avec Guillaume de Kerman. Il était marié, le 24 février 1461, avec Claude Madec, dont les armes sont : *de gueules, à trois lionceaux d'argent.* Leurs enfants furent :

1.° Henri, dont l'article suit ;
2.° Jean, mort sans postérité ;
3.° Raoulet, écuyer, mentionné dans l'acte de la fondation de l'église de Saint-Malo de Dinan, faite par Jean, vicomte de Rohan.

VI. Henri NICOLAS, écuyer, est nommé avec Pierre le Gadec, Lucas le Boul, Etienne le Gief et plusieurs autres gentilshommes, dans une commission du 28 mars 1488, donnée par la duchesse Anne de Bretagne, à Bizien de Kerousi, pour informer sur quelques excès commis à Tréguier. Thibaude Prégent, veuve de lui en 1521, et dont les armes sont : *de gueules, à trois fleurs de lys d'or,* le fit père de plusieurs enfants, entr'autres :

    1.º Yvon, dont l'article suit ;

    2.º Jean, abbé commendataire de Notre-Dame de Longuet, en 1541 ;

    3.º Thibaude, qui fut mariée à Julien le Gal ;

    4.º Claude, épouse de François de Kerbouric.

VII. Yvon NICOLAS, sieur de la Touche, vivait en 1543, avec Renée le Mestayer, sa femme, dont les armes sont : *d'argent, au pin arraché de sinople, fruité d'or, accosté de deux merlettes de sable.* Elle était veuve, et dans un âge avancé, le 21 mai 1582. Leurs enfants furent :

    1.º Yvon, mort sans postérité ;

    2.º Jean, dont l'article suit ;

    3.º Marguerite, alliée à Olivier du Bois, écuyer.

VIII. Jean NICOLAS, IIIe du nom, écuyer, sieur de la Touche, épousa, le 21 mai 1582, Julienne, *aliàs* Nicole Pioger, dont les armes sont : *d'argent, à trois écrevisses de gueules.* Ils eurent entr'autres enfants :

IX. Jean NICOLAS, IVe du nom, écuyer, seigneur de la Touche, qui obtint, en 1614, des lettres de reconnaissance de noblesse, où il est fait mention de son ancienne extraction. Il épousa Jeanne Martin, dame des Champs-Gérault et du Plessix, fille de François Martin, seigneur des mêmes lieux, et d'Yvonne des Erts. Les armes de Jeanne Martin sont : *d'azur, semé de billettes d'argent ; au franc-canton de gueules, chargé de trois rustres d'or.* De leur mariage est issu :

X. Jean NICOLAS, Ve du nom, chevalier, seigneur des Champs-Gérault ; conseiller en la cour des comptes de Bretagne, marié avec Nicole le Vayer, dame de Clays, dont les armes sont : *de gueules, à fasce d'or, accompagnée en chef de deux étoiles, et en pointe d'un croissant, le tout du même.* De ce mariage est issu :

XI. Jean NICOLAS, VIe du nom, chevalier, seigneur de Clays, des Champs-Gérault, premier président aux requêtes du palais . Il épousa Marquise Pepin du Frettay , dont les armes sont : *d'azur, au chevron componé d'argent et de gueules, accompagné de trois pommes de pin d'argent* . Elle était fille de Renée Pepin , écuyer , seigneur du Frettay, de Sévigné et de la Bourbonnays , et de Jeanne Cibouault de Pinieux, sa seconde femme. De ce mariage sont issus, entr'autres enfants : ·

1.º Germain Nicolas, seigneur de Clays, qui continua la branche aînée en Bretagne. Il avait épousé Renée Chenu, dame de Clermont , près Nantes ;
2.º Jean, dont l'article suit ;
3.º Nicolas, prieur de Châteaugiron;
4.º N......, femme de Henri Guéheneuc, seigneur du Boishux.

XII. Jean Nicolas , VII° du nom , chevalier , seigneur des Champs-Gérault, fut maintenu conjointement avec Germain Nicolas, seigneur de Clays, son frère, dans son *ancienne* extraction, et dans la qualité de *chevalier,* par arrêt rendu en la chambre de la réformation de Bretagne, du 20 août 1669 . Il avait précédemment épousé Marie - Renée de Rosmadec, dont les armes sont : *palé d'argent et d'azur* : fille de Sébastien, marquis de Rosmadec, comte des Chapelles, baron de Molac, du Juch, de Penhouet, et de Renée de Kergournadech de Kercoent : et sœur puînée de Marie-Anne de Rosmadec, marquise de Molac, femme de René le Sénéchal de Kercado , comte de Kercado . Jean-Nicolas eut entr'autres enfants :

XIII. Abel Nicolas , écuyer , qui émigra de Bretagne en 1685, et fut s'établir dans la ville d'East-Looe , au comté de Cornouailles , province d'Angleterre, où il mourut en 1712 . Il avait épousé, avant son émigration, Anne de Pouldouran, dont les armes sont : *vairé d'or et de gueules.* Leurs enfants furent :

1.º Paul, dont l'article suit;
2.º Jacques Nicolas, qui a formé une branche ;
3.º Renée Nicolas, mariée à N.... Dyer.

XIV. Paul Nicolas , Iᵉʳ du nom , écuyer , fut deux fois maire de la ville d'East-Looe . Il épousa Elisabeth

Mellow, fille de N.... Mellow, de la paroisse de Talland, province de Cornouailles. Il en eut pour fils unique :

XV. Paul Nicolas, IIe du nom, écuyer, qui fut plusieurs fois maire de la ville d'East-Looe; de Marthe Harris, son épouse, fille de Nicolas, de la ville d'East-Looe. Il eut :

1.º Paul Harris-Nicolas, mort en 1788; il avait épousé Anne, deuxième fille de Jean Blake;

2.º Nicolas Harris-Nicolas, major du régiment Royal-Dragons de Cornouailles, et capitaine de sa majesté au quarante-quatrième régiment, mort à East-Looe, le 2 novembre 1816, sans postérité, de Phillis, fille aînée de Jean Blake;

3.º Jean, dont l'article suit;

4.º Plusieurs enfants morts jeunes.

5.º Elisabeth;

6.º Marthe.

XVI. Jean Harris-Nicolas, VIIIe du nom, capitaine de la marine royale, ancien maire de la ville d'East-Looe, épousa Marguerite Blake, fille puînée de Jean Blake, et petite-fille du révérend Jean Keigwin, ayant pour mère Marie, fille et héritière de Guillaume Busvargus de Busvargus, en Cornouailles, écuyer. De ce mariage sont issus :

1.º Jean Toup-Nicolas de Busvargus, en Cornouailles, écuyer, capitaine de frégate, compagnon du très-honorable ordre du Bain, chevalier, commandeur de l'ordre royal-militaire de Saint-Ferdinand, et du mérite des Deux-Siciles, né en 1788.

2.º Paul-Harris-Nicolas, lieutenant de la marine royale, né en 1790, marié avec Anne Morcombs.

De ce mariage sont issus :

a. Jean-Toup-Harris-Nicolas, né en 1815;

b. Anne Cuming Nicolas, née en 1814.

3.º Guillaume Keigwin-Nicolas, né en 1792, lieutenant de la marine royale;

4.º Nicolas Harris-Nicolas de Waterlooe-Villa,

près de la ville d'East-Looe, en Cornouailles, né
en 1796, lieutenant de la marine royale ;

5.º Charles-Henri Nicolas, né en 1800.

Armes : De gueules, à la fasce d'argent, chargée de
trois merlettes de sable, et accompagnée de trois têtes
de loup arrachées d'or. Tenant et support une sirène et
un lion. Cimier : Un loup issant d'une couronne de
comte.

FIN DU QUINZIÈME VOLUME.

ADDITIONS

ET

CORRECTIONS.

DE BEC tom. XI, p. 190, etc., dans la seconde note, p. 190, lig. 10, au lieu de *lenitin Galliam,* lisez *venit in Galliam*; lig. 12, au lieu de *Neissa facio,* lisez *Missa facio.*

Ier degré. Antoine, sire de Bec, etc., au service duquel (du roi de France), il s'attacha comme volontaire; *ajoutez*: il se distingua en 1468, au siége de Liége, où il resta pour mort au pied des remparts.

IIe degré. Bertrand-Claude, etc., après, il mourut les armes à la main; *ajoutez*: à la sanglante journée de la Bicoque.

IIIe degré. Antoine, IIe du nom, etc., après ces mots: les troupes de Charles-Quint, qui envahissaient la Provence; *ajoutez*: il fut blessé en 1544, à la bataille de Cerisolles.

V^e degré. Mathieu de Bec, etc., après ces mots: sa terre de Beaudun, fut érigée en fief, sous le nom de Saint-Barthélemi; *ajoutez*: aussi bon seigneur que jurisconsulte probe et savant, il fit une fondation qu'il dota pour marier chaque année un certain nombre de filles sans fortune, et établir les garçons pauvres, en se réservant le choix des sujets ainsi qu'à ses héritiers, qui n'ont cessé de remplir cette pieuse obligation qu'à la révolution, quoique depuis long-tems ils ne possédassent plus le fief de Saint-Barthélemi. (Nous avons encore le registre où sont écrits tous les noms des filles mariées et des garçons établis suivant l'intention de Mathieu.)

VIIIe degré. Bruno-Marius de Bec, etc., après: conseiller à la cour des comptes d'Aix, le 23 mai 1758; *ajoutez*: et conseiller au parlement; le 1er octobre 1771.

Fortuné--François-Xavier.... *ajoutez* à son article: retiré chez lui, il s'est donné à l'étude des lettres et des sciences et a été admis comme savant à l'académie d'Aix.

IXe degré. Joseph-Marius de Bec, etc., *ajoutez* à son article: il est mort le 27 avril 1812, regretté de sa famille, de ses amis, et pleuré des pauvres qu'il n'avait cessé de secourir pendant toute sa vie. On lit sur la pierre qui couvre son tombeau: *au Père des Pauvres*. Inscription simple mais heureuse qui souvent est préférable au plus beau titre.

François-Xavier-Hyppolite, *ajoutez* à son article: enlevé de force à sa famille, il a fait les campagnes d'Allemagne où il servait en qualité d'officier dans un régiment de dragons.

X^e degré. Augustin-Maximin-Marius de Bec, etc., après il a épousé Marie-Thérèse de Begue, fille de Paul de Begue; *ajoutez*: mort à Marseille, sous la hache révolutionnaire, victime de son dévoûment pour la cause de son Roi.

———

DE BIENCOURT, tom. XIV, p. 40, article XXIX, Armand-François-Marie, comte de Biencourt, au lieu de sous-lieutenant dans les gardes-du-corps du Roi, le 3 novembre 1791, *lisez*: sous-lieutenant dans la garde du Roi, formée en 1791, sous le commandement de M. le duc de Brissac.

———

DE BONNAY, famille des plus anciennes de Bourgogne, divisée en plusieurs branches en Champagne, en Lorraine, etc., porte pour *armes*: d'argent, à trois hures de sanglier de sable, défendues du champ.

BREGEOT DE BYLÉE, en Lorraine, province où cette famille réside encore de nos jours, porte pour *armes*: d'azur, à l'épée d'argent, garnie d'or, accompagnée de trois étoiles du même.

DES FOSSEZ, en Valois, très-ancienne famille divisée en plusieurs branches en Picardie, et alliée aux familles les plus distinguées de cette province, porte pour *armes*: d'or, à deux lions de gueules, adossés et passés en sautoir. Devise: *Concordia victrix.*

LE GENDRE DE LA FERRIÈRE, tom. XIII, p. 293, degré II, ligne 2, seigneur de la Ferrière; *lisez*: seigneur de la vicomté de la Ferrière; cette seigneurie étant décorée de ce titre.

DE GICQUEL, tom. XIII, p. 43, article des *armoiries*; d'azur, au chevron d'argent chargé de trois coquilles de sable; *lisez*: d'azur, au chevron d'argent chargé de cinq coquilles de sable.

DES GUILLAUMANCHES DU BOSCAGE, t. XI, p. 234, degré XXIV, ligne 6 de ce degré, au lieu de 1747, *lisez* 1740.

/

JOURDA DE VAUX, de Foletier, en Languedoc. Les
» armes de cette famille déjà mentionnées dans le
» tome XIII du Nobiliaire, p. 268, doivent être réta-
» blies ainsi qu'il suit :

D'azur, à la bande d'or, chargée de deux étoilés du
champ. L'écu timbré d'une couronne de vicomte.

DE MAGUELONNE DE SAINT-BENOIT, t. XIII,
p. 190, au lieu de Fermand, notaire, *lisez* Fermond,
notaire; au lieu de Saint-Benoît Courtauté et Rabou,
lisez Saint-Benoît, Courtaulé et Babou. P. 191,
degré III, ligne 4, après aux siéges de Paysat, la Bastide
et Limbressac, *lisez* : en qualité de commandant, ainsi
qu'il appert du certificat du marquis de Mirepoix, le
25 novembre 1622.

Après il fut relevé du droit de franc fief, que ladite
famille n'a jamais payé; *lisez* : étant noble d'extraction.
Même page, article 2.º, après docteur en Sorbonne,
reçu le 6 août 1617, *lisez* : 1677. Page 192, ligne première, après Marie Denéa, *lisez* : Marie Dexéa. Degré VI,
art. 1ᵉʳ, Henri-Bathélemi; *lisez* : Henri-Marie-Barthélemi; art 3.º, après Guillaume de Maguelonne, émigré;
lisez : à l'armée royale des princes. Même degré, art. 4º.
après Barthélemi-Gabriel de Maguelonne, émigré;
lisez : en Espagne.

Au lieu de Henri-Bathélemi de Maguelonne; *lisez* :
Henri-Marie-Barthélemi. P. 193, lig. 4 et 5; au lieu
de chevalier de l'Eperon d'or de Sa Sainteté Pie VII,
le 5 septembre 1815; *lisez* : 1816. Lig. 11 et 12, au
lieu de Marguerite d'Izarn de Lormes; *lisez* : d'Isarn-
Villefort.

DE MARTEL, tom. XII, p. 205, art. 5.º

Edouard de Martel; *ajoutez* : qu'il a été fait officier
de la Légion-d'honneur, par MONSIEUR, frère du Roi,
en octobre 1814.

DE MENGIN, tom. Ier, p. 300, lig. 26 : et de Marguerite de Pins; *ajoutez* : de la même maison qu'Odon, et Roger de Pins, grands-maîtres de Rhodes. Page 301, ligne 18, Maussade; *voyez* Maussard. Ibid., lig. 28, et de Charlotte de Goallard de Lecussan, brigadier des armées du Roi, gouverneur de Riblemont. Page 306, ligne 13, la maison de Campbell est une illustre et ancienne maison d'Ecosse; *ajoutez* : issue des ducs d'Argyle. Page 307, ligne 29, fut pris et amené en France, après la prise d'Ypres par les Français; *ajoutez* : où il avait été blessé; Ibid., ligne 32, après ces mots : à l'avénement de S. M. Louis XVIII; *ajoutez* : il a accompagné les princes au 29 mars, lors du retour de l'usurpateur : et il a été nommé fourrier des logis du Roi, le 11 décembre 1815. Ibid., lig. 38, et de dame Charlotte-Françoise du Quesnoy; *ajoutez* : fille du marquis du Quesnoy, d'une ancienne maison de Normandie. Il faut ajouter à l'article de Pierre - Charles - Joseph, baron de Mengin - Fondragon, un fils nommé Pierre-Stanislas de Mengin - Fondragon, né au mois de mai 1816.

PERRAULT DE JOTEMPS DE FEUILLASSE, (Joseph-Hyacinthe-Victor), né à Allemogne, pays de Gex, le 4 juillet 1776, reçu, le .... mai 1786, élève de Tournon.

Cet article est à ajouter après la dernière ligne de la page 122 du catalogue des gentilshommes admis sur preuves de noblesse au service militaire, dans le t. XII du Nobiliaire de France.

ROUILLÉ D'ORFEUIL, tom. X, p. 349.

b. Louis-Antoine Rouillé de Roissy......

Ajoutez : conseiller au parlement, le 17 mars 1713, s'est démis de sa charge et a eu des lettres de conseiller honoraire, le 8 octobre 1733.

Il avait épousé, le 6 août 1731, en la paroisse de Clichy, demoiselle Angélique Poulletier, fille de Pierre Poulletier, chevalier, maître des requêtes dès 1707, conseiller-d'état, intendant de Lyon, morte le 2 août 1732.

De ce mariage est issu Augustin-Louis-Marie Rouillé, né le 30 août 1732.

LE ROY DE VALANGLART, branche aînée de la maison de Roy de Bade, rapportée pag. 329 de ce volume. Les renseignements que nous attendions sur cette branche nous étant parvenus, nous en donnerons la continuation jusqu'à nos jours.

Enfants de Claude le Roy, IIᵉ du nom, p. 334.

1.º Claude-François le Roy, qui suit ;

2.º Demoiselle Marie-Thérèse le Roy, mariée, en 1731, à Georges-Antoine de Schulemburg, chevalier, comte du Saint - Empire, seigneur de.... demeurant à la ville de Librose, près Leipsick, en Basse-Saxe ;

3.º Demoiselle Catherine le Roy, née le 1ᵉʳ novembre 1697, vivante le 17 décembre 1702 ;

4.º Demoiselle Marie-Anne le Roy, née le 11 octobre 1698, vivante en 1702, devint abbesse de Saint-Desir, ordre de..... à Lizieux, vivante en 1743 et 1772 ;

5.º Demoiselle Angélique-Paule le Roy, née le 15 février 1701, devint prieure de Saint-Michel de Crépy, en Valois, en 1750.

XII. Claude-François LE ROY, chevalier, marquis de Valanglart, seigneur de Moyenneville, le Quesnoy Allery, Sones, Vaux, Yonval, né le 25 octobre 1699, mort paroisse Saint-Michel du Quesnoy, le 8 juillet 1767, marié par contrat devant Mᵉ... à demoiselle Marie-Françoise-Charlotte - Josèphe de Vander-Noot, baronne de Kieseghem, fille de Charles, chevalier, baron de Kieseghem, colonel du régiment d'Artois au service

d'Espagne, gouverneur de Gironne, et de demoiselle....
morte au Quesnoy, le 6 novembre 1764, dont il eut :

1.º François-Léonard le Roy, qui suit ;

2.º François-Mathieu le Roy de Valanglart, chevalier, comte de Vander-Noot, baron de Kieseghem, né le 14 mai 1745, a été page du roi de
France. Il est mort le 15 mai 1761 ;

3.º Demoiselle le Roy, morte à Paris, le..... mars
1762 ;

4.º Demoiselle Marie-Anne-Françoise-Léonar-
dine le Roy de Valanglart, morte sans alliance,
en son château de Moyenneville, le 15 octobre
1800 ;

5.º Demoiselle le Roy, demoiselle d'Allery, dame
de Saint-Marc, morte sans alliance à Gand, le...
janvier 1770 ;

6.º Demoiselle Charlotte-Françoise-Ferdinande le
Roy, née à Moyenneville le 14 mai 1741, morte
le 2 août suivant ;

7.º Demoiselle le Roy, vivante, religieuse en
1758, morte à Moyenneville de la petite-vérole
en 1786.

XIII. François-Léonard LE ROY, chevalier, marquis
de Valanglart, seigneur de Monneville, Yonval,
Bienfay, Zalleux, Zotteux, Acheux, du Chaussoy, du
Quesnoy, d'Allery-sous-Airennes, Oissy, Riencourt et
Briquemenil, né le... mars 1737, capitaine de dragons
au régiment Dauphin en 1759, guidon de gendarmerie en 1761, enseigne en 1770, mestre-de-camp de
cavalerie, chevalier de l'ordre royal et militaire de Saint-
Louis, mort à Bruxelles le 2 mai 1794 ; marié par contrat
du 24 septembre 1770 devant Mᵉ Boulart, notaire à
Paris, à demoiselle Françoise-Marie-de Fougières, fille de
François-Marie, chevalier, comte de Fougières, sous-
gouverneur de monseigneur le dauphin, gouverneur des
ville et citadelle d'Amiens, premier maître-d'hôtel de
monseigneur le comte d'Artois, et de défunte demoiselle
Marie-Françoise de Tribelet, sa première femme ; morte
à Sainte-Segrée le 3 septembre 1813, dont :

1.º François-Marie-Joseph-Raoul le Roy, qui
suit ;

2.º Alfred-Marie-Charles le Roy, chevalier de Malte, comte de Valanglart, né à Paris, paroisse Saint-Eustache, le 11 décembre 1783; marié par contrat du 17 septembre 1817, devant Mᵉ Delattre notaire à Amiens, à demoiselle Pauline-Judith de Harchies, née à Sunderland, en Ecosse, le 23 septembre 1796, fille de Charles-François, marquis de Harchiés, chevalier de l'ordre royal et militaire de Saint-Louis, et de demoiselle Anne-Henriette-Eugénie de Stappens;

3.º Demoiselle Marie-Amable le Roy de Valanglart, née à Paris le 13 mai 1773, vivante sans alliance;

4.º Charlotte-Marié-Ursule-Léonardine le Roy, née au Quesnoy le 11 octobre 1774; mariée par contrat du 3 juin 1805, devant Mᵉ Devisme, notaire à Abbeville, à Louis Gabriel du Passage, chevalier, seigneur de Sainte-Segrée, né en 1769, fils de Jean-Baptiste et de demoiselle Geneviève-Louise-Charlotte de la Miré de Caumont.

XIV. François-Marie-Joseph-Raoul LE ROY, chevalier, marquis de Valanglart, né à Paris le 16 octobre 1771; marié par contrat du 9 avril 1806, devant Mᵉˢ Trutat et Duchène, notaires à Paris, à demoiselle Angélique-Madelaine-Caroline de Machault, née à Paris, paroisse de Saint-Nicolas-des-Champs, le 21 juillet 1778, fille de Charles-Henri-Louis de Machault, comte d'Armouville, maréchal-des-camps et armées du roi et pair de France, et de demoiselle Angélique-Elisabeth-Jeanne de Baussan, et petite-fille de Jean-Baptiste de Machault, chevalier et seigneur d'Arnouville, Garges et Gonesse, garde-des-sceaux de France, ministre et secrétaire-d'état, au département de la marine, et de demoiselle Geneviève-Louise Rouillé du Coudray, dont:

1.º Marie-Charles-Henri le Roy, né à Versailles, paroisse Saint-Louis, le 25 mars 1807;

2.º Jean-Marie-Louis Ernest, né à Moyenneville, le 7 juin 1808;

3.º Anatole-Marie-Jean-Baptiste le Roy, chevalier, né à Moyenneville, le 18 août 1811.

DE SAIGNARD DE LA FRESSANGE, page 215, degré VI. La famille de la Fressange était connue dans de Valais depuis 1700 ; *lisez* : 1300.

DE SAINT-LÉGER, de Charleville.

Tom. XIII, p. 317, ligne dernière. De ce mariage vint, *lisez* : de ce mariage vinrent quatre fils tués au service du Roi, tous capitaines ou majors, sans postérité ; et François de Saint-Léger, dont l'article suit. Page 318, ligne 2 ; mort de ses blessures au siége de Rethel, etc., *lisez* : mort de ses blessures au siége de Rethel de 1653. Il avait épousé Idelete Chatelain.

Même page, ligne sixième, il avait épousé N... *lisez* : il avait épousé Elisabeth Mabille ; de ce mariage vint Jean-Baptiste-Basile de Saint-Léger qui fut colonel d'un régiment d'infanterie de son nom, mort célibataire.

Ligne huitième, Vosges, etc. Il avait épousé Françoise Ballotte ; *lisez* : Vorges, etc. Il avait épousé Marie-Florimonde Bellotte.

Ligne onzième, seigneur de Vosges ; *lisez* : Vorges et chevalier de l'ordre royal et militaire de Saint-Louis,

Ligne douzième, il eut trois fils morts jeunes sans enfants ; *lisez* : lesquels furent Charles-Etienne, mort officier au régiment d'Anjou, Jean-Baptiste-Etienne, condamné révolutionnairement pour cause d'émigration, et Césaire-Nicolas, fut nommé par le Roi à une place de l'école royale militaire de Brienne, en janvier 1781, après les preuves d'usage devant M. d'Hozier ; en sortit en 1786, avec le brevet d'officier au régiment d'Anjou, il mourut en émigration au service des princes, le 7 mars 1794.

Ligne dix-neuvième, entré au service du Roi, en 1748 ; retiré en 1781 avec le grade de capitaine ; *lisez* : et avec la croix de Saint-Louis.

Page 319, ligne onzième, Adolphe de Saint-Léger ; *lisez* : Adolphe-Charles-Florent de Saint-Léger.

Ligne· douzième, *Armes*: d'azur, à deux, épées d'argent, etc.; *lisez*: d'azur, à deux épées d'argent garnies d'or, accompagnées, etc., etc.

DE SAINT-POL, tom. XIII, p. 283. Marc-Antoine de Saint-Pol, chef d'escadre, reçut des employés à l'armement de Dunkerque, 1000 francs qu'il distribua à son équipage: *lisez*: 10,000 francs. L'erreur qu'on a faite en mettant 1000 francs réduit à rien un trait de générosité remarquable par le peu de fortune de ce gentilhomme.

SOLIER, tome XV, p. 40, l. 3, Souniers, *lisez*: Souliers. Page 57, ligne 10, Jacquet de Savoie, *lisez*: Jacques de Savoie. Page 106, QUATRIÈME BRANCHE, *lisez*: SIXIÈME BRANCHE. Page 111, septième branche, ligne 4 et sans interruption à Sigismond, *lisez*: au lieu de cela; et est antérieure à Pandolphe et à Sigismond. Page 112, *supprimez* la note 4, qui doit être la même que la note 5. Page 110, degré VIII, Jean III, *ajoutez* duc d'Arcos. Page 122, degré VI, *effacez* comte de Belin. Page 123, ligne 9, M. de Bouvisi, *lisez*: M. de Bonvisi. Page 133, ligne 9, mai 117, *lisez*: mai 1371. Page 169, lignes 21, 22, après souverains d'Asti, auteurs, *effacez* auteurs et *lisez en place*: et par les chefs, etc., etc.

DE THIEFFRIES DE BEAUVOIS, tom. XIV, page 426, ligne 24, *après* ancien capitaine au régiment de Bourgogne; *ajoutez*: cavalerie.

LE TONNELLIER de BRETEUIL.

SECONDE BRANCHE.

Degré VII. Gabrielle-Rosalie LE TONNELLIER, née le 28 août 1725, mariée le 1ᵉʳ août 1743, à sire Claude-Armand, comte de Pons et de Rochefort, brigadier de cavalerie, mort le 21 mai 1770, dont postérité, *ajoutez* mariée en secondes à son altesse sérénissime monseigneur Louis-Constantin, prince de Rohan-Montbazon, vice-amiral, ancien lieutenant-général des îles d'Amérique sous le vent, mort sans postérité.

TURGOT. Cette maison, distinguée dans la robe et dans l'épée, est originaire de Bretagne. Elle s'est divisée en plusieurs branches; 1° celle des seigneurs de Tourailles, en Normandie, éteinte en 1753; 2° celle des seigneurs de Saint-Clair, en l'Ile de France; 3° celle des seigneurs de Sousmont, barons d'Estrépagny.

Armes: d'hermine, treillissé de gueules.

DE VION DE TESSANCOURT, maison originaire de Bourgogne, établie dans le Vexin français depuis le quinzième siècle.

Armes: De gueules, à trois aiglettes éployées d'argent, armées et becquées d'or.

DE VOYER D'ARGENSON, maison originaire de Touraine, connue dès le treizième siècle, et sur laquelle on peut consulter l'Histoire des Grands Officiers de la Couronne, tom. VI, pag. 593, et Moréri, édition de 1759.

Armes: D'azur, à 2 lions léopardés d'or, lampassés, armés et couronnés de gueules.

DE WASSERVAS, famille noble et ancienne de Cologne, établie depuis long-tems en Artois, décorée dans ces derniers tems du titre de comtes du Saint-Empire, dont il est parlé dans le Dict. généal. in-4°., tom. XII, pag. 816.

Armes: D'azur, à trois aiguières d'or.

YSORÉ D'HERVAULT, famille des plus anciennes de là province d'Anjou, distinguée par des services militaires et ses brillantes alliances. Elle possède encore la terre de Pleumartin, érigée en marquisat, en 1652.

Armes: D'argent, à deux fasces d'azur.

FIN DES ADDITIONS ET CORRECTIONS.

TABLE GÉNÉRALE

DES MAISONS ET FAMILLES

MENTIONNÉES

DANS LES QUINZE PREMIERS VOLUMES

DU NOBILIAIRE UNIVERSEL DE FRANCE.

————

A

B.

C.

D.

E.

F.

G.

H.

I.

J.

K.

L.

M.

N.

O.

P.

Q

R

S.

T.

W.

Y.

FIN DE LA TABLE GÉNÉRALE.

IMPRIMERIE GÉNÉRALE DE CHATILLON-SUR-SEINE, J. ROBERT